美國金權

億萬富翁如何買下美國引以為傲的「民主政治」？

珍・梅爾　著　周怡伶、林麗雪　譯

獻給比爾・漢彌爾頓（Bill Hamilton）：

每個人都需要一個編輯，

但不是每個人都幸運到能和編輯結婚。

謝謝你總是在我身旁說出最恰當的話。

我們必須做出選擇。
我們可以擁有民主，或者讓財富集中在少數人手上，
但不能兩者兼有。

——美國最高法院大法官路易斯・布蘭迪斯（Louis Brandeis）

目錄

導讀

《美國金權》如何形成？

加拿大約克大學副教授　沈榮欽

每個人知道政商關係的存在，卻很少人能一窺全貌，報章雜誌與街頭巷議從來不缺少政商關係的談資，卻難以捕捉其證據。學者們利用政治人物的健康資訊與相關企業股價的不正常波動，來找尋政商關係的系統化證據。當美國參議員亨利．傑克遜（Henry Jackson）意外死亡時，學者們發現與其有關的企業股價下跌，而與繼任者山姆．努（Sam Nunn）有關企業的股價上升，由於沒人能夠預見傑克遜的死亡，所以這為美國政商關係提供有力的證據；不過其中相關企業股價的變動雖然在統計上是顯著的，但是數額卻不高，特別與是某些制度較不健全的國家相比尤其如此。印尼總統蘇哈托（Haji Suharto）於一九九五年到一九九七年間多次傳出健康惡化的消息，每次當消息揭露時，與蘇哈托有關係的企業集團股價，平均要比沒有關係的集團股價超跌二三％，這些有關係的二十五個企業集團總營業額達六〇〇億美元，約等於當年印尼GDP的三〇％，足見政商關係影響之大。

這些研究雖然為政商關係提供了系統化的證據，但是卻缺乏足夠的細節，令人們了解企業與政治的互動過程。傳統上對於政商關係最簡單的理解，莫過於簡單粗暴的商人賄賂政客以獲取特權，賄賂當然是一個全球性普遍的問題，如同國際透明組織（Transparency International）定期發佈的報告所顯示的，但是這種普遍性的認知也產生一些問題。例如即使在民主國家，人們也容易輕信以清廉為標榜的政治人物，而忽略整體體系的公平效率，或是認為所有的問題皆因制度不健全而產生，一旦建立了健全的制度，政商關係的負面效應可以獲得控制，國家得以享有政商關係所帶來的利益，如溝通順暢建立共識、協調集體行動等等。

這種認知所帶來的問題之一是，比賄賂更困難的問題容易在建立清廉政治的制度下而被忽略，那就是在一個制度相對健全的國家，商人如何以合法的手段，透過金錢來影響政治。要理解這個問題，非透過詳細而扎實的功力，以卓越的識見對個案的大量描寫與分析不可，這樣的作品當然不多，幸運的是，珍．梅爾的《美國金權》（*Dark Money*）正是這樣一部足以刻畫出合法政商關係細節的作品，在理解當代美國企業與政治的關聯上，特別是寇氏兄弟如何從沒沒無聞的商人到成為美國最具政治影響力的企業家，《美國金權》是絕對不可錯過的大作。

「太左了」

如同閱讀任何書籍一樣，即使像是《美國金權》一樣如此精彩的作品，仍然有些背景知識的需求。這些需求至少包括以下三個困難：名詞意義的變遷、事件脈絡的補充與理論知識的完備，三者都能夠幫助讀者更精確掌握書中的意旨與衍生的意義，為了避免剝奪讀者閱讀文本的樂趣，我將儘量減少覆述原書已有的內容，而著重在以上三點的補充。

閱讀書籍的第一個困難在於同樣的名詞在不同的時代具有不同的涵意。在亞當．斯密寫作《國富論》的年代，除了像東印度公司那樣具有準國家性質的龐然大物外，英國企業的規模普遍很小。如同企業史學者錢德勒（Alfred Chandler）所觀察的，在一八四〇年之前，美國的大企業很少，多數美國企業不過是一名企業主外加一、兩位助手，商人對於政治的影響力不會比其他團體更高；一八四〇年之後，由於運輸、通訊與能源革命，大企業興起，將原先許多屬於市場的活動內部化，商人的影響力才隨著企業規模擴大而與日俱增，而市場的活動也隨著技術進步所帶來的機會而日趨複雜。換句話說，當代人對於企業與市場的理解，與亞當．斯密的時代已經有很大的不同，不過隨著資本主義的進展，各種對企業與市場的思想也逐漸透過報紙、雜誌、教科書、大學講堂與網路擴散與演化，其中不可避免地產生一些不必要的混淆，但是了解企業與市場的分別對於理解本書十分重要。

用最簡單的話來說，雖然同在資本主義的標籤下，但是亞當·斯密是親市場（pro-market），而寇氏兄弟是親企業（pro-business），兩者有本質上的區別。諾貝爾獎得主寇斯（Ronald Coase）將市場與企業視為兩種彼此替代的制度，同樣是決定資源如何分配，但是市場以價格機能協調，企業則以公司內部的命令決定。儘管歌頌市場的功能，但是斯密對於大企業則抱持著懷疑的態度，認為同業的大企業家聚會通常是為了共謀提高價格，以從大眾的口袋中不正當獲利。一個產業中若是大企業的勢力過大，可能會妨礙市場力量的運作。正因為大企業的利益與大眾未必一致，所以對於大企業所提倡的法律或是管制，都應該小心檢視，而不該全盤照收。

寇氏兄弟的親企業立場則認為國家的發展來自企業的投資，與斯密相反，他們認為政府的運作由於受到選票的制約，所以政府的法律與管制經常為了討好選民的短期利益，而犧牲企業帶給國家的長期利益，因此政府本身就是問題，而非問題的解答，只有政府對市場的干預縮減到最小，企業才能夠發揮最大的力量，唯有除去政府的干預，人民的財富與自由才能獲得最大的發展。

其次，由於本書涉及大量寇氏兄弟如何以商業力量影響政治領域的細節，因此對於美國政商關係歷史的簡單回顧，或有助於掌握全書發生的脈絡。

早在一八三五年托克維爾（Alexis de Tocqueville）在《民主在美國》（*De la démocratie en Amérique*）中便注意到，美國人在科學重實踐而輕理論的實用主義傾向，並解釋何以工商業在美國興盛的原因。相較歐洲的君主國家，統治者同時也是富人，而「在民主國家，金錢並不能導致有錢人掌權，甚至往往使他們遠離政界」，政商分離是美國民主政治的特點。商業一直是美國社會的核心，如同一九二三年美國總統柯立芝（Calvin Coolidge）強調，「美國的事業就是生意。」（The business of America is business.），他也大抵上遵循自由市場的理念，採取對企業友好的政策。

美國向來對於歐洲的王權與貴族社會懷有敵意，以共和、平等與實用主義的精神追求財富，政治與商業也大致上分處不同領域，一九一一年美國國會立法禁止企業組織給予政黨與候選人政治獻金，並要求所有的政治獻金以及支出都必須揭露，從而限制了企業以金錢影響政治的勢力，後來這項禁令進一步延伸到企業的同業公會組織，當時商業團體對於政治的影響力不見得比宗教團體更高。

但是這種情形在一九二九年的經濟大蕭條發生變化，當時羅斯福總統（Franklin Roosevelt）採取財政政策以對抗經濟蕭條，進行了一連串的社會與經濟改革，他的「新政」創立了當時美國最大的國有企業田納西河谷管理局（TVA），並構建了社會安全體系，透過華格納法案（Wagner Act，又稱國家勞資關係法），使得工會人數大為上升，增加工人與大企業的談判力量。新政還包括一連串影響深遠的金融改革，例如建立證券交易委員會（Securities and Exchange Commissions）和通過格拉斯–斯蒂格爾法案（Glass–Steagall Act）、在商業銀行和投資銀行的業務之間設立防火牆等等，為日後金融市場的發展奠立基礎。

新政使得美國快速「向左轉」，國家大舉介入與管制經濟生活，在經濟蕭條、政府管制與工會興起的多重壓力下，美國的商人開始感到不安，於是組織起來介入政治，透過全國製造協會（National Association of Manufacturers）和商會（the Chamber of Commerce）聯合反對新政。和羅斯福一樣來自民主黨，以反對禁酒令與建造紐約帝國大廈聞名的紐約州長艾爾弗雷德·史密斯（Alfred Smith），強烈批判新政違反商業利益與自由精神，甚至將羅斯福與馬克思、列寧並列，和美國富商聯合成立美國自由聯盟（American Liberty League），雖然法律對企業政治獻金的限制依舊存在，但是富商以個人身份為美國自由聯盟提供資金，由史密斯領導參與選舉，共同反對新政。

不過所有這些攻擊都難以撼動新政在美國人民心目中廣受歡迎的地位，美國自由聯盟也在一九三四年與一九三六年的選舉中挫敗後，於一九四〇年解散。美國商人因此對新政轉為採取比較中立的立場，試著與當時的工會和平相處，例如彼得·杜拉克（Peter Drucker）與史隆（Alfred Sloan）都分別描述了當時最著名的通用汽車公司（GM）的勞動與人事政策，都必須由專業經理人與工會協商後才能施行。

自由派主導的美國政治在一九六〇年代末期開始發生變化，首先是盛行學生運動與民權運動等新社會運動，在美國有燎原之勢，不少企業菁英感到孤立；七〇年代隨之而來的石油危機與停滯性通貨膨脹，令不安的企業菁英開始尋求與保守派結盟，藉由美國企業研究所（American Enterprise Institute）和新成立的傳統基金會（Heritage Foundation）等保守非營利組織對抗自由派。

一九七四年水門事件後，美國國會通過的聯邦選舉法（The Federal Election Campaign Act of 1974）詳細規範政治獻金的額度與揭露要件，以及競選金額的上限，並允許企業成立政治行動委員會，在財務分離且公開透明的原則下對政黨或個別競選人提供政治獻金，企業得以正式以組織方式透過政治獻金影響政治。而且聯邦選舉委員會為了強化地方選舉的政黨角色，在一九七八年與一九七九年允許個人與團體對政黨無限度捐款，以用來支持非聯邦層次的選舉（如州長），企業得以透過這種被稱為軟錢（soft money）的方式大幅增加對地方選舉的影響力，直到二〇〇二年的聯邦選舉法修正案，才對軟錢的上限加以限制。

「思想武器」的供應商

一九七〇年代的寇氏兄弟開始介入政治時，正是在這種環境下，得以透過金錢影響政治發展。不過美國保守派的富商始終沒有放棄對企業政治獻金限制的遊說，例如創辦安麗的狄維士家族，多年來一直尋求解除這個限制。直到二〇一〇年最高法院在歷史性的聯合公民訴訟案中，以言論自由為名，推翻了企業政治獻金的上限規定，企業富豪得以長驅直入介入各種選舉，寇氏兄弟也因此展開了其無與倫比的影響力，僅僅二〇一〇年一場募款活動，就結合理念相同的富商募得九億美元，幾乎可與民主黨與共和黨的競選團隊三足鼎立。儘管聯合公民案廣受民主黨與學界的批評，但是在川普於今年（二〇一八）提名保守派的卡瓦諾（**Brett Kavanaugh**）出任最高法院大法官，接替甘迺迪（Anthony Kennedy）大法官七月底退休留下的空缺後，在可預見的未來，聯合公民案翻盤的可能性微乎其微。

再者，企業要介入政治，不僅需要金錢，還需要思想武器，當時芝加哥學派所倡導的經濟思想，正好企業菁英等保守力量，提供了學術上的彈藥。芝加哥學派以佛利曼（**Milton Friedman**）為首，集結了一群在智力上卓越出眾的學者，從理論與實證上挑戰凱因斯主義，並提出替代的思想。同樣畢業自芝加哥大學的布坎南（James Buchanan）則創立了公共選擇理論，聚焦於政府財政平衡與個人自由，為保守派提供思想基礎。企業菁英與保守派聯盟將焦點放在工會、減稅與解除政府管制，對自由派發起攻擊，寇氏兄弟便是在此時加入，逐漸成為保守派的重要支柱。

要真正了解寇氏兄弟，就不可不提及他們思想上最重要的四位導師：佛利曼、布坎南、海耶克與到柏蘭尼（Michael Polanyi），珍．梅爾在本書中對此的介紹較少，因此以下我將簡介這些人如何形塑寇氏兄弟的思想，以及寇氏兄弟如何選擇性地使用這些思想。

寇氏兄弟最早接觸到奧地利學派的米塞斯及其弟子海耶克。奧地利學派主張從人類行為發展出經濟理論，海耶克一生都與社會主義以及凱因斯主義奮戰，他強調保障私人財產、個人自由與企業家精神的重要性，反對政府管制，認為社會經濟的主要問題是如何適應無時不在變動的環境，自由市場正是最具適應性的自發性產物，因為市場體系乃是一種發現的過程，企業家促進新產品的發現與創新，價格制度將資訊傳遞給市場的參與者，使得每個人能夠各自以最經濟有效的方式決策，從而利用分散於社會的知識，彼此協調與改正錯誤，自發地達成最具適應性的秩序。

寇氏兄弟依據海耶克的思想，為寇氏工業設計了一套市場基礎管理系統（Market-based Management），希望能夠在企業內部引入市場運作的概念，透過內部市場的方式來決定公司內部的資源分配，例如引入財產權的概念以結合公司內部的決策權。

儘管寇氏兄弟宣稱受到海耶克的啟發最深，但事實上他們對海耶克的思想乃是選擇性地接受，海耶克雖然宣揚自由市場，但是嚴格說來，他主張的政府規模要比那些如史賓塞（Herbert Spencer）以降主張自由放任哲學家所倡導的最微小政府來得更積極一些，例如海耶克支持政府維持窮人的最低生活標準、職業安全管制，甚至對於大企業的管制以避免壟斷，促進市場的競爭性等。不過寇氏兄弟雖然奉海耶克為圭臬，卻僅強調海耶克的反對政府管制，而刻意忽略避免大企業壟斷的論述，也就是選擇性地採取親市場的態度，而全力擁抱親企業的政策。

再者，寇氏兄弟引以為傲的市場基礎管理系統，是否如其宣稱引用海耶克的思想，將市場引入企業之內，也顯得頗為可疑。事實上自從寇斯的提倡後，過去四十年大行其道的組織經濟學，大抵上可以理解為在解釋組織與市場的界限，例如海耶克的價格機制在適應組織外部環境的變動上具有優勢，而巴納德（Chester Barnard）的組織理論則在適應組織內部合作的變動上具有優勢，因此將市場引入企業之內將不可避免地面臨某些限制，不太可能如寇氏兄弟所宣稱完全以海耶克的觀點建立組織內部的市場，而必然牽涉到某種混合機制，這可以從寇式工業的員工訓練手冊「標準手冊」（Models Collection）強調建立互信等組織文化看出端倪，不過因為寇氏工業並非上市公司，不必對外揭露公司內部的資訊，所以外界對其運作的了解始終有限。

其次是佛利曼，七〇年代的停滯性通貨膨脹危機後，由佛利曼領導的芝加哥學派對凱因斯主義發起了激烈的挑戰，逐漸以自由放任取代政府干預，成為學界的主流，終於在八〇年代由雷根總統（Ronald Reagan）開啟的新自由主義風潮，掀起美國「向右轉」之風。但是對於激進的寇氏兄弟而言，雷根仍然「太左了」，距離他們最微小政府的理想仍然遙不可及，大衛在一九八〇年以美國自由黨的身份參選副總統，不過僅獲得一％的選票，自此他們放棄自己從政，改以政治獻金與基金會的方式介入美國政治。

再來是與寇氏兄弟有私誼的布坎南，雖然布坎南因為公共選擇理論而獲得一九八六年的諾貝爾經濟學獎，但是學界以外的人對他的理解有限，不過他恐怕是在公共政策上，影響寇氏兄弟思想最深的人。

布坎南在芝加哥大學攻讀博士學位時，佛利曼剛剛開始在芝加哥任教，兩人都深受芝加哥學派精神導師奈特（Frank Knight）的影響，並在學術與政策實務以不同的方式，攜手改造學界流行的思潮。例如在一九五四年美國聯邦最高法院裁定學校教育委員會種族隔離政策違法，民權運動如星火燎原，保守派亟需發展出自己的論述，以對抗自由派的思想。布坎南與同事納特（Warren Nutter）合寫了一篇並未正式發表卻影響深遠的文章〈一般教育的經濟學〉，主張強迫種族隔離與強迫種族整合同樣傷害個人選擇的自由。政府在財務上有義務支持學校，但是消除種族隔離教育的關鍵在於將政府經營管理的公立學校改為私人經營，因為公營學校通常在社區內壟斷教育服務，去除壟斷會出現各種類型的學校彼此競爭，既可以達成效率又可以促進多樣化。布坎南巧妙地以個人選擇自由為由，將去除種族隔離與私人管理學校結合起來，成為保守派對抗民權運動的思想基礎，並獲得佛利曼的讚揚，也在日後影響寇氏兄弟的教育理念。

寇氏兄弟的教育理想型是柏蘭尼所寫的〈科學共和國〉，在一次訪談中，查爾斯提及科學共和國至少二十三次。在該文中，柏蘭尼以拼圖為喻，說明何以分散自由競爭的知識體系，會比中央集權的知識體系，更有利於創新。他以亞當．斯密的市場類比科學研究的分散體系，唯一不同之處在於市場是以價格為訊號指引資源配置，科學則以各學門的專業標準為準，可以達成彼此獨立卻又相互協調的效果。每一個學門都與鄰近的學門有所交集，可以有較佳的專業判斷品質，因此無需中央集權的介入引導反而更有助於科學共和國的知識創新。

在知識共和國的譬喻下，寇氏兄弟捐款給超過二百五十所所美國大學院校與科系，他們並不特別偏好常春藤名校，而喜歡研究市場如何運作的學院或科系，這些機構通常強調個人自由與貶抑政府介入，也為其主張減稅、自由化、解除管制與反對氣候變遷提供理論基礎。尤其是布坎南所在的喬治梅森大學以及其莫卡特斯中心，在寇氏兄弟的長期捐贈下，不僅獲得了像是「自由意志派的麥加」的稱號，《華爾街日報》更直接宣稱喬治梅森大學猶如「學術保守派的五角大廈」。

反對寇氏兄弟的人認為他們以金錢干預學術自主與言論自由，威脅大學思想的多元化，但是查爾斯辯稱正好相反，他說那些反對者所發起的「我的學校不要寇氏」運動（UnKoch My Campus）才是意圖排除大學內對自由市場的研究，他們並不介意各種思想彼此競爭，因為他堅信只有意見市場的自由競爭才是找到真理的最佳途徑。不過「我的學校不要寇氏」運動蒐集了廣泛的案例，說明他們如何干涉學術自由與教學自由，以為其支持的政策（如反對氣候變遷、解除管制、減稅）背書。

寇氏兄弟將柏蘭尼在〈科學共和國〉的立場，狹隘地解釋為僅反對政府所主導的科學研究，但是如果仔細閱讀柏蘭尼的意旨，重點應該是在反對中央集權指導科學研究，因此在更一般的意義上，無論是政府主導或是大財團主導，恐怕都與柏蘭尼的科學社群不盡相符，分權與中央集權的界線並非寇氏兄弟所指涉的民間或政府，而是科學社群內自主、獨立卻又相互協調的模式與學術社群外統一主導與規劃模式的分別。

布坎南不僅影響了寇氏兄弟的教育理念，更重要的是為小政府理念提供理論基礎，將政府的財政紀律、縮小政府規模、解除管制、減稅與民主政治下自私官僚的困境結合，成為保守派近年來最重要的政策訴求之一，我在以下首先說明凱因斯學派如何改變古典財政理論的思潮，然後解釋布坎南如何挑戰凱因斯主義，成為寇氏兄弟與保守派奉行不渝的政策主張。

古典的財政理論認為政府的收支與個人或家庭類似，節儉是一種美德，政府的收支應該大致維持平衡，政府借貸通常發生在急迫的情況下（如天然災害），並且必須擬定償還計畫，否則政治人物容易因為公債將由社會整體或是未來選民償還，因此不夠謹慎而過度借貸造成政府赤字。

凱因斯理論顛覆了這種說法，認為將國家比擬為個體是一種錯誤，節儉對個體有利，但是對國家整體反而有害，尤其是當經濟衰退時，資源閒置而總需求不足，大量儲蓄反而更減少需求，令經濟衰退更為惡化，這時政府應該採行赤字預算來增加總需求，進而促進經濟成長。

布坎南認為，凱因斯將政府赤字由融資手段變為經濟目標，導致以赤字預算施行財政政策本身就成為目的，在凱因斯主義的影響下，政府的職能不再只是促進市場的良好運作，而是增加產出與降低失業率，一九四六年美國通過的《充分就業法》反映了這樣的趨勢，政府的赤字預算與擴大規模不過是達成政府新職能的必要做法，而發行公債與增稅也就順理成章用來支持政府的赤字（凱因斯較少提及發行貨幣）。

布坎南主張凱因斯的論點建基於大蕭條時存在閒置資源，而且經濟體系本身存在僵固性而無法自我調整，因而需要政府介入。但是平時並不存在這樣的條件，政府赤字不僅因為排擠民間資源而無效果，而且會造成通貨膨脹，又更進一步刺激公共開支，如此惡性循環。

之所以會造成這樣的結果，因為布坎南認為，政治人物與一般人無異，都有自利的誘因，使得民主政治下政府普遍不顧財政紀律而偏好赤字預算。因為如果減少公共開支，民眾受到的公共服務也隨之減少，所以政府有膨脹規模的傾向。要應付日益增加的政府支出，政府可以選擇增稅或是發行公債，但是增稅不利於選票，所以即使發行公債可能增加通貨膨脹，但也是選舉之後的考量，因此政治人物普遍有採行赤字預算的誘因。

布坎南不僅止於分析、批評凱因斯主義，與提出替代的理論，他也分析凱因斯主義如何在學界與政治人物中傳播而形成影響力，探討二十世紀美國政府預算的理論與實務變遷的過程，並且具體指出應該如何從概念上與政治上反制凱因斯主義的做法，同時給予保守派理論基礎與行動綱領去對抗自由派，這是何以寇氏兄弟對之偏好的原因。

川普當選以後

以上便是我對本書背景知識的補充，讀者接下來可以開始享受知識盛宴了。不過在此之前，最後讓我簡單說明，珍．梅爾的《美國金權》出版後迄今，寇氏兄弟所發生的事情。寇氏兄弟藉由政治獻金、基金會與茶黨運動在共和黨內的影響力，當共和黨於二〇一〇年取得眾議院多數以及二〇一五年取得參議院多數後，達到了巔峰。但是他們的影響力在羅姆尼於總統競選輸給歐巴馬後，而於行政部門止步；不過真正令寇氏兄弟感到沮喪的卻是同為共和黨的川普當選總統。

川普在競選期間內，多次表示自己是億萬富翁，所以不必依賴富商的政治獻金，主要就是衝著寇氏兄弟而來。雖然哥倫比亞大學教授薩克斯（Jeffrey Sachs）認為川普退出《巴黎氣候協定》乃是寇氏兄弟在背後策劃，更宣稱共和黨真正的主人是寇氏兄弟，川普不過是他們操弄的傻瓜。不過事實上川普當選總統後，似乎極力排除寇氏兄弟對行政部門的影響力，即使被川普拔擢為國務卿的蓬佩奧（Mike Pompeo），從政前就是寇氏兄弟商場上的投資人與合夥人，在堪薩斯州參議員任內也一直是寇氏兄弟政治獻金的最大接收人，被稱為「寇氏議員」，但是蓬佩奧接任國務卿後，完全遵循川普的政策，而與寇氏兄弟分道揚鑣。寇氏兄弟對川普發動貿易戰的政策大肆批評，甚至在 G 七高峰會前夕，正式對川普宣戰，出資數百萬美元以廣告、遊說、媒體與基層動員等方式，從國會、智庫與壓力團體對川普施壓，希望能夠阻止川普對世界各國發起的貿易戰，當然這一切成效甚微。

大衛由於健康因素，已經於二〇一八年六月五日正式退休，寇氏兄弟也成為歷史，如今只剩下查爾斯繼續其改變美國政治與社會的運動。

導讀

《美國金權》：誰把民主買走了？

陳婉容
專欄作者、威斯康辛大學社會學博士生，
研究右翼社會運動

川普上台一年半，政治風波從未停息，連白宮幕僚和總統親信也已經換了好幾次。政治局面雖動蕩，但社會運動也因而蓬勃；一時間，諸種言論思想百花齊放，連美國人一向避之則吉的左翼和社會主義思想也逐漸擺脫污名。執筆時，自稱「社會主義左翼」的二十八歲年輕拉丁裔女民主黨人，就在紐約州初選中擊敗了白人男性老牌參議員。政治就是如此，在紛爭中如天秤不斷尋找平衡點，這也是我們在川普時代的安慰。但川普當選，極右翼團體紛紛冒起，真的只是天秤自然地倒向另一端的結果嗎？

梅爾（Jane Mayer）的答案是否定的。她告訴我們，美國民主的內涵並不是一人一票，而是誰有錢，誰就可以控制政黨、媒體、教育，從而控制民意。在出版社邀請為《美國金權》中文版撰寫導讀前，我就慕名讀了英文原版。梅爾是個筆鋒銳利，對事實無比執著的記者，學成於耶魯，短暫待過研究院，後加入《紐約客》，記者生涯獎項殊榮無數。前作《陰暗面》（*The Dark Side*）探討反恐戰爭為何迅速變質成在外虐囚、在內扼殺公民自由的美國道德危機，跟《美國金權》一樣資料詡實，同時著眼藏於含蓄細節中的歷史偶然，不像學者那樣著眼結構與大局，卻比學術作品更能突顯政治角力的複雜本質。《美國金權》是梅爾多年調查結果，八年前她在《紐約客》發表過著名報導〈黑箱行動〉（Covert Operations），後增寫成此書。梅爾以大量訪問和材料，理出了寇氏兄弟和他們領頭的一小撮超級富豪，是如何為推動企業利益，斥鉅資收買傳媒、政黨、宗教團體，全面架空民主體制。書中少見道德批判，但事實之赤裸呈現，本身就是最強而有力的批判。《美國金權》內容怵目驚心，如當中不少人物，不是華盛頓特區天天出現在新聞頭條的政要，幾乎就要以為自己在讀政治驚悚小說。

世界視美國為民主大國，十年前歐巴馬當選時，更突顯了民主社會「自我修正」的特質，使人幾乎以為在自由民主中，歷史是一條往上的階梯，或速或緩，但總是在進步。當時甚至有不少人認為共和黨不會再入主白宮。黑人總統選出來了，女性總統還會遠嗎？川普勝選，活在泡沫中的我們措手不及，大概是因在一片樂觀浪潮中，幾乎所有人都忽視了腳下的暗湧。例如，歐巴馬執政八年，期間極右團體獲得的政治捐獻創出了歷史新高。我們對右翼團體把陣地轉移至地方政治同樣盲目，以為基督教右翼對於計劃生育診所的攻擊只是零星事件，殊不知那是右翼重新組織的一部份。而這一切背後的金主，是全世界最富可敵國的一群人。

梅爾跟讀者說了一個龐雜而盤根錯節的故事，警告我們「黑錢」（dark money）在民主中捅出來的這個洞，或比我們想像的要廣要深。說到底，她要提出的問題是：如果源源不絕的資金可以控制政治，那麼美國人念茲在茲的自由民主，是否徒有其表？要架空選民意志，談何容易？就此，我希望在這篇專文中，為梅爾說的故事下兩項小小的註腳。其一，美國政黨制度本來就極容易遭到滲透和收買。其二，要理解美國政治現狀，除理解從上層流下的「黑金」，亦必須理解來自底層的不安與變遷。

是危機，還是契機？

美國有穩定的兩黨制，但美國政黨政治也是出了名的易於滲透。聯邦制分散政府權力，意味著在聯邦層面做不到的事，可以移到州郡及地方層面由下面上，慢慢實行。政黨需要選票，時常需要吸收新的選民群體；政黨內部出現派系或意識形態鬥爭時，各方也會拉攏外部勢力加入成為盟友，這些外部團體很容易賴著不走，甚至接管整個派系。政黨自然也需要錢，根據《華盛頓郵報》報道，川普在二〇一六年選舉中花了近四億美元，希拉蕊用了七億七千萬美元。

舉個例，梅爾在書中，就幾次提及由福音派基督教的「超級教會」（megachurch）與「電視牧師」（TV pastors），與寇氏兄弟那群「超級富豪」的關係。將資金包裝成「支持宗教活動的慈善捐款」有很多好處，其一是宗教慈善團體享有的免稅優惠，其二是掩人耳目暗渡陳倉。七〇年代末，共和黨開始勾結以白人中產階級為主的宗教保守勢力，把自己包裝成「受神祝福的政黨」，幫助「道德多數」、「基督教聯盟」等保守宗教團體推動社會道德議題，如反計劃生育、反同性婚姻、反女性主義、反種族融合；而這些宗教團體，則利用他們對信眾的影響力，幫助共和黨拉攏福音派選民。這場政治交易無比成功，如梅爾所言，雷根在八〇年的總統選舉中贏過卡特，很大程度要歸功共和黨與福音派的緊密合作。而這些保守宗教團體的資金，正是來自由寇氏兄弟領軍的一眾超級富豪。

而這些保守宗教團體從聯邦到州郡的發展軌跡，跟梅爾所描述的「黑錢」軌跡是重疊的。寇氏兄弟一開始的目標是總統選舉，後轉而以把藍色州逐漸染紅為主要目標。以我所在的威斯康辛州為例，二〇一一年共和黨州長沃克（Scott Walker）上台後，立即傾盡全力打擊勞工和集體談判權，當年就引爆了民眾佔領州府的事件，該示威可說是全球佔領行動的濫觴。沃克的金主就是一堆和寇氏兄弟有關的大富豪。剝奪集體談判權成功後，沃克放鬆了環境保護規例，向監獄投入更多公帑，又削減了公立大學經費。傳統而言威州是藍色票倉，在二〇一六年的選舉投向了共和黨，讓許多評論家大跌眼鏡。而上面說的保守宗教團體，也從直接影響總統選舉，轉而在地方推行看似無害的「道德政策倡議」，將反計劃生育，反羅訴韋德案（註）等戰場移到了各州。這些戰略在其他國家是難以實行的，但在美國，得益於聯邦制與兩黨制，這些資金與團體卻在各層各級的政府之間來去自如。

來自底層的聲音

在全球富豪榜名列頭十位的寇氏兄弟，其政治利益集團異常龐大，且細胞分裂成多個看名字完全看不出要領的團體，要追蹤資金來源去向絕非容易。但「不遇盤根，安別利器」——梅爾的調查，證明好的記者，就是有抽絲剝繭，丘壑涇渭的能力。然而作為社會學人，在佩服梅爾毅力之餘，也希望向讀者說明，川普以及極端右翼團體的崛起，絕不能單以超級富豪在背後支持來解釋。

以美國近十年來最成功的右翼民粹運動茶黨（Tea Party）為例。歐巴馬在二〇〇八年當選，除了直接面對次貸危機挑戰，也面對隨他當選，以反對刺激方案，支持「小政府」而崛起的茶黨。梅爾在第七章〈「茶黨」的故事〉中，反對茶黨是「自發性政治騷動」「一般公民發起的業餘暴動」的說法，認為它非但不是無黨派（bi-partisan）的，而且運動得以成形壯大，背後全靠一群有錢人：「街頭劇場的幕後是這個國家中最有錢的企業家，從一九七〇年代以來就費盡心思建立『反建制』的組織，如今把社會動盪不安視為良機，終於有機會能夠動員大眾來支持他們自己的目標」。

梅爾的說法是對的，但她卻不能完全解釋為甚麼茶黨在極短時間，由傳媒政治精英發起的運動，搖身一變成為以大眾為根基的運動。如果只是把金幣投入空罐子，大灑金錢的超級富豪們恐怕只會聽到空洞的回音，而不是一場一呼百應的，幾乎連繫了最富有與最貧窮階層的政治行動。研究過茶黨的政治社會學泰斗史柯普（Theda Skocpol）就在雜誌《異見者》（*Dissent*）撰文指出，雖然梅爾對從上而下的陰謀眼光銳利，但茶黨並不是一個權力集中的運動；她指出茶黨運動其實「遍地開花」，有很多「草根茶黨」都是一般公民自發成立，這個「下而上」的面向絕不能忽視。說是難解難分的情感政治也好，說是蒙昧、種族主義和思想退步也好，許多草根白人對精英政治與再分配政策的確非常厭惡，而「黑人總統」只是壓上去的最後一根稻草。在這種對政治的懷疑與厭倦之下，超級富豪們的資金，只是為火藥庫添了燃料而已。其他社會學著作，如著名社會學家亞利．赫朔柴德（Arlie Hochschild）同年出版的《他們土地上的陌生人》（*Strangers in Their Own Land*，書名暫譯），基本上同意茶黨紮根草根的觀察。

民主，和集中在少數人手上的財富

《美國金權》開章就引用了美國最高法院大法官布蘭迪斯（Louis Brandeis）的話：「我們必須做出選擇。我們可以擁有民主，或者讓財富集中在少數人手上，但不能兩者兼有。」這句話本來並不有名，但二〇〇〇年，綠黨提名拉爾夫．納德（Ralph Nader）出選總統，他在接受提名時上台說了這句話。納德本人的競選乏善可陳，布蘭迪斯的話卻因此出名了。雖然還沒有人找到布蘭迪斯說過這句話的證據。

但這句話本身的真確性比較重要。美國現代自由民主中的自由，其實是指資本主義、小政府，不被公共機關制約的自由，是以美國人一向聞「社會主義」色變，因為資本主義與自由劃上了等號，雖然對冷戰沒有記憶的千禧世代中，「社會主義」的恐怖色彩應會減少。吊詭的是，資本主義和民主，本質上即使不是對立，也極不協調：前者容許財富分配不均，後者說人人都有一樣的政治權利。在八〇年代之前，有福利主義來當二者的潤滑劑；但八〇年代，美國為解決貨幣危機，廢除了金本位制，建立了「先花未來錢」的信用卡主義，還有瘋狂的財技熱潮；貧富不均急速加劇，資本主義與民主的磨擦愈來愈大。〇八年次貸危機，與川普的崛起，恐怕都是時代的病癥。

如果最富有的一小撮人，可以從四面八方向我們的政治權利和民主理念宣戰，我們應否重新審視所謂自由民主的理想？假如民主是我們的烏托邦，我們應如何重新定義自由？這些問題，我只能提供一個思考框架，希望讀者讀畢梅爾的著作後，會有所反思。《美國金權》不是一本特別好讀的書，不是因為不好看，而是因為梅爾描述的操作太黑暗。可是，別忘了在川普時代，示威抗議的熱烈程度也是空前絕後，讓人時而隱隱見到上世紀六十年代的影子。「絕望之為虛妄，正與希望相同」，我想大概也是這個意思。

註：《羅訴韋德案》（Roe v Wade）是一九七三年美國聯邦最高法院對女性墮胎權利頒布的重要案例，法院在此案中承認女性墮胎權受到美國憲法保護。

導論　投資人

二〇〇九年一月二十日，全美上下目光都聚焦在華盛頓特區，超過一百萬名群眾聚集在國家廣場歡呼慶祝，見證第一位非裔美國總統就職典禮。大量支持者從全國各地湧入，使得華盛頓特區在二十四小時之內人口幾乎增加了一倍。就職典禮是為了慶祝政權和平轉移這個最基本的民主程序，向來就是令人感動的場合，不過這次卻是格外的歡欣鼓舞。美國最有名氣且最具代表性的音樂家，從靈魂樂之后艾瑞莎・富蘭克林（Aretha Franklin）到大提琴家馬友友（Yo-Yo Ma）都獻上了激情的表演，名流高官為了搶到觀禮位置而動用各種關係。眼見氣氛如此高昂，民主黨政治顧問詹姆斯・卡維爾（James Carville）預測了一個政治版圖重整的長期趨勢，說民主黨「將會在接下來的四十年內持續執政」。

然而，二〇〇九年一月的最後一週，在美國的另一邊，也在進行另一種形態的集會，這群活躍份子的目標是盡其所能地讓這次的選舉結果無法發揮效果。加州棕櫚泉郊外的沙漠城鎮印第安韋爾斯，一輛輛休旅車行駛在萬麗酒店旗下艾斯美拉達溫泉渡假飯店那條長長的棕櫚大道上，車主一踏到人行道，門房小弟就迅速跑來搬行李。這些人是美國最熱心的保守派，其中許多人代表的是這個國家最被嚴密鞏固的商業利益。他們目前過的富裕生活，再華麗的描繪都難以比擬。天空一片蔚藍，遠處聖羅沙山脈下的山丘，從科切拉谷地拔高聳立，構成一幅色澤變化無窮的壯麗背景。絲絨般的綠草坪一望無際，迤邐延伸至鄰近一座三十六洞的高爾夫球場。游泳池數座，其中一池配有人造沙灘，池邊環繞著設著躺椅及簾幕的隱密亭台。天色漸暗，無數燭光及火把如夢似幻地點亮走道及花壇。

有資格的「那些人」

然而，飯店餐廳裡的氣氛卻非常嚴肅而緊繃，這樣的奢華彷彿正好強調出聚集在此地的這群人失去了多少。這個週末在這個渡假飯店聚會的賓客中，許多人在小布希（George W. Bush）任職總統的八年期間成了最大贏家。有身價幾十億的企業主、在美國最鼎盛時期累積下來的財富繼承人、右派媒體鉅子、保守派的民選公職人員，以及幫主子贏得政權而過上好日子的精明政治操盤手。在場的還有媒體名筆和出版人，他們的文章刊登在各大智庫、倡議團體以及無數刊物上，而且私底下都受到企業利益的補助。不過，這場聚會的榮譽貴賓是潛在的政治獻金金主，他們自稱為「投資人」，而眼前的這個計畫正迫切需要他們的資金。

召集這群人在週末集會的並不是檯面上敵對政黨的領導人，而是民間的一個普通公民，查爾斯・寇克（Charles Koch）。他的年紀已經七十好幾，滿頭白髮，但卻老當益壯，並仍積極執掌寇氏工業（Koch Industries）。這是一家總部位在堪薩斯州威奇托的企業集團，由查爾斯的父親弗瑞德（Fred）創立，一九六七年創辦人過世後即飛快成長，查爾斯及他的弟弟大衛（David）買下另外兩個兄弟的股份而接管營運大位。查爾斯和大衛通常被稱為寇氏兄弟（Koch brothers），旗下事業為全美第二大私人企業集團，他們幾乎擁有全部股份。他們擁有四千英里的油管，阿拉斯加州、德州及明尼蘇達州的煉油廠，喬治亞太平洋木業及造紙公司、煤礦、化工，除了涉足許多產業，也從事大宗商品的期貨買賣。這家企業持續獲利，使得這兩兄弟成為世界排名第六及第七富豪，二〇〇九年的個別身價大約是一百四十億美元。兄長查爾斯具有非比尋常的意志，向來為所欲為。他在那個週末的意圖是招募其保守派同路人，一起進行一項艱鉅的任務：阻止歐巴馬政府推動民主黨的政策，也就是由美國民眾投票選出來，但他卻認為是災難的政策。

以他們擁有的財富，查爾斯和大衛的影響力自然已是相當可觀。不過，多年以來，他們還是積極拓展勢力，與政治意識形態相近而態度強烈的一小群人結盟，其中許多人的資產也是深不可測。這群人希望利用他們的財富，將保守派自由意志主義（libertarian）[01]的政治路線發揚光大，這條路線在當代政治光譜中非常邊緣。大衛．寇克於一九八〇年代表自由黨（Libertarian Party，**又譯自由意志黨**）參選美國副總統時，僅獲得全國一％的選票。當時保守派代表人物小威廉．巴克利（William F. Buckley Jr.）[02]將他們的觀點貶為「無政府極權主義」（Anarcho-

Totalitarianism）。

寇氏家族（The Kochs）在一九八〇年選戰失利，但並不接受美國民眾的決定，反而處心積慮改變選舉規則。他們運用財富以其他手段將自己的小眾觀點強加到大眾身上，在拿不到選票之後的幾年之間，暗中狂灑了好幾億美元，將他們的政治觀點從美國政治生活的邊緣推到中心。他們秉持著前瞻與不屈不撓的精神經營企業，也以同樣精神創建一個令人膽寒的全國政治機器。工程師訓練出身的查爾斯・寇克，早在一九七六年就開始計畫一場橫掃全國的運動，他曾經是約翰伯奇協會（John Birch Society）[03]的會員，他的目標相當激進，在一九七八年曾經宣稱「我們的運動必須摧毀當前盛行的國家主權典範。」[04]

為了這個目標，寇氏家族進行了一場漫長而驚人的思想戰。他們出資補助一群表面上看起來沒有關聯的智庫、學術計畫，以及大量的倡議團體，並在全國政治辯論場合中提出主張。

---

01 譯者注　從啟蒙時代的自由主義（liberalism）發展而來，但原來主張個人自由與權利保障的自由主義，現在已經包含許多不同的政治思想，以中間派為主體，從左派到右派的政治光譜中，主要為中間偏左的社會自由主義，以及中間偏右的保守自由主義和自由意志主義。自由意志主義主張自由市場、自由人權與小政府的意識形態，也被稱為古典自由主義。

02 譯者注　美國媒體人、作家、保守主義政治評論家，政論雜誌《國家評論》（*National Review*）創辦人。他一生的政治活動主要在於努力把傳統的政治保守派、自由放任經濟思想及反共主義統合起來，替以高華德和雷根為代表的現代美國保守主義奠定了基礎。

03 譯者注　主張反共及限制政府權力的保守派倡議團體。

04 作者注　查爾斯・寇克是羅伯特・勒菲的追隨者。*Radicals for Capitalism: A Freewheeling History of the Modern American Libertarian Movement*（PublicAffairs, 2007）這本書的自由意志主義作者布萊恩・多赫提在接受作者採訪時形容，勒菲是「讓查爾斯衷心讚賞的無政府主義者」。關於勒菲更多描述請見第二章。

他們聘請遊說專家在國會推動自己的利益，並雇用政治操盤手扶植冒牌的草根團體在基層創造政治動能。他們還資助法律團體、宴請司法人員，目的是為他們的司法案件施壓。他們最後打造出來的私人政治機器，已經可以與共和黨匹敵，而且還威脅要吞掉它。他們的許多活動都是暗中進行，而且還披上公益外衣，因此社會大眾幾乎追蹤不到這些銀彈流向。不過逐漸累積下來，正如二〇一五年某個行動方案所稱，它已經形成一個「**完全整合的網絡**」。

寇氏家族相當一意孤行，但也不是單打獨鬥，他們是一小群家族中的一員。這些高高在上、極為富裕，而且極端保守的家族，幾十年來以挹注金錢的方式，來左右美國人的想法及投票行為，而且社會大眾通常並不知情。這些家族是在二十世紀下半葉開始積極作為。除了寇氏家族之外，這群家族還包括梅隆銀行及海灣石油（Gulf Oil）的繼承人理查·梅隆·史凱菲（Richard Mellon Scaife）；出身美國中西部，以承攬國防軍火契約而致富的哈利及林德·布拉德利（Harry and Lynde Bradley）；化工及軍用品企業鉅子約翰·歐林（John M. Olin）；科羅拉多州的庫爾斯（Coors）製酒家族；密西根州的安麗（Amway）行銷帝國創辦人狄維士（DeVos）家族。每個家族都不一樣，但他們形成新一代公益慈善家的面貌，全心致力於運用其私人基金會的億萬財富，來左右美國的政治走向。

當這些金主想方設法以自己的信念重塑美國時，他們的觀點被認為並不具代表性。在第二次世界大戰後，美國社會的普遍共識是積極政府（activist government）是為大眾謀取福利的力量，但他們極力挑戰這個社會共識，主張「小政府」（limited government，又譯有限政府）、大幅降低個人及企業稅賦、最低限度的社會福利、大幅降低產業監管，尤其是在環保議題方面。他們自稱這些主張是於理有據，但其立場完全是扣合個人利益。

在隆納・雷根（Ronald Reagan）任職總統期間（按：一九八一至一九八九年），他們的觀點開始得到較多關注，大體來說，他們仍被視為右派的極端邊緣份子[05]，但是共和黨（Republican Party）以及國內許多人士正走上這條路線。一般認為，往右派移動是對自由派（liberal）[06]支出計畫的反彈，不過，一個較未經檢驗的說法是，那完全是受到這一小群富豪金主的影響。

當然，意識形態光譜兩端的富裕支持者，一直都在美國政治中握有不成比例的權力。支持自由派組織及候選人的鉅富喬治・索羅斯（George Soros），就常常被保守派份子點名批評。[01]不過，寇氏家族特別創下了新標準。中立無黨派的監督團體公共誠信中心（Center for Public Integrity，按：非營利的新聞調查機構）創辦人查爾斯・路易斯（Charles Lewis）曾經說過，

---

05 作者注　我在《華爾街日報》報導過，雷根執政期間，共和黨建制派及純正保守派之間一直都是壁壘分明，後者在雷根白宮中仍被猜忌並視為局外人。

06 譯者注　美國自由派主張，政府應該徵收富裕階層更多稅，以提供大眾更多福利，從而創造更平等的均富社會。這種意識形態也被稱為社會自由主義、進步自由主義、福利自由主義或改良自由主義。

「寇氏家族的層次完全不同。從來沒有人像他們花這麼多錢，其規模之大，無人能及。他們的慣用伎倆是違法、政治操作、打迷糊仗。我從水門事件就在華盛頓了[07]，多年來，我從沒見過這樣的事。他們是這個時代的標準石油（Standard Oil）。」[02]

到了歐巴馬當選總統時，這對富豪兄弟的手段已臻成熟。他們漸漸擴大一份仔細挑選過的保守派富豪清單，並說服這些人和他們一起「投資」，如此一來，等於創造了一個私人的政治金庫。聚集在萬麗酒店的就是這群金主，大部分和寇氏家族一樣是身價非凡的企業主，在全國富人排行榜上，他們可不是前面的一%，而是更富裕的〇·一%，或甚至更高。從各方面來說，這群人極為成功，但對他們而言，歐巴馬當選卻是令人難堪的重大挫敗。

之前共和黨執政的八年期間，這群保守派企業菁英已經鞏固了權力，因此對美國政府的管制法規及稅法有巨大的影響力。這個團體中的某些人還譴責小布希總統不夠保守。但在小布希執政期間，這個階層中有許多成員因運作出符合其利益的政策，而聚斂了可觀的財富，因此把這位新選上的民主黨總統，視為對過往所得一切利益的直接威脅。這群人害怕的不只是共和黨八年當權的日子要結束了，更是某種政治秩序的終結，而他們相信，這個政治秩序對國家和他們自己而言，都有無法衡量的好處。

二〇〇八年的選舉結果，共和黨全盤皆輸，民主黨不只贏得白宮，在國會參眾兩院也贏得多數席。對這群人來說，二〇〇八年的選舉不只小輸而已，根本就是完全被擊潰。前歐巴馬總統的新聞副祕書比爾．博頓（Bill Burton）回想，「他們簡直是被完全摧毀，問題是還能不能存活。」後來擔任歐巴馬資深顧問的自由派政治運動者約翰．波德斯塔（John Podesta）回想選舉之後那幾天，「當時有勝利的氣氛，小布希被打敗了，他就像胡佛（Hoover），而歐巴馬是全面掌權的羅斯福（Franklin Roosevelt）。當時的感覺就是政局轉向，進步的新時代開始了。小布希的民調比尼克森（Nixon）還低啊！他之前的經濟及外交政策根本徹底失敗。那時的感覺就是『他們怎麼會敗得這麼慘』。」08

而在經濟方面，當時面臨一九三〇年代大蕭條以來最劇烈的衰退情勢，更加深了保守份子的政治危機感。歐巴馬宣誓就職那天，股市由於對國內銀行沒有信心而重挫，標準普爾（Standard & Poor's）五百指數下跌五％，道瓊工業平均指數（Dow Jones Industrial Average）下跌四％。經濟持續崩壞不僅有損某些保守份子的股市資產，更打擊了他們的信仰路線。市場絕

07 譯者注　發生於一九七二年的政治醜聞，導致尼克森總統於一九七四年辭職下台。
08 作者注　作者採訪約翰．波德斯塔。

對正確這個觀念，是自由意志主義保守派的基本教義，如今看來是愚蠢見解。自由市場倡議者眼看他們整個意識形態運動陷入危機，甚至連某些共和黨人也轉而懷疑。兩位布希執政期間都曾擔任要職的退休將領柯林・鮑爾（Colin Powell）就說，「美國人要的生活是，希望政府介入更多，而不是更少。」《時代》（*Times*）雜誌掌握到這股民意，有一期封面是象徵共和黨的大象圖案，並把標題定為「瀕危物種」。

查爾斯・寇克用世界末日般的字眼來形容歐巴馬的勝選，他在那年一月初，對公司七萬名員工寄出一封語氣急切的電子郵件，宣稱美國面臨「一九三〇年代以來，在自由與繁榮方面最大的損失」。他擔心聯邦政府支出又將大幅增加，因此對員工說，更多的政府計畫及管制措施，根本就是加深經濟衰退的錯誤方向，並堅持「能夠提供讓經濟成長、帶我們脫離動盪時期的最強動力，並不是政府，而是市場。」

歐巴馬的就職演講內容完全就是他的惡夢。這位剛剛才宣誓的總統，對於政府管得越少市場就越好這種觀念，就只差沒宣戰而已，他警告說「沒有監督的市場，是會失控的。」接下來的語氣就像直接瞄準企業巨頭，例如聚集在印地安韋爾斯的那些人，歐巴馬斷言「只眷顧富人的國家，不會強盛。」

在這種遭受威脅的政治情勢之下，查爾斯・寇克集結了保守派同路人，也就是葛雷格・謝利（Craig Shirley）所形容的「商人右派」（the mercantile Right）[09]，企圖奪回或盡可能掌控美國政治。歐巴馬勝選使這項任務更形急迫，而在印第安韋爾斯的這種集會，並不是寇氏家族的第一次。從二〇〇三年起，查爾斯和大衛就暗中資助這類保守派金主的集會，剛開始規模不大，但是隨著〇．〇一%（萬分之一）的右派份子對歐巴馬的敵視，這個計畫爆炸性地快速擴大。

在大眾面前，他們大致上隱藏了這個野心勃勃的計畫，除了最基本的法律要求，所有的財務資訊一概不曝光，但寇氏家族卻把他們圈子內的政治公益活動描繪為貴族的義務（noblesse oblige）。「捨我其誰，更待何時?」查爾斯．寇克在某個金主高峰會的邀請函上這樣寫著，還特意模仿古代希伯來學者西勒爾拉比（Rabbi Hillel）召喚武裝奮起的用詞。「我們顯然正在步入災難。」寇克後來對保守派作家馬修．康帝納提（Matthew Continetti）解釋他的計畫。03 他的想法是，要結合其他自由市場信奉者共同組成一個施壓團體。但在二〇〇三年的第一場會議中，到場的只有十五個人。

寇氏家族那一掛裡的人，其中有一個怕被懲罰而不願具名的人透露，早期的金主高峰會是查爾斯．寇克精心策畫的手段，是想號召其他人出錢投入對他公司收益有利的政治戰役。研討會基本上就是他的企業遊說的延伸，負責組織與在場服務的人都是寇氏工業的員工，大多數的研討會被當成公司的執行計畫。他說，對寇氏家族尤其重要的是，鼓動其他企業主參加他們

09 作者注　作者採訪葛雷格．謝利。

的環保戰役。寇氏家族強烈反對政府在氣候變遷上採取任何行動，因為那會傷害他們的石油利益。不過，在二〇〇九年一月，這些狹隘議題都被掩蓋過去，歐巴馬勝選在保守派企業菁英中攪動出既深且廣的恐懼感，因此那場集會擠滿了人，並成為政治抵抗勢力的中樞，讓策劃人深受感動。「忽然之間，他們就成了這個遊行隊伍的頭頭！」該名不願具名的人士說，「實在沒有人料想得到。」

到了二〇〇九年，寇氏家族確實成功擴張了他們的政治集會，原本只是自由市場政策理論家相濡以沫的聚會，此時開始吸引一大群有影響力的人物。有錢的企業家爭先恐後結交有力的著名演說家，例如最高法院大法官安東尼·史卡利亞（Antonin Scalia）以及克萊倫斯·湯瑪士（Clarence Thomas）。眾議員、參議員、州長、媒體名人都來了。「收到邀請函的都到了」，有一個仍在為寇氏家族工作的操盤人說，「大家都想進來。」

這些高峰會募到的錢也越來越讓人大開眼界。早期的企業主當然也大把花錢希望能操縱美國政治，但寇克研討會的金額遠遠超越以往。《華盛頓郵報》（*The Washington Post*）的丹·勃茲（Dan Balz）觀察，「在一九七二年的競選活動，保險業鉅子暨慈善家克萊曼·史東（W. Clement Stone）給了尼克森二百萬美元而引起公憤，並導致一場社會運動，最後形成水門事件後並促成選舉財務改革。」[04] 如果計入通膨因素，勃茲估計史東的二百萬美元大約等於今天的一千一百萬美元。再來看二〇一六年的選舉，寇氏家族和他那一小群朋友累積的政治戰爭金庫，估計大約是八．八九億美元。相比之下，在水門案時代被認為是極度貪腐的金額，根本就是小巫見大巫。

聚集在渡假飯店的出席者，其政治影響力打響了寇氏家族的名聲，為其極端自由意志論的政治觀點戴上了一圈新的光環，因為在過去的年代，那是被許多人貶為遠離主流的觀點。「我們不是一群跑來跑去、說些怪話的激進份子。」大衛．寇克驕傲地對康帝納提說，「我們很多人都是成功人士，在社群裡擁有很重要的地位，而且很受尊敬！」[05]

這些在二〇〇九年一月歐巴馬開始執政時期出席高峰會的人物，以及渡假飯店裡洩露出來的丁點訊息，外人僅能拼拼湊湊，因為那份賓客名單，就和寇氏家族其他方面的政商事務一樣，完全祕而不宣。曾經為寇氏家族工作過的某位共和黨選舉顧問，說起這個家族的政治活動，「形容他們躲過雷達還算是太低估了。他們根本就是地下組織！」

舉例來說，高峰會出席者常被勸告，要銷毀所有文件資料。[06]某次集會的邀請函上也提出警告，「千萬要注意你的會議紀錄和文件的安全和保密。」賓客被告知，不可對媒體洩露隻字片語，不可在網絡上發出任何有關會議的貼文。出席者的姓名以及會議議程，都有嚴密而繁複的安全步驟，以防止大眾監督。參加者要報名出席會議時也被警告，所有的安排都必須透過寇氏工業的員工，不可以信任渡假飯店裡的工作人員，因為他們的背景沒有經過寇氏工業在安全細節方面的檢查。為了偵測出外來者和假冒身分的騙子，所有活動都要戴上名牌，而且，手機、平板電腦、照相機與其他記錄器材，在會議開始之前就會被沒收。為了阻撓竊聽，音響工程師在場地周圍架設喇叭，並向不請自來的媒體和民眾發出白噪音。07如果有誰洩漏任何消息，不用說也知道，未來會議就別想參加了。若真的消息走漏，寇氏家族將會強力發動為時一週的內部調查，以找出漏洞，並防堵起來。在高峰會上募到的款項和金主都不為外界所知，即使策劃人希望這筆錢會對國家事務有決定性的影響。在一個事後洩漏出來的錄音中顯示，在某次高峰會上請求捐款時，寇氏工業特別專案部門副總裁、查爾斯寇克公益基金會（Charles G. Koch Charitable Foundation）副董事長凱文・詹崔（Kevin Gentry）就對金主保證，「我們可以保證匿名」。08

為了避免有人不明白這是極為嚴肅的事，查爾斯・寇克在某封邀請函裡強調，「在陽光下作樂」不是「我們的終極目標」。正事結束之後，可以來場高爾夫球賽及貢多拉遊河，但天一亮就要進行早餐研討會。他提醒受邀者，「這是行動派（doer）的聚會。」

在歐巴馬首次擔任總統期間，至少有十八位鉅富是寇氏家族祕密反對運動中的「行動派」。撇開少數幾位身價剛攀上幾億美元的出席者不算，光是已知的這十八位鉅富的財產，據二〇一五年估計，總數達到二千一百四十億美元。[10]事實上，在歐巴馬第一任期時祕密參加寇氏家族會議的億萬富豪，人數比一九八二年《富比世》（*Forbes*）首度列出全美四百大富豪排行榜上的億萬富豪還多。

寇氏家族會議的出席者反映出美國經濟不平等的鴻溝越來越大，已經達到一八九〇年代鍍金時代（Gilded Age）[11]的程度。位居美國收入頂層一%的人，與其他人的差距越來越大，到了二〇〇七年，這一%的人口擁有全國民間資產總值的三五%，全國有將近四分之一的總收入[12]是進了這些人的口袋，但在二十五年前只有九%。自由派評論家，例如《紐約時報》（*New York Times*）專欄作家、得過諾貝爾獎的經濟學家保羅・克魯曼（Paul Krugman）擔憂，這個國家陷入了從民主政治轉變成財閥政治（plutocracy）的危機，或甚至更糟，變成像俄羅斯那樣的寡頭政治（oligarchy），少數幾個極有權勢的生意人，以他人為代價而左右政府以滿足自

---

10 作者注　根據二〇一五年估計，寇克座談會已知出席者身價十億美元以上的包括：查爾斯・寇克：四百二十九億美元；大衛・寇克：四百二十九億美元；歐爾登・阿道森：三百一十四億美元；哈羅德・漢姆：一百二十二億美元；史帝芬・舒瓦茲曼（Stephen Schwarzman）：一百二十億美元；菲利普・安舒茲：一百一十八億美元；史帝文・寇恩（Steven Cohen）由麥可・蘇利文（Michael Sullivan）代表出席：一百零三億美元；小約翰・梅納（John Menard Jr.）：九十億美元；肯恩・葛瑞芬（Ken Griffin）：六十五億美元；查爾斯・舒瓦博（Charles Schwab）：六十四億美元；理查・狄維士：五十七億美元；黛安・韓崔克（Diane Hendricks）：三十六億美元；肯恩・朗格尼（Ken Langone）：二十九億美元；小史提芬・貝克托：二十八億美元；理查・法默：二十億美元；史坦・哈勃（Stan Hubbard）：二十億美元；喬伊・卡夫特（Joe Craft）：十四億美元。伊蓮・馬歇爾（Elaine Marshall）的資產於二〇一四年估計為八十三億美元，二〇一五年掉出《富比世》億萬富豪排行榜外。若加入她在二〇一四年估計的資產，在歐巴馬執政期間參加寇克聚會的億萬富豪，財產總值為二千二百二十億美元。

11 譯者注　大約指一八七〇年到一九〇〇年，南北戰爭之後到進步年代之前的期間，美國政府充滿貪婪與腐敗的現象。

12 作者注　Jacob S. Hacker and Paul Pierson, *Winner-Take-All Politics: How Washington Made the Rich Richer—and Turned Its Back on the Middle Class*（Simon & Schuster, 2010），指出二〇〇七年有收入人口中最頂層的一%拿走全國總收入的二三・五%，包括資本利得及股息。

己。[13]「我們現在這條路不只通向極度不平等的社會，更是通向寡頭政治的社會、繼承財富的社會。」克魯曼警告說，「當少數人有錢到可以買下政治體系，這個政治體系就會傾向為這些人的利益而服務。」09

「寡頭政治」這個名詞很煽動，聽起來可能有點誇張，因為一想到寡頭，就會想到暴君，這種人與美國這樣的民主政體，根本毫不相容。然而，越來越多人開始認為，美國已經淪為「公民寡頭政治」（civil oligarchy），一小撮極端有錢的人能夠運用其超凡的經濟地位，來推廣某種只為他們服務的政治。專門研究寡頭政治比較的西北大學教授傑佛瑞．溫特斯（Jeffrey Winters）就是其中的一個。他說，美國的寡頭不是直接統治，而是運用財富來產生符合其利益的政治結果。左傾的哥倫比亞大學教授、也是諾貝爾獎得主的經濟學家約瑟夫．史蒂格里茲（Joseph Stiglitz），他的說法是「財富創造權力，權力創造出更多財富。」10

寇克高峰會

多年以來，美國經濟學家傾向低估國內經濟不平等的重要性，他們主張，由於全球經濟面臨無法避免的劇烈轉變，不平等擴大只是必然的結果。他們向來都說，極度不平等會自然穩定下來，反正水漲船高，到時候所有的船都會一起升高。自由市場倡議者主張，最要緊的不是結果的平等，而是機會的平等。保守派經濟學家，同時也是諾貝爾經濟學獎得主米爾頓・傅利曼（Milton Friedman）寫道，「一個把結果平等置於自由之上的社會，最後會同時失去平等與自由……反之，以自由為優先的社會，最後就會出現令人開心的副產品，也就是更自由與更平等。」

然而新的千禧年以來，這項共識開始出現爭論。越來越多研究政治與財富關聯的學者，把美國迅速升高的不平等現象視為一種威脅，而且不只是對經濟的威脅，也是對民主政治的威脅。巴黎經濟學院（Paris School of Economics）的經濟學家托瑪斯・皮凱提（Thomas Piketty）在他那本轉變思潮的書《二十一世紀資本論》（*Capital in the Twenty-First Century*）⓫中提出警告，如果政府不強力介入，美國及其他地方的經濟不平等很可能會繼續惡化，目前握有全球財富成長大餅的少數人，在可預見的未來，將擁有不只是四分之一或三分之一的財富，很可能會是全球財富的一半，而他們的繼承人的財富成長速度也會超過工資成長的速度，並形成他所謂的「世襲資本主義」（patrimonial capitalism）。他預測，這股趨勢會加深資產者和無產者之間的鴻溝，到可比喻為舊歐洲的貴族以及香蕉共和國[14]的程度。

13 作者注 Chrystia Freeland, *Plutocrats: The Rise of the New Global Super-rich and the Fall of Everyone Else*（Penguin, 2012）, 3.

14 譯者注 指政治不安定、而且經濟高度仰賴外資控制出口產品（例如香蕉）的國家。

有些人主張，少數菁英也會導致極端的政治分歧，因為其利益與目標和其他人所面臨的經濟現實完全不同。在參議院預算委員會任職的共和黨員麥克．羅夫根（Mike Lofgren），花了三十年時間觀察有錢人的利益集團如何玩弄華盛頓制訂政策的機構，他譴責富豪圈「不食人間煙火」，他們「遠離這個國家的民間生活，毫不關心這個國家是好是壞，只把這裡看成是榨取財富的地方。」⓬雅克伯．哈克（Jacob Hacker）及保羅．皮爾森（Paul Pierson）形容，美國已經變成「贏者全拿」的國家，透過足以壓迫他人的政治優勢，經濟不平等將永遠持續下去。如果是這樣，寇氏家族高峰會就是這群贏者圈的面貌。

所有寇氏家族高峰會之中，只有一份完整的來賓名單浮出水面[15]，那是二〇一〇年六月的集會名單。就如同知名的亞斯特夫人（Mrs. Astor）之四百位賓客，亞斯特家的宴會廳只能容納四百個人，於是她的宴客名單就定義了十九世紀下半葉紐約上流社交圈的範圍，寇氏家族的金主名單也勾勒出一個富裕的社交往來圈。他們大部分是生意人，很少女性，更少非白人。有些人白手起家，其他很多人則意圖守住自己繼承到的大批遺產。寇氏家族的聚會吸引來的人清一色是保守派，但卻不是卡通裡那種能夠輕易看出懷著鬼胎的壞蛋，他們的觀點各不相同，而且在社會及國際議題上常有不同見解。然而，把他們兜攏在一起的是對政府管制及稅法的厭惡，特別是因為這會侵犯到他們已經積累的財富。在亞斯特的年代，鐵路鉅子及鋼鐵大亨叱吒風雲，但由於賺大錢的方式在二十世紀末已經改變，如今大部分的參與者不意外地多半來自金融界。

在歐巴馬的第一次任期，這些親自參與或派代表參加寇氏家族金主聚會的金融大亨，其中比較為人所知的是史帝文．寇恩（Steven A. Cohen）、保羅．辛格（Paul Singer）、史帝芬．舒瓦茲曼（Stephen Schwarzman）。他們在基本哲學上是保守派，動機並非惡意，但是他們也都各有理由，不願意見到歐巴馬執政後態度將會更強硬的聯邦政府。

寇恩擁有極為成功的對沖基金賽克資產顧問公司（SAC Capital Advisors），當時正因內線交易而遭到密集的犯罪調查。檢察官形容，他位在康乃狄克州斯坦福的公司是「吸引市場詐欺犯的磁鐵」。《富比世》估計寇恩的財產一度高達一百零三億美元，因此他的支票簿是所向無敵的政治武器。

辛格的財富在《富比世》估計大約是十九億美元，他擁有獲利巨大的避險基金艾略特資本管理公司（Elliott Management），被批評者稱為禿鷹基金，極受爭議，專門以低價買進經濟崩盤國家的債務，然後採取激烈的法律行動，逼迫這些本來可望債務赦免的赤貧國家，連

---

15 作者注　這份名單公布於二〇一〇年十月二十日由李方（Lee Fang，音譯）執筆的新聞報導，在 *ThinkProgress* 網站出版。二〇一四年 *Mother Jones* 網站公布部分增訂名單。

本帶利把錢還他。[16]雖然辛格堅稱，他並沒有買進貧窮國家的外債，他賺大錢的方式仍引來公眾譴責以及政府檢查，就連紐約八卦小報都同聲痛罵。辛格支持前任紐約市長魯道夫・朱利安尼（Rudolph Giuliani）的競選活動之後，二〇〇七年七月《紐約郵報》（*New York Post*）有篇報導標題是〈魯迪的『禿鷹』金主〉，副標則是「大賺窮人錢」。辛格形容自己是高華德（Goldwater）路線的自由企業保守派，他大量捐錢推廣自由市場意識形態，但同時他的公司卻被爆出向政府要求不尋常的奧援，以榨乾數個赤貧政府。這種矛盾存在很多寇氏家族金主網絡的參與者身上。

相較於辛格，舒瓦茲曼比較沒有參與政治活動，他會加入寇氏家族的政治計畫可能是個偶然。二〇〇〇年，他花了三千七百萬美元買下曼哈頓公園大道七百四十號裡的一戶三層樓豪華公寓，前任屋主是小約翰・洛克菲勒（John D. Rockefeller Jr.）。三年後，大衛・寇克買下同樣那棟曼哈頓大廈裡的一戶。到了歐巴馬選勝時，舒瓦茲曼已經成為華爾街大筆揮霍的代表人物。克莉西亞・佛利蘭（Chrystia Freeland）在她的《大財閥》（*Plutocrats*，書名暫譯）一書中寫道，二〇〇七年六月二十一日，舒瓦茲曼旗下超級成功的私募基金黑石集團（Blackstone，又譯貝萊德、百仕通）首度公開釋出股票，「那天是美國財閥首度現身的派對。」那天結束時，舒瓦茲曼賣出的股份賺了六億七千七百萬美元，手上還握有時價七十八億美元的額外股份。

舒瓦茲曼這個石破天驚的紅利日，讓華盛頓印象極其深刻，但不完全是好的印象。民主黨人不久之後就開始批評，附帶權益金（carried- interest）[17]的稅收漏洞以及其他作帳伎倆，讓這些資本家得以聚斂這麼多財富。有鑒於二〇〇八年金融市場崩盤，歐巴馬與民主黨人開始越來越常討論到華爾街的改革方案，可以想像類似舒瓦茲曼、寇恩及辛格等聚集在寇克會議上的資本家，荷包即將大失血。[18]

寇氏家族的大金主之中，奇特的電腦科學家羅伯特・墨瑟（Robert Mercer），擅長用複雜的數學演算法來進行股票交易而致富，他旗下的避險基金也是政府的稽查目標。國會裡的民主黨人正在考慮對股票交易徵稅，而他所共同主持的文藝復興科技公司（Renaissance Technologies），就是以電腦驅動進行高頻交易。熟悉墨瑟想法的人認為，他的政治活動和金錢利益並不相關，但墨瑟有其他的商業理由反對政府。當時，國稅局（Internal Revenue Service）正在調查他的公司不當避稅達幾十億美元，但公司否認這項指控。隨後，就業勞動法

---

16 作者注　關於紐約州議會立法協助辛格追償，請見 Ari Berman, "Rudy's Bird of Prey," *Nation*, Oct. 11, 2007。辛格還尋求美國法院協助向阿根廷追償違約債券的利潤。

17 譯者注　指創投基金經理從基金的投資利潤中分得的部分，一般是在投資者收回全部投資後，按資本增值的部分比例計算。

18 作者注　根據 David Carey and John E. Morris, *King of Capital: The Remarkable Rise, Fall, and Rise Again of Steve Schwarzman and Blackstone*（Crown Business, 2010）書中所述，「追蹤國會討論的人說，促使國會採取行動的催化劑是舒瓦茲曼的生日宴會，以及迫在眉睫的黑石首次公開募股。」

規也讓他尷尬又頭痛，因為三名家務工作者控告他不當扣薪（拒付超時工作的薪資），並指稱他為了一些小事而不公扣薪，例如浴室的洗髮精瓶裡剩不到三分之一時沒有換新。[13]報導這個案件的八卦小報一定會提到，墨瑟之前就告過一家玩具火車製造商，該公司為他在紐約長島的宅邸中裝設一組精緻費工的電動火車組，墨瑟控告該公司多收他兩百萬美元。按照他在二〇一一年的年薪一億二千五百萬美元，《富比世》將墨瑟列為當年收入排名第十六位的避險基金經理人。

活躍在寇氏家族團體中的資本家還有其他的法務問題。家得寶（Home Depot）的共同創辦人億萬富翁肯恩・朗格尼（Ken Langone）涉入一宗纏訟官司，他任職紐約證券交易所的賠償委員會主席時，決定讓他的朋友、證交所董事長狄克・葛拉索（Dick Grasso）拿到一億三千九百五十萬美元的薪資。這件醜聞牽涉數目之大，導致葛拉索最後辭職下台。[19]朗格尼面對批評相當憤怒，報導中說他覺得「如果不是有我們這群肥貓、還有我們的捐款，這個國家每所大學都會倒閉！」[14]

出席寇氏家族集會的其他金融界人士，還有共同基金史壯資產管理公司（Strong Capital Management）的理查・史壯（Richard Strong），他遭到前紐約州檢察總長艾略特・史匹哲（Eliot Spitzer）調查他惠及親友的內線交易，定案後被禁終生不得涉足金融業。史壯付了六千萬美元罰款並公開道歉，他的公司就相關懲罰另外要付一億一千五百萬美元。但史壯賣掉他公司的資產給韋爾斯．法戈（Wells Fargo）之後，美聯社（Associated Press）報導他「身價更高」。[15]

許多參加寇克高峰會的不只是傑出的企業主，也是厲害的避稅高手。例如科羅拉多州石油及娛樂大亨、奎斯特電信公司（Qwest Communications）創辦人、二〇〇二年被《財富》雜誌封為全美「最貪婪執行長」的菲利普．安舒茲（Philip Anschutz），就在一宗極度複雜、需要會計學位才能解釋清楚的稅務問題上，陷入司法苦戰。安舒茲是個保守的基督徒，曾經資助聖經故事主題的電影，在二〇〇〇至二〇〇一年的一筆交易中，他利用所謂的可變預付遠期合約（prepaid variable forward contracts），試圖逃避繳納資本利得稅。這種合約讓持有股票的富人承諾，將在未來某一天釋出股份給投資公司，以交換預付的現金。由於股票並不是立刻轉手，因此就沒繳資本利得稅。根據《紐約時報》報導，安舒茲在二〇〇〇年至二〇〇一年期間，透過唐納森與路氏及詹氏公司（Donaldson, Lufkin & Jenrette），承諾釋出他旗下的石油及天然氣公司股份，而獲得三億七千五百萬美元。而《富比世》估計，安舒茲在二〇一五年的財富為一百一十八億美元。

後來，法院以技術性的理由反對了安舒茲的交易行為。前《時代》雜誌記者大衛．凱．強

19 作者注　據《富比世》估計，二〇一五年朗格尼的財產大約是二十九億美元，他說葛拉索的薪資是合理的，最後法院採納這項主張。

斯頓（David Cay Johnston）指出，基本上，法院已經裁定，「與安舒茲交易手法稍有不同的預付行為，將會繼續存在。但它們為什麼應該存在？」他質問，「為什麼有人可以從當下收益中賺錢，卻不用付稅？」強斯頓的結論是，「可怕的是，美國有兩套獨立且不公平的所得稅制度。一個制度適用於像安舒茲和他太太南西這種超級有錢人，他們的投資收益可以延遲繳稅，甚至避稅，另外還有其他稅務手段可以用。而另一個制度是適用於沒那麼有錢的人。」16

有些金主家族則明顯違反稅法。位於密西根州的全球多層次行銷帝國安麗集團的共同創辦人理查．狄維士，就對一宗犯罪計畫認罪，因為他在一九八二年，對加拿大政府詐欺了二千二百萬美元的關稅。狄維士後來宣稱那是誤解，但紀錄顯示，這家公司為了蒙蔽加拿大官方，涉嫌佈下精心騙局。他和共同創業夥伴傑．馮安鐸（Jay Van Andel）最後被迫付出二千萬美元罰款。這筆錢對狄維士的財富沒什麼影響，因為據《富比世》估計，他擁有五十七億美元的資產。到了二〇〇九年，狄維士的兒子迪克（Dick）及媳婦貝西（Betsy），都已經是寇克名單上的重要金主，並因違反俄亥俄州的選舉財務法，而遭判破紀錄的五百二十萬美元民事罰款。17

寇克金主人脈圈中也有相當多能源鉅子。這個團體中的許多人，顯然都有政府管制及環保問題。例如石油、天然氣及採礦業，「開採」行業常常都是由某些反對政府管制最力的人所經營，但是他們全部非常仰賴政府的許可、管制與稅法以協助其獲利，政府也常常提供公有土地給他們經營。除了寇氏家族之外，至少有十二位石油及天然氣公司的執行長加入這個團體。他們共同的巨大利益是阻止任何針對氣候變遷的政府行動，並削弱為環境把關的法規。這個團體之中，在這方面的主要代表人物是小柯賓・羅伯森（Corbin Roberson Jr.），其家族建立了價值幾十億美元的石油公司，昆塔納天然資源資產公司（Quintana Resources Capital）。羅伯森在煤礦投資甚巨，《富比世》稱他擁有「國內最大的民間能源庫，有二百一十億噸的礦藏」。[18]調查報導顯示，羅伯森和幾個政治外圍團體（front group，按：指掩護真正目的與金主的團體）有關，這些團體在燃煤設施的污染排放控制上，和環境保護署（EPA）採取對抗態度。可笑的是，其中一個外圍團體的名稱是「植物需要二氧化碳」（Plants Need CO2）。[20]

寇克金主人脈中另一個活躍的煤礦鉅子是理查・基連（Richard Gilliam），他是維吉尼亞州的大企業康柏藍天然資源公司（Cumberland Resources）的董事長。康柏藍在二〇一〇年以十億美元賣給梅西能源（Massey Energy）時，煤礦業這種夕陽產業對抗政府管制的賭注下得有多大就非常明顯，因為就在幾週後，梅西的上大山脈（Upper Big Branch）礦區爆炸，導致二十九名礦工喪生，這是四十年來最嚴重的礦災。政府調查發現，梅西忽視了好幾個活動區域的安全把關，有位聯邦大法官起訴該公司的執行長唐・布蘭肯薛普（Don Blankenship），陰謀

20 譯者注 Plant 有兩個字義，一是植物，一是工廠，因此這個組織名稱有雙關涵義。

違反且阻礙聯邦採礦安全標準，他因此成為第一個面臨刑事訴訟的煤礦大亨。後來，梅西被愛爾發天然資源公司（Alpha Natural Resources）以七十一億美元買走[21]，其執行長凱文．克拉奇菲德（Kevin Crutchfield）也是寇克網絡中的一員。

好幾位以水力壓裂開採頁岩氣的成功企業主自有對政府不滿之處，他們也都在寇克的賓客名單上。這種革命性的開採頁岩氣方法振興了美國能源產業，但卻使環保人士警戒。這個團體裡的「採礦家」是奧克拉荷馬州大企業德文能源（Devon Energy）的共同創辦人J．賴瑞．尼可斯（J. Larry Nichols），以及擁有大陸天然資源公司（Continental Resources）的哈羅德．漢姆（Harold Hamm），這家公司是北達科塔州巴肯頁岩（Bakken Shale）最大的開採者。[19]出身佃農之子的漢姆在美國富人排行榜上排名第三十七，《富比世》估計他在二〇一五年的財產約值八十二億美元，他主張對石油業者維持稅賦減免，但他的公司由於層出不窮的違反環境與工安事件而聲名狼籍。

寇克圈子的金主有一個共同特點，他們旗下的企業都是個人獨資，行事低調隱密，因此《富比世》稱這群人是「隱形富豪」。個人獨資讓這些大亨更能掌握管控自由，而且必須對大眾披露的資訊也很有限，讓他們不必面臨股東的監督。儘管如此，即使這些金主萬般不願，仍然避不開政府的法律審查。

事實上，寇克網絡中有許多人在過去或現在都面臨著法律問題。歐爾登．阿道森（Sheldon

Adelson）是全世界最大的賭博企業拉斯維加斯金沙集團（Las Vegas Sands Corporation）的創始董事長及執行長，《富比世》估計其財富約為三百一十四億美元，他正面臨司法部一宗行賄調查，牽涉到他的公司在澳門為了取得賭場營業執照，而違反《外國貪腐行為法案》（Foreign Corrupt Practices Act）。

寇氏工業本身也有觸犯《外國貪腐行為法案》的隱憂。《彭博》（*Bloomberg News*）後來揭露，寇氏工業曾經非法匯款至阿爾及利亞、埃及、印度、摩洛哥、奈及利亞及沙烏地阿拉伯，這些紀錄正被法國法庭審理中。還有，就在歐巴馬勝選之前幾個月的二〇〇八年夏天，聯邦官員曾訊問這家公司對伊朗的銷售案，因為這違反美國為了扼止資助恐怖主義的貿易禁令。[22]

同時，另一個金主小奧立佛．葛萊斯（Oliver Grace Jr.）是創立威廉葛萊斯公司（William R. Grace Company）的家族親屬，因涉及認股權回溯而處於醜聞中心，導致他被逐出超暴力電玩《俠盜獵車手》（Grand Theft Auto）的資方 Take-Two 公司董事會。

---

21 作者注　二〇一五年，美國第四大煤礦公司愛爾發天然資源聲請破產保護。

22 作者注　寇氏工業聲稱該公司遵守貿易禁令，因為使用的是援外補助金來協助伊朗蓋出世界最大的甲醇工廠。寇氏工業雇用離岸員工，透過這種做法鑽法規漏洞，雖然符合法律條文，但卻不符合美國從一九九五年就頒布的貿易禁令之意旨。Asjylan Loder and David Evans, "Koch Brothers Flout Law Getting Richer with Secret Iran Sales," *Bloomberg Markets,* Oct. 3, 2011.

全國最大制服供應商、康乃迪克州辛塔企業（Cintas Corporation）董事長理查・法默（Richard Farmer），則涉入有關一名員工慘死的法律案件。就在歐巴馬這位在商界不討好的新總統上任之前，辛塔企業才剛剛因為與職業安全與健康管理局（Occupational Safety and Health Administration, OSHA，以下簡稱職安健管局）的官司敗訴，而付了兩百七十六萬美元，在引證的六項安全問題中包括有名工人在工業用烘乾機裡被燒死。這位拉美移民員工是被通往熱源的輸送帶勾住而無法脫身。慘案發生之前，職安健管局從二〇〇三年起傳喚辛塔企業超過一百七十次，其中七十次遭管制單位警告有「死亡或嚴重身體傷害」之虞。歐巴馬上任時，這家公司還在打官司，不願賠償某位員工的遺孀，主張他的死亡是自己的錯。法默也是寇克團體裡的億萬富翁金主，《富比世》估計他的財產是二十億美元。

雖然這群與會者一致主張反政府、自由市場、靠自己打拼等等，裡面竟也包括不少政府標案的大承包商，例如小史提芬・貝克托（Stephen Bechtel Jr.），《富比世》估計他的個人資產是二十八億美元。貝克托是國際上很有權勢的大型工程公司貝克托企業（Bechtel Corporation）的總裁及退休董事長，這家企業是在他祖父手上創立，由他的父親經營，退休之後再由兒孫接手。貝克托這個家長制的家族企業是全國第六大民間企業，而且幾乎完全是靠政府庇蔭而生存。它蓋過胡佛水壩及其他大型公共建設，而且有管道直通最高層級的國家安全機要人員。光是二〇〇〇年到二〇〇九年之間，就從美國政府契約裡拿到三百九十二億美元，這還包括美國入侵伊拉克之後的重建費用六億八千萬美元。[20]

就像許多寇克金主的公司一樣，貝克托也有違反政府法律的麻煩。二〇〇七年，伊拉克重建事務專門檢驗長提出一份報告，指控貝克托的工程品質極差。二〇〇八年，在波士頓風評很差的「波士頓中央幹道隧道工程」（俗稱Big Dig〔大挖掘〕），工程品質未達標準，公司最後付了三億五千二百萬美元罰款了事。這家公司也因為花了幾十億美元在華盛頓州的翰佛（Hanford）核能設施清理工程，成本超支太多，而遭到國會譴責。

在寇克網絡裡，對抗政府的情緒非常高漲，有一個金主氣到不只是為他的企業，連他自己的人身安全都強烈反對聯邦政府的介入。湯瑪斯．史都華（Thomas Stewart）把他父親在西雅圖的食品生意發展成超大企業美國服務集團（Services Group of America），根據報導，他非常喜歡搭乘私人直升機及公司飛機。公司裡有一個前機長拒絕採納他的飛航建議，因為那違反聯邦航空管理局（Federal Aviation Administration）的管制規定，《西雅圖郵訊報》（*Seattle Post-Intelligencer*）訪問機長時，他說史都華「從座椅上起身狂吼『我想怎麼幹都行！』」。[23]

23 作者注　二〇一〇年該機長及妻女連同另外兩人，在一場直升機墜毀意外中喪生。據說調查員認為是因為機長的五歲女兒坐在駕駛艙，腳踢到控制器。

選不上，用錢買就好

二〇〇九年寇克高峰會的重點是一場暢所欲言的辯論，主題是敗選之後保守派應該怎麼辦。金主及其他賓客在飯店裡的宴會廳用餐，就像羅馬時代的參議院元老，來到廣場上觀賞辯論擂台上慷慨激昂的論述。坐在舞台一側面對與會者的是德州參議員、全國共和黨參議員聯席會主席、德州最高法院前法官約翰·康寧（John Cornyn）。身材高大、前額寬廣、膚色透紅、一頭蓬鬆白髮，一身細條紋深色西裝，這個形象和他的角色非常相襯，也就是共和黨建制派的中流砥柱。根據立場中立的《國家期刊》（*National Journal*）報導，在參議院，康寧名列第二位最保守的共和黨員。但是據某位他的前任幕僚所言，他同時也是「十足的憲政主義者」，認為在政治上有時候是需要妥協的。

主持桌另一邊是南卡羅來納州參議員吉姆·狄敏特（Jim DeMint），保守派中的挑釁份子，他代表的是共和黨中最邊緣的反建制團體，某個讚賞他的人形容他是「匈奴頭目」。當時他五十七歲，只比康寧大五個月，但一頭黑髮、體格精瘦、穿著比較休閒，質樸不拘的風格讓他看起來年輕了好幾歲。選進國會之前，狄敏特在南卡羅來納經營廣告代理公司。他懂得怎麼銷售，而那個晚上他想推銷的是一條政治路線。根據歷史學家尚恩·威廉茲（Sean Wilentz）的說法，狄敏特那些來自小棕櫚州（the Palmetto State，按：南卡羅來納州）的祖先一定會認同這個路線，因為它非常像一八六〇年代南部聯邦的脫離聯邦份子約翰．柯洪（John C. Calhoun）的主張：從根本上廢除聯邦的權力。[21]

這兩位共和黨籍參議員交惡已有一段時日。那天晚上他們的開場發言也完全南轅北轍。康寧認為，共和黨應該向更廣大的選民尋求支持來贏回政權，包括中間選民。一個前幕僚說，「他知道德州的共和黨和緬因州的共和黨不見得一樣。」而且，「他認為要廣納更多群眾。拿不到更多選票就贏不了。」

相反的，狄敏特把妥協視為投降。他對程序緩慢的憲政政府沒有耐性。他認為，許多參議員同僚畏首畏尾而且自私自利。根據他的觀點，聯邦政府已經成為美國經濟動能的致命威脅，不對政府管制與支出計畫全面開戰，就是一種逃避行為。狄敏特屬於新形態的極端主義，那天晚上他的發言是鼓吹共和黨要純化，而非稀釋。他說他寧願「有三十個真正有信仰的共和黨員，而不要毫無信仰的多數。」這句話有如咒語般贏得觀眾的歡呼與掌聲。狄敏特認為，與其妥協原則而與新政府合作，共和黨人必須要堅定反對歐巴馬，要發起大規模的反抗與阻撓行動，無論二〇〇八年選舉的結果如何。

與會者繼續為他鼓掌，狄敏特以他的南方庶民風格，特別在某個議題上咬住康寧。他指控康寧背叛自由市場原則，屈服於最嚴重的大政府支出方式，因為之前康寧投票贊成財政部提供大筆緊急融資給即將倒閉的銀行。二〇〇八年九月十五日，全國最大的投資銀行之一雷曼兄弟（Lehman Brothers）倒閉，對金融機構引發了一連串驚人的骨牌效應以及普遍恐慌。聯準會主席班・柏南奇（Ben Bernanke）警告國會領袖，「距離全球金融系統崩潰，只有幾天的時間」。為了避開經濟大災難，小布希政府的財政部乞求國會通過七千億美元鉅額緊急紓困金，也就是所謂的問題資產紓困計畫（Troubled Asset Relief Program, TARP）。[22]

歐巴馬及共和黨總統候選人約翰・馬侃（John McCain），在二〇〇八年競選過程中都支持這項緊急應變。但是從那時候開始，社會大眾及狄敏特這種反政府的自由市場保守派，都強烈反對紓困方案。會議現場中，金主們哄然鼓譟，擔任主持人的自由市場派及《華爾街日報》（*The Wall Street Journal*）社論撰稿人史提芬・摩爾（Stephen Moore）還加油添柴，康寧本來是希望能夠有風度的辯論共和黨的未來，卻突然發現自己變成防守的一方。現場氣氛開始火爆激昂，有一個金主藍迪・肯屈克（Randy Kendrick）譴責康寧：「你們就淨是選出一堆RINOs！（按：是 Republicans in Name Only 的縮頭字）」。摩爾之前就是發明這個字眼來攻擊共和黨的溫和派，用他的話說，就是「空有名號的共和黨人」。

查爾斯・寇克及妻子麗茲（Liz）坐在前排，沉默地看著這一切。沒有人挺身為康寧說話。大家都以為，死硬派的自由市場擁護者寇克，會反對政府提供民間鉅額援助。後來很多記者也都這樣以為，而將寇克反對歐巴馬的動機解釋為，對於某些議題，例如問題資產紓困計畫這樣的援助，存有根本原則上的歧見。但是，這些以為與解釋都不對。如果大家仔細檢視過往的紀錄就會發現，這實在錯得離譜。首先，寇克的政治團體美國繁榮（Americans for Prosperity, AFP）反對政府金援，看起來是符合自由意志派的立場。但是，當股市開始下跌而威脅到寇克的大量投資，這個機構就迅速且無聲地換邊站了。九月二十九日星期一，市場開始崩盤，由於面臨保守派強力反對，眾議院不負眾望，竟然沒有通過聯邦援助方案。那天結束時，道瓊工業指數下跌了七百七十七點，市值蒸發了六．九八％。這是有史以來股市單日跌幅最嚴重的一次。

雖然有些保守派團體以及像狄敏特這樣的政治人物仍然反對金援方案，但市場恐慌已足以令許多人改變心意。接下來的四十八小時，翻轉立場的就包括了寇克。在眾議院那次令人料想不到的投票之後兩天，參議院正要考量這項方案時，一大串保守派團體改為支持紓困方案，這份名單就在檯面下傳給共和黨籍立法人員，希望能說服他們投票支持金援。這些列在支持名單上的團體，其中就有美國繁榮機構。[24]參議院隨即通過問題資產紓困計畫，兩黨議員都壓倒性地支持，包括康寧。有一個熟悉寇克思考理路的消息來源指出，美國繁榮機構的立場反轉，反映的就是寇克的立場。[25]

---

24 作者注　二〇〇八年十月一日參議院投票，參議員約翰．圖恩（John Thune）辦公室發出一份支持該法案的名單，其中有美國繁榮。http://www.thune.senate.gov/public/index.cfm /press-releases?ID=8c603eca-77d3-49a3-96f5-dfe92eacda06.

25 作者注　美國繁榮的菲爾．柯本是寇克的首席操盤手，他承認「憎惡這項法案」，但是「我真的很害怕我們的財務系統會瓦解。」

就算寇克為了保護個人投資利益，勝過自由市場原則，他們也不會在全場群情激昂的自由意志份子面前提起。這些人手上的現金，可是寇克想要用來打擊歐巴馬的重要武器。因此，雖然只要他們挺身發言就能夠立刻改變會場風向，卻沒有人為康寧說話，也沒有人提到，傳統上合理的政治反對分際是要為言行負責。

相反的，在歐巴馬時代第一場寇克會議上，某位與會者形容，金主們群情激憤，「就像一群捶胸頓足的大猩猩。」兩邊發言都結束之後，集會賓客們選擇了極端主義的路線。

寇克先前就已經作出結論，要靠不尋常的政治手段來達成目標。二〇〇九年一月，這次金主集會前幾天，寇氏家族就已經私下和長期為他們服務的政治策士商量過可能的選項，密會地點就在堪薩斯州威奇托市的寇氏工業總部那棟黑色玻璃堡壘內。

稍後在《威奇托鷹報》（*The Wichita Eagle*）中，寇克對採訪者比爾．威爾森（Bill Wilson）及洛伊．溫索（Roy Wenzl）透露，聽完歐巴馬的就職演說之後，他們就同意政治顧問理查．芬克（Richard Fink）所說的話：美國就要毀滅了。這一對富豪兄弟能自由支配的財富，加起來是世界第一。據說芬克對他們說，如果想打敗歐巴馬勝選所代表的前進浪潮，將會需要「他們的全副精力」。[23]

根據那份威奇托報紙的引述，芬克說，「如果我們要做，就要把它做對，不然就別做。」「但如果我們沒做對，或者完全都不做，人家不會把我們放在眼裡，那就是浪費時間，還不如去打高爾夫。」

然而，如果寇克決定要像芬克說的「把它做對」，他們必須要充分準備好，因為芬克警告，「那會搞得非常非常難看。」

歐巴馬的顧問後來承認，當時面臨的是什麼樣的抵抗力量，歐巴馬一無所知。歐巴馬投身競選活動以來，一直都像個後黨派政治的政治家，用充滿理想的態度和那些他所謂「喜歡把我們的國家分成紅州和藍州」㉔的人討論議題。他堅持，「我們是一國的」，就是美利堅共和國。他的視野，就和自身融合族裔與地域的血緣背景一樣，是和解共生，而不是分離分化。與他首任就職演說中的主題相呼應，歐巴馬之前就譴責過「犬儒主義者」（cynics），說這些人「不能理解……他們腳下的土地已經改變了……長久以來轟炸我們的陳舊政治主張，已經不再適用了。」

這份情感是很值得讚賞，不過，卻是一廂情願的想法。如果這位走馬上任的新總統，在發表這些樂觀言論的時候，低頭看看閃亮皮鞋下的地面，可能就會明智地注意到了。他所站的這塊紅色藍色相間的地毯，是按照一份政府合約而特別製作的，而且是由英威達（Investa）這家寇氏工業的子公司製造。在美國政治上，寇克以及他們支持的一切，不是那麼輕易就能避開的。

「金主要能影響用人決策以及其他掌控形式，同時又隱藏其激進主義的目標。」

——約翰伯奇協會前會員
喬治・派爾森
（George Pearson）

第一部

思想的戰爭
從一九七〇年，
到二〇〇八年

01

激進的演化

寇氏家族，一部極端保守主義者的歷史

「等到你躺在壕溝、腦袋裡有顆子彈，就不會有什麼爭議了。」

——佛雷德·雀斯·寇克（**Fred Chase Kock**）

強硬主張自由意志主義的寇氏家族，得來的部分財富竟然是因為兩位歷史上最有名的獨裁者，喬瑟夫．史達林（Joseph Stalin）及阿道夫．希特勒（Adolf Hitler）。寇氏家族的大家長，佛雷德．雀斯．寇克（Fred Chase Kock），創立了這個家族的石油企業，在一九三〇年代與這兩個政權都發展出獲利豐厚的商業關係。

根據家族傳說，佛雷德是定居在德州小城昆拿的一個荷蘭印刷與出版商之子。昆拿就在與奧克拉荷馬州的邊界以南，佛雷德之父在當地經營一份週報及印刷廠。昆拿這個地名是以美國科曼奇族（Comanche）最後一位酋長昆拿．帕克（Quanah Parker）為名，佛雷德於一九〇〇年出生時，這個地方還保有拓荒邊界地帶的氣息。聰明的佛雷德急欲脫離專制守舊的父親掌控，還是男孩時就曾經逃家去和科曼奇族住在一起。後來，他穿州越省去讀大學，從德州的萊斯（Rice）轉學到麻省理工學院（Massachusetts Institute of Technology, MIT）。他在那裡獲得化學工程學位並加入拳擊隊。早期照片顯示，他是個高個子、穿著正式、戴著眼鏡的青年，一頭亂亂的卷髮，臉上神情自信且桀驁不馴。

一九二七年，凡事動手做的佛雷德，在原油抽出汽油的製程上發明了一種改良方法。然而，以他後來常講給兒子的尖刻說法是，美國主要石油公司把他視為生意威脅，並將他踢出這個產業之外，一九二九年對他以及他的顧客提告，理由是專利侵害。寇克認為，大石油公司這種獨占專利行為是反競爭且不公平的。這場爭奪成為寇克後來反對「企業裙帶主義」（corporate cronyism，按：指用人唯親）的早期版本，他們極力主張，政府和大企業合作是不公平的。以佛雷德的眼光來看，他是在對抗一個腐敗制度的局外人。

寇克打官司打了超過十五年，最後勝訴拿到一百五十萬美元。[01]他正確質疑對手向至少一個主審法官行賄，那是一個不適任的酒鬼法官，把這個案子交給心術不正的書記來辦案。「法官收賄這件事，完全改變了他們對正義的觀點。」[02]有一個長期為寇氏家族工作的員工指出，「他們相信正義能夠被收買，法律規定是給傻瓜用的。」寇克在美國被官司搞得綁手綁腳，於是把他創新的提煉方法帶到國外。

第一次世界大戰後，他與某位導師查爾斯・甘納（Charles de Ganahl）已在大不列顛協助建造了一個煉油廠。當時，俄國人供應石油給英格蘭，因此俄國人在十月革命（Bolshevik Revolution）[03]之後要建自己的煉油廠，就來尋求他的專業協助。

根據家族說法，寇克一開始把蘇聯（Soviet Union）發來請求協助的電報給撕了。說他不要為共產黨工作，也不信任他們會付款。但是在確立一份能夠拿到預付金的合約之後，他克服

---

01 作者注　全面陳述這件法律事務的是寇賓（Clayton A. Coppin）的 "A History of Winkler Koch Engineering Company Patent Litigation and Corruption in the Federal Judiciary." 此書由寇氏工業委託，未出版，該書作者與本書作者分享內容。

02 作者注　作者採訪寇克家族相關人士。

03 譯者注　一九一七年，列寧領導的布爾什維克黨推翻沙皇，取得政權。

了自己的思想疑慮。他的公司當時叫溫克勒-寇克（Winkler-Koch），從一九三〇年開始訓練蘇聯工程師，在史達林的第一個五年計畫之下，協助史達林政權建立十五座現代煉油廠。這個計畫成功了，並形成未來蘇聯石油工業的骨幹。石油貿易為蘇聯帶來至關重要的穩定金流，使它得以將其他產業現代化。據說，寇克收到的款項是五十萬美元，在美國大蕭條時期，這是一筆大數目。不過，到了一九三二年，面臨國內的需求增加，蘇聯官員決定以後就直接複製這項科技，自己來蓋煉油廠會比較有利。[01]根據某份報導，蘇聯建造了一百座工廠，佛雷德・寇克繼續提供技術協助，但這樣的顧問工作利潤比較少。[02]

接下來發生了什麼事，在寇氏工業集團的官方歷史中是空白的。官方歷史提到，公司在蘇聯的整個工作結束於一九三二年，之後的紀錄就直接跳到一九四〇年，佛雷德・寇克決定成立一家新公司，木河石油裂解廠（Wood River Oil & Refining）。[03]查爾斯・寇克在他自己的書《成功的科學之道》（*The Science of Success*，按：書名暫譯）中，也模糊帶過這一段，只提到他父親的公司藉由「在國外建造工廠，特別是蘇聯」，而在「大蕭條前幾年，首度在財務上真正獲致成功。」[04]

有爭議的一段歷史不見了。離開蘇聯之後，佛雷德・寇克轉而投向希特勒的第三帝國（the Third Reich）。希特勒在一九三三年當上總理，不久之後他的政府監督並出資大量擴張工業，包括增加德國的石油產出能力，以因應漸增的軍事野心。一九三〇年代，佛雷德・寇克經常為石油生意而往訪德國。[04]檔案中的紀錄顯示，在一九三四年，堪薩斯州威奇托的溫克勒-寇克工程公司——這是當時佛雷德的企業名稱——提供工程規畫並開始監造一座大規模的煉油廠，這座工廠是由一家位於漢堡易北河畔的公司擁有。[05]

在當時的德國，寇克投入這個煉油廠是相當不尋常的冒險。這家煉油廠的最高層執行長惡名在外，是個同情納粹的美國人威廉·羅德·戴維斯（William Rhodes Davis），由於他與希特勒之間廣泛的商業往來，後來遭到一個聯邦檢察官指控他是納粹政權的「有力代理人」（agent of influence，按：類似中文的「暗樁」）。[05]一九三三年，戴維斯欲向歐洲油槽有限公司（Europäische Tanklager A.G., Eurotank）收購一座設立於漢堡的德國石油儲存設施，並計畫改裝成大規模煉油廠。當時，希特勒的軍事目標及對石油的更多需求已經是眾所週知。戴維斯的計畫是要把原油運往德國提煉，然後銷售給德國軍隊。戴維斯向美國銀行借貸但遭到銀行總裁拒絕，因為那被視為支持納粹建立軍隊，但是其他銀行則通過放款。[06]美國這邊的資金到位後，戴維斯需要第三帝國支持。為了取得支持，他首先必須說服德國工業家相信他是支

---

04 作者注　佛雷德·寇克到德國出差是根據一個家族成員口述。

05 作者注　戴維斯從未被以犯罪行為起訴判刑。根據 Dale Harrington, *Mystery Man: William Rhodes Davis, American Nazi Agent of Influence*（Brassey's, 1999）, 206. 他在一九四一年過世後，司法部調查顯示他從事地下工作。

06 作者注　出處同前，第十四頁。波士頓銀行的查爾斯·史賓塞（Charles Spencer）拒絕與這項交易有任何瓜葛，而把這件事交辦給比較不耿直的銀行基層職員。

持希特勒的。為了討好，戴維斯安排拜會法賓（I. G. Farben）董事長赫曼．舒密茲（Hermann Schmitz）。這是一家相當有力且政商關係良好的化學公司，不久後就開始生產集中營毒氣室中使用的毒氣。戴維斯與舒密茲見面時，是用納粹口號「希特勒萬歲」（Heil Hitler）打招呼。儘管花了這些心力，還是沒有讓戴維斯得到他想要的通行證，於是他就直接傳訊息給希特勒，最後在一場會議中，這位元首走進來並命令手下通過這樁交易。在希特勒命令之下，第三帝國的經濟部長支持戴維斯興建煉油廠。撰寫戴維斯傳記的戴爾．哈靈頓（Dale Harrington）在書中使用了現場說法，當時希特勒對他心存疑慮的手下說道，「各位，我看過戴維斯先生的提案了，看起來可行，我要銀行資助這個計畫。」[07]哈靈頓寫到，接下來幾年，戴維斯與希特勒會面至少六次，有一次還請他在一本《我的奮鬥》（*Mein Kampf*）簽名以贈其妻。[08]根據哈靈頓的紀錄，到了一九三三年底，戴維斯「深深獻身給納粹主義」，並且明顯展現出「對猶太人的厭惡」。[09]

一九三四年，戴維斯找上佛雷德的公司溫克勒-寇克，請求協助執行他的德國商務計畫。在佛雷德的指導之下，煉油廠於一九三五年完成，一天能夠處理一千噸原油，因此，這個第三帝國的第三大煉油廠，是在戴維斯和寇克的合作之下興建完成。根據哈靈頓的說法，特別的是，它也是德國能夠「生產提供給戰鬥機使用的高辛烷值汽油的少數煉油廠。」[10]他寫道，「順理成章，歐洲油槽與德國軍隊會有更多商業往來。」因此他的結論是，美國的投機事業成為「納粹戰爭機器的重要一環。」

專門研究德國工業史的歷史學家，意見也是如此。德國石油工業的發展對希特勒的軍事野心「非常非常重要」，根據西北大學教授彼得．海耶斯（Peter Hayes）的說法，「希特勒決心要建立『自主』或經濟上的『自給自足』」，他解釋，「負責這個計畫的德國官員顧特費．菲德（Gottfried Feder）認為，雖然德國必須進口原油，但光是自己煉油也能節省與外國的貿易。」[11]

一直到開戰，戴維斯從這項安排中獲得極大的利益，即使在英國封鎖之下，仍大費周章瞞天過海讓原油持續進口到德國。第二次世界大戰開打時，高辛烷值燃料就用於投放炸彈的德國轟炸機。就和戴維斯一樣，寇氏家族也從這樣的投機事業中獲益。蘇格蘭格拉斯哥大學企業歷史研究所（Centre for Business History）主任雷蒙．史托克（Raymond Stokes），與人合寫了一本講述納粹時代德國石油工業的歷史書籍《石油因素》（*Faktor Öl*〔*The oil factor*〕，按：書名暫譯），書中記錄了這家公司的角色，「溫克勒-寇克直接從這個計畫獲益，而且正是這個

---

07 作者注　出處同前，第十六頁。
08 作者注　出處同前，第十九頁。
09 作者注　出處同前，第十八頁。
10 作者注　出處同前，第十九頁。
11 作者注　作者採訪彼得．海耶斯。

計畫才有了第三帝國的燃料政策。」12

佛雷德・寇克在那幾年經常往訪德國，根據家族說法，一九三七年五月，他本來要搭乘跨越大西洋的飛機、後來失事的興登堡（Hindenburg），但是最後關頭他沒趕上。一九三八年末，第二次世界大戰即將開打，希特勒的目標再清楚不過，佛雷德為文讚美德國等地的法西斯，並與美國羅斯福的新政（New Deal）做了令人反感的比較。他在給朋友的一封信中寫到，「雖然沒有人同意我的看法，但我認為這個世界上最強的國家是德國、義大利和日本，因為這些國家都很努力勤奮。」並補充說，「比起世界上其他地方的人，這些國家裡的勞動人民實在好多了。把德國今天的士氣與一九二五年的德國做比較，你就會開始思考，也許閒散安逸、吃大鍋飯、依賴政府等等這種令我們苦惱的行為，是不能長久下去，而且是會被打敗的。」06

美國在一九四一年加入第二次世界大戰，家族成員說當時佛雷德試圖加入美軍，但政府指派他利用化學工程的好本事，來協助提煉高辛烷值燃料給美國戰機。同時，很諷刺的是，溫克勒-寇克興建的漢堡煉油廠成為聯軍轟炸目標。一九四四年六月十八日，美國 B-17s 轟炸機終於摧毀了它。轟炸漢堡的死傷人數幾乎無法想像。聯軍長期且強力攻擊漢堡的重要工業目標，總共造成四萬兩千名平民死亡。

佛雷德・寇克願意與蘇聯及納粹合作，這是寇氏家族早期累積財富的一大因素。一九三二年，他在一場馬球賽中遇見瑪麗・羅賓森（Mary Robinson），後來還成為他的妻子。當時，這位石油先生因為替史達林工作，已經攢聚了一些財富，並鋪設了日後通向超級有錢人之路。

當時羅賓森芳齡二十四，畢業自衛斯理學院，修長美麗、金髮碧眼，在家族照片中經常可見她開心的表情。她是密蘇里州堪薩斯市一個名醫之女，成長於大都會的氛圍中。比她年長七歲的寇克深深受到吸引，認識一個月之後就迎娶了她。

這對夫妻隨即聘請一個當地最時尚的建築師，在堪薩斯州威奇托郊區一片廣闊建地上，蓋了一棟氣派的哥德式石造宅邸，這就是溫克勒-寇克公司的所在地。這片莊園反映出他們往上攀升的社會階級，在周圍一片平坦空無的草原上，顯得非常堂皇，莊園裡有馬廄、馬球場、獵狗狗舍、游泳池及戲水池、環形車道，以及石砌露台的花園。國內最好的工匠製作了裝飾物件，例如鑄鐵欄杆、精緻雪花圖案雕刻的石砌壁爐。不到幾年，寇克又買下堪薩斯州瑞斯附近一片茂盛的春溪牧場，喜愛科學與遺傳學的佛雷德在那裡育種養牛。家族照片顯示，這對夫妻看起來光采又貴氣，會舉辦野餐會及池邊派對，穿著馬褲及馬球裝騎馬，身邊有一群歡樂的朋友環繞著。

結婚八年，這對夫妻生了四個兒子，人稱弗迪（Freddie）的佛德列克（Frederick）於一九三三年出生，查爾斯一九三五年出生，雙胞胎大衛及威廉（William，按：後文稱威廉為比

12 作者注 作者採訪雷蒙·史托克。

爾或比利）於一九四〇年出生。孩子的父親經常出遠門，母親忙於社交及文化活動，這些男孩幾乎都是交給好幾位保母及管家來照顧。

一九三〇年代，佛雷德除了把德國的工作倫理與美國剛萌芽的福利國家政策拿來比較之外，他對希特勒並沒有很明確的看法。不過他對德國風格的生活與思想很著迷，以至於為長子弗迪與次子查爾斯聘請了一個德籍女家庭教師。當時弗迪是個小男孩，查爾斯還在包尿布。認識這家人的某個人說，這位保姆的鐵律嚇壞了小男孩。除了專制威權之外，她還是個強烈的納粹同情者，經常宣講希特勒的美德。她穿著漿得筆挺的白色制服、戴著護士尖帽，帶來一疊可怕的德國童書，包括維多利亞時代的經典《披頭散髮的彼得》（*Der Struwwelpeter*），書裡說的是行為不乖的可怕後果，包括有切斷孩子的大拇指、還有把孩子燒死的。認識這家人的某個人回憶說，這個女教師養育孩子的方式相當嚴厲且專制。她執行嚴格的如廁訓練，要求男孩準時按計畫在晨間排便，或者強制餵食蓖麻油灌腸。[13]

這個鄙視美國的女家庭教師，幾乎沒有受到任何干預，主宰了育兒工作好幾年。一九三八年，兩個男孩被留在家裡好幾個月，父母則旅行到日本、緬甸、印度和菲律賓。瑪麗．寇克就算在家也相當臣服於丈夫而不願介入。「我父親對我母親滿嚴格的。」比爾．寇克（**Bill Koch**）後來告訴《浮華世界》（*Vanity Fair*），「我母親非常敬畏我父親。」[07]同時，佛雷德．寇克經常去德國等地，而且一出門就是好幾個月。

直到一九四〇年雙胞胎出生，弗迪七歲、查爾斯五歲，威奇托的德籍女家庭教師終於離開了寇克家，顯然是她自己主動離開的。她的理由是，希特勒入侵法國讓她非常高興，覺得自己必須回到祖國去追隨元首一起慶祝。查爾斯在人生初期遭受威權對待的經驗對他有什麼影響，外界不得而知，但有趣的是，他一生熱中反對威權主義（authoritarianism），但經營企業時卻又完全一手掌控。[13]

佛雷德．寇克本身也是個強悍、要求很多，又嚴守紀律的人。大衛的童年朋友約翰．丹加（John Damgard），後來成為未來工業協會（Futures Industry Association）會長，回憶起佛雷德是「真正的約翰．韋恩（John Wayne，按：因西部片走紅的演員）那一型。」[14]寇克注重粗獷的興趣，他帶兒子們到非洲打獵，地下室的桌球間充滿許多異國的動物標本，有一個表兄弟回憶，那套收藏可真是嚇人，包括了獅子、熊、還有其他帶著尖角和獠牙的動物頭顱，睜著閃亮的玻璃眼珠就掛在牆上。[15]夏天的時候，男孩們會聽到朋友在對街鄉村俱樂部游泳池玩水的聲音，但他們卻不能加入，因為爸爸要求他們，五歲就要去挖蒲公英的根，長大一點就去家裡牧場挖水溝、鏟肥料。佛雷德很關心兒子，但是他決心不讓他們變成他所謂的「鄉村俱樂部的公

13 作者注　關於保姆的敘述是根據作者採訪一個知情人士，這位消息來源為了維持與家族的關係而婉拒透露身分。
14 作者注　作者採訪約翰．丹加。
15 作者注　作者採訪寇克家族的表兄弟

子哥兒」，就像他熟悉的其他石油大亨後代那樣。「很小的時候，父親就給我灌輸工作倫理，這對我幫助很大，雖然當時看起來並不是什麼好事」，查爾斯寫道，「我八歲時，他要求我在空閒時必須找事做。」08

四個兒子後來都表示欽佩並敬愛父親，但是他們的眷戀回憶卻掩蓋了其中的黑暗面。佛雷德的管教是不容分說的，他的處罰方式就是體罰。男孩們違反規定時，他不只用打的，有時候是用皮帶抽，甚至更糟。有個家人還記得看到他拿了一截樹幹，剝下長條，然後「像鞭狗一樣鞭打雙胞胎兄弟。」只因為兄弟倆不知怎麼弄壞了石砌露台，而使父親震怒。「他是個讓你很難去愛的人」，這位不願具名的家庭成員補充說。第二個家人也記得這次的鞭打事件。佛雷德「經常不在孩子身邊」，他說，但是當兒子們行為不佳，他們「就有苦頭吃了」。

好的忠告，聾的耳朵

在這個家庭裡，兄弟鬩牆問題一直以來都很嚴重，並在成年後達到高峰。家庭照片及影片顯示，兄弟們在戶外操場上鬥劍、互搶玩具、互相把對方搞哭、打架時戴的手套比頭還大。沒多久，次子查爾斯就成為這群男孩裡的主導領袖，他非常喜歡競爭、意志力強、很有自信，外表就是個英俊的金髮體育模範。有個家人回憶道，查爾斯最愛的遊戲是山丘上的國王。「從來沒變過。」另一個家人說。

查爾斯很少落敗，要是真的輸了，他也非常輸不起。家族裡流傳的故事是，有一次弟弟比爾在一場拳擊賽中打敗了他，查爾斯從此之後就不再玩拳擊。

長子弗迪很早就顯示出他和別的兄弟不一樣，他不是父親那種粗獷類型。他喜歡看書，比較像藝術型的母親，雙胞胎跟著愛發號施令的查爾斯打球時，他寧願在自己房間裡看書（**不過弗迪也打敗過查爾斯一次，往他臉上揍了一拳，把他的鼻子打斷了**）。查爾斯後來告訴《名人》（*Fame*）雜誌，「父親要把他所有的兒子都養成男子漢，但弗迪沒辦法達到父親的期待。」查爾斯補充，「爸爸不了解他，所以他對弗迪很兇。父親不明白，弗迪並不是個懶散的孩子，他只是不一樣而已。」[09]

父親對其他男孩也很嚴厲。大衛喜歡看書，有一陣子迷上《綠野仙蹤》（*the Wizard of Oz*）那套書，當然，書的背景就是在堪薩斯州，但是父親寧願他去幹活。大衛越來越依附哥哥查爾斯，變成他的跟班與幫兇，只要這個哥哥一聲令下，他什麼都會去做。「我和大衛親近是因為他（**比其他兄弟**）各方面都能幹。」查爾斯直白地對《名人》雜誌說。

瑪麗．寇克回憶道，那不是因，而是果，「比利一直都覺得，查爾斯和大衛把他排除在外。」她說他「沒有自信，也沒有自尊。」比利是這群男孩裡唯一的紅頭髮，而且脾氣暴躁，有好幾次情緒失控發狂，有一次他還抓起一支無價的古董花瓶，往地上重重摔碎。佛雷德的反應就是揍得更兇。

曾任喬治梅森大學（George Mason University）副教授及歷史研究者克萊頓・寇賓（Clayton Coppin）[16]，是少數能得知家族內部活動第一手資訊的外人。一九九三年，寇氏工業聘請他寫出一份機密的公司歷史。接下來六年，放在威奇托企業總部的寇氏工業不公開檔案，以及佛雷德及瑪麗・寇克的私人資料，寇賓幾乎可以不受限制地取閱。他也被授權採訪他們的生意夥伴。一九九九年寫完這份歷史文件之後，公司把寇賓開除了。隨後在二〇〇二年，比爾・寇克（Bill Koch）聘請他進行第二項機密研究計畫，這次主題是他哥哥查爾斯的政治活動。在接受我的專訪時，寇賓描述了他進行第一項研究時所得知的資訊，也分享了第二項計畫的報告內容，這是發表於二〇〇三年的三部內容極長的研究作品，標題是《隱密行動：查爾斯・寇克的政治活動之歷史》（*Stealth: The History of Charles Koch's Political Activities*）。

讀過許多佛雷德私人信件的寇賓表示，一九四六年，弗迪十三歲時，父親對一個家庭友人吐露，家裡有孩子教養危機，他需要協助。弗迪在夏天被迫到家庭牧場上幹活，情緒非常激動、不穩定。這個家庭友人推薦他向波西亞・漢莫頓（Portia Hamilton）[17]諮詢，這是一個專長兒童發展的紐約臨床心理學家，佛雷德開始與她聯絡。漢莫頓與這個家庭見面並寫下一份評估，建議把這些男孩分開，並且讓已經忙於社交及旅行的母親瑪麗與兒子的距離再拉開，目的是讓男孩們更「像男人」。那個時代的心理學理論把同性戀歸因於「母親過度照顧」。

於是，弗迪就被送到紐約泰瑞鎮一家預備學校海克利（Hackley），在那裡，他得以順著自己在文化方面的興趣，去曼哈頓看歌劇表演，在學校戲劇節目中演出。後來他覺得是海克利救了他。

為了讓查爾斯不再找兄弟的麻煩，寇克夫妻把查爾斯也送到寄宿學校去，他當時才十一歲。為他選擇的學校是專收男孩的南亞利桑那學校（South Arizona School for Boys），以嚴格出名。他母親明白表示，這個安排是為了弟弟比利好，但卻更讓兄弟之間的憤恨加劇。❿

「我懇求他們別把我送走」，一九七七年，查爾斯對《財富》雜誌說。⓫查爾斯在寄宿學校裡表現不好，但是父母親沒有回應他要回家的懇求，而把他送到更嚴格的寄宿學校，科羅拉多州的泉谷學校（Fountain Valley School）。「我全都不喜歡。」查爾斯回憶道。[18]有一度他的父母終於「憐憫」他，讓他在威奇托上公立高中，這個他喜歡，但是「我惹了麻煩。」所以父母把他送進印第安納州的卡爾弗軍校（Culver Military Academy），也是一所講究紀律的學校。查爾斯在那裡的學業成績稍微好一些，但還是一直惹麻煩。最後他因為在火車上喝酒而遭卡爾

16　作者注　寇賓任職於喬治梅森大學的社會與組織學習課程，該機構受到寇克家族大量資助。

17　作者注　漢莫頓一九四〇年畢業自哥倫比亞大學，寫過一個受歡迎的報紙專欄，主題是心理學，主張從兒童的遊戲及羅夏測驗（Rorschach Test）可以窺知兒童內在的不安。一篇專欄文章 "Troubled Little Minds," *Milwaukee Sentinel,* April 3, 1949 她形容一個小女孩從父母及祖父母得到「太多的愛」。

18　作者注　查爾斯．寇克接受傑森．詹寧的（Jason Jennings）採訪，回憶他的學校生活，刊於寇克企業網站。

弗開除（雖然後來為了讓他拿到文憑又重新入學）。[19]後來查爾斯承認，「我的性格有點叛逆，骨子裡有自由精神。」查爾斯的父親為了懲罰他，把他趕去和德州的親戚一起住。[20]「父親就像神一樣令人畏懼。」大衛後來回憶道，「他說：『如果你做不到，就是個沒用的人，就是讓我失望。』父親是個嚴厲的工頭（taskmaster）。」⑫

寇賓為比爾．寇克所做的機密報告寫道，「接下來十五年，查爾斯很少在家，只偶爾在放假時回來。」他被家裡放逐之後，「查爾斯回家渡假的第一件事，就是欺負弟弟比爾。」⑬比爾在驚懼與沮喪中成長。他在社交方面十分退縮，一直覺得各方面都比不上攣生兄弟大衛，以及哥哥查爾斯。這對雙胞胎兄弟不久之後也被送去寄宿學校。有趣的是，比爾選擇跟隨查爾斯的腳步去上卡爾弗軍校，大衛選的是東部的迪爾菲爾德中學（Deerfield Academy）。寇賓在一次專訪中說，「兄弟之間很多糾紛，查爾斯不斷反叛。那是不幸的童年。」[21]

然而，查爾斯自己做了父親之後，也延續了某些教養模式。他的兒子雀斯（Chase）十三歲時，在一場網球賽中沒有全心投入，查爾斯就派員工去接兒子，然後把兒子送到家裡的某個牧場，要求他一週七天、一天十二小時，在熱烘烘又臭氣沖天的飼養場裡工作。查爾斯頗為自豪地笑著對《威奇托鷹報》轉述這個故事，「我想，他是以為可以在威奇托這裡找個工作，晚上還可以和朋友出去玩吧。」⑭雀斯之後網球打得非常好，但後來出了更嚴重的問題。雀斯高中時，有一次在威奇托開車闖了紅燈，把一個十二歲男孩撞成重傷致死，被以駕車謀殺的輕罪起訴。他認了罪，被判緩刑十八個月以及一百小時社區服務，並且必須負擔這個男孩的葬禮費用。大學畢業後，雀斯和父親一樣，進了家族企業工作。

查爾斯另一個孩子伊麗莎白（Elizabeth）畢業於普林斯頓大學，她在部落格上描述，她是如何證明自己給爸爸看。她寫道，放假回家時，「一到家我就忍不住一股衝動，想趴在地上吃土，表示我有多麼感激他們為我做的一切，表示我不是被寵壞的怪獸，那種像他們警告的如果不小心就會變成的怪獸。」她描述自己在屋子到處「追著」爸爸，想讓他因她對經濟學感興趣而印象深刻，以及「往下盯著那口你這團享盡特權卻沒有哪件事會做得夠好的廢物黑色深井。」（按：伊麗莎白主修文學，這段描述她自己的心理狀態）⓯

一個世代之前，佛雷德嚴格訓誡兒子，不讓他們被寵壞，這種精神也傳給他的兒子了。即使佛雷德已經做好留下大筆遺產給兒子的計畫，仍在一九三六年預先寫了一封信給他們。在這封信中，他提出警告：

19 作者注 遭開除事件在以下兩個來源中皆有描述。Wayne, "Survival of the Richest"，以及寇賓受比爾．寇克委託所著的未出版研究 "Stealth: The History of Charles Koch's Political Activities, Part One." 本書作者獲得一份影本。

20 作者注 查爾斯．寇克接受傑森．詹寧採訪。

21 作者注 作者採訪寇賓。

你們滿二十一歲時會拿到一筆現在看來似乎很大的一筆錢。這筆錢你拿去做什麼都可以。它是祝福，也可能是詛咒。你可以把它當成很有價值的工具來獲致成就，也可以愚蠢地把這筆錢浪費掉。如果你選擇讓這筆錢毀掉你的企圖心和獨立性格，那麼它對你就是個詛咒，我給你這筆錢就是個錯誤，我會非常遺憾使你錯過了獲得成就的無上喜悅。我知道你不會讓我失望。記住，逆境常常是祝福的偽裝，逆境最能惕勵心性。你們要和善慷慨地對待彼此，以及你們的母親。16

查爾斯．寇克把這封信裱框放在辦公室，但是如同《財富》雜誌所觀察的，以這群兄弟日後長期對簿公堂來看，「從來沒有這麼好的忠告是落到這麼聾的耳朵裡。」17

走向極端的起點

大衛．寇克回想，他的父親也曾試圖對兄弟們灌輸政治觀念。他對布萊恩．多赫提（Brian Doherty）提到，「他經常對我們這些孩子講政府做錯了什麼。」多赫提是寇克資助的自由意志派雜誌《理性》（*Reason*）的主編，也是《資本主義激進份子》（*Radicals for Capitalism*，書名暫譯）作者，本書內容是寇氏家族投入參與的自由意志運動的歷史，於二〇〇七年出版。大衛說，「大政府不好，是一路伴隨我長大的基本觀點，讓政府管制強加到我們的生活及經濟財富上，是不好的。」

佛雷德・寇克的政治觀點，顯然是因為他接觸過蘇聯的創傷經驗。長久以來，史達林嚴酷整肅好幾位寇克的蘇聯朋友，讓他第一手目擊共產政權的殘暴天性。寇克顯然也因為在蘇聯時，政府派給他一個冷酷的保鑣，而極受震動，那人威脅他說，共產黨很快就會征服美國。寇克被這個經驗影響很深，後來，他的業務完成之後，他說他很後悔自己參與這個合作案。他在威奇托的公司總部留著一些照片，目的是要留作紀錄，他建造的這些煉油廠後來是如何被摧毀。「蘇聯成為更強大的軍事力量之後，在某個程度上，佛雷德因為曾經協助建造這些工廠，而覺得有罪惡感。我想，這對他影響很大」，蓋斯・狄澤瑞嘉（Gus diZerega）推測，他是寇氏家族在威奇托的朋友。

一九五八年，佛雷德成為約翰伯奇協會的十一個創始會員之一，這個極端保守反動的團體，最為人知的作為是散播子虛烏有的陰謀論，說共產黨密謀推翻美國。佛雷德出席了在印第安納波利斯的糖果製造商羅伯・威爾區（Robert Welch）所舉辦的創立會議。約翰伯奇協會吸引了全國志同道合的企業家，包括哈利・布拉德利（Harry Bradley），他是位於密爾瓦基的艾倫-布拉德利（Allen-Bradley）公司董事長，後來為右派的布拉德利基金會（Bradley Foundation）提供資金。該協會成員認為，許多知名美國人包括艾森豪總統（Dwight D. Eisenhower）是共產黨特務。保守派歷史學家羅素・柯爾克（Russell Kirk）為了驅逐這個運動裡的瘋狂邊緣份子，說了一句很出名的話來反駁：「艾克（按：艾森豪暱稱）才不是共產黨員，他是打高爾夫的。」

一九六〇年，佛雷德．寇克自費出版一本砲火四射的書《企業家看共產主義》（*A Business Man Looks at Communism*，書名暫譯），書中他說「共產黨人滲透了民主黨及共和黨。」基督新教教會、公立中學、大學、工會、軍隊、州政府部門、世界銀行（World Bank）、聯合國（United Nations）、現代藝術，在他眼裡，這些都是共產黨的工具。他讚美墨索里尼（Benito Mussolini）在義大利鎮壓共產黨員，並貶低美國人權運動。最高法院審理《布朗控告教育局案》（*Brown v. Board of Education*）[22]，投票決定隔離政策違憲後，約翰伯奇協會會員發起彈劾首席法官厄爾．沃倫（Earl Warren）。布朗案的發生地就在寇克家鄉堪薩斯州的托皮卡。佛雷德．寇克在他的小冊子中聲稱：「共產黨接管美國的計畫中，有色人種是重要角色。」他認為福利是吸引農村黑人進入城市的祕密陰謀，他預言他們會煽動「邪惡的種族戰爭」。在一九六三年某次演講中，寇克聲稱共產黨人將「滲入美國政府最高層級，直到總統也是共產黨員為止，我們這些人都被蒙在鼓裡。」

寇克出錢資助他的政治活動，他的兒子後來也跟著走上這條路。他把自己寫的書全部買下，據他說發行量超過二百五十萬冊，還加上巡迴演講。據美聯社報導，在一九六一年的某次演講中，他告訴堪薩斯州婦女共和黨俱樂部一個成員，如果她們害怕因為加入反共而變得太

「有爭議性」，應該記住「等到你躺在壕溝、腦袋裡有顆子彈，就不會有什麼爭議了。」⑱佛雷德·寇克這種胡言亂語引起聯邦調查局（FBI）注意，還提出報告描述他的言辭「完全荒謬」。[23]

約翰伯奇協會的觀點很粗糙原始，但它的行銷手法則是相當高明精緻。創立這個團體的糖果製造商威爾區，敦促組織者執行一個現代行銷計畫，並投放大量廣告、在各家各戶信箱塞宣傳小冊。這個宣傳活動在威奇托如火如荼推行，佛雷德經常出席當地約翰伯奇協會的會議，而且慷慨資助。

諷刺的是，這個組織本身就模仿共產黨，奉行隱密行動和花招詭計，而且會員身分保密。他們認為，為了打擊虛偽奸詐的敵人，使用下流招數來對抗是合理的。威爾區「刻意使用同樣手法」，他認為這是因為共產黨人「操縱、欺騙、甚至不誠實」，狄澤瑞嘉年輕時曾在威奇托參加約翰伯奇協會的聚會，他回憶道，這個團體的伎倆是成立「假裝成其他樣子」的冒牌外圍團體。於是，用縮頭字取名的組織紛紛出現，例如TRAIN（To Restore American Independence Now，按：恢復美國獨立），TACT（Truth About Civil Turmoil，按：社會騷動的真相）。⑲另

---

22 譯者注　一九五四年，黑人女學生琳達·布朗（Linda Brown）被拒進入白人學校就讀，而控告堪薩斯州托皮卡的教育局。

23 作者注　根據一九六一年三月十五日一份寫給聯邦調查局助理主任狄洛區（C. D. DeLoach）的備忘錄，收納在拉瑟（Ernie Lazar）以資訊自由法而要求公布的檔案。

一個戰術是把這個團體的激進觀點，包裝在世俗而不具威脅性的口號中，例如「少政府干預，多承擔責任」。威爾區最喜歡用的比喻之一是譴責「集體主義」，而在五十多年後，查爾斯·寇克在二〇一四年《華爾街日報》為文抨擊，把批評他的民主黨人詆毀成「集體主義者」，實在令人費解。[20]

佛雷德的妻子瑪麗後來對她的家鄉報《威奇托鷹報》說，威爾區是個「非常聰明犀利的人，幾乎可以說是個知識份子。」[21]然而，這個家族對約翰伯奇協會的讚美，在一九六三年十一月二十二日甘迺迪總統（John F. Kennedy）遇刺時就顯得有點尷尬了。李方（Lee Fang）在他的書《機器：右派復活的田野指南》（*The Machine: A field Guide to the Resurgent Right*，書名暫譯）中寫道，甘迺迪總統那天早晨抵達達拉斯時，好幾位德州的約翰伯奇協會會員買下報紙全版廣告，措辭憤怒地指控他竟然推廣「莫斯科精神」。[22]之前甘迺迪試著不理會約翰伯奇協會這幫人，但當時他已經醒悟到，這些人的危言聳聽對社會越來越有害，因此他必須正面迎戰，他譴責他們是「高舉懷疑大旗的十字軍」以及「極端份子」。

甘迺迪遇刺之後沒多久，佛雷德·寇克立刻轉彎，買下《紐約時報》及《華盛頓郵報》全版廣告來哀悼甘迺迪。這廣告還進一步推銷陰謀論，說刺客奧斯華（Lee Harvey Oswald）的行動是共產黨計畫的一部份。廣告中警告，共產黨不會「這次成功就罷手」，另外，版面角落有一張可以撕下來的訂購單，引導大眾加入約翰伯奇協會的郵寄名單。專欄作家朱·佩桑（Drew

Pearson）為此嚴詞抨擊寇克的「廣告噱頭」，指他是偽君子，因為他曾經為蘇聯建立石油工業，透過蘇維埃共產主義使自己獲利。

佛雷德・寇克繼續在極端政治中活動。他大力金援貝瑞・高華德（Barry Goldwater）於一九六四年競選共和黨總統提名時的右派主張。高華德也反對《民權法案》（Civil Rights Act），以及最高法院針對《布朗控告教育局案》做出廢止隔離這個里程碑的決定。極端右派力保共和黨卻沒有成功，那年共和黨被林登・詹森（Lyndon Johnson）打得慘敗。[24]一九六八年，佛雷德・寇克繼續往更右邊走。在喬治・華萊士（George Wallace）出線之前，他呼籲約翰伯奇協會成員艾斯拉・塔夫特・班森（Ezra Taft Benson）出馬，與南卡羅來納州參議員史壯・佘蒙德（Strom Thurmond）搭檔競選總統，基本主張是種族隔離及廢除全部所得稅。㉓

大衛及查爾斯吸收了父親的保守派政治思想，也加入約翰伯奇協會，不過他們的觀點不盡然與父親完全相同。狄澤瑞嘉於一九六〇年代中期在威奇托某個約翰伯奇協會書店瀏覽時，遇見查爾斯而交上朋友。根據他的說法，查爾斯並不完全接受這個團體的陰謀論。他回憶道，比他大幾歲的查爾斯把他帶離共產主義陰謀論相關書籍，指引他去讀一些反政府經濟學家的書，

24 作者注　有些保守派人士認為，高華德出馬競選淨化並強化共和黨，但有些人例如赫森（Michael Gerson）認為，高華德競選對共和黨是個災難，部分原因是他排拒了未來世代的少數族群選民。"Goldwater's Warning to the GOP," *Washington Post*, April 18, 2014

查爾斯對這些作品特別感興趣，「這是好東西。」他回憶查爾斯是這麼對他說的。約翰伯奇協會的創辦人威爾區是經濟學教育基金會（Foundation for Economics Education）的董事會成員，瑞克．波斯坦（Rick Perlstein）在描寫高華德崛起史的書《風暴之前》（*Before the Storm*，書名暫譯）中指出，這個基金會散播的自由放任經濟學（laissez-faire economics）是非常極端的，「差一步就是無政府主義了。」[24] 查爾斯不像他父親相信陰謀論，這些才是查爾斯著迷的理論。

查爾斯從大學畢業後那幾年，是他生命中一段不安浮躁的歲月。一九六一年他二十六歲，健康情況走下坡的父親，即使在查爾斯的疑慮之下仍說服了他，回到威奇托來幫忙經營家族企業。查爾斯的父親是麻省理工學院的信託委員，查爾斯在那裡獲得工程科學學士學位、核子及化工碩士學位，畢業後在波士頓擔任企業顧問，他很享受那裡的自由自在。他相信父親說如果不回來就把公司賣掉，只好回到威奇托幫忙，可是在這個家鄉小城，他發現自己非常渴求知識。以他自己的說法，幾乎是發狂地想找出一個總體政治理論體系，以便將他父親充滿情緒性的反共主義，與他自己較為分析式的世界觀結合起來。他也想把自己對企業的思考，與對工程及數學的興趣結合起來。一九九七年，他對《華爾街日報》說，「接下來那兩年，我幾乎像個隱士，周圍都是書。」去過他公寓的訪客回憶道，幾乎到處都塞滿了深奧的經濟及政治書籍報章。他後來解釋說，他已經學過「有某些法則規範了自然世界」，而當時他正試圖找出「這些法則應用在社會上是否不合用」。[25]在這個時期，對查爾斯的知識發酵作出貢獻的是，他父親在餐桌上謾罵反對稅收。佛雷德對美國稅收政策十分反感，並視為剛萌芽的社會主義。早些時候，國稅局控告他的公司短付稅款，要求一大筆額外款項外加罰金和法律費用。[26]他仍然強烈反對地產稅，並告訴查爾斯他害怕美國政府收取很多稅，可能會迫使他必須賣掉家族企業，這會減少兒子可以繼承到的遺產。[27]為了盡量避掉未來稅款，佛雷德的方式是費心規畫地產事務。在其他策略之外，他設立了「以公益為主的信託基金」，讓他能夠把地產轉手給兒子，而不必付遺產稅，兒子們只要連續二十年把本金的增殖利息捐給公益機構就行。[28]也就是說，為了盡量擴大他們的利益，寇氏家族被迫要做公益事業。寇氏家族超乎尋常的公益事業，其原始動力是避稅。大衛．寇克後來解釋，「所以我必須捐出那筆收入捐二十年，我開始對這件事很投入。」[29]

佛雷德的地產規畫是平均分給兒子，但寇賓指出，為了確保兒子們會繼續聽他的話，他把財富轉移分成兩個階段，在他死後才轉移第二部分財產。第一次分配是把他的兩個企業當中較小的寇克工程（Koch Engineering）股份平均分給四個兒子。後面那次分配就可以用來勒住兒子的頭，端看父親的鞭子揮向哪裡。[25]

25　作者注　根據寇賓的說法，佛雷德．寇克在信件中描述年輕時獲得家族財富、與父親斷絕關係的孩子，他相當注意這件事。

根據寇賓的說法，查爾斯投入約翰伯奇協會一部分原因是為了取悅老爸。根據狄澤瑞嘉的說法，當時他被查爾斯邀請到寇克宅邸去參加非正式的討論團體，「滿明顯的，查爾斯認為約翰伯奇協會的某些觀念根本是胡說八道。」[26]他記得，「查爾斯聰明到不行。」事實上就在他父親死後一年（一九六八年），反對越戰的查爾斯就因為該組織支持越戰而退出協會。

人為什麼不能把自己賣掉？

不過，在這段期間，有個相關的邊緣團體自由學校（the Freedom School），則對查爾斯的政治思想演變產生了影響。這個學校的領導人是經歷複雜的激進思想家羅伯．勒菲（Robert LeFevre）。勒菲於一九五七年在科羅拉多斯普陵這個小城市創立自由學校，從一開始就和約翰伯奇協會有很強的關聯。一九六四年，約翰伯奇協會威奇托分會重要人物羅伯．洛夫（Robert Love），把這個學校介紹給查爾斯，該校提供一週及兩週的沉浸式課程，主題是「自由與自由企業哲學」。約翰伯奇協會創辦人威爾區也前往參觀。不過，勒菲熱衷的事物稍有不同。他對美國政府和共產主義都一樣堅定反對。

勒菲屬意的是完全廢除政府體制，但他不喜歡被稱為「無政府主義者」（anarchist），因此自稱為「自給自足主義者」（autarchist）。勒菲喜歡說「政府是一種偽裝成解藥的疾病。」

研究自由意志主義運動的歷史學家多赫提把這些串起來解釋「勒菲是個無政府主義者，他贏得了查爾斯的心」[27]，並說這所學校是「一個小圈圈裡的人，認為新政是個可怕的錯誤。」針對自由學校有一份聯邦調查局檔案顯示，到了一九六六年，查爾斯不僅是這個學校主要的財務支持者，更是執行董事與信託委員。

勒菲的外表看起來是個歡樂的白髮聖誕老人，據說早期曾因郵件詐欺而被起訴，牽涉到名為「我是」全能（the Mighty "I AM"）右派邪教自我實現運動，勒菲在其中擔任某種角色。他們挑動參加者的情緒，使之陷入癲狂，一聽到羅斯福總統夫婦的名字就會唱誦「殲滅他們！」新聞記者馬克．艾米斯（Mark Ames）敘述，勒菲由於轉作州政府證人而逃過起訴，但他還是一樣任性無常，宣稱自己擁有超自然能力，千辛萬苦度過破產，並瘋狂迷戀上一個十四歲女孩。[28]後來，參議員喬．麥卡錫（Joe McCarthy）的反共聖戰高峰時期，勒菲成為聯邦調查局線人，指稱某些好萊塢藝人為共產黨同情者，並帶頭整肅紅色女童軍（Girl Scouts of Reds）。一

---

26 作者注　後來狄澤瑞嘉和查爾斯失聯，他最後拋棄了右派觀點，成為政治學教授，並且寫作精神心靈及其他方面的文章。然而他仍歸功於查爾斯在政治哲學方面給他開了眼界，這使他走上學術研究的道路。

27 作者注　作者採訪布萊恩．多赫提。

28 作者注　Mark Ames, "Meet Charles Koch's Brain," *NSFWCorp*, Sept. 30, 2013. 也參見 George Thayer, *The Farther Shores of Politics: The American Political Fringe*（Simon & Schuster, 1967）. 根據下列文章轉述，Donald Janson, "Conservatives at Freedom School to Prepare a New Federal Constitution," *New York Times*, June 13, 1965. 勒菲在回憶錄中宣稱他受到聖人指示，閉著眼睛以時速六十英里（按：約九十公里）開車二十英里（按：約三十公里），並且肉身留在原地而精神雲遊到沙斯塔山（Mount Shasta）與耶穌基督見面。

篇刊登在科羅拉多斯普陵極端保守派刊物《電訊報》（*Gazette-Telegraph*）上的社論，讓他得以順利募款，在附近鄉野一片五百英畝的校園上成立自由學校，他在這個學校的頭銜是教務長（dean）。

這所學校傳授的內容是修正主義觀點的美國歷史，土匪豪族是英雄而不是壞蛋，「鍍金年代」是這個國家的黃金時代，稅收被貶為某種形式的竊盜。以這所學校的觀點，進步運動（Progressive movement）[29]、羅斯福新政和詹森的對抗貧窮（War on Poverty），都是通向社會主義的歧路。學校教導，弱者和窮人應該要讓私人公益機構來照顧，而不是政府。對於南北戰爭的立場，也是修正主義的。那場戰爭根本不應該開打，南方應該被允許脫離聯邦。這所學校認為，比起武裝徵兵，蓄奴還不算邪惡，因為如果是自願，人應該被允許把自己賣掉。[30]就像這時期的查爾斯，該校也試圖將他們版本的歷史、經濟和哲學，融合成一個理論框架，並把這稱為哲經史（Phronhistory）。

一九五九年，伊利諾州有一群教師被當地商會派去這個學校上了一堂課，回來之後非常震驚而通知聯邦調查局，並寫一封信公開譴責這所學校鼓吹「不要政府、不要警察、不要消防隊、不要公立學校、不要健康法規或都市計畫法規、甚至不要國防。」他們寫道，「這當然是無政府。」他們也描述該校提議《人權法案》應該減少為「只有一條：擁有財產的權利」。

一九六五年，《紐約時報》刊登一篇特別報導，形容該校是個「超級保守主義」堡壘，並提到，由於該校所教授內容而扭轉人生的富裕校友之中，有一個就是查爾斯．寇克。該報報導，當他意識到自己原本的核子工程碩士學位讓他必須與政府密切合作，就從麻省理工學院再取得第二個碩士學位，主修化學工程。該報表示，當時自由學校徹底反對美國政府，還提議廢掉憲法，並修改成一部限制政府執行「強制納稅」權的憲法。該報描述勒菲也反對醫療保險制度（Medicare）以及反貧窮計畫，並暗示該校也反對政府資助的種族融合活動。這所學校沒有黑人學生，勒菲對這份報紙說黑人學生可能會造成問題，根據報紙引述，因為「他有些學生支持種族隔離政策。」[30]

查爾斯對自由學校非常熱心，他鼓吹他三個兄弟也都去上課。[31]不過，和家裡比較不親的弗迪，比其他人花比較多時間研讀歷史和文學，他把該校課程斥為胡說八道，並說勒菲讓他想起辛克萊．路易斯（Sinclair Lewis）小說中的騙子。佛雷德後來跟別人說，查爾斯對他哥哥的變節非常生氣，威脅說如果他不聽話就要「揍」他。[32]

狄澤瑞嘉說，查爾斯也安排他去學校上一堂課，而且他相信是查爾斯付的學費。除了勒菲

---

29 譯者注　指鍍金年代之後，社會上掀起針對政治貪腐與特殊利益關係改革的風潮。

30 作者注　關於自由學校課程的描述，是基於作者採訪三位前校友，包括狄澤瑞嘉，另兩位則要求匿名。

31 作者注　寇賓認為老佛雷德同意讓查爾斯去自由學校研修一星期，以交換查爾斯同意支持約翰伯奇協會。

32 作者注　此句根據與寇氏兄弟親近消息來源的記憶。

之外，唯一他還記得的另一個校方成員是無政府主義史學家詹姆斯·馬丁（James J. Martin），後來因否認大屠殺而博得惡名，他在歷史評論研究院（Institute for Historical Review）的「修正主義」作品中，對於納粹在第二次世界大戰時犯下種族屠殺罪行，他形容這種指控是「被發明的」。[33]「那是一鍋大雜燴，什麼想法都有。」後來成為自由派學者的狄澤瑞嘉回憶說，「但是如果你家有的錢比上帝還多，而且覺得這樣很不自在，那麼這種土匪豪族是英雄的歷史版本，肯定會讓你感覺好過多了。」[34]

在自由學校，查爾斯變得非常沉迷兩位主張自由放任的經濟學家的作品，奧地利理論學者路德維希·馮·米塞斯（Ludwig von Mises）以及他的明星弟子弗德里希·海耶克（Friedrich Hayek）。當時海耶克從奧地利流亡到美國並拜訪了自由學校。海耶克的書《通向奴役之路》（*The Road to Serfdom*）在《讀者文摘》（*Reader's Digest*）出了濃縮版之後，一九四四年竟然成為暢銷書。書中對「集體主義」的批評令人惶恐，他還認為，當時自由派投入的中央集權政府計畫，將無可避免地通向獨裁體制。在很多方面來看，海耶克的主張是一種倒退，把理想化、毫無束縛的資本主義所失去的黃金年代給浪漫化了，而對大部分的人來說，那根本從來沒有出現過。不過，海耶克的觀點比許多美國信徒所理解的還要更細緻多了。安格斯·伯金（Angus Burgin）在《偉大的說服》（*The Great Persuasion*）中描述，許多反動的美國人只知道出現在《讀者文摘》上被扭曲過的海耶克作品譯本。㉛但這個保守派出版社刪掉了海耶克支持的其他政治主張，包括窮人生活最低標準、環境與職場安全法規，以及實施價格管控，以避免獨占企業取得不當利潤。

海耶克思想是在大蕭條後那幾年傳到美國，當時保守派商人手忙腳亂搶救自由放任經濟意識形態的公信力，這種意識形態在一九二九年市場崩潰之前非常受歡迎，後來被凱因斯派（Keynesian）經濟學家取代。而海耶克的厲害之處在於，他以非常有吸引力的全新方式，重新塑造這個遭到質疑的意識形態。金・菲利普斯-費恩（Kim Phillips-Fein）在她的書《看不見的手：從新政到雷根，保守運動的誕生》（*Invisible Hands: The Making of the Conservatives Movement from the New Deal to Reagan*，書名暫譯）中說，海耶克描述自由市場不只是一種經濟模型，而是人類所有自由的關鍵。[35]他把政府污衊為高壓強制力量，讚美資本家是擁有自由精神的掌旗手。自然而然，他的觀點就會吸引像查爾斯及其他支持自由學校的美國商人，他們的

---

33 作者注　馬丁為歷史評論研究所執筆的 *The Journal of Historical Review*，以及他的書 *The Man Who Invented "Genocide": The Public Career and Consequences of Raphael Lemkin*，於一九八四年由歷史評論研究所出版。作者採訪 *Denying the Holocaust: The Growing Assault on Truth and Memory*（Plume, 1994）的作者黛博拉・李普斯達特（Deborah Lipstadt）時她說，「正式隸屬歷史評論研究院，而且固定為其刊物執筆的人，可能都是大屠殺否認者。」

34 作者注　作者採訪狄澤瑞嘉。

35 作者注　菲利普斯・費恩寫道，「海耶克與米塞斯最大的發明在於，使用自由（freedom）及革命性改變的這類語言，創造出捍衛自由市場的言論。自由市場，而非政治現實，能夠讓人理解自身的自由（liberty）……自由市場，而非福利國家，才是有意義地反對法西斯的真正基礎。」Kim Phillips- Fein, *Invisible Hands: The Making of the Conservative Movement from the New Deal to Reagan*（Norton, 2009）, 39–40.

自私自利，以海耶克說法是對整個社會都有利。

資助自由學校，是查爾斯的第一步，此後他畢生資助美國的自由意志主義，並且還可以節稅。他希望利用自己的財富，來把他這種邊緣觀點推廣成主流，方法是把自由學校變成可以授予學位的研究所，以及四年制的大學課程，專門教授自由意志哲學，這所學校就叫做蘭帕學院（Rampart College）。一九六六年，學校宣傳手冊刊登了勒菲及查爾斯的照片，手裡拿著鏟子為新建機構破土。馬丁被聘請擔任蘭帕學院的歷史系主任。不過，根據艾米斯的敘述，這個事業不久之後就因不當管理而失敗了，惹得一堆贊助者非常不滿。最後，這所學校遷到南方，有好幾年是由反工會的紡織大亨羅傑．密利肯（Roger Milliken）資助。到了一九八六年勒菲過世時，寇氏家族已經很少和他往來，也許是察覺到他是政治上的負擔。[36]不過，查爾斯在一九七三年寫了一封溫情的信給勒菲，他在一九九〇年代有一場演講也提到自由學校對他有深遠的影響。他說，「在那裡，我開始發展出對自由（liberty）的熱切承諾，自由是最切合現實與人類天性的社會組織形式，在那裡，我首次深度浸淫在米塞斯及海耶克的思想中。」他補充，「簡而言之，市場原則改變了我的一生，是我做任何事的指引。」

家族內的戰爭

查爾斯越來越由意識形態主導，此時，他的弟弟大衛和比爾也和他一樣，在父親的母校麻省理工學院獲得工程學位。反觀大哥佛德列克，這時候已經不被稱呼為弗迪了，他上的是哈佛，後來加入美國海軍服役，之後又進了耶魯戲劇學院學習劇本寫作。他毫無興趣進入家族企業工作，寧願寫劇本、編導戲劇，以及收藏藝術品、古董、珍本古籍，以及豪華宏偉的歷史建築。

年輕時的佛德列克一直保持單身，他的私生活成為其他兄弟惡意攻擊的焦點，這是根據一九八二年一份由比爾．寇克宣誓過的證詞。[37]在這份證詞中，比爾描述，一九六〇年代中期，兄弟之間有一次充滿情緒的衝突，那次，他和查爾斯及大衛三人，試圖逼迫被他們認為是同性戀的大哥佛德列克，放棄繼承家族公司的股份，若他不從，他們威脅要把他的私生活公開給父親知道。

---

36 作者注　二〇一〇年寇克企業一個發言人試圖要拉開寇克家族與自由學校的距離，堅持說查爾斯和大衛從來沒有「皈依」於勒菲，如我在二〇一〇年《紐約客》文章〈改信行動〉所描述的。該發言人說，「事實上他們自從一九六〇年代以來就從未與他聯絡。」然而，正如艾米斯首先報導，查爾斯．寇克在一九七三年寄給勒菲一封友善的信件，請求勒菲允許他的計畫，親自接管勒菲也有聯繫的另一個自由意志組織：人道研究所。

37 作者注　根據威廉．寇克（William Koch，按：即比爾．寇克）證詞。

根據比爾陳述，兄弟們的威脅計畫最開始是查爾斯夥同朋友，跑到大哥在格林威治村的公寓，並向管理員要求，在大哥不在家而未經允許下讓他們進入公寓。進去之後，顯然他們到處翻找而發現了一份私人資料，並認為那是敗壞名譽的事。佛德列克回家後發現了這兩個人不請自來。根據比爾的證詞，不久之後，查爾斯召集了弟弟們討論，是否應該繼續讓佛德列克擔任家族企業中的職位。在交叉訊問中，比爾承認，他和哥哥都認為，這個情況會讓家族企業蒙羞，所以他們就交由查爾斯想出計畫來對付佛德列克。根據證詞，查爾斯接著就安排了一場寇克工程的董事會議，地點在波士頓。當時四兄弟已經繼承了公司股份，公司董事會就是由他們組成。事實上，根據比爾描述，這個會議是個陷阱，談論主題不是公司事務，而是引君入甕，把佛德列克的私生活拿出來審判。查爾斯安排讓佛德列克坐一邊，三個兄弟坐另一邊。根據證詞，查爾斯帶頭訊問，他指控佛德列克是同性戀，並說他的行為不合適家族企業。佛德列克被告知，如果不願意把股份轉讓給其他兄弟，他們就要向父親告發這件事。他們警告他，如果讓父親知道了，可能會讓父親病情更嚴重，而且也會使他失去繼承資格。

但在這個家庭裡，從來沒有公開談過佛德列克的私生活。瑪麗．寇克談到這個和她親近的長子時，說他有「藝術家氣息」，而老佛雷德很明顯是完全迴避這個話題。有個家庭成員說，當年在這個家庭裡，同性戀是非常禁忌的字眼，「代表的可能是切斷關係。」32

根據比爾證詞，面對弟弟的指控，佛德列克試圖捍衛自己，說自己有權說話。但是查爾斯打斷他，叫他「閉嘴」，堅持在這件事情上他沒有說話餘地。這時候佛德列克站起來說他不想再討論，就走了出去。比爾發誓說，最後他試圖代表佛德列克調停，他為他感到難過。他說，就因為這樣，查爾斯在佛德列克離開之後怒斥他，還說三個兄弟應該站在一起。在交叉訊問中，比爾陳述，後來他向佛德列克道歉，佛德列克也謝謝他為自己辯護，雖然來遲了。儘管如此，這個話題還是非常令人難以啟齒。

這次衝突的全貌從來沒有公開過，因為比爾證詞是被密封的。但是在一九九七年，《財富》曾簡短提到「查爾斯為了以低價買到弗迪的股份，對他發動同性戀恐嚇攻擊。」[38] 這份雜誌寫道，查爾斯「激烈否認」。好幾年之後，佛德列克也簡短暗示了這件事，對傳記作者丹尼爾・舒爾曼（Daniel Schulman）說，「查爾斯用『同性戀恐嚇』想要掌控我的股份並沒有成功，原因很簡單，我不是同性戀。」因為幾項還存有爭議的理由，佛德列克所繼承的遺產和別的兄弟不同。他在第一階段拿了比較多錢，而父親死後那次分配就沒有他的份。

一九六七年，在子嗣之間的怨恨當中，佛雷德・寇克死於一次心臟病發事件。當時三十二歲的查爾斯成為家族企業的董事長及執行長，兒子們為了紀念父親而把公司名稱改為寇氏工業。當時，這家公司的本業是石油提煉、油管經營，以及牧牛，年收益大約是一億七千七百萬

38 作者注 Schulman, *Sons of Wichita*, 130. 舒爾曼描述這次抹黑攻擊是發生在老佛雷德過世後，但比爾・寇克的證詞卻不是這樣。

美元，已經算是相當有錢的公司，但比起後來的發展就微不足道了。

佛雷德・寇克對徵稅的擔心是太誇張了。他過世時被形容為堪薩斯州最富有的人，他的遺產使兒子們超級有錢。查爾斯・寇克經常高分貝宣揚獲得成功的美德與習慣，還在二〇〇七年出版一本書叫做《成功的科學之道》。他很少提到自己繼承了遺產。弟弟大衛則是相反，他不太假裝自己是白手起家。二〇〇三年出席母校麻州迪爾菲爾德中學的校友演講時，大衛以自己的幸運來開玩笑，他捐了二千五百萬美元，成為這所學校唯一的「終生信託委員」。他說「你可能會問：大衛・寇克這麼慷慨，他怎麼會這麼有錢？嗯，我就說個故事吧。一切都從我還小的時候開始。有一天父親給我一個蘋果，我很快就以五塊錢賣掉，買了兩個蘋果、賣得十元。然後我買了四個蘋果賣得二十元。一天又一天、一週又一週、一年又一年，直到我父親死了，留給我三億美元！」

佛雷德也把財富的標準組件留給兒子們，讓他們得以用之建造世界上最有賺頭的企業帝國。一名曾待過寇氏工業的內部人員表示，皇冠上的珠寶就是松彎煉油廠（Pine Bend Refinery），當時叫做大北石油公司（Great Northern Oil Company），位於明尼蘇達州距離明尼亞波利斯不遠的羅斯蒙。一九五九年，佛雷德買下這個事業的三分之一股份。

一九六九年，在查爾斯掌權之後兩年，寇氏工業買下這個煉油廠絕大部分股份。查爾斯後來形容這次收購是「我們公司演進最重要的一個事件。」[39]

松彎是個金礦，因為它的地理位置相當獨特，可以向加拿大購買價格不高、「沒人要的」重原油。從便宜的原料裡提煉之後，公司可以用與其他汽油相同的價格賣出。重原油這麼便宜，因此松彎的利潤空間比其他煉油廠高出許多。又由於位在有環保規範的地區內，別的對手很難在這個地區再蓋新的煉油廠來競爭。到了二〇一五年，松彎一天可以處理三十五萬桶加拿大原油，附屬於路透社（Reuters）的《透視氣候新聞》（*InsideClimate News*）的大衛・沙宣（David Sassoon）報導，寇氏工業是世界上最大的加拿大石油出產公司。他在二〇一二年寫道，「美國每天從加拿大的焦油砂領土進口的一百二十萬桶原油，光是這個寇克煉油廠，就占了其中將近二五％」。[33] 然而，寇克的好運卻是全球的不幸，因為從加拿大焦油砂裡抽取的原油，需要更多能源來生產，因此對環境造成更多傷害。

一九七〇年，寇氏工業完成松彎交易之後一年，雙胞胎兄弟加入哥哥的寇氏工業，大衛在紐約工作，比爾在波士頓附近。查爾斯尤其掌控一切，沒多久，兄弟之間的敵對紛爭又爆發了。根據法庭紀錄，比爾覺得被輕蔑，也恨查爾斯堅持把幾乎所有收益再投入公司，因此降低了兄弟們的報酬。「我是美國最有錢的人之一，但卻得借錢來買房子。」他抱怨。比爾的政治

---

39 作者注　寇克從豪爾・馬歇爾（J. Howard Marshall II）手上買下松彎煉油廠股份，馬歇爾家族成員等於是寇克企業唯一的外部投資者，握有一五％股份。馬歇爾高齡八十三歲時娶了二十六歲脫衣舞孃及《花花公子》（*Playboy*）模特兒安・妮可・史密斯（Anna Nicole Smith）而成為八卦小報題材。

立場獨立，他也抱怨「查爾斯給自由意志黨的錢，和他拿到的分紅幾乎差不多。很快我們就會有個名聲：這家公司和寇克一家人瘋了。」[34]

一九八〇年，比爾在佛德列克幫助之下，計畫把查爾斯的掌控權搶過來，查爾斯是「鐵腕」經營公司，這是根據前同事布魯斯．巴特利特（Bruce Bartlett）的說法。[40]但這次政變失敗了，因為被查爾斯和大衛事先察覺，並用他們的方式主導董事會，而且還出於報復而解除了比爾的職務。

他們接著提出法律訴訟，比爾和佛德列克站同一邊，查爾斯和大衛在另一邊，重演童年的手足戰爭。一九八三年，查爾斯和大衛以大約十一億美元買下另外兩個兄弟的公司股份。[35]這項結果據稱令查爾斯和大衛擁有寇氏工業超過八〇%的股份，並由兩人均分。不過，兄弟之間的訴訟又持續長達七年多。比爾和佛德列克提出多項指控，包括指控查爾斯和大衛以低估公司價值來欺騙他們。特別是松巒煉油廠就成為爭論焦點，比爾和佛德列克主張，查爾斯和大衛對他們隱藏它的真正價值，查爾斯和大衛否認這項指控。雙方越來越針鋒相對，兄弟們雇請旗鼓相當的法律團隊及私家偵探，據說還真的在對手兄弟家裡垃圾堆翻找文件。

一九九〇年，這家兄弟出席母親的葬禮，彼此錯身而過都是鐵青著一張臉。不過，佛德列克並沒有出席。一名密友後來說，他們的母親在威奇托過世，但住在威奇托的查爾斯並沒有早點通知葬禮的安排，好讓他有足夠時間參加。當時芝加哥有冰風暴籠罩，他的旅行因而受阻。

最後，佛德列克只能在葬禮過後的宴席趕到堪薩斯州。「他的心都碎了。」密友說。比爾也是幾乎錯過葬禮。他接到通知的時間很倉促，得要安排私人飛機才能及時趕到，趕到時也沒有被安排坐在直系親屬位置，而是和表兄弟一起坐。此外，他和佛德列克都認為，有一場私下在父親牧場舉行的紀念儀式，他們也被排除在外，那是由查爾斯和大衛安排的活動，並由他們兩人出席。

接著打開瑪麗．寇克的遺囑，其中有一條規定，若任何兒子和另一個兒子在她過世六週以內牽涉到法律訴訟，就不可以繼承她的一千萬美元不動產。佛德列克和比爾當時正在對另外兩個兄弟提告，他們懷疑患了失智症的母親，在神智不清的情況下受到過度影響，而在遺囑中加入這個條文。他們又提告，但是敗訴，上訴，再度敗訴。

最後，獨身獨居的佛德列克大部分時間都在海外，在奧地利、英格蘭、紐約及賓州購買豪華的歷史房產，修復之後放進藝術品、古董，以及文學手稿，他捐很多東西給博物館及收藏稀有書籍的圖書館。佛德列克不像弟弟們，他喜歡匿名捐獻[41]，他對朋友解釋說，他父親教他們要謙遜，做公益來出名是很粗俗的。他後來一生中都拒絕和查爾斯說話。

40　作者注　作者採訪布魯斯．巴特里（他是一個經濟學家，曾任職於位在達拉斯的全國政策研究中心，這個智庫是寇克資助的）。

41　作者注　為了修復英國斯特拉福亞芬的莎士比亞劇場「天鵝」，佛德列克．寇克捐了三百萬美元。他出席了伊莉莎白女王親自主持的開幕典禮，但是要求女王不要提到他的名字。

比爾成立了自己的重碳能源公司奧斯柏（Oxbow），根據《富比世》報導，他靠自己之力就成為億萬富翁。他生活過得很慷慨，大約花了六千五百萬美元贏得一九九二年美國盃遊艇比賽。[36]他和哥哥們一樣也是共和黨的重要金主，捲入與環保份子喧囂對抗的法律戰役，反對在他夏天進行水上活動的科德角興建風力發電場，因為那會干擾到他的景觀視線。幾十年來，他也很少和查爾斯說話[42]，不過逐漸能與他的雙胞胎兄弟大衛和睦相處了。

在沒有異議的情況下，查爾斯擔任董事長兼首席執行長，寇氏工業迅速擴張。投資銀行公司艾佛科（Evercore）負責人羅傑·奧特曼（Roger Altman）將這家公司的表現描述為「超乎尋常」。他補充說：「我很想知道他們是如何做到的。」這大部分要歸功於查爾斯，他聰明、注重細節、以指標為導向的管理，贏得很大的聲望。他是非常難纏的談判者，一個同事開玩笑說，「一樁各拿一半的交易，他能全部吃下來」。[37]

隨著公司一路成長，查爾斯一直都留在威奇托，一天工作十小時、一週六天。他向未來妻子麗茲（Liz）求婚時，據說是打電話去的，她還聽到他翻行事曆、找出一天可以去結婚的空檔。婚前準備時，他還要求她研讀自由市場經濟學。

另一方面，大衛住在紐約市，他在那裡是公司的執行副董，以及公司旗下化學科技集團（Chemical Technology Group）的執行長。有一名清楚寇氏工業的財務專家透露，「查爾斯就是公司。查爾斯一手包辦。」同事形容大衛「和藹可親」以及「有點呆」，多年來都是單身貴族。他在法國南部租了一艘遊艇，在南漢普敦買下一個海邊別館開派對，紐約社交日記網站（*New York Social Diary*）把它比喻成「東岸海夫納（Hugh Hefner，按：《花花公子》創辦人）的夜晚。」大衛的笑聲很出名，被形容為「震碎玻璃的洪鐘」。但是一名長期的家族內部人士表示，他常常好像「有點失落」以及「社交上怪怪的。人們不是真的和他那麼親近。」她說。一九九一年，他在一次洛杉磯飛機失事中受到重傷，是唯一在頭等艙生還的乘客。復原時期在一次例行身體檢查時發現了前列腺癌，他接受治療並重新思考了他的人生。他結了婚，安定下來，開始建立家庭。他對《暴發戶企業報》（*Upstart Business Journal*）說，「當你是飛機前面唯一的一個生還者，其他人都死了，對啊，你會想『天哪，老天爺讓我活下來一定是有更大的目的。』我開個玩笑：我一直都忙著做任何我能想得到的好事，所以祂可以對我有信心。」

若大衛和他曾任時尚助理的妻子茱莉雅．費雷雪（Julia Flesher）沒有在南漢普敦、棕櫚灘及阿斯本的別墅渡假，夫妻倆就是和三個孩子住在紐約公園大道七百四十號，其中一戶九千平方英呎的上下兩層公寓。大衛是紐約最有錢的住戶，是藝術及醫學的主要贊助人，捐了好幾百萬美元給林肯中心、大都會美術館、美國自然史博物館以及其他機構。不過，根據《公園

42 作者注　比爾．寇克打破沉默和查爾斯說話，場合是雙胞胎兄弟大衛的生日宴會上，以及北加州的波希米亞園（Bohemian Grove）這個專屬圈內人的男性社交場所。

大道》（*Park Avenue*）這部由奧斯卡金像獎得主艾力克斯·吉伯尼（Alex Gibney）執導的紀錄片，他對家務幫傭倒是不太慷慨。某個前門房形容大衛·寇克是那棟華廈裡「最小氣的人」。「我們每個週末替他裝貨上卡車，通常是兩輛，要去漢普頓。一趟又一趟都是很重的行李。寇克先生從來沒有給過小費，寇克先生從來不對我們微笑。」聖誕節是門房一整年來最吃力的時節，寇克也只給他一張五十美元支票。㊳這部紀錄片在二〇一二年於公共電視頻道（Public Broadcasting Service）播出時，大衛·寇克憤而辭去紐約公共電視台（WNET）的董事，原先答應要捐的一大筆錢也反悔了。寇氏工業某發言人女士婉拒評論是否因這部紀錄片而使他對電視台開鍘，不過寇克直白地對某個朋友說這部片，「會讓他們付出一千萬美元的代價。」[43]

「他們生活在高不可攀的圈圈裡，而且一向都是如此。」有一個長期的家族內部人士解釋寇克對於被批評檢視的憤慨，「他們搬進周圍都和他們一樣的世界，或是他們想要變成那樣的世界。他們不認識任何窮人。他們不是那種覺得應該要去認識幫傭的人。」

為什麼是列寧？

隨著財富增加，查爾斯和大衛成為美國政治上強硬自由意志派的主要擔保人。比起查爾斯，大衛的言行比較世界主義傾向，也比較喜歡社交，但研究自由意志主義歷史並曾訪問過兄弟兩人的多赫提，想不出這兩兄弟在哪個議題曾有歧見。他說，查爾斯的目標是「從根本」上把政府撕裂。

寇賓是極少數外人讀過這個家族的私人信件，也與寇克家人及親朋好友進行過訪談的研究者，他起初是受雇於寇克公司，後來受聘於比爾·寇克，他把查爾斯·寇克的強烈政治觀點放在其家庭成長背景來看。寇賓於二〇〇三年完成一份主題為查爾斯政治發展的未出版報告《隱密行動》，報告中指出，查爾斯對政府懷有如此深的恨意，只有從他在童年時期與權威衝撞，才能真正理解。

寇賓寫道，查爾斯的初期目標是獲得完全掌控。「直到他父親去世，他才從父親的權威中逃脫。」後來，查爾斯的目標擴展到，確保他的兄弟或其他人都不能挑戰他個人對家族企業的掌控。後來與松彎煉油廠工會，以及擴大規範的州政府的衝突，更加強他的決心。「只有政府和法院仍然是權威來源。」寇賓寫道，如果查爾斯當政，他的「自由意志派政策會抹除它們。」[44]

如果查爾斯只是想要推廣自由市場經濟理論，他大可以支持幾個檯面上發展健全的組織，

---

43 作者注　作者採訪。關於大衛·寇克辭去紐約公共電視台董事，請見 Jane Mayer, "A Word from Our Sponsor," *New Yorker,* May 27, 2013.

44 作者注　一九七三年一月，石油、化學品及原能勞工工會在寇克的松彎煉油廠發起罷工，歷時九個月。根據寇賓的《隱密行動》，「如果辦得到，查爾斯·寇克會鏟掉他煉油廠裡的工會。」

但是他卻被接近無政府主義的邊緣團體所吸引。寇賓認為，「他的動機來自一股深深的欲望，想粉碎世界上唯一能夠規範他的東西：政府。」

根據一批私人珍藏文件，其中有些仍屬於比爾・寇克所有，寇賓得以探索查爾斯的政治思想演進，他從舊導師勒菲的非主流知識，轉而想要取得實務上的權力。自由意志派的思想家主張，從事改革最好的工具是觀念，而不是實際政治，查爾斯對此的回應顯示於一九七八年在《自由意志評論》（*Libertarian Review*）期刊上的一篇文章，他認為像他們這樣的局外人應該要團結組織起來。他寫道，「觀念不會自己散播；觀念是由人散播出去的。這表示我們需要一場**運動**。」他的語氣完全像個好戰份子，要求「我們的運動必須摧毀當前盛行的國家主權典範。」39

寇賓認為，到了一九七〇年代末期，到這時候已經很清楚，查爾斯「不只滿足成為自由意志革命裡的恩格斯（Engels）或馬克斯（Marx）。他要的是當列寧。」

差不多就在同時間，查爾斯・寇克資助了一場低調祕密的會議，展開了他未來企圖主宰美國政治的大致方向。一九七六年，紐約市的自由意志主義研究中心（Centre for Libertarian Studies）成立，查爾斯捐了六萬五千美元，隨即舉行一場會議，好幾位自由意志運動的要角都出席了。許多人針對邊緣運動如何掌握真正的權力而發表論文，其中一個就是查爾斯・寇克。這些論文內容相當激進，蔑視社會大眾，而且相信政治詭計有其必要。發表人提議，自由意志派要隱藏他們真正的反政府極端主義，絕對不要用「無政府主義」這個詞，因為它會讓太多人聯想起「恐怖份子」。為了吸引更廣大的追隨者，有些人建議應該組織冒牌的「草根」團體，給義工掛上沒有任何意義的名銜，同時也沒有任何實質力量。[45]

查爾斯·寇克提出的論文是，有系統地分析某個團體的強項與弱項，也就是他所熟悉的約翰伯奇協會，以作為他們未來的計畫模型。他的評估非常敏銳而且務實。他指出，雖然這個邊緣團體有其缺點，但卻有九萬個會員、兩百四十個有薪員工，以及七百萬美元的年度預算。這些數字令人印象深刻，但他也指出約翰伯奇協會的缺點是執迷於陰謀論，而且過度崇拜威爾區所建立的個人特質。他寫道，威爾區掌握這個組織的股份，使得控制權集中在他手上，因此他完全不採納建設性批評（**很有趣的是，查爾斯對他自己的非營利智庫卡托研究院〔Cato Institute〕的作風如出一轍**）。但是他也發現有很多地方值得讚賞。特別是他主張採用約翰伯奇協會的祕密性。

「為了避免不必要的批評，這個組織如何控制經營不應廣為人知。」查爾斯寫道，他主張未來影響美國政治的計畫要保持祕密。

他也寫道，為了籌措未來政治事業的資金，應該像約翰伯奇協會一樣使用「所有現代銷售

45　作者注　寇賓的《隱密行動》書中描述這個集會以及該場會議長篇論文的摘述。

及引起動機的技術，來籌措資金及吸引金主……包括在家中或是潛在目標族群會喜歡去的地方。」寇克金主高峰會就是循這個行銷方法，把募款變成在豪華場地舉辦，只有拿到邀請函才能去的圈內人社交聚會。

查爾斯提醒激進份子同伴們注意，為了勝利，他們需要培養有公信力的領導人，並塑造正面形象，不要像約翰伯奇協會那樣，他們得要去「和媒體和藝文界合作，而非對抗」。寇氏家族也走這條路線。大衛成為紐約藝文活動裡慷慨資助者，並且定期出現在社會名流版面上。而查爾斯比較低調，但他很週到地邀請立場相近的媒體人參加金主高峰會，例如談話廣播節目主持人葛林・貝克（Glenn Beck），《華盛頓郵報》專欄作家查爾斯・郭薩摩（Charles Krauthammer），以及《全國期刊》專欄作家拉美許・波努魯（Ramesh Ponnuru）。寇克人脈裡的兩個最大金主擁有自己的媒體。石油大亨安舒茲擁有《華盛頓檢查家》（*Washington Examiner*）及《標準週報》（*The Weekly Standard*），共同基金鉅子伐斯特・傅伊斯（Foster Friess）則是《每日電訊》（*The Daily Caller*）最大股東。二〇一三年，寇克也認真考慮要買下先鋒公司（Tribune Company）。

為了得到支持者，查爾斯建議他們最好是把重點放在「吸引年輕族群」，因為「只有這個族群能開放心胸、接受有根本差異的社會哲學」。接下來幾年，他基於這個想法，藉由自由市場課程至推廣其意識形態、甚至針對小學生設計電玩遊戲，投注了幾百萬美元在教育灌輸上。

為了建立他們自己的青年運動，另一個發表人、自由意志派歷史學家李奧納・利吉歐（Leonard Liggio）延用了納粹的成功模式。他的論文名為〈國家社會主義之政治策略：具有權威傳統的現代工業社會中的社會變革〉，利吉歐在一九七四年至一九九八年待過寇克資助的人道研究所（Institute for Humane Studies, IHS），他描述納粹成功創造了青年運動，是他們掌握政權的關鍵。他建議自由意志派應該效法納粹，組織大學生來建立團體認同。

威奇托的約翰伯奇協會前成員喬治・派爾森（George Pearson）這幾年擔任查爾斯・寇克的政治中尉（political lieutenant），他發表令人眼界大開的論文，擴大了這項策略。他建議，自由意志派必須動員青年幹部，以新的方式來影響學術機構。他警告，傳統上贈與大學的錢，並不足以保證能徹底掌握意識形態。他建議提供資金給聲望卓越大學裡的私人機構，金主要能影響用人決策以及其他掌控形式，同時又隱藏其激進主義的目標。

寇賓總結派爾森的主張，「這就需要使用模糊且容易誤導的名稱，來蒙蔽真正目的，並隱藏控制手段。這個方法，查爾斯・寇克隨即應用在他的公益贈與以及後來的政治行動上。」

一九七六年這場會議之後不久，查爾斯投入自由黨的政治活動。他不只是這個團體的財務資助人，也是該黨能源政策綱領的作者，主張廢除所有政府管控。這對兄弟更進一步投入一九七九年選舉，查爾斯偏好在幕後操控，他說服當時三十九歲的大衛出馬競選公職。[46]當時這對兄弟支持自由黨的總統候選人艾德．克拉克（Ed Clark），是右派之中對上雷根的競爭者。他們反對所有選舉獻金限制，因此找出一條法律途徑，就是讓大衛擔任副總統候選人，根據選舉財務法規，他因此可以隨他意願捐助個人財產多少都行，而不必受限於一千美元的捐助上限。

「大衛．寇克在一九八〇年出馬，是為了反對選舉財務法規。成為候選人，他要拿出多少錢都可以。」保守派運動份子古洛佛．諾奎斯特（Grover Norquist）後來說。[47]「那是個詭計」，之前曾任職寇克資助智庫的經濟學家巴特利特說。大衛．寇克沒有任何政治經驗，知名度也不高，因此起初讓眾人驚訝。但是他循著自由黨的慣例，承諾拿出五十萬美元來競選，據說驚愕的黨員響起一陣歡呼。[40]他的競選標語是「自由黨只有一個資金來源：你們。」這種訴諸群眾的語言是一種誤導。事實上，它的主要資金來源是大衛．寇克，他拿出超過兩百萬美元來競選，差不多將近整個競選活動經費的六〇%。

現在看來，大衛．寇克在一九八〇年出馬競選，似乎是勒菲的激進教育以及茶黨運動（**Tea Party movement**）[48]之間的橋樑。的確，那年自由黨旗手克拉克（Clark）對《國家》（*The Nation*）說，自由黨準備要上演一齣「盛大茶會」，因為民眾「受夠了」徵稅。同時，該政黨的競選綱領幾乎完全複製自由學校激進的課程綱領。它主張廢除所有選舉財務法規，廢止聯邦選舉委員會（Federal Election Commission, FEC）。它也主張廢止所有的政府健康照護計畫，包括聯邦醫療補助保險（Medicaid）[49]及聯邦醫療照顧保險（Medicare）。[50]它攻擊社會安全（Social Security）「形同破產」並主張廢止。自由黨人也反對所有所得稅及企業稅，包括資本利得稅，主張不再起訴逃漏稅人。其競選綱領也主張廢除證券交易委員會（Securities and Exchange Commission）、環境保護署、聯邦調查局、中央情報局（CIA）等等政府機構。它要求廢止妨礙聘雇的「所有法規」，這表示包括最低工資以及兒童勞動法規。它還鎖定廢除公立學校，以及所謂兒童「義務」教育。自由黨人也希望廢除食品藥物管理局（Food and Drug Administration），職業安全與健康局，安全座椅法規，以及所有提供給窮人的福利。簡言之，其政治綱領是幾乎廢除二十世紀中的每一項主要政治改革。在寇克及其他自由黨員的眼裡，政府應該被砍到只剩下骷髏般的功能：保護個人及財產權利。

那年十一月，自由黨得到的選票只有一%。它反戰及反對徵兵的立場，以及贊成毒品及賣

---

46 作者注　同為自由意志運動者的大衛·哥登告訴《華盛頓人》（*Washingtonian*），查爾斯·寇克「喜歡掌控，雖然他並不被認為具有控制權」。Luke Mullins, "The Battle for the Cato Institute," *Washingtonian*, May 30, 2012.

47 作者注　作者採訪古洛佛·諾奎斯特。

48 譯者注　興起於二〇〇九年的右派運動，詳情請參閱第七章。

49 譯者注　為美國公民與合法移民低收入者，提供醫療服務的保險。主要由州政府出資，聯邦政府提供部分資金。

50 譯者注　為六十五歲以上，或不足六十五歲但有長期殘障的人士或永久性腎臟衰竭患者提供的政府醫療保險。

淫合法化，在反叛的年輕族群中贏得某些支持。但就試試市場水溫來說，自由意志主義證明是一大失敗。寇氏家族這才明白，他們的政治品牌在投票箱是行不通的。查爾斯・寇克轉而公開嘲諷傳統政治。「那常常是一堆狗屁倒灶的觀念」他對當時的記者說，「我有興趣的是推廣自由意志觀念。」[41]

根據多赫提所寫的歷史，寇氏家族轉而認為，民選的政治人物只不過是「照著劇本演出的演員」。某個寇克親信對多赫提透露，與其再浪費更多時間，兄弟倆現在想要的是「給劇本提供主題與台詞」。為了改變美國的方向，他們明白必須要「影響政策觀念擴散的來源：學術界及智庫」。

一九八〇年選舉之後，查爾斯和大衛・寇克從公眾領域撤退。理查・威格瑞（Richard Viguerie）回想時提到，「我的雷達不太偵測得到他們。」威格瑞創辦了極為成功的右派直接郵件公司，使他獲得「右派金主之教主」（Founding Funder of the Right）這個外號。[51] 但是，在接下來三十年間，他們拿出超過一億美元，大部分都是未公開的，給數十個看似獨立組織，實則為推廣其激進主張的機構。他們的外圍團體把美國政府妖魔化，把它講成是敵人，而不是美國公民的民主代表。他們對自由的定義就是沒有政府，讓人無限累積龐大的私人財富就是美國存在的目的。一個一個累積下來，他們打造出一部具有許多觸腳的意識形態機器，被稱為寇克章魚（Kochtopus，按：諧音取自八腳章魚 octopus 的英文字尾）。

寇氏家族並不孤獨。當他們想方設法，不必贏得多數選票，就能操縱美國政治往極右派走去時，也從一小群心態相同的富有保守派家族，得到重要的支持與鞏固，這些家族也是為了同樣目的運用其企業財富。他們選擇公益事業作為工具，因為這樣保證不會曝光。但他們的目標很明顯是政治性的：不只是要逆轉詹森的大社會（Great Society）及小羅斯福的新政，還有老羅斯福（Teddy Roosevelt）的進步年代（Progressive Era）。

從很多方面來說，要著手這項艱鉅任務，他們要再打一次父輩輸掉的戰役。一廂情願的自由派（liberals）還有許多共和黨人都以為，到了一九七〇年代，美國政治鐘擺已經永遠背離約翰伯奇協會這樣的極端保守團體。為了改善社會及經濟，大眾普遍接受強有力的政府是必要工具，重新分配稅收和政府支出大致上是沒有爭議的。就連尼克森也在一九七一年宣稱，「現在我在經濟上是凱因斯派。」

但是，並非每一個大老黨（Grand Old Party，按：即共和黨）都會同意。有一小群人數雖少但是口袋很深的反動後衛兵，已經努力工作並擬出對抗溫和派的作戰計畫，而且打算以巧妙的新方法為極端右派打贏戰役。

---

51 作者注　作者採訪理查·威格瑞。

02

看不見的手

理查・梅隆・史凱菲與他的遠大理想

「去妳的共產黨混蛋，閃開！！」

——理查・梅隆・史凱菲（Richard Mellon Scaife）

許多年來，史凱菲位於匹茲堡的宅邸大廳裡，矗立著一座價值不斐的寶物，那是一隻立於桃花心木台座的古銅大象。訪客或許會認為，這隻大象代表的是共和黨向來的圖騰，因為史凱菲的祖先，梅隆銀行（Mellon）、美國鋁業（Alcoa aluminum）、海灣石油的創辦人，正是賓州共和黨超過一百年來的主要財務靠山。然而，非也。這隻大象代表的是對漢尼拔（Hannibal）[01]的尊敬，這位傳奇軍事將領曾經乘坐在象背上，大膽越過阿爾卑斯山對羅馬帝國發動奇襲。這隻大象是史凱菲於一九六四年創立某個私人組織的靈感來源，這個小小的外圍團體是他事業的第一小步，最後卻成為令人意想不到的成功大業。主其事的是這個國家中最富有的某個人，連同其他幾個超級富有的保守派金主，他們把自己塑造成像漢尼拔那樣馳騁沙場的猛將，但他們要打的是一場策略性的思想戰，目標是要毀掉美國政治。

幾十年來，史凱菲被形容為神祕的隱士，即使是受他慷慨施恩的人也很少接觸到他。五十五年來，他從家族財富中拿出來做公益的錢，據他估計高達十億美元，這是已經考慮過通膨調整過的數字。其中一大部分，他估計大約六億二千萬美元，是拿來影響美國公共事務。一九九九年，《華盛頓郵報》稱他為「二十世紀最後二十五年，美國政治重塑運動中最主要的金主」。[01]他在二〇一四年七月四日過世，《紐約時報》連同他的照片刊登了一篇極長的訃聞。但是，他幾乎沒有接受過任何採訪，來說明自己的動機和目標。他很少和那些他資助的機構經營者談話，和過去許多朋友及家人也都很疏遠，包括兩個前妻及兩個成年孩子。一九八一年《哥倫比亞新聞評論》（*Columbia Journalism Reviews*）的凱倫・羅斯梅（Karen Rothmyer）試圖當面堵他採訪，他警告她，「去妳的共產黨混蛋，閃開！」[02]然而，二〇〇九年，在他被診斷出無法開刀的癌症之前五年，史凱菲寫了一本不公開且未出版的回憶錄，《富有的保守派人生》（*A Richly Conservative Life*，書名暫譯），這本書可以說是徹底揭露當代保守運動的祕辛。[02]

在回憶錄中，史凱菲形容他和其他一些有影響力的保守派都認為，美國的文明因進步派的社會改革而面臨存亡的威脅，他們開始在冷戰時代聚會，起初是非正式聚在一起，規畫如何反制美國自由派浪潮。其中某次聚會有人提出，把美國表面上的衰落拿來與古羅馬比較，這種陳腔濫調是不適當的。更好的類比是北非迦太基（Carthage）的衰亡。迦太基的軍事將領漢尼拔抵達羅馬城門時，迦太基富裕菁英階層沒有給予充分支持，因而造成迦太基滅亡。由於統治階層太被動，才讓敵人贏得勝利，因此永遠埋葬了高貴的迦太基文化。從這次討論中誕生出搶救迦太基聯盟（League to Save Carthage），這是一個非正式網絡，成員都是有影響力的死硬派美國保守份子，史凱菲寫道，「美國不能走上迦太基的路，我們必須在這個時代的鬥爭中取勝。」

---

01 譯者注　西元前二、三世紀的人，北非古迦太基軍事家，歐洲史上四大軍事統帥之一，曾以少勝多擊敗羅馬大軍。

02 作者注　史凱菲給本書作者一本回憶錄，並授權使用所有作者要求的資料，除了關於離婚爭訟的一小部分某些細節沒有在此出現。

一九六四年，這個團體正式成立為迦太基基金會（Carthage Foundation），許多保守派份子覺得，這就像沒落文明的遺物。他們的掌旗手就是共和黨總統提名人高華德，他在選舉中被打得慘敗。獲勝的是民主黨詹森，正要推動自由派《民權法案》的立法，以及雄心壯志的大社會反貧窮計畫，還要大幅擴張政府的施政範圍，並挑戰舊秩序。戰後年代，自由派在藝文界大占優勢，文化批評家楚伊林（Lionel Trilling）自滿地宣稱，「如今已沒有保守或反動觀點，在大眾之間流傳了」。[03] 右派領頭知識份子史丹頓·伊凡斯（M. Stanton Evans）捕捉到保守派的邊緣化，在一九六五年寫了《建制自由派：誰在治理美國，以及如何治理》（*The Liberal Establishment: Who Runs America...and How*，書名暫譯）。他表示，「這本書主要觀點就是，自由建制派（Liberal Establishment）正在掌權。」右派運動份子，例如曾隨米塞斯學習的伊凡斯，對此提出「反建制」（counter-establishment）。不過他們缺乏資金來進行反制。

踏進這個空窗並接下挑戰的人，就像古銅大象下方銅牌所刻的字，「理查·梅隆·史凱菲元帥，半世紀以來的迦太基英雄，一九五〇年—二〇〇〇年」。這塊銅牌讚譽史凱菲「無畏、忠誠及堅持」。保守派記者及出版人克里斯多夫·魯迪（Christopher Ruddy）曾與史凱菲共事多年，並一起從事政治事業，他認為史凱菲是新形態強硬政治公益事業的始祖。目前的模式「他是創始人」，魯迪說，「我不知道有誰在他之前做過他做的事。總之他有點像聖誕老人。」[03]

反對徵收所得稅

早年的史凱菲，很少人認為他會在政治上發揮主要影響力，或者說，在其他方面也是。當然，他生在巨富之家。一九五七年，《富比世》將他母親莎拉．梅隆．史凱菲（Sarah Mellon Scaife）以及其他三位梅隆家族成員，列為美國最有錢的八個人。04但是，除此之外，史凱菲並沒有什麼特別之處。他一直到三十五歲左右都沒有做過什麼真正的事業，或是獲得什麼成就，就連他也評價自己人生放浪。他在回憶錄寫道，他喜歡作家約翰．歐漢納（John O'Hana），因為沒有人比他更能捕捉到，充斥在自己所處的上流階層那種頹廢與失望。「他精湛描繪出某個階層的賓州人」，史凱菲寫道，「他們的鄉村俱樂部價值觀，有太多錢、喝太多酒，而毀掉自己的人生。」05

史凱菲的曾祖父湯瑪斯．梅隆法官（Judge Thomas Mellon）是家族財富奠基者，他曾擔心繼承財富會為未來子孫帶來腐化影響。梅隆是愛爾蘭農夫之子，十九世紀前半葉在賓州定居，在商業方面展現驚人才幹。他把房地產投資運轉為成功的借貸生意，成為匹茲堡的州立梅隆銀行。在鍍金年代，這個家族在新興的工業公司事業上獲利甚豐，包括海灣石油以及美國鋁業。

---

03 作者注　作者採訪克里斯多夫．魯迪。

但是，一八八五年梅隆檢視了他的巨額財富，煩惱著：「人的正常狀態是辛苦工作、自我否定、獲得和累積；一旦他的後代不再需要勞動，遲早會身心退化。」

到了一九三二年，他的曾外孫理查．梅隆．史凱菲出生於匹茲堡時，老梅隆這位大家長最深的恐懼已經實現了。這個小男孩被家人暱稱為迪基（Dickie），據說他母親莎拉（Sarah Mellon Scaife）一輩子都無力抵抗酗酒問題。已過世的女兒柯蒂莉亞．史凱菲．梅伊（Cordelia Scaife May）說，母親是個「爛醉如泥的酒鬼」，還說她兄弟「迪基也是」，然後「我也是」。06

如果說他們是啣著銀湯匙出生，那麼他們也是生來就背負著委屈與怨念。史凱菲回憶錄中形容他自己根本上是「反建制」（anti-establishment），以他的身家背景來看，這似乎很奇怪，但是，他在梅隆王朝中的位置的確帶著憤恨。他的母親嫁給英俊又有人緣的當地世家子弟艾倫．史凱菲（Alan Scaife），他頗能打獵、就讀最菁英的學校，但是上一輩已經把家族的金屬生意敗得差不多了。因此，和理查母親一樣繼承了大筆遺產的理查舅舅R．K．梅隆（R. K. Mellon），非常瞧不起史凱菲家族。「我父親是個沒用的人。」一九七八年，史凱菲對家族傳記作者博頓．赫胥（Burton Hersh）說。07他在回憶錄中寫道，舅舅是他在梅隆家最親近的親戚，姊弟倆稱呼他小豬舅舅，「他待我父親就像使喚跟班小弟。」在許多梅隆家族企業中，艾倫．史凱菲被授予形式名銜，但是除了監管妻子的大筆遺產之外，他沒有任何實質權力。

艾倫．史凱菲的身影在二次世界大戰一閃而過，當時他加入戰略部（Office of Strategic

Services, OSS），也就是中央情報局前身，職銜是陸軍少校。一身筆挺戎裝令人留下深刻印象，但實際表現卻不如外表。後來當上中情局主任的理查·荷姆斯（Richard Helms）回想起曾為同事的史凱菲，說他「沒什麼建樹」。08

這個家族和情報組織的短暫接觸，卻引燃了理查·史凱菲畢生迷戀情報、陰謀論及國際事務。史凱菲寫道，這也讓他發展出強烈的反共觀點。回憶錄中他想起父親在戰爭結束之後警告家人，共產主義的禍害不僅在國外，還在美國本土。他寫道，「我的政治保守主義，最後讓希拉蕊·柯林頓（Hillary Clinton）憑她的想像力說我是『右派大陰謀背後的惡棍』，這不過只是她的想像罷了。」09他的政治保守主義啟蒙時間在「我十二歲以前」，也就是一九四四年和父親在紐約殖民俱樂部共進午餐時。艾倫·史凱菲警告家人說，像他們這樣的富裕資本家正遭受攻擊。他援引了勞工暴動及階級戰爭的影像。「他擔心這個國家的安全，在餐桌上所感受到的氣氛是，我們整個未來岌岌可危」，史凱菲寫道。10地方媒體匹茲堡郵報（*Pitsburgh Post-Gazette*）有一個編輯威廉·布拉克（William Block）也有類似回憶。他記得一九四〇年代的艾倫·史凱菲，認為左派人士對有錢人的威脅日增而極度憂慮，「艾倫·史凱菲非常擔心繼承的財產」，他後來回憶道。11

這個家族專注於守護財富，從好幾代以前就是如此。史凱菲不僅是美國工業財富的最大繼承人，也繼承了極度反動的政治觀點，這種觀點根基於土匪豪族那個年代。他的外伯公安德魯・梅隆（Andrew Mellon）是匹茲堡銀行家，在哈定（Warren Harding）、柯立芝（Calvin Coolidge）、胡佛（Herbert Hoover）三位總統任內擔任財政部長，是當時進步運動的反革命領頭人物，尤其是堅決反對徵收所得稅。

美國國會通過憲法第十六條修正案之後，於一九一三年制定聯邦所得稅，在這之前，美國稅收極不均等地落在窮人身上。許多消費性產品——例如酒及菸草被課重稅，城市不動產的稅率也比農場及莊園高。「在徵收所得稅之前的美國社會，從頂層到底層是不平等的，但稅收使它更不平等。」加州大學聖地牙哥分校社會學教授以薩克・威廉・馬汀（Isaac William Martin）說。[12]

馬汀所寫的歷史書《富人運動：一%富人不徵稅的草根運動》（*Rich People's Movements: Grassroots Campaigns to Untax the One Percent*，書名暫譯）表示，所得稅法於一九一三年通過，被許多富裕公民認為是災難，自此開啟了長達一世紀的僵持，他們一再對抗、提出撤銷，或把累進稅制的形式再往回推。接下來一個世紀，富裕保守派發展出許多精細且吸引人的手法，並以公眾精神為理由來包裝他們的反稅觀點。進行這場戰鬥時，他們很少提到自身利益，但持續反對落在自己身上的重稅。而早期反對勢力中最能帶頭發揮作用的，無人能與安德魯・梅隆相比。

國會制訂聯邦所得稅法時，梅隆是美國最有錢的人之一，利益分布於幾十個壟斷性綜合企業，當時稱為「信託」。他的聯合信託銀行（Union Trust bank）據稱融資給匹茲堡將近一半的投資事業。[13]在他眼中，這種安排所產生的經濟不平等，非但無可避免，而且還是因為傑出與美德所得來的正當收益。為了贏得大眾支持他的觀點，他寫了一本瞄準大眾市場的書，名為《稅收：人民的事務》（*Taxation: The People's Business*，書名暫譯），他書中的主張是違反直覺的：對富人減稅會促進而非降低繳稅意願，因此符合大眾利益，而不是狹隘的自我利益。[14]六十年後，被稱為「供應面經濟學」之父的裘德・萬尼斯基（Jude Wanniski），由於梅隆對他的啟發，而對他致敬。[04]不過梅隆當時的反稅一書，即使企業主整批買進，銷量仍然不好。

梅隆擔任公職之後，於一九二〇年代成功協助企業逆轉了進步年代的許多改革措施。[15]一九二一年，資本利得稅砍掉，股市大漲。梅隆執掌財政部十幾年之後，於一九二六年終於成功推動通過一項法案，根據馬汀的說法，它「使美國富人減稅最多，超越史上任何稅法」。[16]梅隆承諾會有更大的成長及繁榮。然而一九二九年股票市場在瘋狂投機之後崩盤，留下了爛攤子。他的經濟理論看來不僅是自私自利、不負責任，而且梅隆還被發現私下提供稅賦減免及補貼給國內某些最大企業，包括許多梅隆家族大量投資的企業。[17]最後，梅隆被控所得稅詐欺，

---

04 作者注　傑洛德福特圖書館（The Gerald R. Ford Library）裡有一份備忘錄，是一九七五年六月十一日美國企業中心的鮑伯・高登（Bob Golden）寫給福特總統任內白宮的錢尼（Dick Cheney），備忘錄附件是萬尼斯基的學術論文，手寫標題為「聖誕老人理論」。

雖然最後判決無罪，不過他被要求必須把稅補回去，對這個貴族世家來說，這簡直是顏面掃地，而且極盡侮辱。

一九二九年股災之後三年，在這場階級衝突及金融危機之下，理查・梅隆・史凱菲出生了。家人以及他自己，就和安德魯・梅隆一樣，後來都繼續把低稅率及限制政府支出，視為主要政治原則。而他父母為了把稅單金額降到最低而精心規畫房地產顯示，他們在這方面的興趣並不僅止於抽象意義。

一九四一年十二月，就在日本空襲珍珠港之後幾天，史凱菲雙親創立了最大的、免稅的公益家族基金會：莎拉史凱菲基金會（**Sarah Scaife Foundation**）。在這個時間點成立，顯然是盤算過會增稅而要保護家族財富的舉動。史凱菲寫道，「我不清楚我父母的特殊動機」，但是因為這場迫在眉睫的戰爭，「有風聲說……所得稅會高達九〇%以上。」⑱羅斯福和工會主張，富人應該對軍備經費分擔更大責任，才能達到「犧牲的平等」。[05]雖然這個家族對國防事務持鷹派觀點，但作法卻是避免為軍備付出他們應該分擔的比例。正如史凱菲一副就事論事地在回憶錄表示，「有錢人一定會想方設法，避免財富被政府沒收。在法律允許之下，他們會做任何自認為好好使用錢財的方式，絕對不會讓稅務官員去碰到他們的錢。」

而在同時，史凱菲家族卻揮霍無度。他們在賓州林格儂一片七百二十五英畝的土地上，興建一棟巨大的科茲窩風格（**Cotswold- style**）石造鄉村宅邸，鄰近的滾石農場（**Rolling Rock**

Farms）廣達九千英畝，那是梅隆家族的祖傳地。他們稱呼這幢宅邸為企鵝山莊（Penguin Court），因為莎拉．史凱菲喜歡看著寵物企鵝走在地上搖搖擺擺的樣子（**企鵝聚居之處建成冰屋狀，每天都裝進大冰塊**）。這棟週末渡假宅邸占地廣闊，史凱菲說他還是小男孩時就擁有四個房間。他失眠時可不像一般人數羊，「我睡不著時就試著數房間，數起來大概是五十五或六十吧。」[19]

但是，奢華生活也沒能保護史凱菲，他在九歲那年因騎馬意外而導致頭部重傷。墜馬傷到他的頭骨，他失去意識八到十小時，頭顱內部被放置一塊金屬夾，因此必須在家裡上學一年多，終生不能從事劇烈運動。這次重傷也讓他免服兵役。不過躺在家中病床上時，他還是會注意時事，在地圖上推演第二次世界大戰的軍隊部署。這個男孩熱切讀報，並發展出終生對報紙的興趣，後來自己還擁有報紙媒體。

這個家族不需要工作賺錢，但也無法保護史凱菲家的孩子不受外人嘲笑。在大蕭條及二戰時，一般人的汽油都是配給的，所以別人看到他們被司機載送時會發出噓聲，他們坐在豪華轎車後座也會自我揶揄。史凱菲回想大約十歲時他就明白，「和大部分的人比起來，史凱菲家

---

05 作者注 See Kenneth F. Scheve Jr. and David Stasavage, "Is the Estate Tax Doomed?," *New York Times*, March 24, 2013. 他們表示「犧牲的平等」這個詞是由約翰．史都華．米爾（John Stuart Mill）使用，從十九世紀進入支持稅收改革的論述，特別是在金融戰爭中。

很不一樣。我們非常有錢。」他說年輕時他害怕別人會因為這樣而不喜歡他。但是隨著年紀成長，他寫道，他不像大部分的自由派，他覺得自己有資格擁有這份好運。「我有些朋友，應該說大部分朋友，因為有錢而懷有罪惡感。但我不會，而且我從來沒有過。」他描述，「繼承來的財產是給這個人，但也是給他的社群和國家。我可以做很有益的事。」他寫道，「能夠把錢用在思想戰，我覺得很好。」

史凱菲回憶起他的童年是愉快的。他喜歡帶他長大的女家庭教師，他讚賞父親，也喜愛母親。不過，長他四歲的姊姊柯蒂莉亞卻對他們的成長過程有不同看法。她形容這個家庭最擅長的是「讓彼此都很悲慘」。[20]在史凱菲家裡，唯一幾乎和錢一樣多的東西就是酒。史凱菲到了十四歲被送去迪爾菲爾德中學時（八年後，大衛・寇克也在這個學校入學），他已經會喝酒了。他在高年級時被抓到在校園裡和當地女孩子喝酒，這違反了迪爾菲爾德的規定，而差點畢不了業。史凱菲回想，父母急忙捐錢給學校蓋新宿舍，好讓他可以拿到文憑。多年之後，他無論如何都資助社會批評家查爾斯・莫瑞（Charles Murray），這名要角提倡一種理論：富人會成功大部分是因為有超高的工作倫理以及道德準則。

雖然勉強從預備中學畢業，但史凱菲仍然被父親的母校耶魯接受了，但不久之後就因為好幾次狂歡飲酒而被退學。有一次他把空啤酒桶從樓梯滾下去，而害一個同學受傷，從此他就被視為一個成群結黨欺負人的大學男生（史凱菲寫道，推下啤酒桶這件事是被栽贓的，他說其實是他朋友動手的）。又有一次被抓到在校園喝酒，他藐視裁決這件案子的院長，因而加速了退學處分。然而，接下來一年，史凱菲還是得到機會可以在耶魯重讀一年級，不過他大部分時間都在看電影而不是上課，所以很快就被當掉，這次是確定永遠退學了。不過，因為他父親是匹茲堡大學的董事會主席，他就從匹茲堡大學畢業，然後馬上進入家族企業海灣石油。

然而，他的行為並沒有改善多少。二十三歲時，有個雨夜，他開車差點撞死了人，他自己則膝蓋骨碎裂，並且要拿很多錢出來賠償被他追撞的那輛車一家人。在他的成年生活中，接二連三不斷發生酗酒及怪誕悲劇。有個朋友在他面前自殺。另一個朋友，就是他姊夫，在離奇的情況下死於槍傷。他姐夫的死雖然被判定為意外或自殺，但卻成為醜聞，也造成他與姊姊之間長久失和，因為柯蒂莉亞懷疑弟弟牽涉其中。二〇〇五年，柯蒂莉亞病入膏肓，於是用塑膠袋把自己悶死。她身後留下的房地產，價值八億二千五百萬美元。

不過，一九五八年，這些悲劇還沒有發生時，史凱菲的父親就突然過世。史凱菲當時才二十六歲。他回想那一年，「對我來說是個分水嶺」。他父親讓他繼承已破敗的金屬公司，他立刻用一美元賣掉這個家族企業，另外還繼承了梅隆銀行董事會沒有實權的席位，主席是他趾高氣昂的舅舅。更重要的是，史凱菲要負責管理他母親的財務，他有責任要拿幾億美元來投資。「因為爸爸過世，我首要任務就是照管母親的事務。」他寫道。「五十四歲的莎拉·史凱菲是個有錢女人，但是管理財富沒有經驗……所以，對我來說，不可避免的角色就是投資者。

全部歸我處理。」㉑

父親死後不久，母親就成立了兩個各五千萬美元的公益信託，受益人是史凱菲和他姊姊。他們和寇氏家族一樣，設立這些信託後，連續二十年所有淨收入都必須捐給非營利公益團體。二十年之後，五千萬美元的本金就可以傳給史凱菲的後代，而不必繳遺產稅。換句話說，二十年的公益事業是免稅繼承的代價。關於成立信託，史凱菲寫的是「稅法這樣訂，不是很棒嗎？」㉒

史凱菲寫道，他母親認為這樣很划算，一九六一年又給她的孩子們成立了兩個同樣的信託，這次是每位受益人各二千五百萬美元。根據這次信託條款，史凱菲和姊姊只要捐十年利息給公益組織。一九六三年，他母親又拿一億美元來成立信託，這次是給她的孫輩，就取名為莎拉史凱菲孫子女信託基金（Sarah Scaife Grandchildren's Trust）。同樣，淨利必須捐出來，這次要捐二十一年。由於柯蒂莉亞沒有子女，這個孫子女信託基金的一億美元就歸史凱菲所有，當時他有幼子及女兒。所以，直到一九八四年這二十一年之間，他可以主導這三個信託所衍生的所有公益捐助金，累計起來的資產是二億五千萬美元。在那個年代，這些資產本身以及衍生出來的年淨利加起來是一大筆錢。

母親讓兒子免稅繼承的方法，史凱菲在回憶錄中形容為「在社會方面很有用的避稅之處」。他寫道，「這可以讓捐助者拿出一筆錢給繼承人，而不用付遺產稅或贈與稅，但是必須做公益一段時間才行。對我來說，這對雙方都是好事。」

然而結果卻是，許多意圖保存財富的超級富有家族，因為這個稅法而進入美國的公民團體。他們為了避稅，就必須投資在公益角色上。以寇氏家族和史凱菲家族這兩個例子來說，這種稅法的結果是資助了現代的保守派運動。

部分動機基於稅務考量，史凱菲的慈善家角色後來越來越壯大。然而有個最直接的問題是，信託中不斷積累的利息要如何發配出去。這些錢必須要分配到公益組織裡，才能符合稅法。對史凱菲和寇克這些超級富有的家族來說，有個具吸引力的解決方案是，把錢捐給自己私人的公益基金會。這樣一來，他們可以獲得減稅，又能掌控這些公益資金如何使用。

非營利組織的營利之道

私人基金會的法律限制非常少。私人公益基金會每年必須捐出資產中至少五％給大眾公益組織，也就是所謂「非營利」組織，金主因此能夠大量減免所得稅。這個安排讓富人獲得可觀的稅金補助，又能照他們的意思、利用他們的基金會來影響社會。此外，這個過程通常能讓金主戴上慷慨及公益的光環，緩和階級不滿。

因為這些好處，過去一世紀以來，私人公益基金會紛紛成立。如今這種基金會非常普遍，而且很少有爭議，不過在以前，無論政治光譜哪一端的美國人，是用非常懷疑的眼光在看待私人基金會。[06]這些私人財富入侵了公共場域，被看作是沒有經過民意選舉，也無法追溯責任歸屬的財閥勢力。

這項作法開始於鍍金年代，從洛克菲勒開始，他的公益顧問牧師佛德列克・蓋茲（Frederick Gates）警告他，「你的財富越滾越多、越滾越多，就像雪崩！你必須跟上腳步！你分配出去的速度，必須比它成長的速度還快！」因此，洛克菲勒在一九〇九年向國會尋求法律允許，發給聯邦特許狀以設立一般目的之私人基金會，其任務大方向是預防並減輕苦難，以及推廣知識及進步措施。批評者包括前總統老羅斯福，他強力攻擊這個做法，宣稱「花多少錢做公益，都沒有辦法彌補獲取這些財富的惡行。」當時，有一批知名美國人在國會陳詞反對成立私人基金會，包括約翰・海尼斯・侯米斯牧師（John Haynes Holmes），他公開譴責私人基金會是「違反整個民主社會理念」。一九一五年，美國工業關係委員會（U.S. Commission on Industrial Relations）的主席法蘭克・沃爾許（Frank Walsh）建議，「大型公益信託，也就是所謂基金會，顯然戕害社會福祉。」史丹福大學政治學教授兼史丹福公益及公民社會研究所（Stanford Center for Philanthropy and Civil Society）的共同所長羅伯・里希（Rob Reich）解釋，「幾乎代表財閥聲音」的私人基金會「令人戒慎，因為基金會被認為是根深蒂固的反民主……這種實體會侵蝕政治上的平等，影響公共政策，並且可能永遠存在。」[07]

洛克菲勒無法獲得國會核准，轉而向紐約州議會請求核准他的計畫。但是，就法律來說，所有私人基金會的始祖洛克菲勒基金會（Rockefeller Foundation），一開始只限於推廣教育、科學以及宗教。然而越來越多私人基金會成立並投入各式各樣議題。根據里希研究，到了一九三〇年，已經約有兩百個私人基金會，到一九五〇年，數量成長至兩千，到一九八五年，已經有三萬。[08]二〇一三年，美國有超過十萬個私人基金會，總資產超過八千億美元。對選民或消費者來說，**這些專屬於美國本土的組織，其營運透明度或責任歸屬很低，但卻能透過免稅，等於變相由公共經費補貼，在公共政策場域中長成八千億磅重的巨人**。破除自由意志迷信的法律學者理查·波斯納（Richard Posner），稱這些屹立永存的公益基金會為「完全沒有責任的組織，不必對任何人答詢」，並說「這些基金會為何沒有成為徹底的醜聞，原因要歸結到經濟難題。」[09]

---

06 作者注　約翰·洛克菲勒曾私下秘密和塔夫托總統（William Taft）會面，為了創建洛克菲勒基金會而尋求支持，但是一九一三年美國參議院還是拒絕這項提案。以上根據羅伯·里希的論文 "Repugnant to the Whole Idea of Democracy? On the Role of Foundations in Democratic Societies"（Department of Political Science, Stanford University, for the Philanthropy Symposium at Duke University, Jan. 2015）, 5.

07 作者注　出處同前，9.

08 作者注　出處同前，7.

09 作者注　波斯納把長久存在的公益基金會類比為世襲政權。他認為這些基金會被富人當作自己徵自己稅的妙招，但是他也質疑為什麼他們可以享有稅賦減免，特別是企業家的基金會，而且還讓企業家藉此打亮企業形象。請見 "Chari- table Foundations—Posner's Comment," *The Becker-Posner Blog*, Dec. 31, 2006, http://www.becker-posner-blog.com.

這些豪族剛開始捐錢到公益組織時，其贈與並不能免稅。然而，聯邦所得稅法於一九一三年實施，富人立刻說服國會，除非他們能得到特別減免稅額，否則這些慈善家可能不會再為公共目的而捐出財富。因此，在一九一七年，金主就得到無限制的公益減免稅額。理由是，他們的贈與對公眾有益，而不是滿足私人利益，所以就算他們這麼有錢，也值得公共補貼。對於這項議題，那些反對把稅收用在所有社會工程的保守派人士，卻完全贊成這種稅法漏洞。

史凱菲在父親於一九五八年過世前，就設立他自己的小型基金會。家庭律師向他解釋，他所繼承的避稅用公益基金，等到他二十一歲時，用他的話說，就會從中收到第一筆「強心針」（booster shot）。他這個早期基金會名為阿利根尼基金會（Allegheny Foundation），重點是當地社區改善計畫。一九六四年，他以自己的政治聚會為名而成立了迦太基基金會，一開始專注在國防議題。

一九六五年，史凱菲的母親過世，他和姊姊兩人共同控管規模大很多的莎拉史凱菲基金會。但是他們兩人認知的優先事項不同，很快就引起無法化解的爭執。沒多久，這對姐弟歧見加深，此後一輩子都不再與對方說話。柯蒂莉亞．史凱菲的重心和她媽媽一樣，是在藝術、文物及環境保護、教育、科學，以及人口控制（莎拉．史凱菲是瑪格麗特．桑格〔Margaret Sanger〕的朋友，是計畫生育〔Planned Parenthood〕的忠誠支持者）。史凱菲多幾年來也支持計畫生育，但是他的興趣比較偏向他在回憶錄中所謂的「公共事務」。到了一九七三年，他已經把莎拉史凱菲基金會的經費用途成功轉向，幾乎都放在他自己的目標上。「結果是」，他寫道，「非常可觀的善款力量」[23]，讓他可以「推展觀念，**我認為**對美國好的觀念。」[24]由於避稅，史凱菲不只成為這個國家最有錢的一個公民，也是最大的一個慈善家。「這就是傳奇的理查．梅隆．史凱菲，右派運動背後之黑暗魅影的開始。」他在回憶錄中頑皮寫道。[25]

然而一個不能不面對的問題是，這些錢要怎麼花才好。史凱菲是小威廉．巴克利的早期崇拜者，他繼承全部遺產時，右派知識份子正好醞釀出這個想法：他們必須打造自己的機構體系，以迎戰自由派。這項目標的領頭倡議者是史凱菲的搶救迦太基聯盟中的成員，路易斯．包威爾（Lewis Powell），他後來成為最高法院法官。他出身維吉尼亞州里奇蒙，當時是著名的公司法律師，正在找尋口袋夠深的金主來資助這個計畫。

包威爾寫了一份犀利的作戰計畫，詳述保守派企業利益團體要如何扳回美國政治。以漢尼拔的精神，這份計畫呼籲，對驕傲自滿的建制派發動摧毀式奇襲，建制派自認為超越黨派立場，但是保守份子卻認為它是自由派。發動這項攻擊的是另類意見菁英，看起來就像現在的菁英，只不過它是由私人資金贊助，由黨派立場鮮明的金主出錢，這些人的意圖在於實施圖利企業而且自私的政治目標。10

包威爾在許多方面都和保守派企業家有關聯。他除了有一家興旺的公司法律事務所之外，也在十幾個美國最大公司的董事會有一席之地，包括香菸製造商菲力浦莫里斯（Philip Morris）。因此，一九七一年春天，激進學生、反戰示威者、黑人民權戰士，以及許多自由派知識菁英，大力反對他們眼中的美國企業界惡行時，時年六十三歲的包威爾越來越煩躁不安。包威爾相信，美國資本主義正面臨危機。整個夏天他都在剪報，從雜誌及報紙文章收集資料以記錄這個政治威脅。他特別是關注羅夫．納達（Ralph Nader）這個年輕的哈佛法律學院畢業生，當時他由勞動部副部長丹尼爾．派崔克．莫尼罕（Daniel Patrick Moynihan）聘來調查汽車安全隱患。納達於一九六五年揭發通用汽車（General Motors）的報告〈什麼速度都不安全〉（*Unsafe at Any Speed*），控訴汽車工業把利益置於安全之前，引發了美國消費者運動，美國人對企業的信心因此受到衝擊。包威爾是通用汽車企業顧問的朋友，他是用接近世界末日的警戒在看待這件事與其他反企業的發展。

那個夏天，就在包威爾被尼克森提名為最高法院法官之前兩個月，他的鄰居好友、美國商會（U.S. Chamber of Commerce）董事小尤金．西諾（Eugene Sydnor Jr.）也和他一樣擔心政治，他委託包威爾為企業聯盟撰寫一份特別備忘錄。八月，包威爾發表了洋洋灑灑的備忘錄，根本就是一份召喚美國企業界挺身反革命的呼籲，當中警告企業界如果不組織起來在政治上反擊，將危及存亡。這份五千字的備忘錄被列為「機密」，文件名稱是「對美國自由企業制度的攻擊」。[11]這份文件形同《共產黨宣言》（*Communist Manifesto*）的對抗文件，它成為保守派的反攻藍圖。如同菲利普斯・費恩在她的歷史著作《看不見的手》所述，包威爾的備忘錄把美國企業界改頭換面成「前鋒部隊」。

聽到參戰呼聲的還有美國最大企業財富的繼承人，包括史凱菲，他們已準備好把私人基金會當作保守派運動的金庫。基金會具有許多優勢，對金主和受惠方都有好處。不像大部分企業，它只需要少數人就可以控制基金會，因此基金會可以迅速涉入爭議性計畫中。而且，基金會讓金主可以享有稅賦減免，同時又戴上高尚光環。曼哈頓研究中心（Manhattan Institute）的學者詹姆斯・裴若森（James Piereson）在幾個保守派基金會裡是關鍵人物，反思這段時期，他說，「一九七〇年代末期我們開始時，什麼都沒有。在美國主流政治生活中，我們沒有任何機構。」[12]自由派認為企業直接資助大部分右派運動，他反駁說這是誤解，「我們做的事情，對

---

10 作者注　在這本書 *The Rise of the Counter-establishment: From Conservative Ideology to Political Power*（Times Books, 1986）中，希尼・布魯門薩爾（Sidney Blumenthal，按：柯林頓幕僚）使「反建制」（counter-establishment）這個詞成名，而且是他首開先河說了許多這個運動早期的歷史知識。

11 作者注　關於包威爾備忘錄的起源及影響，請見 Phillips-Fein, *Invisible Hands*, 156–65.

12 作者注　裴若森這段話是在二〇〇六年九月二十一日出席開放社會研究院（Open Society Institute）論壇，與勒馬榭（Gara LaMarche）座談時所說。

企業界來說太有爭議。」他說，剛開始時反而是「只有少數幾個基金會」，包括以石油財富為基礎的艾爾哈特基金會（Earhart Foundation）、咳嗽感冒製藥業的史密斯理查森基金會（Smith Richardson Foundation），以及最重要的是，好幾個史凱菲家族基金會。

六〇年代晚期以及七〇年代早期，其實是美國企業界的艱困時期，對那些依恃大量企業財富的人也是。環保與消費者運動誕生，催生了好幾項嚴格的政府新法規，讓企業界應接不暇。一九六二年，瑞秋・卡森（Rachel Carson）的《寂靜的春天》（*Silent Spring*）出版，揭發了化學物品不當使用所造成的災難性環境反撲，促使國會通過了《淨化空氣法案》（Clean Air Act）、《淨水法案》（Clean Water Act）、《有毒物質管制法案》（Toxic Substances Control Act），以及其他管制法規，形成了現代管制國家的面貌。一九七〇年，尼克森總統在兩黨支持之下，簽署立法成立了環境保護署以及職業安全與健康管理局，賦予政府新權力來糾舉企業。特別是《淨化空氣法案》所頒布的標準相當嚴格。環保局在建立管制要件時受到指示，唯一的考量就是公眾健康，產業的支出明顯不列入考量。同時，反對越戰的聲浪越來越高，反戰人士憤而轉向企業，控訴它們為這場軍事衝突加油添柴，例如製造燃燒彈的陶氏化學（Dow Chemicals），一九七〇年代針對它的示威就超過兩百場。新左派（New Left）領導人例如史道頓・林德（Staughton Lynd），敦促反戰運動不要浪費時間在華盛頓，而要「圍攻企業」[26]，這是他在一九六九年所寫的字眼。民調顯示，美國人對企業的尊敬是一落千丈。

隨著科學家發現癌症與抽菸有關聯，香菸產業因此尤其受到指責，這件事可能使得包威爾提高警戒。他從一九六四年起就擔任菲力浦莫里斯的董事，直到加入最高法院為止，包威爾是毫不掩飾的香菸捍衛者，簽署了一系列年度報告抨擊批評者。例如他在一九六七年的公司年度報告中表示，「如此重大的爭議卻缺乏客觀性，我們感到遺憾……被廣泛接受的吸菸正面益處，卻不幸被許多香菸與健康相關的報告嚴重忽視，贊成吸菸的科學報告很少得到關注。」聯邦通訊委員會（Federal Communications Commission）拒絕給予香菸公司「等量的時間」在電視上回應對他們的批評，包威爾對此非常憤怒，並表示這些企業在第一修正案（First Amendment）的權利被侵害了。在法院審理中，包威爾的法律主張敗訴，更加深他認為企業陷入困境。傑佛瑞．克萊門斯（Jeffrey Clements）在《企業不是人》（*Corporations Are Not People*，書名暫譯）書中表示，包威爾捍衛菸草公司是企業權利運動的先驅，多半也促使他推動保守派備忘錄，以賦權更多支持企業的法庭。㉗

當時，高通貨膨脹及高失業率，這種不尋常的組合形成了「停滯性通膨」（stagflation），經濟正在其中掙扎，美國企業困境加劇。再加上還有石油危機及天然氣管線問題。幾代以來累進所得稅及遺產稅的重分配，使得經濟菁英失去原有的優越地位。一九七〇年代中期，收入方面是美國有史以來最能平均分配的時期。㉘

「有識之士皆有共識，美國經濟體系正遭受廣泛攻擊」，包威爾在他的備忘錄宣示。他的悲憤長文與其他保守派喋喋不休的差異是，他認為最大威脅不是來自少數「左派極端份子」，而是「社會上最受尊敬的角色」。他表示，真正的敵人是「大學校園、宗教講壇、媒體、知識份子及文學期刊、藝術與科學」，還有「政治人物」。

包威爾呼籲美國企業起而戰鬥。[13]他敦促美國資本家發動「游擊戰爭」，來對抗那些想要「陰險」打倒他們的人。他主張保守派必須緊抓輿論，影響那些形成輿論的機構，他指出這些就是大學院校、媒體、教會及法院。他主張保守派必須從源頭控制政治辯論，要求教科書、電視節目及新聞報導裡要做到「平衡」。他主張金主應該要求在其所捐款的大學裡，對教職員聘雇及課程具有話語權，並要「在所有政治場域中強力施壓」。他預測，勝利的關鍵在於「縝密的長期規畫及執行」，並要「唯有團結才能達到某個程度的財務」支持。

不是只有包威爾一個人這樣做。有些右派社運份子發出類似的戰鬥呼籲，包括新保守主義教父爾文・克里斯多（Irving Kristol）。他從前是國際共產主義者（Trotskyite），在《華爾街日報》的保守派社論版面擔任專欄作家，在這個媒體上，他勸告企業主在公共關係方面要更有謀略，他主張企業主在「全心全意追求自我利益」時保持低調[29]，並宣揚道德價值例如家庭及信仰。尼克森的白宮幕僚派崔克・布坎南（Patrick Buchanan）於一九七三年也有類似主張，為了成為永遠的政治多數，保守派必須說服美國企業界以及親共和黨的基金會，共同資助成立一個智庫，做為「避稅之地」、「人才庫」以及「溝通中心」。[30]不過，正是包威爾備忘錄使右派警覺起來，並催生了全新品系的富裕超級保守派，把他們的公益贈與當作武器，以在多戰線的戰爭裡作戰，試圖影響美國的政治思想。

史凱菲的「砲兵連」

在這段期間，史凱菲就像許多保守人士一樣，對比較傳統的政治支出越來越幻滅。高華德的失敗讓他個人極度失望。後來史凱菲以更廣泛的方式投入運動，他捐出總價將近一百萬美元的三千美元支票給三百三十個不同的外圍團體，這些團體和尼克森於一九七二年再度出馬競選有關。小額現金是刻意躲避聯邦政治獻金限制。

不過當尼克森被捲入水門案醜聞中，史凱菲轉而反對他了，並且反對金援候選人。史凱菲當時已經買下一家地方報紙，即是位在匹茲堡外的葛林斯堡《前鋒評論》（*Tribune-Review*），一九七四年，他在報紙上登出一篇社論，嚴詞要求彈劾尼克森，不久之後，他甚至

13 作者注　有些人質疑包威爾備忘錄的地位是否被高估。《美國展望》（*The American Prospect*）的作者馬克・舒密特（Mark Schmitt）於二〇〇五年寫，「右派的真實情形是根本沒有任何計畫，只是一堆人寫下自己的備忘錄，然後開始籌組自己的組織。」

拒絕接聽總統打來的電話。「從那時起，他就不再支持哪個候選人了。」魯迪說。

史凱菲對選舉過程感到挫折，就像寇氏家族一樣，他也要用比較不直接的金援方式來搏取政治上的勝利。雖然他仍繼續捐錢給政治活動和行動委員會，但他開始投資更多在保守派機構及思想上。他的私人基金會變成是政治及政策新創組織的主要資金來源。尤其是智庫，在保守派運動的思想戰中，成為裴若森所謂的「砲兵連」。[14]史凱菲在回憶錄中估計，三百個最重要的機構，他至少金援了一百三十三個。

一九七五年，史凱菲家族公益基金會捐了十九萬五千美元，給一個在華盛頓新成立的保守派智庫傳統基金會（Heritage Foundation）。接下來十年，史凱菲成為這個基金會最大金主，捐了超過一千萬美元。到了一九九八年，這些款項總共高達二千三百萬美元，這表示就這個智庫整體財務來說，史凱菲所捐的錢占了非常不成比例的一大部分。史凱菲先前已經是美國企業研究院（American Enterprise Institute, AEI）最大金主，這個位在華盛頓的智庫與傳統基金會屬性相同，而且成立比較久，但傳統基金會有個新的模式是史凱菲屬意的。它和過去的研究中心不一樣，而是刻意的政治性，該基金會引以為豪的是創造及行銷保守派觀點，並且將這些觀點深深注入美國主流。

其實，傳統基金會之所以成立，是因為有兩個國會助理對於比較因循古法的智庫模式感到挫折。其中一個是小艾德溫．福諾（Edwin Feulner Jr.）[15]，他畢業自華頓商學院，是海耶克信徒，對募款相當敏銳。另一個是出身威斯康辛州的保羅．魏理奇（Paul Weyrich），他是強烈的保守派勞工階級天主教徒，協助媒體事務，他坦白形容自己是「致力於翻轉目前的權力結構」的「激進份子」。[31]這兩人惱怒於美國企業研究院的做法，它拒絕涉入立法機構尚在爭論的案件，除非已經有個結果。這種路線是比較謹慎的，反映出這個比較資深的智庫害怕失去它的非營利資格。但這兩個人想創造新形態、行動導向的智庫，在國會做出決定之前就積極遊說議員，在爭戰中明確選邊站，總之，不只是「思考」，還要「行動」。

包威爾備忘錄喚醒了天使金主，這正是他們的計畫需要的。首先是超保守的科羅拉多州庫爾斯製酒世家的後人，喬瑟夫．庫爾斯（Joseph Coors），他讀了包威爾備忘錄，感到非常「心神不寧」，於是送了一封信給他的參議員，科羅拉多州共和黨高登．亞洛特（Gordon Allott），表示要提供「投資於保守派事業」的資金。[32]魏理奇為亞洛特工作，他看到庫爾斯的信，立刻起而行動。這位大亨似乎要提供無限制的資金，而且沒有附加條件，魏理奇敦促庫爾斯盡快來到華盛頓。「我想我從來沒有遇過像庫爾斯這樣政治天真的人。」據說他後來笑著

14 作者注　裴若森在二〇〇六年九月二十一日出席開放社會研究院論壇時所說。

15 作者注　福諾是蒙沛勒理協會（Mont Pelerin Society）會員，這是奧地利經濟學派的社團，海耶克為共同創辦人並出席聚會，而且幾乎是由美國企業家資助。

這樣說。[16]不過庫爾斯如醉如癡。魏理奇說要「加入戰鬥，以維護這個國家賴以維繫的自由。想想我們需要什麼作戰情報」，他對庫爾斯說。

庫爾斯立刻加入。就像寇克與史凱菲，他和手足兄弟都繼承了獲利甚豐的私人家族企業以及父母的反動觀點。庫爾斯是約翰伯奇協會的支持者，他認為有組織的勞工、民權運動、聯邦社會計畫、一九六〇年代的反文化，對於他和父祖輩得以成功的生活方式是牽涉到存亡的威脅。庫爾斯製酒公司由普魯士移民阿道夫・庫爾斯（Adolph Coors）成立於一八七三年，該公司對工會是有名的深具敵意，而且一再與科羅拉多民權委員會起爭執，委員會控訴該公司歧視少數族裔員工。庫爾斯是家族企業創辦人最小的孫子，他認為激進左派已經蔓延整個國家[17]，他擔任科羅拉多州立大學董事時，試圖禁止左派講師與學者及學生進入校園，使他成為爭議焦點。他要求學者宣誓效忠美國，但被其他董事否決了。他自己的兒子在學校變成嬉皮，使他非常生氣，他在開學演講中痛陳「只求快活的寄生蟲……靠國家失業救濟金維生。」事實上，在與魏理奇聯絡之前，他已經相信右派需要全新而且更有戰鬥性的全國機構，就像魏理奇描述的那樣。

沒多久，魏理奇和福諾創辦了分析與研究協會（Analysis and Reserch Association），即是傳統基金會前身，這個新生智庫的第一個金主就是庫爾斯，第一筆捐款是二十五萬美元，庫爾斯承諾再加三十萬美元興建總部。不久之後，他就十分投入做為全國人物這個新地位，在科羅拉多州哥登市與華盛頓之間飛來飛去。傳統基金會得到第一個千萬富翁兼政治理論家的支持，於一九七三年開門運作。

史凱菲的錢馬上就跟著投進去，而且他投得更多。[18]當時有一句話很風行：「庫爾斯給六袋，史凱菲給好幾箱。」[33]

美國的獨立研究機構至少從世紀之交就存在了，但是就如同約翰・朱迪斯（John Judis）在《美國民主的矛盾》（*The Paradox of American Democracy*）書中所寫，早期智庫力求促進公眾利益，而不是狹隘的私人或黨派利益。在進步運動的傳統中，他們公開宣稱他們是由社會科學所驅動，而不是意識形態。最為人所知的是布魯金斯研究院（Brookings Institution），一九一六年由聖路易斯的企業家羅伯・布魯金斯（Robert Brookings）成立，他把這個研究機構的任務定為「不受任何政治或金錢利益影響」。[34]為了確保「無利害關係」的倫理，本人是共和黨員的布魯金斯，明令董事會必須聘請各種不同觀點的學者。

---

16 作者注　Dan Baum, *Citizen Coors: A Grand Family Saga of Business, Politics, and Beer*（William Morrow, 2000）, 103. 魏理奇補充，「庫爾斯是那種相信寫信給你選區議員就可以解決事情的人。」

17 作者注　出處同前。

18 作者注　在創辦傳統基金會之前，福諾曾在策略與國際研究中心工作，這個機構早期幾乎是由史凱菲一人資助，所以他應該很清楚史凱菲是很可靠的金主。

其他幾個基金會如洛克菲勒、福特以及羅素．賽吉（Russell Sage）基金會，都因這樣的理想而生氣蓬勃，還有那個時代中絕大多數的學術圈及菁英新聞機構，例如《紐約時報》，都致力於傳達不受黨派偏見影響的事實。因為這些機構的自我認知是，他們關注的是以現代或甚至是科學的態度追求真相，雖然他們針對社會問題提出的答案，經常牽涉到由政府解決，但他們並不認為自己是自由派。

一九七〇年代，一批新形態的「智庫」出現，金主是像史凱菲這種富豪，也有的是由大公司支持，這些智庫關注的是把預定的意識形態推銷給政治人物及社會大眾，而不是進行社會科學的學術研究。艾瑞克．華納（Eric Wanner）是前任羅素賽吉基金會會長，他用一句話來歸納，「社會政策應該基於社會科學的研究，但這種進步的信念卻被倒轉了，其中的代表就是美國企業研究院與傳統基金會。」[19]

將智庫當作偽裝的政治武器，這個想法據說是來自海耶克。為ＢＢＣ製作紀錄片的亞當．柯提斯（Adam Curtis）講述了下面這個故事。大約在一九五〇年，有個古怪的英國自由意志派人士，名叫安東尼．費雪（Anthony Fisher），他畢業自伊頓公學與劍橋大學，相信社會主義及共產主義正在侵略西方民主世界，他看了《讀者文摘》版的海耶克《通向奴役之路》之後，向海耶克請教該怎麼辦。應該去競選公職嗎?當時任教於倫敦政經學院的海耶克告訴他，對於他們這些有這種信念的人來說，投身政治只是徒勞。海耶克認為，政治人物是傳統智慧的囚犯。

如果要實踐當時被指為異端的自由市場觀點，就必須改變政治人物的想法。要做到這一點，需要的是有企圖，且某方面來說是虛偽的公關活動。海耶克對做筆記的費雪說，最好的方法是創立「學術機構」來進行「思想戰」。35海耶克說，如果費雪做成了，就能改變歷史走向。

然而，要成功，必須隱藏智庫真正的目標。費雪的事業夥伴奧立佛·史密德利（Oliver Smedley）寫信給費雪說，他們必須要「小心謹慎」，並且把他們的組織偽裝成立場中立的無黨派機構。他們在倫敦成立自由意志派智庫的始祖，取名不痛不癢，叫做經濟事務研究院（Institute of Economics Affairs）。史密德利寫道，這個組織「一定要做到的是，任何文字都不能提到我們是有目的地教育社會大眾，這可能會被解讀為具有政治偏見。換言之，如果公開說我們是重新教導自由市場經濟，可能會讓敵人質疑我們動機的公益性。」

費雪後來在全世界各地成立了大約一百五十個自由市場智庫，包括紐約的曼哈頓研究中心，史凱菲及其他保守派慈善家都成為主要捐款人。事實上，莎拉史凱菲基金會多年來就是曼哈頓研究中心的單一最大金主。36從史凱菲的觀點來看，這些捐款起了作用，協助保守派社會批評家莫瑞，以及供應面經濟學大師喬治·基爾德（George Gilder）建立他們的事業，他們反

19 作者注　出處同前，169. 保守派基金會的領袖例如威廉·賽門（William Simon）可能自認他們僅是提供政治平衡，並效法自由派基金會推展運動，但是政治學家史蒂芬·泰利斯（Steven Teles）接受本書作者採訪指出，兩者有重大差異。早期建立完備的基金會例如福特基金會，其董事會比較中立，而那些新保守派基金會例如歐林基金會，他說是「意識形態掛帥」，而且比較會採用發放獎助金的方式來發展運動。

對福利施政措施以及徵稅，這些主張對一般美國人產生了巨大的影響。

早期與費雪一起成立曼哈頓研究中心的是威廉・凱西（William Casey），他是華爾街金融家，後來當上中情局主任。這個早期智庫從事的並不是間諜行動，但是資助它的富豪並不反對利用詭計與假情報，來進行他們自認高貴的事業。事實上，在這段時期，史凱菲同時也資助中情局的前鋒團體。在他的回憶錄中寫到，在一九七〇年代早期，他擁有一個位於倫敦的新聞組織論壇世界特報（Forum World Features），事實上就是由中情局操控的政治宣傳單位。他是從《紐約先鋒論壇報》（*New York Herald Tribune*）的裘克・惠特尼（Jock Whitney）手中接下的，而惠特尼是他父親在戰略部的朋友。

有一個花招手段，在魏理奇的早期計畫中就能看出來。包括某些與人聯繫的書信，從他的所有文件看起來，他的政治組織就像祕密的企業前鋒團體。有一個同事寫道，「你也知道，商人一直都有個惡名，他們在政治領域中是披上保護色的。我認為這主要是因為，商人害怕他們的公司會因他的參與而被波及，也擔心聯邦政府可能的反應。我們提議的組織會掩護他，並提供他一個工具，實際上是以某個代價為他進行他的政治工作。」[37]

美國富豪大亨早期企圖隱身在非營利的外圍團體後面，但當時被認為不合法，也對政治有害。一九三〇年代，民主黨人得意洋洋地揭露杜邦家族（Du Pont）資助美國自由聯盟（American

Liberty League）。這表面上是個反對羅斯福新政的獨立組織，被民主黨人戲謔為「美國玻璃紙聯盟」，因為「它是個杜邦產品，是可以透視的。」一九五〇年，國會調查了美國企業研究院的前身組織，指責它是「大企業的施壓團體」[38]，應該要註冊為遊說團體，並且禁止它的金主得到稅賦減免。一九六五年，有個美國企業研究院的高層人士請假，去為高華德的一九六四年總統選戰組織智囊團，國稅局因此威脅要撤銷這個智庫的免稅資格。就是因為這次的痛苦經驗，美國企業研究院和那個時代裡的其他保守派組織，會避免表現得太過偏向哪個黨派，或是行為像是企業幫兇。

但是，在一九七〇年代，這樣的擔憂過時了。包威爾以及採取攻勢的企業新幫兇，重新定義了具有威望的現存機構，例如布魯金斯研究院及《紐約時報》，說它們也是一樣有偏見，只不過是偏向自由派那一邊，因此，外界說保守派組織立場偏頗這種指控，就被他們從負面扭轉成正面。他們主張，各種觀念的「市場」是必須的，這樣所有觀點都能得到相同的平衡。舊組織以其公共服務導向、自外於混戰的中立性質而引以為榮，但包威爾等人實際上是把舊組織降格，說它們不過是兩極化戰爭中的鬥士罷了。[20]

20　作者注　見 Stahl, *Right Moves*. 該書作者描述保守派智庫如何利用政治平衡這個概念來顛覆專業觀念。他也描述福特基金會捐款給美國企業研究中心。

布魯金斯研究院和《紐約時報》這下慌了，匆忙在陣容中加入保守派人士，希望能藉此展現出它們的超黨派性質。布魯金斯趕快請了一個共和黨人來當會長，《紐約時報》則在一九七三年請尼克森前任文膽比爾・薩伐爾（Bill Safire）在論壇及民意論壇版面擔任專欄作家。一九七六年，史凱菲資助的當代研究中心（Institute for Contemporary Studies）出版一份報告，指控媒體抱持自由派偏見，刊出之後，《紐約時報》封殺了社論版編輯約翰・歐克斯（John Oakes），因為他的筆調反企業。同時，向來資助許多各黨派早期環境運動以及公共利益法律運動的福特基金會，為了反駁外界批評它是自由派，而於一九七二年捐了第一筆三十萬美元給美國企業研究院。[21]美國企業研究院高層人員的某個友人在寫給他的字條中驚呼，「你這樣從福特基金會搶了不少錢來，恭喜啊！」[22]

結果，到了一九七〇年代結束前，保守派非營利組織獲得的權力，幾乎是搶救迦太基聯盟組成當時所無法想像的。極度富裕的右派金主，已經把自己從羅斯福時代被人訕笑只知自身利益的「經濟貴族」，轉變成在兩邊辯論當中受人尊敬的「另一方」。

這種新形態的超級黨派智庫，影響力遠遠超出華盛頓的範圍。他們懷疑已經確立的學術及科學領域，破壞真正沒有偏見的專家信譽，並且給政治人物一份互相衝突的統計數字及主張讓他們挑。好處是超越自由派的正統，讓知識環境更加多元。然而壞處是，黨派幫兇會在詐欺性的研究上創造出「平衡」，並以急迫議題來欺騙社會大眾，而他們的金主在其中是有財務利益的。

有些內部知情人士，例如政治分析家史提夫・克雷蒙斯（Steve Clemons），他為尼克森中心（Nixon Center）等智庫工作過，他形容新形態智庫是「浮士德的交易」（Faustian bargain）。[23]他擔憂金錢會使研究腐化。「金主越來越期待對他們的財報純益有貢獻的政策績效。」他在一篇自白文章中承認。[39]「錢的背後具有特定的政策目標，我們已經變成洗錢白手套。沒有人願意說出來，這個話題是一大禁忌。」[40]

為了證明他們在知識上的廉潔正直，新智庫都能偶爾舉出例證說，他們的立場和某些金主並不一樣，但是歐林是個超典型範例。這位化學及軍火企業鉅子的基金會，是美國企業研究院的大金主。歐林寫來的信顯示，他對智庫的懶散感到越來越生氣，他已經拿出一筆捐款，並指定要美國企業研究院去施壓，反對尼克森在任內提高遺產稅。歐林寫給該智庫會長的通知書中，大罵這條稅款是「徹頭徹尾的社會主義」[41]，並且抱怨假如該智庫沒有盡快出面說話，「在我死的時候，我的房地產就真的會消失無蹤了。」

大衛・布洛克（David Brock）從保守派變節成為自由派活動份子，年輕時曾在傳統基金

---

21 作者注　一九七六年，亨利・福特二世（Henry Ford II）辭去自家基金會董事會職務以示抗議，此舉震驚向來穩定的公益事業界。他說這個基金會不夠支持企業。

22 作者注　某位友人寫給小威廉・巴魯迪（William Baroody Jr.）的字條，描述於下列這本書中 Stahl, *Right Moves*.

23 譯者注　指為了換取金錢、權力或物質利益，而犧牲靈魂與精神。

會工作，他形容這個基金會幾乎完全聽從有錢金主的指示。在他大揭祕的《被右派蒙蔽》（*Blinded by the Right*，書名暫譯）寫道，「我看到一小群強大的基金會如何製造並控制右派意識形態」，例如史密斯．理查森（Smith Richardson）、庫爾斯、布拉德利以及歐林。他估計，史凱菲是「目前為止最重要的」，的確，布洛克形容他是「打造現代保守派運動、將保守派觀念散播到政治領域中最重要的一個人物。」42

史凱菲本人到底有多投入在知識活動上，而不是將權力授與重要顧問，例如他的長期左右手理查．賴瑞（Richard Larry），以及賴瑞的夥伴、前海軍軍官丹尼爾．麥可（R. Daniel McMichael），仍然是個謎。受到史凱菲慷慨恩惠的人，例如策略與國際研究中心（Center for Strategic and International Studies）主任大衛．亞伯薛（David Abshire），以及雷根的前任總檢察長、傳統基金會的研究員艾德溫．米斯（Edwin Meese III），總是稱讚史凱菲的聰明才智。米斯形容史凱菲是「看不見的手」，將「平衡及堅定的原則帶回公共場域」，以及「默默為整個運動幫忙疊磚塊、抹灰泥。」43不過一位史凱菲前幕僚，詹姆斯．舒曼（James Shuman）告訴《華盛頓郵報》，要不是史凱菲繼承了巨額財富，「我不認為他有多少知識才能可以做很多事。」44

在回憶錄中，史凱菲回想他的人生故事時流露出些許機智與魅力，這說明他可能是機靈且風趣的人，即使可能有點缺乏自我覺察。不過，傳統基金會於一九九四年某次集會慶祝共和黨拿下參眾兩院時，這次集會是他少數演講中的一次，不太能確定當時他的神智是否清楚。史凱菲有點牛頭不對馬嘴地漫談，「隨著政治上的勝利，半個世紀以來，盤旋在這個國家的意識形態衝突，現在顯示出來的清楚徵兆是，赤裸裸的意識形態戰爭已經爆發了，在這之中，我們的共和基礎遭受到威脅，我們最好多加留意。」45

史凱菲有好一段時間進出酗酒復健中心，發表這段漫談那一年，他又開始喝酒了。一九八七年，他的第二任妻子瑪格麗特．「芮奇」．貝托（Margaret "Richie" Battle）帶他一起去貝蒂福特中心（Betty Ford Center）。相關人員說，他維持清醒了幾年。但他的妻子還是舉止誇張、狂亂躁動。他和妻子於一九七九年相遇，當時兩人都已婚，之後就演出一連串堪為連續劇題材的風波。充滿魅力令人難忘的南方人芮奇，穿著一件令人無法抗拒的白色安哥拉毛衣，出現在史凱菲辦公室裡，史凱菲說，他就上了。「我們自然而然就做了」，他對《浮華世界》說。46她反駁，「我沒有安哥拉毛衣。我對那種東西過敏！」他們交往時，據稱芮奇用力踢了史凱菲下體，害他被送去醫院急診。同時，他和第一任妻子在離婚談判上糾纏了幾乎十年，為的是不讓她拿走一些他後來才繼承到的海灣石油股票。為了避免收到法院傳票，芮奇有一次還被捲在地毯裡，像克麗歐佩特拉（Cleopatra，按：埃及豔后）那樣，由史凱菲的僕人把她搬出他的宅邸。

他的家庭生活破碎不堪。根據史凱菲之子大衛的說法，芮奇和史凱菲在這段時間到學校來看他（又是迪爾菲爾德中學），卻帶了酒和大麻，而且史凱菲和兒子還一起抽。[47]一九九一年，史凱菲與芮奇結婚，她繼續住在不遠處自己的房子裡。兩人的婚禮震驚了匹茲堡上流階層，因為草坪上立了標誌，寫著熾熱的雙關語「芮奇愛迪克（Dick，按：也指陰莖）」。[48]

然而，相較於這對夫妻令人瞠目結舌的分手過程，那件醜行還不算什麼。芮奇雇請私家偵探，跟蹤史凱菲到路邊一家汽車旅館，房間租了一小時，還記錄了史凱菲和一個有賣淫前科的高䠷金髮女郎塔米·薇絲可（Tammy Vasco）幽會。後來芮奇自己也因「敵意侵入」她丈夫的房子而被逮捕，因為她從窗戶窺視到僕人擺設了浪漫的燭光雙人晚餐之後想要爬進去。提告被駁回，但是這個被當作笑柄的妻子，不久後就與史凱菲的管家起衝突，原因是這對夫妻所養的黃色拉布拉多獵犬波爾格該歸誰監護。芮奇成功帶狗潛逃，史凱菲在屋前草坪立了牌子，「妻子和狗失蹤——懸賞找狗。」[49]

這些小衝突只不過是小調前奏曲，離婚協議才是大戰。史凱菲沒有按照律師建議與芮奇訂立婚前協議，他後來在回憶錄中非常悔恨自己犯下這個錯誤。史凱菲表示他無意羞辱前妻，他只是相信「開放的婚姻」，他開玩笑說，「這是我和比爾·柯林頓的共同點」。在史凱菲人生的最後日子，是薇絲可待在他的身邊，陪他旅行到麻州南土克特島以及加州圓石海灘他的房子裡，讓他的家務員工十分不快，匹茲堡上流社會也引以為恥。有個史凱菲的朋友說，雖然薇絲可曾有賣淫前科，但史凱菲死於癌症時，床邊擺的是她的照片。

史凱菲基金會是傳統基金會的最大金主，並在一九九〇年對它施壓，要它更關注保守派的社會及道德議題，尤其是家庭價值。但以上的醜聞與紛爭，都讓人質疑施壓的合理性。傳統基金會的會長福諾很快就遵從金主要求，並聘請率直敢言的社會保守份子威廉 J．班奈特（William J. Bennett），他曾在雷根政府擔任教育部長，並在老布希政府擔任全國毒品管制政策主任，不久之後，班奈特就被指定為傳統基金會的傑出新研究員，專門負責文化政策研究。撰寫傳統基金會官方歷史的李．愛德華茲（Lee Edwards）同意，史凱菲基金會「特別注重家庭缺乏誠信的議題，它成為傳統基金會的主要關注對象」50，班奈特還擔任史凱菲基金會的董事。

同樣很難理解的是，史凱菲要用什麼道理解釋，他的基金會在一九九〇年代資助調查柯林頓總統的婚姻誠信問題，就是所謂的阿肯色計畫（Arkansas Project）。這個計畫聘請私家偵探從反柯林頓的消息來源裡挖出材料，並洩露半真半假的情色資料給《美國觀察家》（*The American Spectator*）雜誌，這也是由史凱菲家族基金會資助的。史凱菲的基金會也灑錢提告柯林頓，所有這些都煽風點火地助長了彈劾柯林頓的聽證會。

在那期間，柯林頓的白宮幕僚文森．佛斯特（Vincent Foster）身亡，當時已被警方勘驗為自殺，但史凱菲服膺牽強的陰謀論說其實那是謀殺，而且是「柯林頓政府的羅塞塔石碑」

（Rosetta Stone）。[24]在某段訪問中，史凱菲甚至堅持，柯林頓「能夠下令讓誰生死……天哪，一定有六十個人（和柯林頓有關的）死得不明不白。」

史凱菲大手筆地掏出錢來（而且可以抵稅），像有什麼深仇大恨似地攻擊柯林頓，這也顯示，光是一個富裕極端份子就可以對全國事務有這麼大的衝擊，也像是彩排給後來的寇氏家族對抗歐巴馬一樣。作為總統，身邊可能有情報特務環繞，還有一字排開的律師和操盤人，但是史凱菲證明了，反對者藏身在非營利的外圍團體後面，灑下沒有限制也追蹤不到的支出，會是多麼難以防禦。

然而，阿肯色計畫最後失控，史凱菲發現自己陷入一連串法律糾紛中，他被指控收買一名聯邦證人，而被傳喚到大陪審團面前作證。他聘了兩個飛機駕駛員，其中一個以史凱菲私人飛機DC-9載他去阿肯色州出庭。這項指控沒有成立，但是史凱菲相當憤怒，抽回基金會挹注給《美國觀眾》的資金，並反咬他的長期幕僚、提出反柯林頓指控的賴瑞。賴瑞不久之後就離職了。

之後，到了二〇〇八年，令人震驚的是，史凱菲竟然轉彎了，他會見希拉蕊·柯林頓，這個女士曾經指責他是拷打柯林頓夫妻的所謂「巨大右派陰謀」策動者。保守派政治專家拜倫·約克（Byron York）宣稱，「地獄已經正式結冰」。一場愉快的編輯會議之後，史凱菲在他自己的報紙上寫了一篇意見投書，對於希拉蕊代表民主黨出馬競選總統，他宣稱自己的觀點改變了，現在是「確實非常贊成」。這份和睦顯示了希拉蕊的政治手腕，也顯示了史凱菲近乎稚氣的性格，很容易受影響。在回憶錄中，他寫過好幾次和對手見面之後，他的政治觀點改變了，無論是自由派的甘迺迪家族成員薩臣・史瑞佛（Sargent Shriver），或是民主黨眾議員傑克・穆沙（Jack Murtha）。「就和很多億萬富翁一樣，他住在一個泡泡裡。」他的朋友魯迪下了結論（魯迪和柯林頓的關係也解凍了），對立面的訊息很難傳達進去。然而，史凱菲的家族財富讓他能夠建立政治堡壘，鞏固他的意識形態，並且將它強力推行到全國。

查爾斯・寇克學到的事

在這期間，在威奇托的查爾斯・寇克，正迅速擴張其家族企業，並尋求選舉以外更有效的方式，來散播他的自由意志主義，他也受到包威爾文章的刺激。一九七四年，查爾斯對一群聚集在達拉斯的生意人發表演講時引述。「包威爾備忘錄指出」，寇克警告，「商界及企業制度有麻煩了，而且時間已經晚了。」

寇克敦促他的同行企業，主要「從根本上投入心力，來反制目前盛行的反資本主義心

---

24 譯者注　古埃及石碑，同樣內容刻了三種語言，因此近代研究者得以破解古埃及象形文字，後被引申為解開謎題的重要關鍵。

態」。他宣稱，「發展出資金充裕的一群自由市場哲學堅定支持者，是我們當前最需要的。」他說，反對「社會主義式」管制的人，應該藉由投資「支持資本主義的研究與教育計畫」來「運用」他們的權力。他表示，以這個方式，他們的心力將會有「加乘效果」。

查爾斯對政府的憤怒，到這個時候已經不只是哲學層次了。寇氏工業當時正是聯邦的管制目標。一個月之前，政府起訴該公司違反聯邦石油價格控制規定。到了一九七五年，寇氏工業一家子公司因出售液化瓦斯超收一千萬美元，而遭政府傳喚。更嚴重的政府指控，還在後頭。

響應包威爾作戰號角之後沒多久，查爾斯也成立智庫，把他的私人基金會轉型為卡托研究院。這個機構名稱是對美國殖民時期幾位作家使用的筆名表示敬意，這些人當時寫了一系列贊成自由（pro-liberty）的書信。據報導，這個全國第一個自由意志智庫，在創立前三年內，據估計查爾斯捐了可以抵稅的一千萬至二千萬美元鉅款，甚至把史凱菲早期捐給傳統基金會的金額給比下去了。51

年輕瀟灑的加州金融家艾德．克瑞恩（Ed Crane），和寇克一樣熱衷於自由意志主義，但是他沒有像寇克那樣的支票簿。據他說，這個智庫的點子是他想出來的。一九七六年，自由黨推出候選人參選總統，在意料之中被擊潰之後，在那場競選中出力很多的克瑞恩準備回到私人企業。然而，在競選活動中認識的查爾斯把他拉到一旁問，怎樣能夠讓他留在自由意志運動陣營。「我說，我的銀行帳戶已經見底了。」克瑞恩後來回想，「他說『你需要多少？』」，克瑞恩回答「以布魯金斯或美國企業研究院那樣的模式弄一個自由意志智庫，也許還不錯。」他說查爾斯立即回應，「我會給你。」[25]

於是克瑞恩成為卡托研究院的院長，但是卡托早期的員工形容，查爾斯是一手打理，徹底嚴密控制。自由意志運動份子大衛・哥登（David Gordon）早期在卡托工作過，他對《華盛頓人》（*Washingtonian*）雜誌說，「克瑞恩總是會打電話到威奇托，處理所有查爾斯交辦的事。很清楚，是寇克在全權掌控。」[52]另一名卡托早期員工羅納・漢莫威（Ronald Hamowy）補充，「不管查爾斯說什麼，去做就對了。」即使克瑞恩厭惡政府，一九七七年，卡托還是在華盛頓特區成立，並很快聘請了主流媒體尊稱為無黨派專家的多位學者。

然而，卡托所做的事根本就是擁護查爾斯・寇克的觀點：政府唯一有權的角色是「巡夜伕，以保護個人及財產不受外來威脅，包括詐欺騙子。最多只能這樣。」他在一九七〇年代對威奇托扶輪社這樣說。[53]寇克持續將卡托以及其餘公益資助的意識形態計畫，描繪為無黨派，而且沒有利益關係。但是從一開始，寇克的意識形態及企業利益就是密切吻合，很難分別彼此。低稅賦、寬鬆管制，以及減少扶貧及協助中產階級的政府計畫，所有這些都有助於寇克累積財富及權力。

25 作者注　作者採訪艾德・克瑞恩

幾位超級富豪家族挹注的私人基金會及信託，對一九七〇年代開始的右派智庫，到底投了多少錢、到底多有效，不可能確實得知。他們的捐款很快就混在企業捐款中，這些企業謹慎跟隨著富裕家族的大膽帶領。這些錢很多是從來不曝光的，和其他形式付錢的政治影響力不一樣。因為給非營利組織的贈與，可以不讓大眾知道，新形態智庫也因此成為快速成長且祕密的企業彈藥庫。事實上在水門案之後，保守派智庫對企業界推銷的說詞就是，這是影響政策最安全的方式，而且不會牽涉到醜聞。[26]一九八〇年代早期，傳統基金會早期支持者克萊兒・布茲・魯斯（Clare Boothe Luce）的私人文件中，發現一份該基金會的金主名單，上面有一大堆《財富》雜誌評選的五百大企業。54 阿莫科石油（Amoco）、安麗、波音、大通曼哈頓銀行（Chase Manhattan Bank）、雪佛龍（Chevron）、陶氏化學、艾克森石油（Exxon）、通用電子（General Electric）、通用汽車、美薩石油（Mesa Petroleum）、美孚石油（Mobil Oil）、輝瑞大藥廠（Pfizer）、菲力浦莫里斯菸草（Phillip Morris）、寶僑（Procter & Gamble）、雷諾茲菸草（R. J. Reynolds）、希瑞爾製藥（Searle）、西爾斯百貨（Sears）、羅巴克（Roebuck）、史克必成藥廠（SmithKline Beckman）、美國聯合碳化物（Union Carbide），以及聯合太平洋鐵路（Union Pacific），當時都捐款給這個智庫，而這個智庫正在推銷他們的議程。

保守派公益事業的重要人物與學者裴若森曾說，至少「智庫和保守派基金會使得保守派觀點受人尊敬」。[27]他說，在得到資金挹注之前，保守派份子在美國政治邊緣被視為「偏執的怪胎」。

有個檢測這個運動帶來的衝擊的方法是，從一九七三年開始，以及接下來的十年，社會大眾對政府的信任感持續下降。如果保守派運動的金主要推動一個共同的訊息，那一定就是：政府是美國的問題所在，而不是企業。到了一九八〇年代早期，社會輿論明顯轉變，美國人不信任政府的程度首度超越不信任企業。55

另一個徵兆顯示，這些投資確實在全國產生結果，那就是，共和黨橫掃一九七八年的期中選舉。那一年，共和黨拿到三席參議院，十五席眾議院，以及六個州長職位。在無法預見未來影響的情況下，喬治亞州的紐特·金里奇（Newt Gingrich）被選入眾議會。外在事件例如能源危機以及「停滯性通膨」，當然也影響了選舉結果。不過，新形態的保守智庫以及其他右派政治組織，確實煽起了大眾的不滿，並形成了絕大多數的論述。

國會裡保守派的影響力也越來越大。在卡特總統（Jimmy Carter）任內，本來預期勞工運動會有相當進展，但很快卻遭到一連串的嚴重失敗，因為商業黨團的勢力漸增，而在其背後撐腰的是不斷擴大的智庫網絡及外部遊說團體。[28] 魏理奇的介入也是關鍵，是他在國會中奠定了

---

26 作者注 *Right Moves* 這本書作者引述水門案後一個美國企業研究院工作人員對企業主的說法。

27 作者注 裴若森在開放社會論壇的發言。

28 作者注 詳細描述勞工運動在國會失利，請見 Hacker and Pierson, *Winner-Take-All Politics*, 127.

保守運動的影響力，藉由成立共和黨研究委員會（Republican Study Committee）這個黨團，結合國會外的活動份子及保守派民選官員。就是因為這個混合型組織，數年來，傳統基金會的主管是唯一能和共和黨議員定期協商的外界人士。「我們基本上是個導體，連接傳統基金會和眾議院裡的保守派議員。」主委唐・艾伯利（Don Eberly）於一九八三年表示。56

有史凱菲金援的魏理奇，在這段時期成立了好幾個巧妙的政治組織。其中一個是美國立法交流委員會（American Legislative Exchange Council, ALEC），這個團體的目標是在國內每個州議會發動保守派戰爭。從一九七三年到一九八三年，史凱菲與梅隆家族信託捐了五十萬美元給這個組織，占了其預算的絕大部分。「美國立法交流委員會準備好要實現成立者的夢想了。」一個魏理奇的幕僚於一九七六年寫信給史凱菲最高顧問說，「衷心感謝您的信心，以及史凱菲家族公益信託的慷慨捐獻。」57有一個美國立法交流委員會行政人員抱怨，史凱菲基金會對這個組織的目標影響力太大，但史凱菲的員工反駁說，他們的運作是靠「黃金法則——誰有黃金，誰就能訂法則。」58

同時，魏理奇與傑瑞・法威爾（Jerry Falwell）共同成立了道德多數（Moral Majority），這個組織將社會及宗教保守派帶進來與企業界合作，大幅擴張了保守派的領地。魏理奇特別擅於利用白人對廢止種族隔離的憤怒。[29]

這些心力在一九八〇年順利開花結果。保守派運動陣營的雷根，在票數上大勝卡特。幾年前自由派菁英才剛寫下保守派份子的訃聞，如今保守派竟然復活了。不安之情迴盪在各個層面，包括參議院自由派四大門神，喬治・麥高文（George McGovern）、法蘭克・丘奇（Frank Church）、約翰・卡爾佛（John Culver）以及伯奇・貝赫（Birch Bayh），全都中箭落馬。

史凱菲就和寇克一樣，剛開始並不支持一九八〇年雷根出馬競選。史凱菲本來是屬意約翰・康納利（John Connally），但是那無關緊要。極端金主發現在政黨之外主導美國政治的方法，即建立他們自己的私人觀念工廠。雷根一選上就擁抱傳統基金會的教戰守則：像電話簿那麼大一本的《授權領導》（*Mandate for Leadership*，中文書名為暫譯），並且給國會議員每人發送一本。他的政府很快就施行了這份清單上頗為可觀的項目。傳統基金會列出了一千二百七十條特定政策提案。根據福諾說法，雷根政府採用了六一％。[30]

---

29 作者注 *Redeemer: The Life of Jimmy Carter*（Basic Books, 2014）。美國宗教歷史學家藍道・包默（Randall Balmer）在他的這本書中表示，一般認為基督徒權利運動（Christian Right）是因為對羅訴韋德案（*Roe v. Wade*，按：一九七三年美國最高法院判決禁止墮胎的州刑法為違憲）反彈，這種看法是錯誤的。他認為真正推展這個運動的原因是福音教派反對融合。卡特總統因為鮑伯瓊斯大學（Bob Jones University）的入學政策明顯只允許白人就讀，而拒絕發給大學免稅資格，因而惹惱了福音教派，包默認為魏理奇相當出色地挾持了這股憤怒。

30 作者注 Dom Bonafede, "Issue-oriented Heritage Foundation Hitches Its Wagon to Reagan's Star," *National Journal*, March 20, 1982.

安德魯·梅隆本人應該會滿意，雷根把一連串頗為可觀的減稅方案推進國會。[31]他調降企業及個人所得稅率，尤其對富人有利。在一九八一至一九八六年間，最高所得稅率從七〇%砍到二八%。同時，最底層的五分之四所得者的所得稅調高了。經濟不平等的狀況也就越發惡化。

石化能源產業的最大願望也實現了。隨著傳統基金會送進來的提案，雷根一進白宮，就廢除尼克森因應能源危機而實施的石油及天然氣管制。這些管制正是查爾斯·寇克深惡痛絕的措施。他也砍掉石油利潤的稅。寇氏工業的利潤因此一如預期直線攀升。《富比世》寫道，大部分的人並不知情，寇氏工業「可能是美國最有利潤的私人企業」。

新形態的保守非營利團體也財源廣進。到了一九八五年，傳統基金會的預算，相當於布魯金斯及美國企業研究院加起來的預算。當時史凱菲累計已捐獻一千萬美元給這個智庫，還以一年一百萬美元的速率持續捐錢。[32]他做的已經遠遠超過實現包威爾的夢。不過，包威爾計畫中有個關鍵部分仍未完成。保守派基金會也許金援了它們的平行知識機構，但搶救迦太基聯盟仍然沒有攻克美國的學院及大學。長春藤聯盟不再歡迎史凱菲這種人，不像以前他被開除的時候了。史凱菲表示，他很感謝沒有受到自由派的灌輸教化。「我很幸運。高等教育沒有把我推向左邊，我從來不後悔」，他在回憶錄中寫道。「我會說，富人有罪惡感，最主要的原因是學校教的。」㊾

這一點即將改變。

31 作者注　國會削減了最頂層一%有收入者的所得稅率，從一九八〇年的三一·八%降到一九八五年的二四·九%。相反的，國會調高最底層五分之四有收入者的稅率，從一六·五%升至一六·七%。對絕大多數美國人來說，這不是大幅增稅，但對富人卻減稅許多。結果是，從一九八〇年到一九八五年，有收入者最頂層五%的人稅後收入增加了，而其他人的稅後收入都減少了。以上根據 Judis, *Paradox of American Democracy*, 151. 另見 Daniel Stedman Jones, *Masters of the Universe: Hayek, Friedman, and the Birth of Neoliberal Politics*（Princeton University Press, 2012）, 265.

32 作者注　福諾描述史凱菲的捐獻額度，出自魯斯檔案。

03 建立灘頭堡

約翰·歐林及布拉德利兄弟

「企業和社會大眾必須覺醒，自從二戰之後，社會主義已經在這裡四處蔓延，到處壓制我們了。」

——約翰·歐林基金會創辦人
約翰·M·歐林
（**John M. Olin**）

如果說有個什麼單一事件形成強大的刺激，讓保守派金主試圖奪回美國高等教育的控制權，那可能就是一九六九年四月二十日康乃爾大學的騷動。01 那天下午，紐約州綺色佳校園內正逢家長參訪週末，大約八十個黑人學生從學生會走出來，他們高舉著象徵黑人力量的拳頭，並形成遊行的隊伍，學生會已被他們掌握。幾個黑人學生手持槍枝，讓優雅高尚的長春藤聯盟社群震驚不已。遊行隊伍最前面的學生，在康乃爾的非裔美國人社團中自稱為「國防部長」。他胸前斜披著塞有彈匣的子彈肩帶，就像墨西哥革命領袖潘丘．維拉（Pancho Villa）那樣，神色漠然地用右手抓一支來福槍抵在腰間，他的下巴抬高、非洲髮型、山羊鬍以及眼鏡，讓人想起麥爾坎．X（Malcolm X，按：一九二五年——一九六五年，美國黑人民權運動激進路線代表人物），成了這起戲劇性事件的代表人物。這件事多年來被保守份子例如新聞記者大衛．霍洛維茲（David Horowitz），認為是「美國高等教育史上最丟臉的事」。02

那個週末，千萬富翁實業家約翰．M．歐林並不在母校康乃爾，他在國外。不過身為康乃爾前任校董，他無法坐視武裝抗議者這張深具代表性的照片。它後來被稱為「那張照片」，迅速在世界各地流傳，還得到那年的普立茲獎。

與那張照片同樣迅速傳播的新聞是，康乃爾校方不願意冒險造成流血衝突，迅速屈服於黑人武裝者的要求。大學校長被迫承諾，盡速在康乃爾成立獨立的黑人研究課程，並著手調查黑人女學生住的建築物外的十字架燒毀事件。讓許多保守派教授與學生深深震驚的是，校長也同意完全特赦示威者，其中有些人因為之前某次騷動而正在校方懲戒程序中，據說他們那次把康乃爾圖書館架上的書都扔下來，並譴責這些著作和黑人經驗「沒有關係」。

根據各種資料顯示，歐林對這次衝突特別不安。康乃爾大學校園內，有四棟建築物上有他的家族名字，其中一棟就是圖書館。他和父親都是從這所學校畢業，向來非常自豪，而且慷慨資助。以他的立場看來，比這些示威者的行為還嚴重的是，康乃爾校長詹姆士·帕金斯（James Perkins）這個堅決的自由派，竟然對城內的少數族裔學生敞開大學之門，而且現在似乎還要更改課程及降低懲戒標準，來安撫他們。

「康乃爾的災難啟發歐林將他的公益事業帶向大膽的新方向」，根據約翰·米勒（John J. Miller）所著人物傳記《自由的恩賜》（*A Gift of Freedom*，書名暫譯），關於歐林生平及他留下的影響，這本書是含有原創研究資料的寶庫。03 歐林「很清楚看到，康乃爾學生就像大部分主要大學一樣，對商人及企業是有敵意的，而且確實已經開始質疑這個國家本身的理想。」某份歐林基金會備忘錄引述。04

因此，根據米勒的記載，與其繼續約翰歐林基金會的高貴理想（**一九五三年設立之後最初的幾年，歐林基金會把大筆公益捐款分散到醫院、博物館等組織**），歐林著手進行一項激進的新目標。他開始資助企圖心強烈的攻勢行動，目標是把美國高等教育的政治傾向重新導向右派。有鑒於國內最菁英學校是未來掌權人物的搖籃，他的基金會目標放在長春藤聯盟以及該聯盟同儕。如果這些年輕骨幹人物的思想能夠被訓練得更像他，那麼他和其他金主就能協助確保這個國家的未來。這是圖謀攻占，但並不是用子彈肩帶及來福槍打仗，他選擇用金錢來當武器。

約翰歐林基金會一如創辦人的遺願，在二〇〇五年把資金花光之前，已經花了總資產三億七千萬美元的將近一半，在美國各大校園內，資助推廣自由市場意識形態以及其他保守派觀點。藉由這樣做，因此塑造並授證給一整個新世代的保守派大學畢業生及教授。米勒在二〇〇三年由慈善圓桌會議（Philanthropy Roundtable）所出版的小冊子中做出結論，「為了挑戰校園裡的左派，或者更精確地說，為了解決激進份子取得美國大學院校的控制權的問題，這些努力是很有用的。」當然，這個組織也是由保守派慈善家經營。

「不管從個人或是集體角度來說，這些人建立了新的公益活動形式，就是運動公益（movement philanthropy）。」羅伯·史坦（Rob Stein）說。[05]史坦是進步的政治策略家，談到歐林及其他私人基金會在這時期資助培養保守派的反知識份子，「為了推廣信念並成為控制政府的轡繩，他們啟動的是民主政體中最有效的機關。」史坦非常驚艷，還試著建構自由派版本的模型。每一方都說另一方比較有錢、影響力比較大，端看他們如何定義對方陣營的範圍。[01]不過，在一九七〇年代初期，由右派企業金主領頭的意識形態，宣傳領域之深遠，是左派難以匹敵的。

康乃爾的暴動事件確實引發歐林公益事業的激進化，但是並沒有完整的正式文件指出這件事是他思考的關鍵。那次示威發生在一九六九年，當時歐林尚未開始把他的基金會，轉型為目標是「搶救自由企業制度」的意識形態工具[02]，這是他律師的措辭。一直要到四年之後，一九七三年的春天。透過進一步的檢視才會發現，這個關鍵還牽涉到讓他的動機顯得比較不體面的其他因素。

歐林企業的偉大成就

到了一九七三年，歐林企業在環保作為上捲入多重嚴重爭議，不只破壞商譽，也威脅到獲利，公司還深陷於昂貴的法律訴訟。這家企業是由歐林的父親富蘭克林（Franklin）於一八九二年創立，地點在伊利諾州東奧頓，主業是製造煤礦礦坑所需的爆炸性粉末，後來擴張為製造小型武器及軍火。歐林就和寇氏家族的孩子們一樣，也緊緊追隨著父親的人生道路。[03]預備學校畢業之後，他進入父親的母校康乃爾，但在那裡混得不太順利，直到被允許進行和他

---

01 作者注　裴若森認為，受到大量資助並營運很久的非營利組織是自由派，例如福特基金會，他認為左派拿到的錢比右派多。

02 作者注　歐林的綜合顧問是法蘭克・歐寇奈爾，一名勞資事物律師，對工會相當強硬。

03 作者注　關於歐林的歷史，絕大多數參考自Miller, *Gift of Freedom*.

家族企業相關的化學研究。他於一九一三年畢業，拿到化學學位，然後回到伊利諾州進入家族企業。

歐林自認是白手起家，不贊成新政時代的社會政策，這些信念使他後來資助推廣自由市場意識形態；但是，聯邦政府對其企業成長及個人財富有很大貢獻。米勒寫的傳記詳細記錄，兩次大戰期間，這家公司都與政府訂立大量的軍火合約，公司純益因此大幅增加。一戰時，公司收益增加五倍，二戰時則呈爆炸式成長。歐林抱怨政府的干涉與無效率，但是他的公司光是在二戰期間就獲利四千萬美元。到一九五三年，《財富》將它列為大型私有家族企業之一。

一九五四年，這家公司公開與馬斯森化學公司（Mathieson Chemical Corporation）合併，規模加倍、營運多樣化，最後改名為現在所稱的歐林企業（Olin Corporation）。當時這個集團的年營收是五億美元，製造的產品包羅萬象，從子公司施貴寶（Squibb）製藥到香菸捲紙都有。它製造溫徹斯特來福槍（Winchester rifle），後來還製造在一九六九年把阿姆斯壯（Neil Armstrong）送上月球的聯胺火箭燃料。同時，歐林的全國知名度也漸漸提高。一九五七年，《財富》把當時已從父親手上接管公司的歐林兄弟約翰及史賓賽（Spencer），列為美國第三十一名有錢人，財富估計超過七千五百萬美元。歐林的財富成長，榮譽也隨之而來。一九六三年，他從該公司執行委員會主席退休，接著投身於幾個有名望的大學董事會，包括康乃爾，並從事他喜愛的戶外活動。一九五八年，他與妻子在《運動畫報》（*Sports Illustrated*）

封面亮相，手持長槍、穿著整潔的格子粗呢裝，背景是一片美麗的長草原，人物小檔案提到他是個獵人，也從事獵狗冠軍的育種。他以保育者為名出任世界野生生物基金會（World Wildlife Fund, WWF）董事。

因此，在尼克森簽署成立環保局之後不久，一九七三年，環保局點名歐林企業為首要檢查目標之一，這對歐林個人一定是很大的侮辱，對他的公司聲望及獲利也是。突然之間，遭到更嚴格的檢視後發現，歐林建立的公司是家違法企業，同時在好幾個州都被指控為嚴重污染。

在阿拉巴馬州，歐林企業因為其產品ＤＤＴ而被捲入風波之中。瑞秋・卡森的《寂靜的春天》一書指出，殺蟲劑對生物界的食物鏈是一種致命污染。而歐林企業製造的ＤＤＴ，占美國用量二〇%。不久後，它與聯邦官員對抗但最後敗陣，新的汙染標準緊縮了化學製造及使用，這家公司聲稱工廠根本無法開張。此外，三個保育團體：環境保衛基金（Environmental Defense Fund）、奧杜邦協會（National Audubon Society）、全國野生動物聯盟（National Wildlife Federation），都對這家公司提告，禁止它將含有ＤＤＴ的廢水排放到阿拉巴馬州歐林工廠附近的國家野生動物保護區。一九七二年，聯邦政府完全禁止使用ＤＤＴ，迫使歐林關廠停止生產。

另外，這家公司在生產氯及其他產品的過程中廣泛使用水銀，也成為很大的問題。一九七〇年夏天，根據《紐約時報》一則頭版報導，美國內政部指控歐林企業平均一天將二十六・六磅（按：約十二公斤）的水銀倒入紐約州北部尼加拉河。06當時已知水銀是傷害人體健康的有毒物質。科學家收集了很多資料顯示，它會損壞人的大腦、生殖及神經系統。緊接著，司法部也指控歐林企業偽造文書，顯示這家公司把六萬六千噸化學廢棄物，包括水銀，倒進紐約州尼加拉瀑布的掩埋場。虎克化學及塑膠企業（Hooker Chemicals and Plastics Corporation）同時被指控在同一地點還有附近的「愛之河」（Love Canal），傾倒有毒化學物質[04]，這也成為有毒污染的國際級代表案例。最後，歐林企業以及公司三位前主管，在排放事故中因偽造文書遭到起訴，主審法官並判該公司最高罰款七萬美元。[05]

同時，位於維吉尼亞州最西南角落的阿帕拉契山脈小鎮索爾特維爾，歐林企業在這裡面臨了重大的環境危機，不僅危及歐林工廠生產的存續，更牽涉到整個小鎮未來好幾年的生活。歐林企業的污染如此廣泛，而且相當難以處理，該公司可能要花好幾千萬甚至上億美元的清理費用，而且還看不到盡頭。

幾十年以來，索爾特維爾一直都是典型的公司城（company town），幾乎像是封建制度，全鎮的所有權及經營權都屬於唯一的大雇主歐林企業。07該公司在美麗的崎嶇山間擁有一萬英畝土地，以及四百五十棟質樸的隔板屋，租給鎮上兩千一百九十九個居民。歐林還擁有當地的雜貨店、供水系統、下水道系統，以及唯一的學校，很多工人不到六年級或七年級就離開學校了。這家公司以父權式的恩惠而自豪，例如提供居民游泳池和一座小運動場。員工生病了，公司會付錢給醫生。鎮長以及全鎮幾乎所有人都在化學工廠工作，工廠是歐林在一九五四年與馬斯森化學公司合併時買下。這個市鎮含有豐富的天然鹽礦，非常適合生產氯及鹽灰，多年來是美國工業繁榮的代表，至少對它的所有權人來說。不過對於員工，有個課題無所不在，而且沒有被提出來。歐林的氯生產過程使用大量水銀，工廠每天把水銀排放到公共水道系統。一九五一年到一九七〇年，該公司估計工廠每天傾倒大約一百磅（按：約四十五公斤）水銀。大部分是直接倒進流經市鎮邊緣、景色如畫的赫斯特河北支流。還有一個露天沉澱池是該公司傾倒水銀之地，駭人的是，裡面含有五萬三千磅（按：約二萬四千公斤）有毒物質。

「當時他們都知道這些危險。他們有非常好的科學家和化學家。但是，沒有管制措施啊。」哈瑞．黑尼斯（Harry Haynes）說[06]，他在索爾特維爾經營一家小小的歷史博物館，他的父親曾經在歐林工廠工作。「我們小時候都拿水銀來玩。」他回想，「爸爸從化學工廠把水銀拿回家，你把它丟在地上就會碎成數不清的小點點，然後撥在一起就又會成團回復原狀。」因為化學氣體到處滲透，公司發面罩給員工，只是另一名居民回憶說，「沒有人戴」。

然而，一九七二年，日本水俣灣因嚴重水銀污染而導致新生兒畸形，全世界看到照片都驚

04 作者注　歐林企業把水銀倒進名為一百零二街的掩埋場，這個場址也由虎克化學及塑膠公司使用。
05 作者注　對七個違法單位分別處以最高罰款一萬美元，因此總額是七萬美元。"Olin Fined $70,000," Associated Press, Dec. 12, 1979.
06 作者注　作者採訪哈瑞．黑尼斯。

嚇不已。科學家確定，畸形兒以及其他身體的恐怖狀態，包括腦中風、心智遲緩、眼盲、耳聾、昏迷與死亡，與攝食當地遭水銀污染的漁場所捕獲的海鮮有關。水銀被傾倒在水裡之後會碎化成可溶解的狀態，對水底生物與攝食者產生毒性。日本水俣灣的惡夢引起其他地方對水銀污染的關注，包括索爾特維爾的歐林工廠。州政府因此進行測試，旋即發現赫斯頓河北支流的沉澱物中有高含量水銀，這條支流從索爾特維爾流向田納西州，然後注入契羅基湖遊憩區，這是一個頗受歡迎的釣魚地點。根據一份報告，歐林工廠以南八十英里（按：約一百二十八公里）的水域，發現帶有水銀危險含量的魚。08

為了因應索爾特維爾越來越深的擔憂，一九七〇年，維吉尼亞州通過一項嚴格的新標準，而該公司表示無法達到。因此歐林表示，將於一九七二年底前停止在索爾特維爾營運。其實公司關廠還有很多其他理由；它無法與更有效率的西部鹽灰製造商競爭，而且也受到聯合煤礦工會（United Mine Workers Union）的壓力，該工會之前代表員工打贏了一場艱苦戰役。從各種方面來說，這個工廠注定關門不只是因為環保問題。

即使如此，許多報導很難抗拒把它的問題歸咎於環保份子。《生活》（*Life*）雜誌製作了輓歌式的圖文報導「一個公司城的結束」09，《華爾街日報》惋惜表示，新法規加重了美國企業的負擔。在這期間，歐林企業拆除了工廠，並把它在索爾特維爾的大部分房地產賣給當地居民，但是沒有人要買它的水銀廢棄「爛」池。該公司試過鏟掉池子周圍表層土壤大約一呎（按：約三十公分），並試過沿著河邊蓋一條水溝引出毒水排掉，但是這些努力怎麼做都不夠。不久，環保局就把索爾特維爾列為全國首批「超級基金」（Superfund，按：美國政府的有毒廢棄物場址汙染清除基金）的場址之一。

「這是個鬼城。過去汙染很嚴重，現在也還是。」雪莉．西西．貝利（Shirley "Sissy" Bailey）說，她在索爾特維爾附近長大，現在還住在那裡。「那個爛池還在，沿著河邊還能看到水銀結塊。飲水裡含鉛和水銀太多，狗都不能喝。」她說她「活在」這段歷史裡，小時候奔跑在毒到沒有長草的河岸邊，經常能聞到空氣中有氯和其他化學味道。「歐林公司很爛，對人很壞，不把人當人。」她說，「大部分工人都沒受什麼教育，他們對工人就像牧羊一樣。很多人生病，索爾特維爾的新生兒缺陷比州裡其他地方都高。」她聲稱。[07]不過這一點還沒有研究能證明，或是建立任何因果關聯。

「只需要基本常識就知道，這家公司應該負起責任，但是直到一九七〇年代，在這方面都沒有法規可以管。環保局變成被問責的單位。」[08]史提芬．萊斯特（Stephen Lester）說，在哈佛受教育的他，是維吉尼亞州佛斯卻區的健康與環境及正義中心（Center for Health,

---

07 作者注　作者採訪雪莉．西西．貝利。
08 作者注　作者採訪史提芬．萊斯特。

Environment, and Justice）科學部門主任，這是一個非營利環保團體，為貝利在後來的索爾特維爾水銀污染抗爭中提供技術協助。「當然這需要經費，並且會影響到公司獲利，所以公司不喜歡這樣做。」事實上，清理索爾特維爾的費用，估計將高達三千五百萬美元。

以前在歐林基金會任職的主管，被問到這家公司可恥的環保紀錄時，對它與該非營利組織支持企業的反管制意識形態的關聯，輕描淡寫。保守派學者裴若森說，「公司受到起訴與管制，歐林先生可能受到某種程度的影響。」[09]他在一九八五年至二〇〇五年間，曾經擔任歐林基金會執行董事及信託委員。「但這是許多原因之一，而且他當時已經不再經常處理公司事務了。」他補充說，「當時有多種氛圍互相交織：冷戰、國際情勢緩和、水門案、通貨膨脹、股市下跌、中東戰爭、越南、環保主義、女性主義。」一九八八年至二〇〇三年在歐林基金會擔任計畫主持人的威廉・佛基利（William Voegeli）他說，「在這段期間，歐林家族對約翰歐林基金會或歐林企業，都沒有插手。」他補充，「我在那個基金會工作時，從來沒有聽人說過，基金會的捐款可能會影響歐林公司（公司股票占我們的捐款總額不到一％）或歐林家族的財務。不管怎麼講我們保守派的動機，它就是和利益無關。」[10]

然而，國家管制法規趨嚴，衝突也越演越烈，在這個背景下，歐林指示律師，把他的財產投入保衛美國企業的戰役中。他是這麼說的，「我現在最大的指望是，看到自由企業在這個國家重新站起來。企業和社會大眾必須覺醒，自從二戰之後，社會主義已經在這裡四處蔓延，到處壓制我們了。」[10]

首先，這個基金會挹注資金給保守派智庫，就是史凱菲和庫爾斯都支持的傳統基金會、美國企業研究院，以及胡佛研究所（Hoover Institute），這個保守派智庫位於史丹福大學校園。但是不久之後，歐林的焦點轉移了。也許是因為他對康乃爾事件感到難過，他的基金會轉而致力於改變學術圈。他在一封寫給康乃爾校長的私人信件中表示，校園裡有太多學者「絕對有左派態度及信念。」歐林寫道，「我並不在乎經濟發展是被分類為馬克思主義、凱因斯主義等等。」他說他認為「自由主義」（liberalism）以及「社會主義」（socialism）是「同義詞」。他宣稱，所有這些學術潮流都必須「非常認真研究與糾正。」[11]

為了進入狀況，歐林的勞資法律師法蘭克．歐康納（Frank O'Connell）接觸了其他幾個保守派私人基金會。他向寇克及史凱菲基金會的同僚尋求建議，還有幾位其他右派，例如艾爾哈特基金會及史密斯理查森基金會，後者是由維克斯傷風膏（Vicks VapoRub）資助的。當時經營查爾斯寇克基金會的派爾森指引了歐康納，給他開了一份自由市場書單，其中包括海耶克的論

09 作者注 作者以電郵訪問裴若森。
10 作者注 作者以電郵訪問威廉．佛基利。

文《知識份子與社會主義》（*The Intellectuals and Socialism*）。海耶克的觀點是強勢的：要征服政治，首先必須要征服知識份子。歐康納回想，「那就像個私塾課程。」⓬

在這段期間，沒有經驗的右派基金會也研究早已站穩腳步的保守建制派基金會，尤其是強大的福特基金會。在一九六〇年代末期，福特基金會是這個領域的先鋒，曾任哈佛院長、甘迺迪及詹森政府國安顧問，當時擔任福特基金會會長的麥克喬治·邦迪（McGeorge Bundy），把這個事業稱為「倡議型公益事業」。[11]例如，福特挹注資金於環保運動，資助環境保衛基金（Environmental Defense Fund）、天然資源保護委員會（Natural Rescources Defense Council）。藉由支持公共利益訴訟案，它對保守派份子示範了，公益事業如何從法院而非經由民主選舉程序，達成大規模的改變。而這正是早期針對私人基金會的批評者所擔憂的事。

更遠大的目標

一九七七年，歐林選派威廉·賽門（William Simon）出掌基金會會長，讓歐林基金會更上一層樓。賽門是歐林在社交場合上認識的人，出身長島的東漢普頓，他們兩人在那裡都擁有濱海宅邸，歐林形容賽門的思想「幾乎和我一模一樣」。⓭歐林處世低調，賽門喜歡鎂光燈，而且越亮越好。佛基利回憶道，賽門就像愛麗絲·隆沃斯（Alice Longworth）對父親老羅斯福的形容，「他想要當每一場婚禮裡的新娘，以及每一場葬禮裡的屍體。」

賽門是能源大亨，後來在尼克森及福特總統任內擔任財政部長，因對他認為「愚蠢」的人事物批評毫不留情面而知名。而這範圍很大，自由派份子、激進份子，以及他所屬的共和黨的溫和派都是。他和歐林一樣，對國家擴大管制範圍非常不滿，而且特別憎恨環保人士及其他自命為公共利益守護者的人，並形容他們是「新暴君」。一九七八年，他發表宣言〈真相時刻〉（*A Time for Truth*），當中寫道，「從一九六〇年代開始，國會通過了大量的法規……絕大多數是由以公共利益運動為名、強大的新遊說團體所發動」。[14]賽門藐視這些「學校教育出來的理想主義者」，這些人宣稱是為了「『消費者』、『環境』、『少數族群』的福祉」以及其他非物質目標，他則指控他們是要「對美國的生產者擴大國家的警察權。」他挑戰他們的純正性，並注意到他們宣稱自己不在乎錢，而指控他們是被另一種自利動機所驅使。他引用同事，新保守派知識份子克里斯多的說法，指控這些篡位者想要的是「形塑我們文明的權力」。他主張，這個權力只應該屬於「自由市場」。

在他於一九八〇年的後續宣言〈行動時刻〉（*A Time for Action*）中，賽門對自由派菁英的恨意及懷疑，已經接近尼克森的程度。他宣稱有個「祕密體系」，包括學術圈、媒體人、官

11　作者注　裴若森在這篇文章中形容福特基金會是自由派運動慈善家："Investing in Conser- vative Ideas," *Commentary*, May 2005.

僚、公共利益倡導者，這個「祕密體系」在統治這個國家。他擷取九年前包威爾的備忘錄內容，發出警告「我們的自由處於迫切的危險中」，除非企業人士反擊。

賽門的不祥預感就和歐林一樣難以理解，畢竟兩人都已達到美國權力與財富顛峰。他們都是百萬富翁，不動產、財寶、名銜、榮譽以及成就，數都數不完。兩人都是生來就大富大貴。就和史凱菲一樣，賽門小時候上學也是由司機接送，家裡有錢到他把父母親比為費茲傑羅（F. Scott Fitzgerald，按：《大亨小傳》作者）小說中的人物那樣自由自在、無憂無慮。然而，他卻自認為是白手起家。他父親顯然是把他母親的財產敗光了，所以激勵賽門要自己創造財富。他在華爾街的索羅門兄弟（Salomon Brothers）成為相當成功的合夥人，他是槓桿收購熱潮早期的領導人物，獲利甚豐。但是，賽門與歐林都缺乏對下一代的影響力。「我們正在以可怕的速度傾向集體主義」，賽門警告。

在賽門的觀點中，只有意識形態戰爭可以拯救這個國家。「我們需要的是反知識份子……它能組織起來挑戰我們統治的『新階級』，也就是意見製造者（opinion maker）。」賽門寫道[15]，「觀念就是武器，確實是唯一的武器，能夠用來打倒其他觀念。」他主張，「資本主義沒有責任去補助它的敵人。」[16]他說，私人及企業基金會必須停止「漫不經心地補助，那些有對資本主義有敵意的政治系、經濟系與歷史系的學校。」反而，他們「必須盡全力挹注資金，給能夠了解政治與經濟自由之間關係的學者、社會學家以及作家。」他寫到，「他們必須灑錢、灑錢、灑更多錢，以換成書、書、更多的書。」⑰

在賽門的指導之下，歐林基金會試著資助新的「反知識份子」。起先它試著支持名不見經傳的學院，這些學院很歡迎保守派觀念，還有金錢。不過賽門和他的同事很快就理解到，這個策略會輸。如果歐林基金會想要影響力，就必須滲透到聲望卓越的名校，特別是長春藤聯盟。

有一個人對歐林基金會影響很大，影響力超過基金會本身，甚至超過賽門，這個人就是基金會的執行董事麥可．喬伊斯（Michael Joyce）。他曾經是強烈的自由派，後來成為克里斯多的新保守主義信徒。某個喬伊斯友人說，他相信公益事業和權力有關，而那些富豪需要像他這樣的政治首腦，來告訴他們怎麼掌握權力。喬伊斯是個善戰的人，他不是被動做個配角而已，他想要取代美國的建制自由派。《富比世》的撰稿人，部落客羅夫．班科（Ralph Benko）表示，「喬伊斯是真正的激進份子，受到安東尼奧．葛蘭西（Antonio Gramsci）啟發，想要造成激進的轉型。」[12]米勒的看法是，喬伊斯是「政治運動人士中的知識份子，知識份子中的政治運動人士。他了解觀念的世界如何影響真實的世界。」喬伊斯的特色就是直言不諱。「我的風格」，他說，「就是幼兒和青少年的風格：戰鬥戰鬥戰鬥、休息、站起來、戰鬥戰鬥戰鬥戰鬥。從來沒有人說我好相處。但我促成很多改變。無論是敵是友，都認同這一點。」

12 作者注　作者採訪羅夫．班科。

和喬伊斯一起的是裴若森，他是個思慮周密、說話溫和的新保守派份子，他進入歐林基金會的機緣也是因為克里斯多。裴若森在賓州大學時和克里斯多一家建立交情，他在賓大和克里斯多的兒子比爾一起教授政府與政治理論，處在偏向自由派的同儕中，兩人都覺得被邊緣化。裴若森仔細觀察美國的學術圈並得到結論，這個基金會必須「滲透」最菁英的機構，「因為比較沒有地位的大學院校都是模仿它們的。」⓲歐林基金會的西樂爾．佛瑞金（Hillel Fradkin）就指出，「改變國內議題辯論走向的唯一方法，就是去找那些學校。把錢丟給保守派的前哨團體，辦不了什麼事。」⓳

一個他們所謂的「灘頭堡」理論出現了。正如裴若森後來在一篇建議保守派慈善家同夥的文章中所描述，其目標是，「為了獲得以小搏大的最大影響力，就必須在最有影響力的學校」建立保守派的單位（cell），或是「灘頭堡」。⓴這個方法必須做得很巧妙、很間接，甚至也許要做某些誤導的動作。

裴若森解釋，其中的關鍵是，資助保守派學術圈的方法，不能「引起學術誠信問題」。他說，試圖指定講座教授或是任命教師都會「引起強烈爭議」，他建議保守派金主，要看哪些教職人員和他們的思路比較接近，這些教授的影響力能夠因為外部補助而放大，而漸漸擴大課程。不過，裴若森警告，「這些課程的誠信與聲譽，絕對不能被認為是基於意識形態的觀點」。太過認同「事先決定的結論」會使課程失敗。與其說這個課程是設計來「呈現馬克思主義的虛偽」，或推廣「自由企業」，他建議最好是「以研究領域來定義課程，例如歐林基金會軍事歷史講座。」他寫道，「使用某個重要歷史人物作為課程名稱，通常可以賦予課程一種哲學性或原則性的性質，例如普林斯頓大學的詹姆斯．麥迪遜（James Madison）之美國理想與制度講座。」

（的確，經過幾年的試誤，歐林基金會於二〇〇〇年以五十二萬五千美元，資助普林斯頓的麥迪遜講座。[21]這個講座由率直敢言的社會及宗教保守派份子羅伯．喬治（Robert George）主講，是「灘頭堡」理論的完美理想形態。喬治有個朋友在二〇〇六年對《國家》形容，喬治是個「幹練的右派行動派，在自由派機構裡簡直無聊透頂。」。[22]）

裴若森警告保守派的慈善家，要在文科教育中取代這些自由派份子，需要耐心及手段。他自己曾經是學術圈的人，他知道正面攻擊會遭到怎樣的政治指控。與其公開在一夜之間把學術圈翻轉過來，他建議，「也許我們應該思考，加入新的聲音來挑戰它。」他說，「這可能會是改變學院文化最棒的方法，因為，在某個點上，少數的強烈批判聲音可能會讓整個意識形態紙牌屋垮掉。」[23]

如果說歐林基金會的宗旨不太透明，這也不是第一次了。一九五八年至一九六六年間，它曾經暗中做中情局的金庫。這八年，中情局透過該基金會洗錢一百九十五萬美元。[13]米勒指出，歐林認為他的祕密行動，只是愛國情操的一部份。許多政府資金流向反共知識份子及出版品。不過在一九六七年，媒體披露了這種隱密的政治宣傳行動，引起了一場政治騷動，導致中情局中止這個計畫。[14]中情局放在歐林基金會的錢，當時沒有公開，悄悄地來，也悄悄地不見了。但是，利用私人基金會來資助有意識形態傾向的知識份子，這種招數到今天還是被廣泛應用。

歐林基金會旋即投資小威廉．巴克利，他的電視節目《火線上》（*Firing Line*）就是由該基金會資助。㉔它也資助美國高等教育界右派暢銷作家艾倫．布姆（Allan Bloom），著有《走向封閉的美國精神》（*The Closing of the American Mind*）（**布姆在書中直斥搖滾樂是『不停商業包裝的自慰幻想』**）。這個基金會也支持《非自由教育》（*Illiberal Education*，**書名暫譯**）的作者丹尼希．迪索薩（Dinesh D'Souza），他在書中痛批「政治正確」，為婦女與少數族群著想的法條是自由思想警察的擴權。此外，歐林基金會資助全國領頭學院的教授，包括哈佛的哈維．曼斯菲爾德（Harvey C. Mansfield）以及山謬．杭廷頓（Samuel P. Huntington）。它捐了三百三十萬美元給哈佛的曼斯菲爾德憲政政府講座，該課程強調的是保守派對美國政府的解讀。基金會也捐了八百四十萬美元給杭廷頓的約翰歐林策略研究所，它教導的是鷹派的外交政策及國家安全觀點。

藉由這些精心規畫的課程，基金會訓練了下一代的保守份子，喬伊斯將這比喻為「珍藏的紅酒」（a wine collection）[25]，隨著成員年紀越大、越有才幹與權力，就越有價值。該基金會持續追蹤從杭廷頓的歐林講座結業的學員，並自豪地表示，許多人已經進入公職及學術圈。一九九〇年及二〇〇一年間，在芝加哥大學、康乃爾大學、達特茅斯、喬治城、哈佛、麻省理工學院、賓州大學及耶魯大學的八十八位歐林學人，有五十六位繼續執教。其他許多人成為政府、智庫及媒體中的公眾人物。總計下來，歐林基金會在二〇〇五年關門之前，已經在哈佛資助十一個冠上該基金會名字及觀念的不同講座，這證明即使經費最充足的美國大學，只要課程經過適當包裝並且有贊助經費，也會允許外部的意識形態團體建立「灘頭堡」。

這些課程之外，基金會還發了八百萬美元給超過一百名約翰歐林學術人員。這些資金讓許多年輕的學術人才有時間做研究寫論文，以發展事業。接受獎助的人包括法律學者約翰．俞（John Yoo），他後來幫小布希政府寫了一份有爭議性的「刑求備忘錄」，因為該文件合法化美國政府對恐怖嫌疑份子執行的殘忍刑求。

---

13 作者注　中情局大部分資金是從蒂爾伯基金會（Dearborn Foundation）來的，然後歐林基金會再付款給華盛頓特區的佛南資金（Vernon Fund）。

14 作者注　一九六七年，《堡壘》（*Ramparts*）雜誌揭露中情局這項計畫。另有報告指出，中情局祕密透過國內多達一百個私人基金會操作金流，這些前鋒團體祕密把錢轉到冷戰的反共計畫中。有些錢投到國內團體，例如全國學生協會。有些自由派組織包括教師工會也是相關的前鋒團體。

由於沒有卓越的學術出版品所要求、嚴格的同儕審查標準，歐林基金會得以將幾個相當值得商榷的研究著作，引入主流學術圈。例如，歐林基金會的資金讓當時在芝加哥大學的歐林學者小約翰．洛特（John R. Lott Jr.），撰寫富有影響力的書《槍支多、犯罪少》（*More Guns, Less Crime*，書名暫譯）。在這本書中，洛特主張，槍枝更多實際上會減少犯罪，私藏槍枝合法化可以讓公民更安全。後來政治人物倡議寬鬆的槍枝管制，經常會引述洛特的研究。但是根據《槍戰》（*Gunflight*，書名暫譯）作者亞當．溫克勒（Adam Winkler）的說法，洛特的學術性值得懷疑。溫克勒寫道「洛特宣稱他的資料來源是『全國調查』」，受到質疑時卻改口，說只和助理做過一次調查。請他提供資料時，洛特說因為電腦當機導致資料遺失了。溫克勒寫道，問到這個調查的任何證據，「洛特說他沒有這些證據」。㉖（溫克勒也拿過該基金會的資金，證明歐林資金接受者的意識形態不完全單一。）

另一本歐林資助、登上頭版新聞的書，最後遭指控為學術詐欺，那就是大衛．布洛克（David Brock）寫的《安妮塔．希爾的真面目》（*Real Anita Hill*，中文書名為暫譯），基金會給這本書一小筆研究津貼。在書中，布洛克為最高法院法官湯瑪士辯護，指控希爾在參議院聽證會上，捏造對湯瑪士不利的證詞。不過後來布洛克收回他的話，承認他錯了。他為自己的書道歉，並說他是被保守派消息來源所欺騙與誤導。[15]

根據米勒說法，收到歐林補助金的人，結合起來的影響力仍然是「勝利的」。保守派份子米勒在二〇〇三年寫道，他感激「少數基金會，基本上是提供了創投資本給保守派運動。」他指出，與楚伊林宣布保守主義已經結束的那段時期相比，「保守派觀點正在廣泛流傳，許多人認為這些思想正在擴大影響力。」他補充，「如果保守派知識運動是納斯卡賽車，如果組成它的學者和機構是在賽車跑道上轉圈的賽車手，那麼幾乎所有車身上貼的都是歐林貼紙。」[27]

歐林基金會投資右派思想家的成功，漸漸讓左派眼紅。「右派知道書是重要的。」耶魯大學報的社長史帝夫・瓦沙曼（Steve Wasserman）說，他之前曾經試著找過有錢的自由派金主，以對抗保守派在知識界的投資，但是失敗了。「我還記得，我在加州某餐廳和一些民主黨主要行動者及資助者見面，包括瑪格力・塔巴金（Margery Tabankin）、史坦利・薛包姆（Stanley Sheinbaum）、蓋瑞・大衛・高德堡（Gary David Goldberg）。我告訴他們得想方法來資助左派的書。但是，書沒有吸引力。他們不感興趣。他們不認為書在政治文化上有什麼重要性。民主黨人被政治明星和選舉政治綁架了。」[16]

15　作者注　關於布洛克在湯瑪士及希爾之間的角色，更多分析請見 Jane Mayer and Jill Abramson, *Strange Justice: The Selling of Clarence Thomas*（Houghton Mifflin, 1994）

16　作者注　作者採訪社長史帝夫・瓦沙曼。

進攻法學院

然而，歐林基金會最重要的灘頭堡就建在美國的法學院體系上，基金會在法學院裡資助了一條法理學的新路線，叫做法律與經濟學。包威爾在回憶錄中主張，「對於社會、經濟以及政治上的改變，司法機構也許是最有用的。」歐林基金會同意。隨著法院擴大了消費者、勞工及環境權利，並要求種族及性別平等，以及更安全的勞動環境，企業界的保守份子正急需找到更多的法律施力點。法律與經濟學就成為他們的工具。

作為一個學科，法律與經濟學剛開始時被視為邊緣理論，奉行這套理論的大多是自由意志派的特立獨行者，直到歐林基金會花了六千八百萬美元包辦了它的成長。就像學術界的強尼蘋果種子（Johnny Appleseed）[17]，歐林基金會在一九八五年到一九八九年間，包辦所有美國法學院法律與經濟講座經費的八三％。整體來說，它金援哈佛超過一千萬美元，耶魯和芝加哥七百萬美元，哥倫比亞、康乃爾、喬治城及維吉尼亞大學則是超過兩百萬美元。米勒寫道，「事實上，歐林對法律與經濟學的自豪，勝過任何他資助的課程。」[28]

這個課程的名稱，聽從裴若森精心研擬的教戰守則，沒有傳達出任何意識形態。法律與經濟學強調的是分析法律的需要，包括政府管制法規，不只是分析這些法規的公平性，也要分析其經濟影響力。主要提倡者以非政治性的詞彙來形容它，例如將「效率」以及「清晰」帶入法律中，而非依靠模糊且不易量化的概念，例如社會正義。

然而，裴若森承認，這個課程的美妙之處在於，它是一種隱密的政治攻擊，而且，國內最好的法學院並沒有發現這一點，因此沒有擋住它打包的意識形態。二〇〇五年時，他對《紐約時報》說，「我把它看成是進入法學院的方式，也許我不應該承認這一點。」29後來在與政治學家史蒂芬·泰利斯（Steven M. Teles）的訪談中，他補充說，「經濟分析通常有保守化的效果。」他們本來比較想資助保守派的憲政法律課程，但是基金會如果採用這種直接的政治挑戰，可能會被禁止進入美國最好的法學院中。「如果對院長說，你想要資助保守派的憲政法律，他會立即拒絕這個提議。不過如果說，你要資助法律與經濟學，他對這個提議會持比較開放的態度。」他透露，「法律和經濟學是中性的，但它在思想上有個朝向自由市場及小政府的推力。就像許多學科，表面上是中性的，但事實上並不是。」30

歐林基金會進入全國最佳法學院的路是迂迴的。基金會剛開始時資助法律與經濟學早期的領頭人物，也就是自由意志派的亨利·曼尼（Henry Manne），他是芝加哥學派自由市場經濟學的信徒。曼尼十分聰明，不帶政治色彩，並且在意識形態上相當純正，根據泰利斯的說法，

17 譯者注　美國的民間故事，強尼為了讓大家都有蘋果吃，走遍全國到處灑蘋果種子。

歐林基金會在一九七〇年代早期開始資助他時，「他在法律學術圈中被認為是邊緣、甚至古怪的人物」。31讓基金會氣餒的是，他並不是在名校任教。然而，一九八五年，基金會抓到一個難得的機會，終於能在法律名望最頂尖的地方建立灘頭堡。32那一年，哈佛法學院因爭議而分裂。左派教授鼓動學生，在專長公司法的法律事務所裡進行「故意破壞」，保守派教授及校友非常憤慨。這次爭執吸引了全國新聞媒體的報導，《紐約客》及其他媒體都參與其中。許多氣憤的哈佛法學院校友中，有一個是歐林基金會的信託委員喬治．葛雷斯比（George Gillespie）。眼見可以趁隙而入，他聯絡了過去的同窗，保守派哈佛法學院教授菲爾．亞瑞達（Phil Areeda），並由基金會提供協助。歐林基金會拿到提案權，哈佛拿錢。從這個意識形態包裹中誕生的是，哈佛法學院中的約翰歐林法律及經濟與企業研究中心（John M. Olin Center for Law, Economics, and Business），基金會在這個機構最後總共花了一千八百萬美元，是歐林史上最大的一筆捐款。根據報導，當時的哈佛校長德瑞克．伯克（Derek Bok）樂於有新的資金來源，也很高興有機會能夠安撫不滿的校友。

哈佛法學院批准了法律與經濟學課程之後，其他學校也跟進了。到了一九九〇年，大約有八十個法律學院教授這個科目。法律與經濟學的歐林學人同時也開始往上爬到法律專業的頂層，贏得最高法院的職位，速度大約是從一九八五年開始一年一個。許多徒子徒孫是傑出的律師，並不全部都是保守派，但他們正在改變當時盛行的法律文化。到了一九八六年，當時是哥倫比亞大學法學院教授的布魯斯·艾克曼（Bruce Ackerman），稱呼法律與經濟學為「從哈佛法學院誕生以來，法律教育上最重要的事。」33二〇〇八年，泰利斯在他的書《保守派法律運動的興起》（*The rise of the Conservative Legal Movement*）中形容，法律與經濟學是「法律界過去三十年以來最成功的知識運動，迅速從叛亂份子走向霸權地位。」34

隨著法律與經濟學的擴散，而且每一步都是由歐林基金會及其他保守派支持者買單，包括寇克及史凱菲，自由派批評家也越來越有警覺。自由派的非營利團體正義聯盟（The Alliance for Justice）在一九九三年出版一份批評報告，警告「一小群富裕團體」正試著「從根本上改變我們的社會分配正義的方式。」它揭露了歐林基金會給學生好幾千美元，去喬治城法律學院的法律與經濟學上課，或到哥倫比亞法學院出席這個科目的工作坊。即使有這些道德疑慮，卻只有加州大學洛杉磯分校的法學院拒絕歐林提供的資金，該校主張這個基金會給學生金錢補助，是「利用學生的財務狀況，以特定的意識形態來灌輸他們。」35

歐林基金會資助法官的法律與經濟學研討會，引起更多爭議。這些講座是由曼尼開始的，他成為維吉尼亞州喬治梅森大學法學院院長時，試圖要把這個學校轉型成自由意志派的法理學重鎮。研討會提供法官為期兩週的法律與經濟學沉浸式訓練，所有開銷都已經付清，而且通常辦在豪華的場地，例如佛羅里達州凱洛哥的洋礁俱樂部。對法官來說，這個訓練營很快就成為廣受歡迎的免費假期，介於毛澤東的勞改營及渡假村之間。他們會學到為什麼環境與勞工法是詛咒，或者像曼尼主張的，為什麼內部交易法規造成的傷害比好處多。法官們研習幾個小時之後，就可以去打高爾夫球、游泳，然後和主人愉快地用餐。幾年之間，有六百六十個法官去過這些有人贊助的奢侈旅行，其中有些人去了許多次，例如美國上訴法院法官兼最高法院大法官候選人，道格拉斯・金斯堡（Douglas Ginsburg）。根據一份紀錄，有四〇％的聯邦法官參加過，其中包括未來的最高法院大法官露絲・貝德・金斯堡（Ruth Bader Ginsburg），以及克萊倫斯・湯瑪士。

各種大企業熱切地想要加入歐林及其他保守派基金會來護航法案。無黨派的公共誠信中心有個研究顯示，二〇〇八年到二〇一二年間，將近一百八十五位聯邦法官出席了由保守派利益團體資助的法律研討會，好幾個出錢企業還有案件在法院審理中。36帶頭包辦的是查爾斯寇克基金會、希瑞爾自由信託（Searle Freedom Trust）、艾克森美孚石油、殼牌石油、製藥巨人輝瑞，以及保險公司國家農場（State Farm）。主題從「資本主義的道德基礎」到「恐怖主義、氣候及中央規畫：對自由及法律規則的挑戰。」

同時，歐林基金會也為聯邦主義協會（Federalist Society）提供了關鍵的創始經費37，這是在一九八二年為保守派法律學生成立的強大組織。歐林基金會捐了五百五十萬美元，還有來自史凱菲、寇克及其他保守派基金會所捐獻的大筆金額。有了這些錢，聯邦主義協會從三個法學院垃圾學生的荒唐夢想，成長為一個威力強大的專業網絡，共有四萬二千個右傾律師，一百五十個法學院分會，以及全國大約七十五個律師團體。所有最高法院的保守派法官都是會員，包括前副總統迪克．錢尼（Dick Cheney）、前檢查總長艾德溫．米斯及約翰．艾許福（John Ashcroft），以及許多聯邦法官成員。[38]該會執行董事尤金．梅耶（Eugene B. Meyer）是《國家評論》的創辦主編之子，他認為如果沒有歐林資金，協會「大概根本不會存在」。[39]歐林基金會的工作人員回顧過去，形容它是這個基金會做過「最棒的投資之一」。[40]

約翰．歐林的遺產

約翰．歐林於一九八二年過世，享年八十九歲，他的基金會在他過世後卻更壯大了。他留給遺孀大約五千萬美元遺產，另外五千萬美元放在信託，後來這筆錢也在一九九三年她過世後進入基金會。這些資金的投資收益很好，基金會在二〇〇五年散盡財富而關門時，資金總計成長到三億七千萬美元。歐林指示，他的基金會必須在信託委員在世時結束運作，以免落到自由派手中，因為他認為，這就是福特基金會後來演變的悲劇。

賽門在二〇〇〇年過世之前，一直都擔任歐林基金會會長。在一九八〇年代，他利用有爭議的財務操作，也持續累積了驚人的財富。到一九八〇年代晚期，《富比世》估計賽門的財富大約是三億美元。

大約在同一時間，歐林基金會做了一筆重要投資，資助二萬五千美元給一個名不見經傳的作家查爾斯．莫瑞，補助款進入曼哈頓研究中心，以資助他當時正在寫的一本書，內容在攻擊自由派的福利政策。[18]莫瑞的這本書書名是《失去立場》（*Losing ground*，書名暫譯），背後的故事正是保守派非營利組織的影響力越來越互相整合的一個引子。三十九歲的莫瑞，是個默默無聞的學者，任職於華盛頓一家評估美國政府社會計畫的公司，辛勤工作，卻吃力不討好。他當時僅能糊口，也深感挫折，正在考慮改行寫驚悚小說賺錢，但他投到傳統基金會的求職信，得到保守派公益世界的注意，不久就受益於這個成長中的網絡。傳統基金會在《華爾街日報》的民意論壇版面，放了一篇反福利政策的文章，促成歐林基金會補助他能繼續全職工作，並在一九八四年寫出職涯中的第一本著作《失去立場》，但他之前其實沒有想過要把研究內容寫成書。「這是公益企業的經典案例」，莫瑞說。隱藏在莫瑞背後的力量，是歐林基金會裡的麻煩人物喬伊斯。「喬伊斯是上個世紀以來最有影響力的藏鏡人之一。」莫瑞說。[19]

《失去立場》的寫作語調是悲傷而非憤怒的，他譴責政府計畫創造了窮人的依賴文化。批評者說它忽略了宏觀的經濟問題，窮人身在其中根本無法控制。(41)學術圈和新聞記者分成兩派，有些人質疑莫瑞的學術性。然而，有了歐林和其他保守派基金會資助，莫瑞成功改變了美國窮人這個議題的輿論風向，從社會缺失，轉變為窮人自己的缺失。

儘管雷根自稱厭惡大政府，但在他任內仍謹慎避開了莫瑞有爭議的自由意志主義，因為這派想法傾向於批評騙取福利的少數人，並不批評政府實施反貧窮計畫的整個觀念。不過，讓自由派驚慌的是，「新民主黨人」柯林頓後來採取了莫瑞的觀點，說他的分析「基本上是對的」，一九九六年，在福利改革法案中採納多項莫瑞的處方，包括工作要求，以及不再提供無條件的補助。「花了十年時間」，莫瑞說，「《失去立場》才從爭議變成傳統智慧。」[42]

歐林基金會也金援了後來所謂的大學院校網絡（Collegiate Network），私下提供資金給美國大學校園內的右派報紙。其中一個是《達特茅斯評論》（*Dartmouth Reviews*），曾因刊出一篇用黑人英語寫的評論，而引起軒然大波，這篇文章寫道，「現在我們來達特茅斯讀書，而且地位高了，但還是成不了榮譽學生。」**（按：原文用黑人口氣，中文只翻出意思）**[43]這個報紙舉辦了龍蝦和香檳宴席，來惡搞一個響應全球飢餓活動而禁食的學生；並砸壞學生為了抗議南非種族隔離而搭起來的簡陋棚屋；還刊登了達特茅斯同性戀學生協會被人竊聽的會議內容。《達特茅斯評論》成為右派媒體人物的搖籃，例如迪索薩，以及未來的保守派廣播節目主持人蘿拉·因葛拉罕（Laura Ingraham）。同時，與它互通聲氣的瓦薩學院（Vassar），則讓ＡＢＣ

18 作者注　後來歐林基金會累計共捐了六百三十萬美元給曼哈頓研究中心。

19 作者注　作者採訪查爾斯·莫瑞。

特派員強納森．卡爾（Jonathan Karl）[20]及《華盛頓郵報》線上專欄作家馬克．提森（Marc Thiessen）在新聞事業初試啼聲。提森最為人所知的事，就是為布希政府使用刑求辯護。

歐林基金會散盡錢財之後結束運作，喬伊斯則跳槽到一個力量更大、由另一個保守派家族新成立的私人基金會。一九八五年，在密爾瓦基市的一樁企業併購案，為當地一個沉寂已久的公益組織：哈利及林德．布拉德利基金會，注入了一筆可觀的財產，讓它在一夜之間成為非營利組織中不可忽視的巨大力量。它的資產從一千四百萬美元暴增到超過二億九千萬美元，一躍成為全美最大的二十個基金會之一。這個基金會原來的員工很少，而且還是無給職，原本是從事傳統的在地慈善事業，現在突然現金滿滿，於是他們去找喬伊斯，「我們有錢了，我們想要做你在歐林做的事。我們想要變成西部的歐林。」[21]喬伊斯幾乎馬上就遷居到密爾瓦基去經營布拉德利基金會。他留下裴若森去忍受賽門出了名的暴躁脾氣，以及歐林基金會把錢花光的二十年計畫。

喬伊斯在布拉德利基金會能運用較多的資金。「他基本上是創造了現代保守派公益事業的場域。」裴若森說。接下來十五年，喬伊斯從布拉德利基金會拿出二億八千萬美元，投入他偏好的保守事業目標。(44)雖然規模仍比歷史悠久的研究型基金會小，例如福特基金會，但它不像福特，在喬伊斯領軍下的布拉德利，自認為是意識形態戰爭中的右派拳擊手，而且全心全意做這件事。根據一份分析資料指出，至少三分之二的補助款是用來資助保守派的知識活動。[22]它資助了六百多所大學及研究經費、右派智庫、保守派期刊、國外反共活動，以及它自己的迎戰出版社（Encounter Books）。這個基金會繼續著力在高名望的大學院校，在喬伊斯的管理下，頭十年各給哈佛和耶魯五千五百萬美元。㊺它的力量在中學層級也很活躍。布拉德利基金會基本上就是帶動早期全國性的「學校選擇」運動，對教師工會及傳統公立學校發起全面的攻擊。為了讓美國人對政府「斷奶」，這個基金會鼓動家長，使用公共資金來送小孩進入私人或教會學校就讀。

喬伊斯接掌布拉德利基金會時，繼續資助許多他在歐林補助過的那些學術組織，有一半的大學院校是一樣的。「不只是相同的大學，而且還是同一個系所，某些情況則是同一個學者。」[23]布魯斯．墨菲（Bruce Murphy）在《密爾瓦基雜誌》（*Milwaukee Magazine*）寫道，他

---

20 作者注　強納森．卡爾是第一個受寇氏兄弟邀請，到金主高峰會上去主持政治座談會的電視台新聞記者，他於二〇一五年一月出席。ABC決定參與這個封閉活動，引起批評及受到爭議，但是開了先例，後來《政治圈》專欄作家麥克．艾倫（Mike Allen）在二〇一五年八月出席寇克資助的會議，主持候選人論壇；先前CNN特派記者傑克．塔波（Jake Tapper）因原則問題而拒絕接受這項邀請。

21 作者注　布拉德利基金會創始歷史的許多細節是引自John Gurda, *Bradley Legacy*，這本書是由喬伊斯委託並於一九九二年由布拉德利基金會出版。

22 作者注　根據James Barnes, "Banker with a Cause," *National Journal*, March 6, 1993, 564–65, 布拉德利基金會每年發配出去的二千萬美元，超過三分之二是資助「保守派知識份子」。

23 作者注　根據莫瑞說法，喬伊斯花了一百萬美元補助莫瑞寫作《鐘型曲線》Murphy, "When We Were Soldier-Scholars," *Milwaukee Magazine*, March 9, 2006.

並指控這也導致某種「學術裙帶主義」（intellectual cronyism），被包養的學者是優良的意識形態戰士，但卻「很少是卓越的學者」。例如莫瑞在一九九四年的書《鐘型曲線》（*The Bell Curve*，書名暫譯），研究種族與低智商分數的關係，主張黑人比白人較沒有能力成為「認知菁英」，因此遭到猛烈抨轟而聲名狼藉。面對此一爭議，曼哈頓研究中心把莫瑞開除了。莫瑞說，「他們不想惹麻煩。」於是他跳槽到美國企業研究院，據說喬伊斯繼續資助莫瑞，估計有一百萬美元。「喬伊斯跟我說，我的獎助金是可以帶著走的。」莫瑞說。不過那本書所引起的爭議，使布拉德利基金會的聲譽蒙上陰影。被指為種族主義的喬伊斯說自己收到死亡威脅，因為太恐懼了，還要求加強人身安全的保護措施。他承認這本書在「我們身上留下無法消除的印記。」

喬伊斯在酗酒、脫序及自毀行為的謠傳中，於二〇〇一年從布拉德利下台。一個朋友回憶說，「魔鬼被傳得繪聲繪影。」根據某個消息靈通人士指出，喬伊斯的酗酒傳聞，從三瓶啤酒進展到完全爛醉。有一次他在華盛頓某正式場合擔任典禮主持人，卻在此時喝到酩酊大醉，差點把典禮搞砸。在那之後，布拉德利基金會董事會就讓喬伊斯選擇，是要進入戒酒療程，或是辭職。他明白自己已經失去董事會的尊重，於是辭職。在他生命的最後幾年，人生際遇急轉直下，孤獨而沒有權力。

然而，喬伊斯的成就絕對超越了他的私德問題。他退休時，右派對他表揚有加。《國家評論》形容他是「保守派運動的主要執行官」。❹❻還說，「在思想戰中放眼望去，到處都有他留下的指紋。」致敬文的結論是，「在布拉德利服務期間，針對眼前自由主義的每一場嚴正打擊，始終都有喬伊斯。」

然而，有一件事巧妙地逃過了群眾的注意，布拉德利基金會推廣的小政府保守主義，竟是由聯邦經費支持的。布拉德利基金會故意把自己妝點為大政府的敵人。一九九九年，喬伊斯寫下一份機密備忘錄給布拉德利基金會董事會，他說為了取得勝利，保守派必須「以大眾消費……戲劇性的故事來包裝」[24]，把公民描繪成「勇敢的大衛，正在英勇對抗強大的國家主義以及官僚的歌利亞巨人。」但是，這個基金會之所以能夠存在，還得歸功於這個歌利亞巨人，形式就是利用納稅人資金的國防支出。

布拉德利基金會的資產在一夕之間乘以二十倍，並搖身一變成為主要的政治力量，關鍵事件就是一九八五年的企業併購。當時美國最大的國防合約承包商洛克威爾國際公司（Rockwell International），以十六億五千萬美元現金，買下密爾瓦基的電子製造商艾倫-布拉德利公司（Allen-Bradley）。[25]布拉德利家族的私人基金會是公司股東，因此這項交易讓該基金會得到

---

24 作者注　“The Bradley Foundation and the Art of（Intellectual） War,” Autumn 1999 這是長達二十頁的機密備忘錄，一九九九年十一月為董事會議而準備。本書作者拿到一份。

25 作者注　根據這篇文章 James B. Stewart, “Loss of Privacy: How a ‘Safe’ Company Was Acquired Anyway After Bitter Infighting,” *Wall Street Journal*, May 14, 1985. 艾倫-布拉德利的信託委員起初估價這公司值四億美元，不過他們後來提高估價。

一筆資金，資產從一千四百萬美元飆升至二億九千萬美元。[26]

洛克威爾買下艾倫-布拉德利時，有三分之二營收、將近一半利潤是來自美國政府合約。事實上，洛克威爾就是政府支出浪費的代表。《洛杉磯時報》（*Los Angeles Times*）稱它為「失控的軍事工業綜合體的象徵」。❹❼洛克威爾的金庫裡塞滿現金，但是名聲達到高峰是因為它是B-1轟炸機的主要製造者。這款飛機威力很強，有個綽號是「會飛的艾德索」（Flying Edsel，按：福特汽車一款中高階車系）。卡特總統因浪費錢而取消這個計畫，但在洛克威爾發動強力遊說攻勢之後，雷根總統又讓它復活了。[27]雷根任內大量的國防建置中，有一部分就是核准製造MX飛彈系統，這是另一項耗資幾百億美元的國防計畫，被廣泛批評為沒有必要，而洛克威爾就是最大的承包商。因此，到了一九八四年，由於政府支出浪費，洛克威爾的財務報表在企業界的表現搶眼，會計帳上的現金就有十三億美元。企業分析師警告，這家企業必須多樣化，減少對聯邦契約的依賴。就是這種疑慮促使這家公司進行大購物，最後買下了艾倫-布拉德利，並導致布拉德利基金會一夕暴富。

艾倫-布拉德利同樣也大量依賴政府國防合約，特別是在早期剛進入市場時。這家公司在一九〇三年由具有創業精神的高中輟學生林德及哈利．布拉德利兄弟，以及投資者史坦頓．艾倫（Stanton Allen）共同創立，從製造變阻器到其他許多工業控制零件，特別是提供給收音機、工具機，以及汽車工業的零件。根據密爾瓦基歷史學家約翰．戈達（John Gurda）由布拉德利基金會委託並出版的歷史著作，這家公司在「獲利邊緣搖擺」48，直到美國加入第一次世界大戰。多虧有了政府國防合約，總計大約占了這家公司七〇%的生意，在六年之內訂單增加了十倍，戈達指出，公司至此「真正進入業界」。第二次世界大戰更是帶來恩賜，戈達形容這次戰爭對公司的影響「令人震驚」。到了一九四四年，政府戰事工作就占了該公司訂單接近八〇%。它的業務量在第二次世界大戰期間增加了三倍。

艾倫-布拉德利比歐林企業投入更多錢在勞工福利上，慷慨但可以說是溫情恩惠的小福利，包括有自己的爵士樂隊，以及聘請全職音樂指揮在午餐時為大家伴奏，公司頂樓還有由運動教練看管的羽球場，以及員工閱讀室。位於密爾瓦基南半部的工廠上，建有一座指標性的十七層樓高、佛羅倫斯式四面鐘塔，這是布拉德利兄弟豎立的，他們自認是仁慈而文明的領導者，照顧著這個員工大家庭。然而，員工對這種情況的看法截然不同，並在一九三九年組成工會並起而罷工，讓這對兄弟非常傷心。

哥哥林德不久之後過世，不過弟弟哈利一直活到一九六五年，並成為熱心的右派份子。他和佛瑞德．寇克一樣，是約翰伯奇協會的強烈支持者，常常邀請創辦人威爾區到公司的業務會

26　作者注　出處同前；Gurda, *Bradley Legacy*, 153.

27　作者注　Winston Williams, "Dogged Rockwell Bets on Reagan," *New York Times*, Sept. 30, 1984. 政府又花了三十億美元維修飛機，直到二〇〇一年以傳統用途部署在阿富汗，才證明 B-1 轟炸機有用。然而，國會研究服務中心在二〇一四年報告中形容這飛機是「越來越不重要」。

議上演講。布拉德利也是佛德列克·舒瓦茲（Frederick Schwarz）的熱情追隨者，他是從澳洲來的醫師，比一般反共產黨的人更激烈反共，之前已經從猶太教轉信基督教，並且為了他的基督教反共運動大步踏進心臟地帶，他竭力鼓吹「卡爾·馬克斯（Karl Marx）是猶太人」[49]，以及「就像大部分的猶太人，他又矮、又醜、又懶惰，而且邋里邋遢、不想工作賺錢」，而且也具有「和大部分猶太人一樣，超凡而邪惡的智慧。」舒瓦茲經常到訪公司，也是布拉德利理想中最受歡迎的人物。布拉德利也熱切支持馬尼恩論壇（Manion Forum），這個論壇的追隨者相信，美國的社會支出是蘇聯想害美國破產的一個祕密計畫。雖然聯邦政府讓他的公司獲得重生般的財務挹注，但據說布拉德利認為，不斷擴張的美國聯邦政府以及世界共產主義，是對人類「自由」的「兩大威脅」。[50]

這家公司支持自由市場，但是並沒有反對固定價格。一九六一年，哈利·布拉德利的繼任者及多年知己佛瑞德·陸克（Fred Loock），連同其他二十九家電子儀器公司，因為固定價格而遭到定罪。根據官方歷史，他差點被關進監獄。公司及執行長各繳了一筆可觀的罰款。

在一九六〇年代，這家公司與聯邦當局的關係更惡化了。在更嚴格的社會期望下，當局制定了新的管制法規，艾倫-布拉德利公司發現自己處在新法律的十字瞄準中線上，與歐林企業如出一轍。一九六六年，一個聯邦法官站在一群女性員工一方，她們控告該公司同工不同酬，因為她們與男性員工操作同樣的機器，拿到的薪水卻比較少。[51]一九六八年，該公司又因為種族歧視雇用政策，而被聯邦當局盯上。因此，該公司同意建立一套確實的行動計畫。而在同時，加入工會的工廠員工，發動了一場罷工行動，導致公司有十一天的工作停擺。這家公司的反信任、種族、性別以及勞工爭議，結合起來成為肥沃的土壤，在高階主管階層中孕育了激烈反擊的政治意識。

在這段期間，布拉德利基金會也越來越政治化。這個基金會一開始的目標是協助有需要的員工及密爾瓦基居民，以及防止動物虐待。哈利・布拉德利和他的妻子是愛動物的人，極寵愛一隻名叫達菲（Dufy）的貴賓狗，狗兒的名字取自一名現代藝術家，這隻狗在閣樓上還有一個專屬的健身跑道。但是，喬伊斯在一九八五年接掌基金會之後，該會寫下了新的宗旨宣言，將其補助款用於支持「有能力的小政府」、「充滿活力的市場」，以及「強大的國防」。

布拉德利兄弟過去曾表示：希望能永遠將公司保留在家族私人手上，把就業機會留在當地社區，他們的遺囑很清楚地寫明這一點。但是他們的繼承人在密爾瓦基的佛利及拉登爾（Foley & Lardner）法律事務所協助之下，把這家公司賣給洛克威爾，換得大把鈔票入袋。該法律事務所合夥人麥可・葛雷伯（Michael Grebe）後來成為新增資的基金會會長及首席執行長。

然而，艾倫-布拉德利公司後來就沒那麼好運了。二十世紀末，美國製造業開始衰落，像樣的藍領工作中空化，公司業務也隨之下滑。二〇一〇年，公司賣掉之後的二十五年，還留在密爾瓦基的洛克威爾自動控制（Rockwell Automation）公司，將最後一批製造工作外包到低工資的區域，大部分是在拉丁美洲及亞洲。美國電子及收音機及機械工人聯合工會（United Electrical, Radio, and Machine workers of America），代表了最後一批被裁的員工。該工會的地區會長羅伯特．葛拉南（Robert Granum）對《密爾瓦基工商日報》（*Milwaukee Business Journal*）說，洛克威爾的決定將會「剝奪未來世代的勞工能夠好好養家的工作機會。」52

艾倫-布拉德利那座獨特的佛羅倫斯大鐘塔，仍舊矗立在密爾瓦基南半邊。不過，密爾瓦基已經被形容為「最兩極化的國家中、最兩極化的州裡，最兩極化的城市」。53工業基礎已經崩毀，製造業工作消失，許多曾在艾倫-布拉德利工作的白人移民早就搬到郊區，留在密爾瓦基的居民中幾乎有四〇％的黑人，而當地黑人的貧窮率是全國第二高，黑人的失業率比白人高出將近四倍。54

同時，布拉德利基金會已經成為保守派運動的中心。由於聰明的投資活動，它的資產如氣球般漲大，讓它能夠資助一場政治運動，把貧窮歸咎於依賴政府扶助，而不是歸咎於導致工作機會外移的商業、勞工以及工業政策，例如艾倫-布拉德利就把工作機會移往海外。到了二〇一二年，布拉德利基金會的資產已經超過六億三千萬美元，光是那一年發放的補助款就超過三千二百萬。這些資金繼續資助那些要求窮人去找工作的福利改革方案，而且還攻擊公立學校。該基金會也繼續支持保守派在三十五個不同菁英大學建立灘頭堡，包括哈佛、普林斯頓及史丹福。

這個基金會每年頒發布拉德利獎，已經成為保守派裡金光閃閃的奧斯卡頒獎典禮。晚會在華盛頓波多馬克河畔的甘迺迪中心舉辦，晚禮服、燕尾服、冗長的受獎致詞、華麗的現場音樂，以及四個二十五萬美元年度獎金，會頒發給這個運動裡的名人。幾年下來，這些得獎人包括報紙專欄作家喬治．威爾（George Will），他後來成為該基金會的信託委員。也頒給聯邦主義協會的創辦人，以及普林斯頓的羅伯．喬治、《標準週報》的新保守派編輯克里斯多、哈佛教授曼斯菲爾德、福斯新聞總裁羅傑．艾里斯（Roger Ailes），以及傳統基金會的忠貞份子米斯及福諾，幾乎所有受獎人都曾是把美國政治辯論拉向右派的要角。幾乎所有受獎人都拿過金援，從一小撮私人基金會中，拿到可以抵減稅額的贈與金。這些私人基金會背後是一小群富裕的反動份子，很少美國人知道他們的身分與故事，但是這些人的「總體目標」，就像喬伊斯說的，「是利用公益事業來支持思想戰」。[28]

28　作者注　二〇〇三年，喬伊斯於喬治城大學說，「在歐林以及後來的布拉德利基金會，我們的總體目標就是用公益來支持思想戰，以捍衛並協助我國開國先賢們的政治想像力。」

04 寇氏商法

自由市場的災難

「違法就有錢賺，他們在全國到處都是這樣幹。」

——前寇氏企業員工
菲爾・迪布斯
（**Phil Dubose**）

二十年來，當寇氏家族正為這場目的是讓美國企業掙脫政府掌握的意識形態戰爭奮鬥時，唐納・卡爾森（Donald Carlson）正在清理寇氏工業棄而不顧的渣滓。他任職於寇克旗下的煉油公司、也就是位於明尼蘇達州羅斯蒙、極為發達的松彎煉油廠，穿的外套上繡的名字是「鬥牛」（Bull）。他的同事這樣叫他，因為他的臂力很強，而且他願意把其他人不願碰的工作扛起來。「他並不一直都是最棒的人或最棒的爸爸，但是他每天早上都起床去工作，每天看到什麼該做的事就會去做」，他的遺孀朵琳・卡爾森（Doreen Carlson）回憶說，「如果有什麼事情太難搞，他們就丟給他。」[01]

從一九七四年卡爾森被雇用開始，他在煉油廠值班每次十二或十六小時。松彎的獲利能力，證明寇克買下它是完全正確的選擇。松彎是路易斯安納州以北最大的煉油廠，一天能夠處理三十三萬桶原油，占了加拿大出口到美國原油的四分之一。它提供明尼蘇達州超過一半的天然氣用量、威斯康辛州的四〇%。卡爾森的工作很吃力，但是他喜歡這份工作。他負責清理裝著含鉛汽油的超大型油槽，而且是徒手刷洗。他要從儲存槽中取出樣本，油槽的氣體揮發力量大到有時能吹落他的安全帽。他也要舉起重物，抽吸潑灑出來的燃料，深度能灼傷他的腿。卡爾森和許多在煉油廠工作的一千名員工一樣，經常暴露在有毒物質中。「他可以說是整個人浸在那些油槽裡」，他的妻子回憶道。[02]但是卡爾森從來沒想過這些危險。「我那時候很年輕」，他後來解釋，「他們什麼都沒跟我說，我也什麼都不懂。」[01]

卡爾森說，尤其沒有人警告他，苯這種從原油提煉出來的無色液體化合物的危險性。一九二八年，兩位義大利醫生首度發現苯與癌症的關聯。之後數個科學研究認為，長期暴露在含有苯的環境中，會大量增加罹患血癌的風險。[03]四個聯邦單位，包括國家健康局、食品與藥物管理局、環境保護局與疾病管制局，全都宣告苯是致癌物質。[04]卡爾森被問到，如果他曾被警告過苯對他的紅血球會造成危害，他還會繼續為寇氏家族賣命嗎？卡爾森回答，「我連紅血球是什麼都不知道。」[02]

一九九五年，卡爾森病得太重，沒有辦法繼續在煉油廠工作。他拿到公司醫療紀錄時，他和妻子都嚇住了。一九七〇年末期，職業安全與健康管理局頒布管制條例，要求若有員工接觸到苯，公司必須提供每年血液檢查，並且要複檢，如果發現任何不正常，必須通知員工。該規定還要求，公司要把員工及不正常檢驗結果轉診給醫療專家。寇克煉油公司按照法律提供每年血液測試，卡爾森因此每年接受定期檢查。但是他發現，他的檢驗結果顯示越來越嚴重，從一九九〇年就有不正常的紅血球數，一九九二、一九九三年也是，但是這家公司一直沒有告訴

---

01 作者注　作者採訪朵琳・卡爾森。

02 作者注　出處同前。

03 作者注　David Michaels, *Doubt Is Their Product*（Oxford University Press, 2008）, 76. 這本書裡有關於苯的精彩討論，描繪出石油工業如何阻擋管制措施。

04 作者注　把苯列為致癌物質的局處出現於 Loder and Evans, "Koch Brothers Flout Law Getting Richer with Secret Iran Sales."

他，一直到一九九四年。

查爾斯．寇克之前就把政府的管制政策貶低為「社會主義」。[05]從他的觀點來看，誕生於進步年代（Progressive Era）[06]的管制型政府，根本就是違法侵害自由企業的發展，也阻礙了創新進取與獲利能力。這些理論可能對企業主很有吸引力，但是對成千上萬的員工來說，實際情況卻很不一樣。

卡爾森繼續工作了一年，但越來越虛弱，每週需要輸血三到五品脫（按：約一．四公升至二．三公升）。最後在一九九五年夏天，他虛弱到根本沒辦法工作了。他的妻子回想，這個時候「他們給他六個月的薪水，要他走。基本上累計起來差不多等於六個月的有薪病假。」卡爾森主張，他的病和工作有關，但寇克煉油公司否認他的指控，並拒絕給付員工補償金。如果有這筆補償金，就能付掉他的醫療帳單，並繼續提供眷屬津貼給他太太及未成年的女兒。「對於他竟然從來沒有得到免費醫療，連醫生都不敢置信。」她補充說，「我們太天真了。我們沒有想過人家會讓你直接死掉算了。我們想的是『他們在幫你，不是嗎？』」

一九九七年二月，在寇氏工業開始工作的二十三年後，唐納．卡爾森死於血癌，享年五十三歲。他和妻子結婚三十一年。「最慘的是，他死的時候心裡還在想，他害我們沒錢了。」她補充，「我先生是那種真心相信，認真工作又做得好就會得到回報的人。」

朵琳因此對公司非常憤怒，她一個女人挺身和寇氏工業對戰，要他們承認對她丈夫的死有部分責任，並且道歉。「我要的是追究責任」，她對明尼亞波利斯《星論壇報》（*Star Tribune*）的湯姆·米斯曼（Tom Meersman）說。[03] 朵琳提出法律訴訟整整三年。該公司給了她一些錢，但是拒絕稱這些錢是工作相關死亡的補償金，一直堅持到這個案子要被法官審理前幾分鐘，公司終於同意她的用詞，但條件是她必須簽下一份不對外公開的同意書，想把這件事壓在檯面下。「他們從來不承認。他們避免上法院，不想留下任何書面紀錄。他們就給我一些錢，然後要我把嘴巴閉上。」她回憶道。

過了十二年，卡爾森的不公開同意書時效到期，她可以說出來了。「我不覺得妳可以寫出我對寇克的看法。妳只是造成附帶傷害罷了。對他們來說，一切都只是錢，而且他們永遠不會覺得錢夠多了。」當她被問到，不去責怪和她打交道的低階執行者，而責怪寇克本身，這樣是否公平，她反駁，「查爾斯·寇克擁有那座煉油廠。」繼續說，「他們不要那麼多政府管制？你能想像嗎？他們要的就是對他們有好處的。他們不會損害到他們利潤。我聽說他們在政治上支持很多人，我猜那都是和擺脫管制有關。」她說，「但管制是為了安全。管制不是讓工人變有錢，**但有管制他們才不會死啊！**」

---

05 作者注　一九七四年查爾斯·寇克的演講，被引述於 Confessore, "Quixotic '80 Campaign Gave Birth to Kochs' Powerful Network."

06 譯者注　指一八九〇到一九二〇年，美國改良政府腐敗與削弱政治利益團體影響力的時代。

死了一個工人之後

查爾斯接掌公司之後這幾十年間，卡爾森案只是許多寇氏工業案件中的一件。這家公司以驚人的速度成長為多角化經營的全球企業，並擁有龐大的化學、製造、能源、貿易以及煉油利益。但是，它的法律衝突案件一樣有驚人的成長。面對妨礙查爾斯・寇克自由意志理想的政府監管單位，他的態度不是和解，而是宣戰。就他自己的描述，他的反抗是基於更高原則的立場。例如一九七八年他在《自由意志評論》對其他企業主寫下呼籲奮戰的激昂宣言，「當監管人員踏進我們的家門一步，我們不應該窩在裡面……別自願合作；反之，要處處抵抗，在法律範圍內盡你所能地抵抗。這樣做是為了正義。」04

因為金錢利益而希望避免管制，這種說法很難解釋查爾斯反對管制的**正義**。就如他所形容的，在面臨「自大的、侵入性的、極權專政的法律」時，他試著「不斷推動自由的進展」。05批評者如《堪薩斯出了什麼事？》（*What's the Matter with Kansas?*，書名暫譯）作者湯瑪斯・法蘭克（Thomas Frank），就有不同的看法。他是在堪薩斯一路看著寇克發展的人。「自由意志主義談的應該是原則，但它其實是與政治上的權宜措施有關。它表面上偽裝成是一種哲學，基本上是企業的幌子。」07毫無爭議的是，無論動機是什麼，從一九八〇年到二〇〇五年這四分之一世紀之間，在查爾斯・寇克領導下，他的公司在不法行為上累積了驚人的紀錄。

例如一九九六年四月，明尼蘇達的鬥牛卡爾森因罹患血癌而生命垂危時，寇氏工業的環境技師莎莉．巴尼斯—索麗茲（Sally Barnes-Soliz），主動找上在德州聖體市的政府監管機構，寇克在當地經營一座煉油廠，她告發自己的公司在苯的非法散逸量上說謊。從聖體市煉油廠的問題可以看出，環境法規一直是寇氏工業的障礙，比職場安全更嚴重。

巴尼斯—索麗茲後來告訴《彭博市場》（*Bloomberg Markets*）雜誌，「那座煉油廠直接把苯排到大氣中。」[06]而不是遵守一九九五年新頒布的聯邦法規所要求的排放減量。寇氏工業還試圖在報告中隱藏排放量，按規定該報告必須提交給德州天然資源保育委員會。而在內部，寇克的律師承認，該公司的自提報告是「誤導，而且不精確」，因此才要巴尼斯—索麗茲提出更精確的陳述。[08]

她當時在寇氏工業已經工作五年，她喜歡這份工作是因為，能夠直接對職員及大眾健康與安全做出貢獻。按照指示，她仔細重新列出該煉油廠的苯排放量，才發現這公司的排放量超過合法限制量的十五倍之多。但老闆對她的發現並不高興。她擁有科學及環境健康學士學位，以及工業衛生科學的碩士學位，因此她很清楚自己在做什麼，不過她還是重新計算好幾次，

07　作者注　作者採訪湯瑪斯．法蘭克。
08　作者注　該公司一開始安裝了防治污染的新設施，只是沒有發揮功效，但該公司並沒有盡力改善這個問題，而是解除儀器，竄改紀錄。

但得出來的結果都一樣很難看。她對《彭博市場》說，「公司開過好多次會，要我更動那些數字。但我還是堅持我的信念，雖然很難。」因此，當她看到後來寇克提交到德州當局的報告時，震驚不已。那份報告把苯排放量竄改成只剩她計算出來的一百四十九分之一（按：○·六七％）。

「我看到他們其實是在偽造文件，我別無他法，只好通知當局。」她對《彭博市場》說。該雜誌形容，這次事件是寇氏工業的一種違法行為模式。她是在午餐時間開車到政府監管機構舉報這件詐欺案。

為寇氏工業辯護的人說，這名告發者是一個不滿員工，只是想藉此保住飯碗。[09]但是聖體市的寇氏工業在二〇〇〇年九月二十八日遭到九十七次控訴，被控隱瞞苯排放量九十一立方公噸。該公司面臨的可能是三億五千兩百萬美元罰款，還有四名寇克員工可能會被判刑入獄，外加每人一百七十五萬美元罰款。該公司在法院大力反擊，不願意提供數百封關於排放量的內部電子郵件，但是主審法官拒絕認可公司主張說這些是營業祕密，嚴厲譴責該公司律師是「擋箭牌」，試圖「阻擋」監管機關發現「不合規定的程度」。在爭執過程中，該公司透露，要遵守排放標準得花費七百萬美元。雖然花費似乎很高，但根本無法與煉油廠利潤相比。檢察官作證說，寇克的聖體市煉油廠光是一九九五年就賺了一億七千六百萬美元的利潤。

最後，苯排放「隱瞞訊息」的重罪指控，寇氏工業認了，並支付一千萬美元罰款，外加一千萬美元用於改善聖體市的環境。後來公司發言人強調，針對寇氏工業幾位經理的個人指控已經撤銷，她辯解，「政府的理由不成立」。但當時擔任司法部環境犯罪部門主任的大衛．烏爾曼（David Uhlmann）卻指出，剛好相反，寇氏工業認的罪就是「精心策劃要隱瞞苯這種致癌物質的排放量，不讓監管單位及社區知道。」他把這次訴訟稱為「在《淨化空氣法案》之下最重要的案例。」他寫道，「環境犯罪幾乎都是因為經濟和傲慢，寇克案例中則是兩者皆有。」[10]

令人眼界大開的花絮是這家公司如何對待巴尼斯-索麗茲。由於她向外界舉報，因此被隔離在空蕩蕩的辦公室，沒事做，也不能使用電子郵件。她最後辭職並控告公司騷擾。一九九九年，寇克與她達成不公開和解，付給她一筆錢，但不透露金額。[07]

大約在同一時期，另一個後來成為告發者的人，寇氏工業在路易斯安納州的低階員工卡奈爾．葛林（Carnell Green）則指出，公司威脅他。如果他不收回他的話就要逮捕他。根據葛林在一九九八年及一九九九年交給比爾．寇克雇用的私家調查員的兩份聲明，葛林與管理階層起衝突時，職位是寇氏工業的管線技師及瓦斯表維修員。他從一九七六年到一九九六年為該公司

09　作者注　經常為寇克辯護的約翰．印德瑞克（John Hinderaker）說巴尼斯-索麗茲只是個「爛員工，知道自己要被解雇，為了提出訴訟而對雇主不實指控」Oct. 6, 2011, PowerLineBlog.com.

10　作者注　作者採訪大衛．烏爾曼，並引用自 Sari Horwitz, "Unlikely Allies," *Washington Post*, Aug. 15, 2015.

工作，他說在這段期間，他被要求移除三十六個水銀洩漏的瓦斯表，並看著它們被送出門，然後就丟在地上。他被要求把舊的儀表扔到垃圾場，其中每個大約含有一夸脫水銀（按：將近一公升），另外還把其他的水銀容器丟進水槽，就像他親眼看著主管做的。葛林說，水銀無所不在，他回到家時，水銀珠子會從他衣服和鞋子滾下來。[11]

不過，他在一九九六年去上了危險物質的課程，葛林說，他發了一份報告給主管，提醒他們水銀會造成嚴重的健康危險，丟棄的時候應該要更謹慎。葛林說，他的主管跟他說不要談這件事。不久之後，有個自稱「聯邦調查局特派探員穆爾曼」的人來訊問他，指控他對水銀的事說謊。他說，如果他不收回對公司的指控，那個官員就威脅要逮捕他，把他關進牢裡，而且還警告他，如果他對別人說水銀的事，包括外部的機關，他就會被解雇。葛林說，他的直屬上司接著拿出一份準備好的聲明稿要他簽名，上面說寇克公司的設備裡面沒有水銀。葛林害怕如果不簽會被關，所以就簽了。

但葛林還是很擔心自己的健康，於是決定向職業安全與健康管理局提出控訴。寇氏工業接著就解雇他，他說原因是「作出不實聲明。」

葛林後來知道，特派探員穆爾曼並不是為聯邦調查局工作，而是「堪薩斯州威奇托的寇氏保全公司」（Koch Security）。當時，賴瑞．穆爾曼（Larry M. Moorman）是寇氏工業法律部門的調查人員。穆爾曼後來成為寇氏工業公司安全部門主管。

根據私家調查員理查・吉姆・艾羅伊（Richard "Jim" Elroy）的說法，後來寇氏工業在葛林指認受到水銀污染的地點取出土壤樣本，並送到獨立實驗室做檢驗。[12]根據艾羅伊報告，這些土壤樣本受到高度的水銀污染，因此實驗室拒絕使用美國郵政系統把它送回去，並且要求給付丟棄危險物質的特殊費用。但是當時葛林已經失去工作了。艾羅伊說，「葛林人很好，是個出身路易斯安納州的勞工階級黑人，只是盡其所能賺錢餬口而已。」當時他為比爾・寇克工作，取得葛林的聲明來對抗比爾的哥哥查爾斯及大衛。「寇克就是這樣踐踏這些人，然後棄之如敝屣。」艾羅伊說。[13]但以葛林指控的事項，去詢問穆爾曼和寇氏工業發言人，他們都不回應。

但因為這項指控關係到全國性污染，聯邦檢察官開始拼湊出一樁大案子，指控該公司違反《清淨水源法案》。一九九五年，司法部起訴寇氏工業說謊，其管線及儲存設施漏油幾百萬加侖（**按：美制一加侖約等於三・七公升**），而且分佈在六個不同的州。聯邦調查員在前五年收集了超過三百件漏油事件，其中一件有十萬加侖原油外洩，使得聖體市海灣外的十二英里都沾到原油，而這個地方就離寇克煉油廠不遠。

---

11 作者注　葛林接受艾羅伊訪談，Sept. 18, 1998 及 April 15, 1999，作者取得艾羅伊訪談稿。

12 作者注　根據環境實驗室的分析，有一份樣本含有 180 ppm 的水銀，另一份則含有 9100 ppm。但法定限額是 30 ppm。根據葛林的陳述，他向職業安全與健康局提出控訴，最後並沒有結果，因為提出時間已超過時限。

13 作者注　作者採訪理查・艾羅伊。

安琪拉・歐康內爾（Angela O'Connell）是寇氏工業訴訟案的首席聯邦檢察官，她後來形容這個案子和她在司法部二十五年執業生涯中經手過的任何案子都截然不同。「他們的作業一直都是在制度之外進行。」[08]她對舒爾曼說。舒爾曼的作品《威奇托之子》（*Sons of Wichita*，書名暫譯）針對該公司一系列違法事件提出詳實陳述。她表示，在石油產業，漏油和外洩是很常見的事，但其他公司願意與監管單位坐下來談並承認錯誤，但寇氏工業卻「為了避免罰款……不斷說謊。」[09]

正當歐康內爾針對寇氏工業而整理出牽涉多州的大規模訴訟案件，她越來越感到不安，覺得自己被暗中盯上了。她認為她的垃圾桶被翻過，電話被竊聽，但是沒有辦法證明。她被這種狀況煩得心神不寧，從那時候開始，她不管說什麼或做什麼，都會先自我檢查，確認不會被拿來對付自己。

紀錄顯示，寇氏工業從一九八三年就開始雇用前美國情報單位員工大衛・尼卡斯楚（David Nicastro），以協助公司進行的祕密行動。一九九四年，尼卡斯楚在德州成立他自己的小型調查公司，名為安全來源（Secure Source），他坦承，「接下來四或五年，我接了不同案子」為寇克工作，包括兄弟之間的訴訟糾紛。[14]在法院檔案中，他形容自己的角色是為寇氏工業以及他所謂它的「實體」，執行「各種不同調查」。與尼卡斯楚一起工作的是前聯邦調查局探員查爾斯・迪凱（Charles Dickey）。[15]

許多年後回頭看，歐康內爾說，她認為寇克是「危險」人物，而且談起他們時還是覺得不安。好像他們可能在偷聽似的，她降低音量回憶道，「他們試圖攻擊我的名聲。」她重述當時正在處理針對該公司的訴訟案，曾與當時的環保局主管凱洛．布朗諾（Carol Browner）安排一場會議。在會議中，該公司代表指控歐康內爾急著出名，想把她從這個案子踢走，不過沒有成功。她說，「他們什麼事都能說謊，他們能夠脫身只是因為他們是一家私人公司。」「每一步新發現，都會受到他們阻撓，老是說『我沒有這樣做』、『那不是我們的油』、『那不是我們的油管』。」你真的不能相信他們所說的任何事。他們才不像別的公司那樣和你配合。」她說。[16]

二〇〇〇年一月十三日，在司法部裡，歐康內爾小組占了上風。寇氏工業同意付三千萬罰款，當時是有史以來最大一筆因違反《清淨水源法案》而繳交的罰金。環保局舉辦記者會，指控寇氏工業「嚴重違法」，並大力宣揚這筆鉅額罰金證明，「試圖以污染我們的環境而獲取利潤，將會付出代價。」不過，於二〇〇四年退休的歐康內爾，即使過了十年，還在掛念這件漏

---

14 作者注　作者採訪大衛．尼卡斯楚。

15 作者注　檔案中有一份一九九七年為發出保護令的連署書，*Charles Dickey et al. v. J. Howard Marshall III,* 形容寇氏工業是迪凱和尼卡斯楚的安全來源私人調查公司「最棒的客戶」。「過去三年，他們為寇氏工業及旗下許多實體執行許多調查工作」。二〇〇〇年，這家公司在合夥人互訴判決確定後解散。

16 作者注　作者採訪安琪拉．歐康內爾。

油案。「重點是，油會沉到海底，魚類會中毒。如果人吃了魚，會病得很嚴重」，她說。「會有人死掉的。」

打官司便宜多了

有些違法情事可以理解為不幸意外，但寇氏工業污染模式的驚人之處，不只是它的嚴重程度，而是它存心這樣做。正當該公司同意就歐康內爾提出的洩油案進行和解時，明尼蘇達州羅斯蒙的松巒煉油廠卻爆出更多違反《清淨水源法案》的行為，而且承認有罪。這家煉油廠後來付了八百萬美元罰款，原因是將一百萬加侖（按：約三百七十萬公升）被阿摩尼亞污染的廢水倒進土地，以及隨意將六十萬加侖（按：約二百二十萬公升）燃料傾倒於自然保護濕地以及附近的密西西比河。這家煉油廠之前已經因為同樣的違法行為而遭到指控，且已經付了六百九十萬美元罰款給明尼蘇達汙染管制局（Minnesota Pollution Controll Agency）。就像在聖體市的污染案件一樣，這次事件中，政府監管單位指控寇克試圖掩蓋其犯行，偷偷摸摸在週末或深夜傾倒額外的污染物質以躲過監控，而且接著還偽造紀錄。曾在松巒煉油廠工作的湯瑪斯・赫頓（Thomas Holton）告訴明尼蘇達《星論壇報》，「有時候我們會……對，我們說過謊。的確是的。這我不諱言。」⑩

然而，比起降臨在兩個青少年身上的事，這些惡行都相形失色。[11]德州達拉斯東南方大約五十英里處，有個鄉下小鎮利弗立，一九九六年八月二十四日那天下午，剛從高中畢業的丹妮爾·史邁立（Danielle Smalley）在家裡的拖車上打包她要上大學的物品。有個朋友傑森·史東（Jason Stone）過來跟她說，那天晚上他們要舉辦歡送她的派對。丹妮爾的父親是一個機械技師，當時在家看運動比賽轉播。他聞到隱隱傳來一股瓦斯臭味，越來越令人作嘔，顯然有什麼事不對勁。他們到處找都找不到來源，丹妮爾和傑森決定開車去鄰居家，通知對方可能有瓦斯外洩。但這家人沒有裝電話。於是他們借了父親丹尼·史邁立的卡車出發，但是卡車開了幾百公尺就熄火了。駕車的丹妮爾試著重新發動時，火星引燃了一股看不見的丁烷氣體。那正是從寇氏工業腐蝕的地下管線外洩出來的氣體，而管線就在距離房子不遠處。結果引發大爆炸，一團火球吞噬了那輛卡車，丹妮爾和傑森當場被活活燒死。

丹尼·史邁立向法院提告寇氏工業，寇氏工業給了他一筆錢，要他撤銷過失致死的提告。然而，就和朵琳·卡爾森一樣，遺族要的不只是錢。[12]

預審攻防操作非常激烈，據報導，寇氏工業聘請頂尖的律師團隊，外加私家調查員來跟蹤史邁立。同時，史邁立的主要律師泰德·李昂（Ted Lyon）也懷疑他的法律事務所被竊聽。他聘請保全公司來調查，發現辦公室被裝上小小的發信機。「我不是說，這是寇氏家族做的。」律師後來說，「我只是在想，這件事耐人尋味的是，它就發生在我們提告的那段期間。」[13]

雙方出庭時，出現的是一幅令人心寒的企業疏失畫面。全國運輸安全委員會（National Transportation Safety Board）發現，負責單位寇克管線公司（Koch Pipeline Company）明明知道這條管線已經腐蝕，卻沒有採取任何必要的修復措施，也沒有告訴爆炸地點附近四十幾戶家庭要如何處理危機。[14]為史邁立出庭的專家證人，把這條管線形容為「瑞士起司」（按：特徵是有很多洞）。這位證人是領有執照的石油產業安全專家愛德華・茲格勒（Edward Ziegler），他表示，爆炸是因為「公司完全沒有遵守法規，保持管線安全，以法規要求來營運。」[15]

有三年時間，該公司事實上已經停用這條老舊管線，而是使用新的管線。但是該公司發現，老舊管線修補後用來輸送液化丁烷，每年可以多出七百萬美元的進帳，因此決定重新啟用老舊管線。寇氏工業執行副總裁比爾・凱菲（Bill Caffey）在口供中承認，「丹妮爾・史邁立的死，寇氏工業絕對有責任。」[16]但是他強調，他批准使用這條管線時，他相信這條管線是安全的。他讚美查爾斯・寇克很注重遵守安全規範等等，但是認為有財務壓力。「我們當時要減少廢棄物支出。」他解釋。前任員工肯諾斯・懷斯丁（Kenoth Whitstine）在口供中證實，他對上司提出有另一條腐蝕的管線值得關切，他擔心管線破掉可能會造成人員傷亡，結果被告知，訴訟費用與賠償比修理管線來得便宜。

審判最後終於輪到史邁立上台作證時，他說了一大段憤怒的獨白，指稱寇克在乎的只是錢。後來他在《六十分鐘》（*60 Minutes*）表示，「他們說『史邁立先生，我們很抱歉你的孩子和傑森過世了。』抱歉什麼，他們根本毫無歉意，他們在乎的只是獲利，關心如果關掉管線會損失多少錢。他們根本不在乎別人的性命，他們想要的就只是錢。」⑰

如果說寇氏家族毫不在乎的安全措施是一場賭注，那麼，陪審團做出判決時，就表示他們賭輸了。一九九九年十月二十一日，陪審團認為寇氏工業有罪，而且不只是疏忽，而是出自惡意，因為它明知腐蝕管線會造成極大的危險。史邁立要求公司賠償一億美元，這是一筆相當大的數目。然而陪審團要求的罰款幾乎是三倍，要求寇氏工業付給他二億九千六百萬美元。這是當時史上最大一筆過失致死賠償金。

「搞政治的」介入

寇氏家族正在為判決震驚不已時，也面臨越來越大的政治危機。美國參議院已經啟動一項調查，因為這家公司被控告，從原住民保留地的油井，偷取價值幾千萬美元的石油。經過一年的調查，一九八九年，參議院發出嚴厲的報告，指控寇克石油「計畫廣泛而且精明，以詐欺性的錯誤測量手法，從印地安人與其他人手中偷取原油。」

參議院深入調查寇氏工業嚴守的祕密，迫使查爾斯·寇克在威奇托企業總部宣誓作證。有位委員回憶，查爾斯對政府入侵的態度是「沉默地憤怒著」。[17]查爾斯在供述中承認，在三年之間，公司從印地安人的土地上，不當獲取價值約三千一百萬美元的原油，但他主張這不是故意的。他對調查員說，石油測量是「相當不確定的藝術」。然而委員會拿出證據顯示，當時從印地安人土地購買石油的別家公司，都沒有碰到這種測量上的大問題。事實上，暗中舉報寇克的多半是其他知名度更高的公司，因為他們認為寇克的行為是詐欺。[18]

參議院的調查顯示出這個熟悉的模式：挑戰寇氏工業的人開始覺得被人跟監，還可能遭到威脅。後來成為私家偵探的艾羅伊，當時還是聯邦調查局探員，他在參議院的調查中，也做了詳細的陳述。他的專長是調查像奧克拉荷馬貪污案這類的案件，包括組織犯罪，已經處理過好幾件棘手的案子。[19]不過他很快就遇到以前從沒遇過的情況，就算調查黑手黨也沒碰過：他確定自己被跟蹤了。

有一天，艾羅伊開車時故意把車停住，下車走向後方那輛一直尾隨他的車，並當面掏出槍且亮出聯邦調查局證件警告車主，「跟你老闆說，下次再這樣，你就會躺在屍袋裡。」艾羅伊重述那位駕駛的解釋，「我是寇氏工業的私家調查員。」據報導，該公司法務主管否認，雇用私家調查員來跟蹤艾羅伊。但是其他參議院調查員也有同樣不安的經驗。根據參議院報告，另一個調查員發現，寇克員工試圖從他前妻口中套出不利於他的事。[20]

曾任聯邦檢察官並在紐澤西調查過組織犯罪、參議院委員會首席顧問肯尼斯．巴倫

（Kenneth Ballen）[21]認為，有個助手被人收買，反過來污衊他。巴倫說，幸運的是，沒有什麼好污衊的事。「這不像政治；這像是在調查組織犯罪。」巴倫回憶道，而且說查爾斯・寇克「是個可怕的傢伙。大部分的人會退縮，避免和他們糾纏。」巴倫觀察。「這些人累積了無法理解的驚人力量。」[22]

另一個加入參議院調查案的年輕律師、後來成為知名法律事務所金恩與史博汀（King & Spalding）事務所合夥人的維克・索勒斯（Wick Sollers），也覺得那段經驗令人很不安。索勒斯收到參議院委員會徵召時，還是巴爾的摩聯邦助理檢察官。「這家公司對調查很不高興」，他表示。「他們派了不同的人要來阻止我們，有密使、有律師，還有一個參議員也試圖阻擋這

17 作者注　作者採訪參議院委員會成員。
18 作者注　根據參與參議院調查的前官員所言。
19 作者注　艾羅伊收集許多證據對付寇氏工業，寇克員工從四處油井中抽油時，他用兩百公釐鏡頭拍到照片，還挨家挨戶問「我是聯邦調查局的，想跟你談談偷油的事。你是要運出來賣嗎？」很多人回答「不，是公司要我們做的。」但該公司律師堅決否認。
20 作者注　一九八九年十一月參議院調查印地安事務委員會的特別委員會，記錄了寇克員工「甚至還去訪談參議院調查員的前妻」，並且「寇克也試圖調查委員會職員的背景」。
21 作者注　巴倫創立一個非營利組織：明天不再恐懼（Terror Free Tomorrow），威廉・寇克在二〇〇七年曾捐款，但在聽證進行期間，巴倫和寇克家族任何人都沒有私交。
22 作者注　作者採訪肯尼斯・巴倫。

項調查。」那位就是奧克拉荷馬州的共和黨籍參議員唐・尼克勒斯（Don Nickles）[23]，是社會及財政保守派，幾年來從寇氏工業收到非常多政治獻金，他旗下的遊說公司後來也被寇氏工業聘用。

索勒斯說，好幾名職員都認為，有人翻過他們的垃圾桶。「我們不知道是誰派來的」，索勒斯措辭謹慎，「但是有人雇請私家調查員來挖出任何可能挖到的東西。」離開參議院加入金恩與史博汀事務所後，他說他的事務所主管收到一個匿名包裹，裡面裝的是毀謗他名聲的剪報和法院文書。其中有些文件在宣揚寇克的無辜。「在我其他執業過程中，從沒有碰過這種事。」他說，「有人試圖攻擊寇克的批評者，並想使其消音。我不是搞政治的，但這樣很令人不安。」[24]在委員會調查員面前提供不利寇克證詞的克里斯多福・塔克（Christopher Tucker）也遭到不尋常的騷擾。他控訴寇氏工業在石油測量上的作弊手段之後，被報紙報導污衊他做偽證，還有四名參議員署名發函譴責他；房東太太的女兒也偷偷跟他說，有幾個穿西裝的男人把他的垃圾拿走。他被控在履歷中引用的一項專業資格並沒有完成，是在作證之後不久才拿到這項資格。針對此事，該公司承認，是他們起草那封對他不利的參議員署名函。「這對人造成很大的威脅」，塔克對記者羅伯特・派瑞（Robert Parry）說，「這家公司那麼有錢，他們的錢比許多小國家還要多。」⑱

儘管如此，主管印地安事務的參議院特別委員會，則是發出報告強烈譴責寇氏工業。之後，當時還是聯邦調查局探員的艾羅伊，寫下一份指控寇氏工業偷油的備忘錄，遞交給奧克拉荷馬市的美國聯邦檢察官。不過，在送出這份備忘錄之前，艾羅伊曾經警告比爾・寇克，這件事的發展可能會導致他的哥哥們被關。「那就把他們關起來！」艾羅伊回憶比爾的說法。「我不想要我的家人、我繼承的東西、我父親留下的遺產，被用來從事組織犯罪。」比爾對某個新聞媒體說。[19]

兄弟之間的憎恨程度，繼續成長。一九八三年，查爾斯和大衛總計以大約八億美元買下另外兩個兄弟的股份之後，比爾認為，他繼承到的家產被兄長欺騙，因為他們故意低估這家公司的價值。為了報復，比爾對查爾斯及大衛提出一連串的訴訟，一度還告了他的母親。不過比爾・寇克不久之後又覺得被耍了。

針對參議院委員會對寇氏工業的指控，奧克拉荷馬市大陪審團考量了十八個月之後做出無罪判決。這項判決籠罩著一種陰謀，象徵了寇克後來的政治參與活動。《國家》雜誌取得公司內部紀錄顯示，寇克面臨到可能的刑事指控時，發動了一個緊急策略，目標是收買政治上的施

---

23 作者注　尼克勒斯好幾年來從寇氏工業收到大量的競選現金，請見 Leslie Wayne, "Papers Link Donations to 2 on Senate Hearings Panel," *New York Times*, Oct. 30, 1997. 二〇一四年，寇氏工業的公共部門聘請尼克勒斯的遊說公司對抗競選財務改革，請見 Kent Cooper, "Koch Starts Lobbying on Campaign Finance Issue," RollCall.com, June 9, 2014.

24 作者注　作者採訪維克・索勒斯。

力點。大陪審團開會所在地是奧克拉荷馬市，於是寇克在此地捐錢給重要的政治人物，包括參議員尼克勒斯。差不多就在同一時期，奧克拉荷馬市的新任聯邦檢察官出缺[25]，參議員尼克勒斯推薦人選來監督大陪審團的調查，他跳過檢查署的刑事部門主管，選了門生提摩西・李奧納（Timothy Leonard），他是前共和黨籍州議員，在刑事法上沒有任何經驗，而寇克付費使用的油井則是他家族的一個財務利益。雖然有人呼籲利益迴避問題，但是老布希總統的司法部批准了他的豁免請求。

處理奧克拉荷馬大陪審團調查寇氏工業案的檢察署聯邦助理檢察官南西・瓊斯（Nancy Jones），後來被問到此案是否受到政治壓力而結束調查，她很仔細地分析自己的用詞。「這麼說吧」，在一陣頗長的停頓之後，她說，「選派聯邦檢察官時被跳過的那個人，是自由派的民主黨員，也不是來自本州的人。而他們選的那一個是共和黨員，沒有任何聯邦、刑事或是審判經驗。」[26]前聯邦調查局探員艾羅伊就比較沒有那麼考慮縝密了，他的意見是，「尼克勒斯在檢察署那邊放了一個門神，也參與了選派聯邦檢察官這件事。他從寇克那裡得到非常多的資金支持。他是他們的人。他是用錢可以買到的最好的參議員。」

面對政治干涉的指控，尼克勒斯提出簡短的反駁，說自己「甚至不知道聯邦檢察署在處理寇克的刑事調查」，還說他和聯邦檢查官李奧納「從來沒有談過這件事」。李奧納也否認有任何不當之處。[27]

不過，亞利桑那州民主黨參議員丹尼斯·迪康西尼（Dennis DeConcini），是擔任印地安事務特別委員會主席的前任檢察官，他說當時「我很驚訝也很失望。我們的證據非常強。我們的調查是參議院做過最好的調查工作之一。扳倒寇克的證據力道是非常足夠的。」[20]

聯邦刑事調查工作受阻，部分是因為寇氏工業某些關鍵文件神祕消失。瓊斯曾試圖彙整參議院的聽證會紀錄，這樣才不會過於依賴證人的證詞，因為那可能會被視為不滿員工的意見而不被採用。不過，當她要求從該公司調出文件，卻被告知許多文件已經消失。她很氣餒，最後放棄而辭職。艾羅伊也離開了。他從聯邦調查局退休，轉而接受比爾聘用成為全職的私人調查員。現在這個家族兩方都有他們自己的私家偵探了。比爾也延請了一個前以色列情報官員。「你得握有情報才行」，比爾被問到這件事時解釋說，「但是做這件事的方式有合法的，也有不合法的。」[21]

眼看著他的哥哥被刑事起訴是沒希望了，比爾於是發動另類的法律策略，甚至更能造成寇

---

25 作者注　前任聯邦檢查官已經辭職。

26 作者注　作者採訪南西·瓊斯。

27 作者注　Phillip Zweig and Michael Schroeder, "Bob Dole's Oil Patch Pals," *BusinessWeek*, March 31, 1996. 收錄尼克勒斯和李奧納的否認內容。印地安事務局與大陪審團同樣認為，從參議院報告來看並無違法失職之處。但《商業週刊》（*BusinessWeek*）表示，捍衛寇氏工業的歐薩吉部落（Orage）頭人後來覺得，他們和印地安事務局都被騙了。該週刊報導，「歐薩吉部落長老小提爾曼（Charles O. Tillman Jr.）於一九九四年十一月二十九日寫信給擔任調查委員的亞利桑那州參議員馬侃：『我們不得不做出這個結論，印地安事務委員會更關心的是為你們委員會的調查發現止血，而不是給我們真相。』

氏工業的問題。他自己也展現了這個家族的殘酷無情，以告發者身分對寇氏工業提出訴訟。他根據《虛假陳述法案》（False Claims Act）[28]，控告該公司從政府的土地上竊取石油。這是南北戰爭時代的法律，只要公民能夠證明私人承包商對政府詐欺，公民就可以提出這種要求取得罰金的訴訟（*qui tam*）。[29]這個訴訟案基本上和奧克拉荷馬大陪審團判決無罪的案子一樣，但是民事案件需要的證據力比較低一點。

隨著民事案件的進行，艾羅伊著手收集了更多不利於寇氏工業的證據。他跑遍全美，訪問到五百個可能的證人。就像漫畫《諜對諜》（*Spy vs. Spy*）的翻版，比爾的調查員越來越相信，查爾斯和大衛一定有私人偵探在竊聽他們的通訊。比爾的團隊因此購入價值五千美元的保防電話。他們懷疑比爾的律師辦公室也被滲透，他的團隊也在辦公桌假裝擺了內容猥褻的假備忘錄當作誘餌，比爾的調查員艾羅伊說，另一方馬上就來問了。「他們派了密探潛進律師辦公室」，艾羅伊繼續說，「他在同棟樓另一個樓層上班，他們付錢給他，要他潛進法律部門。」

艾羅伊不是憑空懷疑。有一個共和黨私家偵探簽署了保密協定，因此不能透露姓名，該員承認查爾斯和大衛透過法律事務所雇用他，花了好幾個月走訪全國各地，到處搜索任何能夠傷害弟弟比爾個人、公司或法律上的情報。他回憶，「找出任何會引起麻煩、可以用來戳他眼睛的利器。」[30]

某次間諜行動的搜集成果，還存放在一個上鎖的出租櫃中，地點就在馬里蘭州東海岸繁忙的高速公路邊。在出租櫃裡，有好幾箱舊檔案，都是私家調查員費心收集到對比爾不利的文件。裡面有一個現在已經不存在的私人調查公司，叫做貝克布朗國際（Beckett Brown International）的機密工作紀錄。[22]在文件上的手寫資料顯示，一九九八年開始出現大量反對寇氏工業的電視廣告，這家偵探公司被雇來調查比爾是否為幕後黑手。這些廣告是由一個名叫清潔美國公民（Citizens for Clean America）這個團體製作的，廣告表示，寇氏家族把錢塞到口袋的同時也在污染環境。這項調查確實認為，比爾在這個團體背後操控。不過，不論是所謂用來揭穿比爾的方法，或是所謂比爾攻擊寇氏家族的策略，都一樣令人質疑。

檔案顯示，這家偵探公司設立了「D lines」，這是挖垃圾桶找情報的偵探術語。他們也偷偷擷取私人電話通聯紀錄，包括和維吉尼亞州里奇蒙的廣告執行人之間的聯繫，這家小公司製作了其中的一部反寇克廣告。廣告執行人芭芭拉．佛茲（Barbara Fultz）說，她不知道有任何寇克的人牽涉在內。她以為這支廣告是為一個很好的政府團體做的。十五年後，當她聽說有調查員取得她私人電話通聯紀錄，而且這些紀錄被鎖在馬里蘭東海岸一個儲藏櫃的舊檔案中，還

---

28 譯者注　聯邦法律，規定有以下行為者應承擔民事及刑事責任：故意向政府提供虛假陳述或申訴，向政府少交應付金額，製造或使用虛假紀錄以減少對政府的義務。

29 譯者注　若判決確定，罰金會平均分給起訴人與政府。

30 作者注　作者採訪共和黨地下工作人員。

用手寫筆跡記下她曾經跟誰打過電話，佛茲說，「我都快瘋了。」[31]

「我絕對沒有把我的電話紀錄給過任何人」，佛茲說。她現在都當祖母了，也已經退休了。佛茲記得，在許多年前，里奇蒙的警察曾經在凌晨兩點來找她，告訴她說她的辦公室門是半開的，她覺得很奇怪。她心想電話通聯紀錄會不會就是這樣被拿到。「在我不知道的情況下，進到我的地方翻找我的紀錄，這實在讓人太害怕了。我不是搞政治的。」她說，「但是我覺得很難過，我們在美國享有的自由，竟然能夠被這種卑劣、權力薰心、不道德的人給破壞掉。」

幹嘛照規則來？

一九九九年末，就在德州審理史邁立提出的過失致死訴訟案的同時，比爾．寇克提出的內部告發訴訟案，指控寇氏工業涉及「故意詐欺的行事模式」，也同時在奧克拉荷馬的土爾沙進行審理。艾羅伊及其他為比爾．寇克工作的調查員，已經找到一大串的證人。在宣誓證詞中，一個又一個前寇克員工描述了怎麼為公司偷油。「我得要做他們要我做的事，不然我就沒工作了。」一個前員工派瑞（L. B. Perry）告訴陪審團。寇氏工業為了反駁，也找出它們的證人為公司辯護，說這些做法是常見而合法的，並且揭穿控訴寇氏工業的人是騙子和心懷不滿的員工。不過，當來自路易斯安納州、為寇氏工業工作了二十七年、於一九九四年被解雇的的菲爾・迪布斯（Phil Dubose）站上證人台時，就成為審理此案的轉捩點。

迪布斯起初擔任的是低階的「測量員」，負責測量從供應商送來的原油，並從這職位一直爬到資深管理階層，負責監管公司石油在東海岸進進出出的運輸作業。他管理四千英里長的油管、一百八十六輛卡車，以及一支平底運輸船隊。迪布斯上台作證時，陳述他和其他員工採用的所謂的「寇氏方法」。後來他描述，「他們測量印地安保留地的原油，就和他們在全國其他地方的做法一樣。買進原油時就短報計量。他們會教你怎麼做。他們在油田裡有測量儀。他們會校正刻度，買進的時候，如果是一整桶，他們會說只有四分之三桶。他們會用不同的方法來做，就是作弊啦。如果我們賣出一船一千五百桶，你就說有兩千桶。全部都牽涉到重量和測量，秤也被他們動過手腳。這就是所謂的**寇氏方法**。」[32]

比爾的調查員說，他們在一份前寇克員工名單上無意間找到迪布斯。迪布斯被找上的不久前，家裡曾經發生悲劇事件，使他變得比較虔誠。他們前來詢問有關寇氏工業的事，迪布斯說他會盡可能好好回答。他用路易斯安納州的慵懶腔調開講之後，他們就明白了，他們碰到的是

31　作者注　作者採訪芭芭拉・佛茲。
32　作者注　作者採訪菲爾・迪布斯。

另一種汩汩冒出的油井——一個無價的證人。

迪布斯認為，「寇氏工業從來不照規則玩。他們有自己的場子。他們不遵守任何法規。環保局或其他的都不遵守。他們一直在污染。如果被罰款了，無所謂，因為那樣做能賺很多錢。如果油田有油管爆了之類的事，我們從來不通報，以免收到罰單。我們漏油，但從來不通報確實的數量。我們被交代要這樣做，這樣才能降低成本。寇氏工業要我們說謊，而且要瞞著外界。」他說。

迪布斯繼續說，降低成本的壓力很大，他相信公司從上到下每個階層都受到壓力。他說，「如果你帳上的金額少了一個月或兩個月，你就要出去找工作了。」也許是因為被無緣無故解雇，因此他態度尖酸，但卻使人留下難忘的印象。「他們賺錢不誠實」，他堅稱，「他們的錢是壕溝裡的女工、男工堆起來的，是透過詐欺手段賺來的。你不必是比爾．蓋茲那種天才，只要用他們的手段就能賺到錢。」他最後的結論是，「違法就有錢賺，他們在全國到處都是這樣幹。」

審理結束前，查爾斯本人站上證人台，他的妻子、大衛，以及大衛的妻子茱莉亞都在台下看。查爾斯否認對政府詐欺，並辯駁說如果石油業者相信他的公司作弊，早就把油賣給寇克的競爭對手了。[33]

但顯然陪審團不採信。一九九九年十二月二十三日，陪審團宣布寇氏工業有罪，對政府詐欺達二萬四千五百八十七次。這家公司可能遭判超過二億美元罰金。另外，令他們難堪的是，還得要付罰金的四分之一給比爾。他以勝利姿態對新聞媒體表示，「這顯示，他們是石油產業裡最大的騙子」。

「這是他們第一次被打敗。」迪布斯回顧過去說，「我們贏是因為他們沒有像我們這麼大的武器」，被問到那是什麼，他回答，「真相。」[34]

最後，比爾提出的告發訴訟案，讓寇氏工業付出二千五百萬美元。大部分的罰金進了聯邦政府，但這家公司要另外付給比爾七百萬美元，再加上他的訴訟費用。到了二〇〇一年中，開戰的兄弟們最後也同意停火了，就是這個家族所謂的「全球和解」（global settlement）的一部份。查爾斯、大衛及比爾簽署了一份協定，承諾不再提起訴訟，並同意遵守一條禁止污衊條款，違反者將遭到高額的累計罰款。比爾至少有一次肆無忌憚地說他哥哥的事，寇氏工業的法律顧問就警告他會被罰款。這份協議帶來了尷尬的和平，但是對公司及家族的形象造成的傷害已經很深遠了。

33 作者注　查爾斯・寇克作證表示，「如果製造商認為你的測量不像別家一樣準確，他們就會減算。」"Tulsa Okla. Jury Hears Last Day of Testimony in Oil- Theft Trial," *Tulsa World*, Dec. 11, 1999.

34 作者注　作者採訪菲爾・迪布斯。

寇氏工業發言人梅莉莎・柯密亞（Melissa Cohlmia）曾經說，寇氏工業在法律上輸得很慘是一個學習經驗，因此公司在企業合規的努力上也有所進展。九〇年代之後，該公司的整體環境紀錄確實是有些進步，雖然在二〇一〇年，該公司仍被麻州大學安城分校（University of Massachusetts Amherst）的政治經濟研究院（Political Economy Research Institute）評為美國十大空氣污染公司中的一家。23 二〇一二年，環保局資料庫顯示，寇氏工業是美國製造有毒廢棄物的第一名。按規定，企業要申報如何處理工業製程中所產生的六百五十種有毒及致癌化學物質，寇氏工業產出九億五千萬磅（按：約四億三千萬公斤）有毒廢棄物，在八千家依法申報的企業中位居第一。[35]

查爾斯在二〇〇七年出版的《成功的科學之道》一書中，承認他之前計算錯誤，「我們毫無準備，就被快速增加的法規抓到。」他解釋，「企業受到越來越多的管制，而我們一直思考與行動的方式，就好像是活在純粹的市場經濟中。」

在查爾斯眼中，寇氏工業的問題並沒有比法律體系的問題更大。他似乎是在說，在他偏好的「純粹的市場經濟」中，就完全不會有這種管制。在寇氏家族打的算盤中，美國遠遠不是他們在自由學校裡標舉的理想：放任式的烏托邦。但是公司被罰了幾億美元，被美國參議院貼上詐騙標籤，還差點遭到聯邦政府刑事起訴，那麼，寇氏家族就換個方法玩。他們把許多麻煩的輸油管賣掉，旗下的油管削減到只剩四千英里（按：約六千四百公里），並且把事業重心大量移往金融領域，例如買賣期貨及衍生性金融商品，因為這方面的法規及監管比較寬鬆。他們迅速地多角化經營，在二〇〇四年，以四十一億美元買下杜邦的人造纖維部門英威達，該公司成為全球知名的萊卡（Lycra），以及其他品牌例如抗污大師地毯（StainMaster）的製造商。一年之後，又在二〇〇五年以二百一十億美元買下喬治亞太平洋這家大型木材製品公司，使他們成為全球最大木材及紙類產品製造商，生產包括夾板、木芯板及無所不在的紙產品，例如紙杯紙巾及衛生紙卷。這也使他們成為甲醛的主要製造商，寇氏工業默默地反對將這種化學物質列為致癌物，即使大衛．寇克的公益事業支持癌症研究。

寇氏工業的企業利益與大衛的公益工作互相衝突，於二〇〇九年正式浮上檯面。大衛是全國癌症研究所（National Cancer Institute, NCI）顧問委員會成員，而國家衛生研究院（National Institute of Health）做出結論，甲醛應該列為「已知的人體致癌物」，但喬治亞太平洋的高階主管卻抗議政府的研究發現。該公司的環境事務副總裁崔勒．錢賓（Traylor Champion）寄了正式抗議信函給聯邦健康主管當局，表達這家公司「強烈不同意」甲醛應被列為「已知的人體致癌物」。在評估甲醛的致癌性時，大衛既沒有迴避國家癌症研究所顧問委員會一職，也沒有將

---

35 作者注　二〇一二年環保署有毒物質排放清單資料庫。Tim Dickinson, "Inside the Koch Brothers' Toxic Empire," *Rolling Stone*, Sept. 24, 2014. 揭露該公司在排放三種污染物中名列前三十名。

自己的公司股票脫手。

在提出這個質疑時，大衛已經做了幾次前列腺癌的進一步治療，他很氣憤每個人都可以來質疑他的誠信。不過，國衛院的分支機構，全國環境健康科學研究所（National Institute of Environmental Health Sciences）副主任詹姆斯・赫夫（James Huff）表示，寇克還擔任顧問委員會一職「令人反感」。[36]「這不是公衛的好作法」，他說，「既得利益者不應該在委員會裡。那些委員會是非常重要的。他們對全國癌症研究所是否要處理甲醛很有影響力。甲醛牽涉到的金錢是以數十億計。」哈洛德・瓦莫斯（Harold Varmus）是全國癌症研究所前主任，他知道寇克是科學機構的金主，也知道許多慈善家有很大的商業利益，但是他承認，他對這家公司在甲醛的立場非常驚訝。[37]

寇氏家族的企業利益與其公益立場的衝突，也顯示在其他議題上，包括他們反對政府資助的「裙帶資本主義」。寇氏工業本身從聯邦補助中得到極大的好處，其家族的牧牛場有五十萬英畝（按：約二千平方公里），其中四〇％是聯邦土地，但繳納的放牧費用是不正常的低；二〇〇二年，為了預防石油市場崩壞，在聯邦採取的供應措施中，他們和布希政府簽訂合約，賣掉八百萬桶原油，以滿足策略性的石油蘊藏量。「策略性石油蘊藏量？你能想出任何比它還要違反自由市場的手段嗎？」前寇氏工業高階主管指出，「能源在自由市場是行不通的。」

寇氏工業的所作所為也與寇克的滿口高調不一致。根據《彭博市場》一份調查報告指出，寇氏工業「在非洲、印度及中東，以不當的付費來取得生意」[24]，以及「出售價值幾百萬美元的石化設備給伊朗，但該國被美國認為是全球恐怖主義的資助者。」該報告表示，寇克的伊朗交易案根本不理會柯林頓總統於一九九五年頒布的非法國家貿易禁令。寇氏工業承認，它在貿易禁令期間協助伊朗建立世界上最大的甲醇工廠，卻堅持這項交易是用外國補助款，方式絕對合法。該公司隨後開除洩漏這項爭議性作法的員工。

查爾斯及大衛持續將公司九〇%的利潤重新投資到公司中。他們常說，如果被要求將利潤分批逐季付給一般股東投資人，就不可能執行這個策略。正是因為持續把利潤再投資，該公司的營收才能大幅成長。一九六〇年的總營收是穩健的七千萬美元，但到二〇〇六年卻是驚人的九百億美元。「這已經不能用壯觀來形容」，華爾街投資銀行艾佛科的奧特曼觀察，「這是巨無霸式的成功。而且它無所不在。」[25]

---

36 作者注 作者採訪詹姆斯・赫夫。

37 作者注 作者採訪哈洛德・瓦莫斯。

05 寇克章魚

自由市場機器

「我看白宮就像地鐵，你得要放硬幣進去，閘門才會開。」

——民主黨募款人
強尼・鍾
（Johnny Chung）

在法院及國會都遭受羞辱式的損失後，寇氏家族開始換個方法——不只是在事業上，而且還在政治上。他們開始更有策略，以全新的方式挹注金錢以追逐權力。在寇氏家族政治轉型的背後，最突出的一個人就是理查·芬克。芬克在他們的圈子裡被批評者稱為海盜，因為他拿著他們的薪水卻過得十分風光。

芬克有一件出名的事蹟，一九七〇年代晚期，這個當時二十七歲的研究生，身上穿著嶄新的鑲白邊黑色聚酯纖維西裝、格子襯衫以及華麗的藍色領帶，飛到威奇托去求查爾斯要錢。「我那模樣真是個蠢貨」，他後來承認。他在紐澤西的梅坡伍長大，他開玩笑說，與他的家相比，《黑道家族》（*The Sopranos*）不過是個素人電影。芬克對奧地利經濟學派的自由市場理論忠貞不渝。他希望查爾斯能夠資助紐澤西羅格斯大學的自由市場課程，他當時在那裡兼職教書，一邊在紐約大學念碩士學位。在當時的大多數學院中，奧地利經濟學派就像維也納華爾茲那麼稀少。不過芬克向查爾斯提案之後，很快就得到十五萬美元來開這個課程。芬克後來問查爾斯，為什麼會把這麼多錢給一個長髮蓄鬍、穿著閃亮迪斯可西裝的研究生，據說查爾斯妙語回答，「我喜歡聚酯纖維。那是石油做的。」01

一九八〇年代晚期，芬克取代卡托研究院的克瑞恩，成為查爾斯主要的政治行動隊長。克瑞恩對自由意志主義的觀點有興趣，但是認為「和政治人物打交道很可怕」01，但芬克不是這樣，他對權力的每個實際環節都很著迷。他花了六個月時間研究寇氏家族遭遇的政治問題，規畫了一份務實的藍圖，表面上是啟發自海耶克的生產模型。查爾斯自己在一九七六年就針對這個主題寫過一篇報告，但是芬克的藍圖更超越了查爾斯，讓查爾斯印象非常深刻。芬克的藍圖名為「社會變革的結構」（The Structure of Social Change），把政治變革的生產方式，當成生產其他產品一樣。芬克後來在某次演講描述，它訂出掌握美國政治的三個階段。第一階段必須「投資」知識份子，把他們的觀念當作是「粗製產品」。第二階段則要投資智庫，將觀念轉化為能夠行銷的政策。第三階段則要補助「公民」團體，與「特殊利益團體」，一起向民選公職人員施壓，以實施政策。02基本上這是自由意志的組裝線，只等著有人購買、組裝，然後按下電源。

芬克的計畫是專為查爾斯打造的，查爾斯深深讚賞海耶克，而且以工程師的系統式想法處理商業及政治。把民主過程當成工廠。有些人可能會覺得不安，但查爾斯很快就採納這種方式。他對自由意志派作家多赫提說，「要造成社會變革，需要垂直及水平整合的策略。」他說，它必須擴大，從「產生觀念、到政策發展、到教育、到草根組織、到遊說、到政治行動。」沒多久，自由意志派內部開玩笑地把寇氏家族這個多方出擊的祕密組裝生產線，封為寇

01 作者注　作者採訪克瑞恩。

克章魚（Kochtopus）[02]，這名字就此流傳出來。

內行人上場

在舊的自由黨那個時代，他們的方法是有理想性，可是外行。但在芬克的協助下，寇氏方法顯然變得更切合實際。他們的公司面臨嚴重的威脅，於是開始和其他企業一樣積極參與華盛頓的政治遊戲，而且有過之而無不及。例如，參議院聽證會調查竊取印地安石油這個公關大失敗之後，寇氏工業跨過意識形態的界線，聘請了民主黨全國委員會（Democratic National Committee）前主席羅伯・史卓斯（Robert Strauss），當時他是華盛頓的頭號政治遊說專家。寇氏工業很快就在首都設置辦公室，並發展成強大的內部遊說機構。芬克解釋，對公司來說，在華盛頓設立據點是必要的，因為公司覺得「被這個程序傷得太重」[03]，而且缺乏「企業防衛」[04]能力。

寇氏家族以前藐視傳統政治，現在卻成為共和黨主要金主。「就是因為那次調查，把他們推向共和黨陣營」，參議院調查委員會前顧問巴倫表示。他指出，在調查之前，「查爾斯是極端右派，完全不接地氣。他們認為雷根是背叛者。不過他們擔心自己的公司——那和權力有關。」對於寇氏家族擁抱共和黨，多赫提也持類似觀點。他確實認為，寇氏家族是自由意志觀點的最大資助者，但指出他們也成為「共和黨政治人物的直接金主，理由就和其他企業一樣。但這讓許多在自由意志圈裡的人覺得困惑，認為他們是背叛者。」他承認。03

寇氏家族的投資很快就轉化為政治地位，到了一九九六年，他們已經成為共和黨的重要人物。一九八〇年代，大衛．寇克貶斥寇氏工業所在地堪薩斯州的參議員鮑伯．杜爾（Bob Dole），說他只不過是另一個「建制派」政治人物，「沒有道德原則」04，後來卻成為杜爾在一九九六年對抗柯林頓競選總統時的副總統。寇氏家族不再是局外人，他們成為杜爾的第三大資助者。事實上，大衛還為杜爾舉辦生日宴會，讓候選人在這個場合募得十五萬美元。

據說杜爾也幫了寇氏家族一把。05有批評者說，像寇氏工業這樣違法被起訴的企業，杜爾竟然以立法護航，想讓他們不必付鉅額的聯邦罰款。不過，這項修法最後胎死腹中，因為當時突然爆發漢堡遭到沙門氏桿菌污染事件，國會因此不敢減輕罰則。要是這項修法通過，寇氏工業本來應該付的幾千萬美元就歸零了。06《華盛頓郵報》指出，寇氏工業另有一件事確實得到杜爾相助，即在新頒布的不動產折舊時程中得到豁免，這讓寇氏工業省下了幾百萬美元。07十

02　作者注　寇克章魚是孔金（Samuel Edward Konkin III）取名的。曾參與卡托研究院早期的發展、任職於馮米瑟斯研究院的自由意志人士大衛．哥登（David Gordon），形容此人是個「無政府—自由意志份子」。

03　作者注　作者採訪多赫提。

04　作者注　大衛．寇克對鮑伯．杜爾的看法，根據大衛兄弟比爾的說法，並且也收錄於 Parry, “Dole.”

幾年後，杜爾從政壇退休之後承認，「我一直都相信，有人拿出一大筆錢，他們可能默默地要求回報。」08

就和經營企業一樣，寇氏家族在政治上的強硬作風很快就引起爭議。一九九七年，他們成為另一次參議院調查的焦點。那年，柯林頓夫婦選舉財務醜聞常常登上頭條新聞，包括把白宮的林肯臥室租給金主、從一個可疑的民主黨募款人處收受獻金，後來那人承認款項是從中國募來的。這個募款人強尼·鍾（Johnny Chung）說過一句很有名的話，「我看白宮就像地鐵，你得要放硬幣進去，閘門才會開。」09為了報復，居參議院少數的民主黨自己著手調查，但很少人知道這很快就查到威奇托兩個不為人知的兄弟檔。

民主黨出了一份苛刻的報告，揭露他們所謂「厚顏無恥」的計畫，也就是由不透露身分的大金主，在一九九六年總統競選的最後一刻非法賄選。這是透過一個名為三合一管理（Triad Management Services）的可疑空殼公司，付了超過三百萬美元做廣告，在二十九個競選場合中，莫名其妙地猛烈攻擊民主黨候選人。廣告經費一半以上來自默默無聞的非營利組織，其資金真正來源是一個神祕的經濟學教育信託。參議院委員會調查員認為，「這個『信託』事實上是由堪薩斯州威奇托的查爾斯和大衛·寇克全額或部分資助。」根據參議院報告，這個信託是用來隱藏金主真實身分的外圍團體，此舉違反了選舉財務法規。

這對兄弟一直都反對限制政治支出的法規，因此被懷疑暗中資助這波攻擊廣告，而且大部分是在寇氏工業有經營據點的幾個州播送。在堪薩斯州，三合一管理公司特別活躍，被懷疑在四場競選中以資金協助而取得勝利。保守派的共和黨員山姆．布朗貝克（Sam Brownback）競選美國參議院席位時，還得到一個特別有力的贊助，包括以電話轟炸選民說他的對手吉爾．杜金（Jill Docking）是個猶太人。[05]儘管手段不名譽，但堪薩斯州的勝利造成全國效應，並幫助共和黨重新奪回眾議院控制權，即使柯林頓總統連任成功。

記者詢問寇氏家族是否提供金援，他們拒絕回答。查爾斯也拒絕回應參議院調查員的詢問。然而，在一九九八年，《華爾街日報》最後終於確認一個線索，指出寇氏工業有個顧問的薪資單和這個計畫有關。共和黨極力辯駁，說工會組織投入很多錢，他們只是為了和對方打平。但是，在一九九八年，企業花的錢遠遠超過工會，比例是十二比一。最後，聯邦選舉委員會判定三合一計畫不合法⑩，並對其總裁及創辦人卡洛琳．馬勒尼（Carolyn Malenick）開罰。[06]然而其他涉入人士卻從來沒有曝光。

美國大學（American University）的調查報導工作坊主持人路易斯，也是超黨派監督團體公

---

05 作者注　撰寫查爾斯．寇克「隱密」的政治行動的寇賓在作品中寫道，「調查委員會成員認為，寇氏工業利用經濟教育信託及共和公民（Citizens for the Republic）作為前鋒組織，以掩蓋寇氏兄弟付錢做反杜金廣告。」

06 作者注　馬勒尼認為，該計畫以新方法推動包裹，不過堅持說三合一計畫是合法的，只是為了平衡工會組織投入的錢。保守派人士普遍認為，工會支出占了優勢，但是根據上一條資料來源，一九九六年企業界花的錢超過工會十二倍之多。請見聯邦選舉委員會針對馬勒尼的判決文 http://www.fec.gov/law/litigation/final_judgment_and_order_02CV1237.pdf.

共誠信中心創辦人，形容一九九六年的三合一醜聞在美國政治上是個「歷史性」的時刻。雖然在那之前已經有許多更大的競選醜聞，但三合一是個新的模式。他指出，這是大型企業首度利用避稅的非營利組織來當前鋒團體，或者用他的話來說就是，「電流保險裝置，想以深具威脅的手法來祕密影響選舉」。他說寇氏家族展現了「你可以利用保險裝置，把好幾百萬美元倒給某個人」。路易斯多年來在華盛頓報導政治貪腐現象，他的結論是，「寇氏工業是企業橫行霸道的典型例子」。

寇氏家族漸漸成為美國政治財務上的要角，這個現象之所以超乎尋常，不只是因為它意圖蔑視法規，也是因為，按照芬克的計畫，它結合了所有政治支出的形式：競選、遊說，以及公益事業，把這些結合成一筆投資款項，目標是金主未來能獲得巨額利息。[07]路易斯的調查報導工作坊在二〇一三年花了一年時間，在寇氏家族的財務紀錄中爬梳，結論是他們的行動「在規模、範圍，以及資金方面」[11]，以及寇氏工業「直接讓財務與政治利益互相鞏固」的方式，都是史無前例。

一九九二年，大衛·寇克將兄弟倆多方出擊的政治策略，比喻為投機資本家的多角化投資。「我的整體概念是盡量縮小政府角色，盡量使民間經濟角色最大化，以及個人自由最大化。」他對《全國期刊》說。「透過資助這些各不相同的（非營利）組織，我支持的是達到目標的不同方法。可以說就像投資人在不同的公司投資。這樣能做到多元化及平衡。對兩邊都下賭注。」⑫

這種方法形成一張複雜的流程圖，讓寇氏家族能夠使用財富從許多方向立即影響公共政策。在流程圖最上面，所有資金都來自相同的源頭，也就是寇氏家族。在流程圖最末端，這些獻金全部都是為了支持企業、限制政府的目標。但他們是從三個不同管道挹注金錢。他們捐政治獻金給**政黨委員會及候選人**，例如杜爾；他們的企業撥出款項給**企業內的政治行動委員會**，並且以遊說來施壓；他們也利用私人基金會資助許多**非營利組織**，資助金額因此可以抵免稅額。其他有錢的運動份子也會提供政治獻金，其他公司也會遊說，但是寇氏家族的策略以及大部分不曝光的公益開銷，大幅擴大了他們的影響力。

到了一九九〇年，有創業精神的保守派及自由意志派運動份子，絡繹不絕前往威奇托。就像前輩芬克一樣，他們向查爾斯提案，希望能得到贊助。一個典型的例子就是一九九一年兩名曾任職雷根政府的法律人，一個是克萊倫斯．湯瑪士的前任助理克林．波立克（Clint Bolick），另一個是威廉．「奇普」．梅勒三世（William “Chip” Mellor III）。他們尋求創始資

07 作者注　當然，自由派也給了大量金錢。這段期間他們最突出的金主是金融家喬治．索羅斯，他旗下的開放社會基金會（Open Society Foundation）在美國一年就花了一億美元。索羅斯個人也大量捐款給許多民主黨外圍團體，二〇〇四年因違反競選財務而遭罰。不過索羅斯支持的目標，例如大麻除罪化、加強個人自由（civil liberties），對他的財富並沒有明顯好處，根據索羅斯的發言人麥可．法瓊（Michael Vachon）表示，「他的獻金沒有一項是跟他自己的經濟利益有關」。關於索羅斯更多請見 Mayer, “Money Man.”

金以成立新形態的法律事務所，這個事務所具有侵略性，而且是為了右派的公共利益，反對政府的管制法規，贊成「經濟自由」。梅勒回憶說：「還有誰能給我們足夠的錢來好好幹呢？」梅勒表示，查爾斯的低階幕僚起初拒絕這個提案，但後來他本人當場承諾給一百五十萬美元，條件是要讓他能夠掌控。梅勒回憶說，「他說，『我要這樣做。一年給你們五十萬美元，為期三年，但你們必須每年回來向我報告，是否達到自己立下的里程碑，我會每年做評估，而且我不做任何保證。』」這個法律團體叫做司法研究所（Institute for Justice），著手提出許多成功的反政府法規案件，包括選舉財務法，其中有些已經一路提交到最高法院。[13]

「近年來」，一九九二年有則報導的先見之明是，「威奇托的錢湧入華府幾乎所有智庫、致力於自由市場經濟的公共利益團體，以及支持最少政府法規的自由意志信條。」這篇文章說，光是在一九九〇年，由查爾斯和大衛控制的三個主要私人基金會，向這種表面上沒有黨派立場但有政治動機的團體，發放了四百萬美元。[14]

雖然只是引起少數不接地氣的極右派自由放任經濟學家的注意，寇氏家族的多面向政治支出還是繼續成長。舉例來說，一九九八年到二〇〇八年間，查爾斯的私人基金，查爾斯寇克公益基金會，就提供超過四千八百萬美元免稅的獎助金，主要是發給推動他的政治觀點的團體。由查爾斯、妻子麗茲，以及兩名公司員工及一名會計師掌控的克勞德蘭伯公益基金會（Claude R. Lambe Charitable Foundation），也提供超過二千八百萬美元免稅的獎助金。大衛的大衛寇克公益基金會，則提供超過一億兩千萬美元的免稅獎助金，其中很多是文化和科學計畫，而非政治。同時在這些年間，寇氏工業花了五千多萬美元進行遊說。另外，寇氏工業政治行動委員會的政治獻金約八百萬美元，其中八〇%以上捐給共和黨。寇氏家族及其他家庭成員也捐了數百萬美元給個人競選活動。⓯

只有寇氏家族明確知道，他們在這個龐大的政治事業上花了多少錢，因為公開紀錄並不完整。他們把資金分散在好幾個錯綜複雜的非營利組織中，如此一來，外界就不可能察覺寇氏家族的政治「投資」，或者說很難一窺全貌。光是在二〇〇八年，公開的稅務記錄顯示，寇克三大家族基金會提供資金給三十四個不同的政治和政策組織，其中三個由他們創辦，許多由他們主導。[08]

法律的界線是有的。根據法律規定，國稅局分類為501(c)(3)的免稅公益機構，必須避免牽涉到遊說和選舉事務，必須為大眾利益服務，而不是捐助者的利益。但是這些規定很少被執行，並且常遭到彈性詮釋。

批評者開始不滿，寇氏家族做公益事業的方式顛覆了免稅公益捐贈的原意。二〇〇四年，

---

08 作者注　按照法律要求，私人基金會必須公開揭露其獎助金，但是接受人並無責任揭露金主的身分。因此，如果接受人把獻金轉交給次級團體，資金流向就模糊掉了。

公益因應全國委員會（National Committee for Responsive Philanthropy）這個監督團體發出報告，發現寇氏家族從事的是自我服務的公益事業，它指控，「這些基金會提供資金給非營利組織，並用於能夠影響寇氏工業獲利空間的研究與倡議。」

然而寇氏家族辯駁，他們提供數百萬美元給對抗環保法規、支持工業及富人低稅率的組織，是基於公益精神。但幾個長期以來的相關人士都質疑這一點。前家族友人狄澤瑞嘉認為，寇氏家族年輕時對於自由意志主義的熱情，絕大部分已經演變為企業自身利益的理論基礎。「也許他已經把賺錢和自由混為一談了」，他這樣說查爾斯。一個與寇氏家族密切合作、但為了不影響彼此關係而婉拒透露身分的保守派，甚至稱他們的免稅贈與是「借殼遊戲」。[09]他認為他們的心態只是：與其繳稅，不如把錢拿去做公益。「大家說『哇，他們太慷慨了！』」他誇張地說，「對他們來說，這只是因為那是眼前選項中最好的選擇。因為如果沒有把錢拿去做他們要做的事，就得把錢交給政府。至少捐錢還可以控制錢怎麼花。」他指出，透過企業和公益事業的結合，「他們畫的線實在很細。但其實這是另一種形式的遊說。」但他承認，「他們建造的機器確實厲害。」

寇氏家族從一開始就對他們的公益事業進行非常嚴格的個人控制。大衛認為：「如果我們要拿出很多錢，就要確保他們會把錢花在我們想要的東西上。如果他們的方向錯了，開始做我們不同意的事」，他告訴多赫提，「那我們就撤回資金。」

查爾斯早在一九八一年就曾在卡托研究院展示他的威力，開除了這個智庫五個原始利害關係人的其中一個。諷刺的是，儘管查爾斯批評威爾區將約翰伯奇協會據為己有，這種自大作風會讓約翰伯奇協會淪於個人崇拜，但查爾斯之於卡托也是一樣；卡托是個有股東的非營利組織，但他卻可以選派董事會成員，這種安排在非營利組織中很少見。但正如查爾斯所看到的約翰伯奇協會一樣，這能保證董事可以用不尋常的方式永久地掌握控制權。

查爾斯開除的卡托董事是自由派重要人物穆雷．羅斯巴德（Murray Rothbard），他是出身曼哈頓上西區的激進猶太知識份子，與查爾斯的關係還和睦時，他的著作也曾經得過金援。羅斯巴德說他突然被拔職是「不公平」、「霸道」和「不合法」的。他接著說，查爾斯「沒收了我留在威奇托辦公室裡那些股票，我毫無戒心，以為在那裡會被『安全保管』。他的行為顯然違反了我們的協議，也違反了自由意志原則的每一個信條。」[16]

有人懷疑，奧地利經濟學派的純粹主義者羅斯巴德，是因為批評查爾斯而被解雇。因為他曾經指責查爾斯為了讓弟弟能在一九八〇年競選時獲得更多選票，而放棄了不受歡迎的自由意志派立場。例如，其政綱已經不再主張徹底廢除全部的所得稅，還主張精簡軍隊而不是廢除。這場爭論在自由意志派的同溫層中拉起警報，與羅斯巴德站在同一邊的人認為查爾斯無情又貪

09 作者注 作者採訪寇氏工業相關人士。

棼，認為他更感興趣的是權力而非原則。

後來在寇氏四兄弟為了遺產而多次爭執中，有一次羅斯巴德出面作證，這段證詞的焦點是查爾斯的掌控動機。有一份總結羅斯巴德後來證詞的備忘錄，其中引述羅斯巴德的話，他說查爾斯「不能容忍異議」，並且「在與他相關的非營利基金會中，他不惜一切獲得與保持控制權」。羅斯巴德控訴，從辦公室裝潢到卡托的文具設計，查爾斯什麼都要管。他更指稱，雖然查爾斯想要「絕對控制」與他有關的非營利組織，但他的意圖是「能夠花別人的錢」。後來的寇克金主高峰會重演了這樣的批評，有人認為，查爾斯的手段是建立一個塞滿別人的錢，但由他自己控制的政治行賄基金。羅斯巴德還指責，查爾斯利用非營利組織「接觸有影響力的政府人士，並得到尊重」。17

一九八〇年代中期，正如芬克計畫第一階段的呼籲，寇氏家族也開始建立自己的學術灘頭堡。他們特別關注喬治梅森大學，這是維吉尼亞州著名高等學府中鮮為人知的學校，位於華盛頓郊區。一九七七年，《華盛頓郵報》形容這所學校在「朦朧荒野」中耕耘。到了一九八一年，芬克已經把他在羅格斯的奧地利經濟學派搬到喬治梅森大學，後來把它命名為莫卡特斯中心（Mercatus Center）。這家智庫的資金完全由外部捐贈，主要來自寇氏家族，但它位於公立大學的校園之中，所以它有點誤導地自我吹捧為「市場導向觀點的世界頂級大學，在學術思想與現實問題之間搭起橋樑」。

財務紀錄顯示，寇氏家族基金會捐贈大約三千萬美元給校方，其中大部分進了莫卡特斯中心。《華盛頓郵報》將莫卡特斯描述為「主要由寇氏工業公司資助、堅定的反管制中心」。18 然而這產生了一個問題：莫卡特斯中心到底是獨立的知識機構，還是寇氏家族遊說活動的延伸。在喬治梅森教歷史的寇賓，為比爾．寇克編寫了查爾斯政治活動的祕密研究報告，他在報告中形容，莫卡特斯是「偽裝成無關利益的學術計畫的遊說團體」。19 他指出，這項安排對寇氏家族來說具有經濟上的好處，因為這讓查爾斯「資助這個團體可以抵免稅額，但實際上這個團體是為了維護其企業利益而成立的遊說團體」。

與莫卡特斯中心共用一棟建築的是人道研究所，主要也是由寇氏家族資助，由查爾斯擔任主席，它的創辦人是伯迪．哈波（F.A. "Baldy" Harper）。哈波是個自由市場基本教義派，曾經擔任自由學校的信託委員，曾在《自由人》（*The Freeman*）上寫過幾篇論文，稱徵稅是「盜竊」、福利是「不道德」、工會是「奴隸制」，並且反對法院為種族隔離而頒布的解方。查爾斯曾經讚美哈波，「在所有教授自由（liberty）的老師中，沒有一個像伯迪那樣受到愛戴，因為他是老師的老師，他把謙卑與溫柔教給為人師表者。」20

人道研究所的目標是，培養和資助一支新世代的自由意志派學者小聯盟。據說，查爾斯一度憂心思想戰進行得太慢，因此要求用更好的指標來監督學生的政治觀點。令一些學院教授錯愕的是，申請人的論文必須用電腦來計算文章中提到自由市場象徵人物艾茵．蘭德（Ayn

Rand）和傅利曼的次數。每一週開始和結束時，都必須測試學生的意識形態進展。該研究所還舉辦查爾斯寇克暑期實習計畫，這是有研究獎助金可以拿的實習活動，目的是把寇氏觀點的學生派到志同道合的非營利組織去，好讓他們能夠加入自由意志派的人脈網絡。[10]

同時，喬治梅森的經濟學系也變成爭議性理論的溫床，這些理論開始改變美國人的稅收法案，並成為雷根政府供應面減稅政策的孕育者，而這個減稅政策對富豪大大有利。喬治梅森大學的兼職教授保羅・克雷格・羅伯茲（Paul Craig Roberts），起草了雷根時代第一個供給面減稅法案，並由他的前老闆眾議員傑克・肯普（Jack Kemp）提出。這些減稅措施讓政府挨餓，也矮化了喬治梅森自己在哲學上的角色。該學院內有個明星學者詹姆斯・布坎南（James Buchanan），是「公共選擇」理論的創始人，他常形容自己的研究取向是「不浪漫的政治」，因為他認為，民選公職人員及公務員只不過是另一種貪婪而自我擴張的私人利益團體，這種觀點在反政府的自由意志派份子之中很流行。布坎南於一九八六年獲得諾貝爾經濟學獎。自由派經濟學家非常震驚，例如羅伯特・利卡赫曼（Robert Lekachman）就抨擊，布坎南把「所有的人類行為都簡化為自利」。[21]儘管如此，毫無疑問的是，得到這個獎就是一個成就，有助於將這所學校及自由意志主義放到戰略地圖上。

卡托研究院研究員朱利安・桑卻茲（Julian Sanchez）隨即將喬治梅森稱為「自由意志派的麥加」，他說，「它可能是國內自由意志派教職人員最多的高等教育機構」。[22]然而，寇氏家族對這所學校的單一影響力，自由派則抱以懷疑的眼光。民主黨政治策略家羅伯・史坦（Rob Stein）研究了右派如何花錢，他說：「華盛頓是去管制政策的核爆點」。他表示寇氏家族的角色非比尋常，「喬治梅森是個公立大學，因此拿的是公共經費。但維吉尼亞州轄下有個研究所，實際上是由寇氏家族全權在握。」[11]

量化生產的政治策略

芬克的多重面貌，也讓批評者擔憂。芬克對查爾斯的重要性日漸提高，於是放棄了在莫卡特斯中心的正式職位，將管理職權移交給一名門生，轉而任職於寇氏工業，擔任遊說工作的負責人，但仍在該大學著名的監事會（Board of Visitors）中有一席之地。他還曾是查爾斯寇克公益基金會會長、克勞德蘭伯公益基金會會長、佛雷德和瑪麗寇克基金會董事，並參加好幾個寇氏家族的政治團體。他在這些角色之間穿梭自如顯示，在寇氏家族事業中的營利及非營利之間那條線非常纖細。

10 作者注　查爾斯在人道研究所及卡托研究院的微管理風格，詳細描述於 Mullins, "Battle for the Cato Institute."

11 作者注　根據莫卡特斯中心的網頁，它「沒有從喬治梅森大學、或任何聯邦、州政府、或地方政府拿到資金。」但是莫卡特斯的主管是「由喬治梅森大學教務長任命的學院院長」。

隨著芬克之星升起，克瑞恩之星就沉寂了。克瑞恩仍然經營卡托研究院，但在一九九二年，查爾斯辭去這個自由意志智庫的董事，但大衛還是卡托的信託委員。相關人員懷疑，克瑞恩不願被命令，對贊助人沒有展現出足夠的忠誠度。克瑞恩私下說過查爾斯的管理哲學非常荒謬。查爾斯為自己的管理哲學取名為市場基礎管理系統（Market-Based Management, MBM），後來還摘要寫在他的書《成功的科學之道》中。簡單來說，查爾斯認為，企業文化應該複製自由市場的競爭力。在他的公司中，每個階層的員工是根據他所創造的價值，而獲得報酬；員工之間要爭奪獎金，而那占了年薪很大一部分。查爾斯將市場基礎管理系統描述為一個「整體系統」，包含「六個面向：願景、美德、才能、知識過程、決策權、誘因」。它孕育出的割喉文化，讓有些員工私下把MBM惡搞成「賺兄弟的錢」（Making the Brothers Money，按：取其首字字母相同）。《富比世》書評也稍微挖苦查爾斯，把他形容為「自學起家」，「幾乎像馬克思主義信仰那樣，認為有『固定法則』在『支配人類福祉』」，並說他「評等員工的系統」是「特別僵化」。23

即使各方褒貶不一，查爾斯還是堅持旗下員工必須遵循這個制度，要訂定固定時間來練習並檢核這些技巧。某個前員工說，「這不就是自由意志派最討厭的官僚作風嗎？」並補充說，「他是億萬富翁，我不是。所以，誰說了算？」市場基礎管理系統認為，每一階層的員工，即使是在最底層，也能產生比最上層員工更棒的觀點。理論上這個取向是平等主義，但是查爾斯對待像克瑞恩這種挑戰頂頭上司的人到底有多開放，還有待辯論。許多人發現，這個名列世界級的富翁竟然謙遜到經常在公司和員工一起吃午餐。但在一九九九年的某一次演講中，查爾斯把他的堅定信念與新教創始人馬丁．路德（Martin Luther）相比，談到自己的自由市場觀點時說：「針對這一點，我和馬丁．路德有共鳴」，「在我所處的地方，我別無選擇。」[12]兩者比較的確是饒富深意。

無論如何，當查爾斯試圖將他的管理制度運用在卡托研究院，克瑞恩可就不太客氣了。克瑞恩後來在華盛頓卡托總部那摩登亮麗、令人驚豔的大辦公室中清楚表明，他認為查爾斯是個認真的思考者、也是傑出的企業家，但他實在忍不住拿市場基礎管理法來開玩笑。「他以為他是個天才。他是國王，他相信自己有穿衣服」，克瑞恩竊笑著說。[13]但芬克正好相反，他對查爾斯的想法態度比較熱衷。一個卡托職員形容芬克：「理查（Richie）把這套管理制度用到極致了」，「他接手取代，用一把刀」插在克瑞恩背上。「他名字取得真好」（按：Richie〔理

---

12 作者注 查爾斯．寇克在弗羅里達州那不勒斯接受理查．狄維士獎的受獎談話，請見 Fang, *Machine*, 120.

13 作者注 作者於二〇一〇年訪談克瑞恩。克瑞恩對查爾斯．柯克的評論首度出現在《紐約客》雜誌，但沒有具名，後來被問到時，他對大衛．寇克承認那是他說的，當時已經眾所週知。

查」為美國刀具販售商，和芬克同名）。[14]

有了卡托和人道研究所來孵化與他們思想一致的學術觀念，寇氏家族達成了芬克社會變革清單上的第一個項目。莫卡特斯中心則是達成第二項目標，這是一個比較切合實務的組織，目標在於把這些觀念推廣成行動。這個機構所在位置就在波多馬克河畔國會大廈的正對面，這是額外的好處，可以讓機構裡的人員常常在國會聽證會上以獨立專家身分出席作證。二〇〇四年，《華爾街日報》將它封為「你所聽過最重要的智庫」，並表示小布希總統將二十三項管制法規中的十四項放上「裁撤名單」，就是根據莫卡特斯學者的建議。其中八項是環境保護法規。芬克對這個媒體說，寇氏家族有「其他方法來作戰」，莫卡特斯中心並不是積極推動這家公司的私人利益。但是，德州大學法學教授、專事環境問題的湯瑪斯．麥蓋瑞提（Thomas McGarity）認為，「寇氏家族一直在環保局遇到麻煩，因此莫卡特斯一直在打擊環保局。」[15]有一個環境律師與莫卡特斯中心發生多次衝突，將它貶為披著非營利外衣的遊說商店，說它是「洗錢手段」。這名律師解釋它們的策略：「你拿公司的錢給一個聽起來中立的智庫」，而這個智庫「雇用的人是出身名校、有學位的人，他們會產出一些看似可以相信的研究。但這些研究完全符合出資者的經濟利益。」

例如在一九九七年，環保局著手減少地表臭氧，這是一種空氣污染，部分原因是煉油廠的排放氣體。莫卡特斯中心的高層經濟學家蘇珊．達德利（Susan Dudley），卻對研議中的管制法規提出新奇批評。她宣稱環保局並沒有考慮到煙霧屏蔽太陽可以減少皮膚癌病例。她聲稱如果控制了污染，將導致每年額外增加一萬一千個皮膚癌病例。[16]

一九九九年，哥倫比亞特區巡迴法院接受達德利贊成煙霧的論點。法院評估環保局的規定，認為環保局「顯然沒有考慮到臭氧可能的健康益處」。判決意見還表示，法庭投票二比一判環保局逾越權限。

後來，憲政責任中心（Constitutional Accountability Center）這個監督團體透露，大多數的法官曾經參加過，由寇氏家族基金會所舉辦、費用全包的法官法律研討會。寇氏家族補助的經濟與環境研究基金會（Foundation for Research on Economics and the Environment）在蒙大拿經營牧場，有一場法官研討會就是在那裡舉辦。法官聲稱，他們的決定不受這場宴請的影響。然而，他們接受了莫卡特斯中心的新奇論述，不久之後就被打臉。最高法院一致否決他們的立場，指出《淨化空氣法案》的標準是絕對的，不受成本效益分析的限制。儘管他們的陣營最後失敗了，但這個例子說明了寇氏家族的意識形態管道非常活躍。

---

14 作者注　作者採訪卡托的工作人員。寇氏工業發言人史提夫・藍博多（Steve Lombardo）指出，理查・芬克婉拒受訪。

15 作者注　作者採訪麥蓋瑞提。

16 作者注　對抗《淨化空氣法案》而編出贊成煙霧論述的莫卡特斯研究員達德利，後來成為布希總統任內的資訊與管制事務局局長，監管所有聯邦法規的發展與執行。

莫卡特斯中心最重要的人事聘雇例子，可能是經濟學家溫蒂・葛蘭姆（Wendy Gramm），她是德州能源巨頭安隆（Enron）的董事，也是權勢很大的德州共和黨參議員菲爾・葛蘭姆（Phil Gramm）的妻子。一九九〇年代中期，她成為莫卡特斯中心的監管法規研究計畫主持人。她在該中心推動國會支持後來被稱為安隆漏洞的法案，豁免能源衍生品的管制，讓安隆從該項法規疏漏中獲利。安隆和寇氏工業都是衍生品的主要交易者，他們拼命遊說出這個法規漏洞。寇氏家族聲稱沒有必要由政府監管，因為關注聲譽的企業就會自我管理。

有些專家預見了危險。一九九八年，商品期貨交易委員會主席布魯克斯利・伯恩（Brooksley Born）警告說，利潤豐厚但風險很大的衍生品市場，需要更多的政府監督。但參議院銀行委員會主席參議員葛蘭姆無視這項警告，為安隆及寇氏工業量身訂做解除管制法案，稱為《商品期貨現代化法案》（Commodity Futures Modernization Act）。儘管伯恩警告，但柯林頓政府也受到華爾街的壓力影響，而批准了豁免。

二〇〇一年，安隆公司在一堆造假的財務報表和會計欺詐行為中倒閉。但是，就在爭取這個法案漏洞之後一年，溫蒂・葛蘭姆從安隆獲得的一百八十萬美元已經入袋。後來才知道，安隆之前已經貢獻許多競選經費給參議員葛蘭姆，而安隆主席肯尼斯・萊（Kenneth Lay）則捐錢給莫卡特斯中心。

二〇〇二年底，葛蘭姆夫婦兩人已經是半退休狀態，但是在莫卡特斯中心，仍然熱衷於在危險的市場中取得豁免，包括寇氏工業青睞的能源衍生性商品。直到二〇〇八年金融海嘯之後，後果才顯現出來。當時，喬治梅森大學是寇氏家族唯一投資的高等教育學府，也是維吉尼亞州最大的研究型大學。

喬治梅森是寇氏家族最大的自由意志學術計畫，但絕對不是唯一的一個。根據內部名單，到了二〇一五年，查爾斯寇克基金會在美國三百零七所不同的高教機構中，對支持企業、反對管制和反稅的研究計畫提供金援，並計畫再增加十八所。這些大學院校包括急需現金的西維吉尼亞大學到布朗大學，寇氏家族遵循歐林基金會的傳統，在常春藤聯盟中建立起自己的「灘頭堡」。[17]

二〇〇九年，查爾斯寇克基金會在經常被認為是常春藤聯盟中最自由的布朗大學，投入十四萬七千一百五十四美元在政治理論課程，這是自由意志派教授約翰·托馬西（John Tomasi）授課的一年級講座，主題是自由市場的經典著作。根據一份保守派刊物指出，托馬西「頑皮」招認，「整整一個學期都在上海耶克，他們在接下來四年就很難擺脫這個觀點了。」㉔查爾斯寇克基金會還給布朗大學額外資金，以資助教授研究和博士後研究，題目類型多半是為

17 作者注　至二〇一五年八月，寇克家族基金會贊助的大學院校課程請見：http://www.kochfamilyfoundations.org/pdfs/CKFUniversityPrograms.pdf.

什麼銀行放鬆管制對窮人有利。[18]

在西維吉尼亞大學，查爾斯寇克基金會捐了九十六萬五千美元，成立自由企業中心（Center for Free Enterprise），但有幾項附加條件。該基金會要求學校讓它能夠選擇資助哪一位教授，但這違反了學術獨立的傳統標準。[19]寇氏家族在這個貧窮小州的投資產生了巨大的影響，因為這個州主要生產煤礦，而這正是寇氏家族的財務利益所在。[20]西維吉尼亞大學教授羅素・索貝爾（Russell Sobel）通過資助，在二〇〇七年編了一本書《放開資本主義的枷鎖：為何西維吉尼亞不繁榮，以及如何解決》（*Unleashing Capitalism: Why Prosperity Stops at the West Virginia Border and How to Fix It*，書名暫譯），這本書主張礦業安全及清淨水源法規只會傷害勞工。「勞工更安全，但收入變少，這樣真的比較好嗎？」他問。㉕索貝爾不久就向西維吉尼亞州長及內閣做簡報，並且在參議院和眾議院財政委員會聯席會議中報告。全國共和黨主席宣布把索貝爾反法規之書列入黨綱藍圖。

二〇一四年，西維吉尼亞州一家欠缺監管的自由工業公司（Freedom Industries），將一萬加侖（按：約三萬七千公升）發出惡臭的不知名化學物質，洩漏到該州最大城市查爾斯頓的飲用水中，當局命令民眾不可使用自來水，而引發三十萬居民的恐慌。西維吉尼亞州的工業災難悲劇似乎永無止盡，在它的歷史中，這只是其中的一件罷了。然而這時索貝爾早已離開，他是南卡羅來納州要塞軍事學院（The Citadel）的訪問學者，兼任喬治梅森大學莫卡特斯中心的專家。

寇氏家族與日俱增的學術影響力捍衛者，如查爾斯寇克基金會的大學關係主任約翰．哈丁（John Hardin）認為，他們的資助為校園帶來意識形態多樣性和辯論。他在《華爾街日報》中寫道，「我們支持能夠在大學校園中增加各種想法的教授。而且在任何情況下都是由校方控制教學人員和教學決策。」[26]

但在批評者眼中，寇氏家族對學術圈的敗壞多於建樹，那些課程要不是有它資助，根本不符合嚴謹的學術標準，而不能開設。西維吉尼亞大學科技學院的經濟學教授約翰．戴維（John David）目睹了學校的轉型，在報紙專欄中嚴厲寫道：「大學整個學術領域都可以像政治家一樣被收買。但不同之處在於，大學應該允許公開對話和思想交流，而不是對天真的學生灌輸外部特殊利益所規定的宣傳。」[27]

---

18 作者注　查爾斯寇克公益基金會的國稅局表格，見李方 "Koch Brothers Fueling Far-Right Academic Centers at Universities Across the Country," *ThinkProgress*, May 11, 2011.

19 作者注　根據查爾斯寇克基金會獎助金，「贊助者資助的教授職位（即寇克資金雇用的教授）任何聘用展延之前，商學與經濟學院的院長在與教授羅素．索貝爾（Russell Sobel）或其繼任者的諮詢下，應向查爾斯寇克基金會提出該候選教授的資格證明。」此外，該基金會堅持有權，若不滿意可以撤銷任何由它資金聘用的教授補助金。

20 作者注　寇克的煤礦利益詳情請參見 http://www .kochcarbon.com/Products.aspx.

芬克計畫的前兩個步驟現在已經完成了。然而，寇氏家族的結論是這些步驟還不足以造成改變。自由市場絕對主義仍然是美國政治中跑龍套的角色。他們需要芬克計畫中的第三個、也是最後一個階段：把他們的想法傳達到街上，並動員大眾支持的機制。查爾斯在一九九九年的某一次演講中指出：「即使是偉大的想法，如果仍然被困在象牙塔中，也毫無用處。」[21]大衛的說法則是，「我們需要的是一支銷售隊伍。」㉘

21 作者注　查爾斯·寇克一九九九年於國家政策會議（Council on National Policy）中演講，出處同前。

「讓狼完全自由，羊就會死亡。」

——以撒・柏林（Isaiah Berlin）

第二部

祕密金主
隱密行動
二〇〇九年至二〇一〇年

06 草根，但被金主支配

把政府放進浴缸裡淹死

「我們學到我們必須步步進攻把觀念銷售出去，而不是銷售候選人。」

——芝加哥大學政治學研究所主任

麥特．基勃

（**Matt Kibbe**）

查爾斯．寇克在一九七六年擬訂打造自由意志運動的藍圖時，已經強調必須使用「所有現代的銷售與激勵的技術」。不到十年之後的一九八四年，他著手成立一個私人的政治銷售實體。從書面上來看，又是另一個寇氏資助、主張小政府的保守派非營利組織，自稱為健全經濟公民協會（Citizens for a Sound Economy, CSE）。從外面看起來，它似乎是一個真正的政治團體，是由一群憂心的公民所發起的一股風潮，很像是羅夫．納達成立並風行全國的公共利益研究團體（Public Interest Research Groups）。

然而，無黨派立場的公共誠信中心指出，它其實是美國數個大型企業火藥庫中的新形態武器，是由企業金主祕密打造的冒牌人民運動，一點都不草根，而是「人工草皮」，這是外界對這種人工合成團體的稱號。它們運作起來不像企業遊說或選舉獻金，可以私密地捐錢給健全經濟公民協會，因為這種團體把自己列為非營利的「教育」團體（它也有自己的公益基金會及政治行動委員會）。目前為止，這個新團體不曝光的最大金主就是寇氏家族，他們在一九八六年及一九九三年，提供了至少七百九十萬美元。

利用掩人耳目的外圍團體來掩蓋企業的自利行為，這種作法並非首創，甚至在寇氏家族中也不是。這種詭計在羅斯福新政期間，就已經被杜邦及其他家族用過了，佛雷德．寇克在一九五〇年代所屬的某個團體也用過這一招。以威奇托為據點的德米勒政治自由基金會（DeMille Foundation for Political Freedom），佛雷德是早期的活躍成員。這個組織是個反工會團體，即全國工作權法律保護基金會（National Right to Work Legal Defense Foundation）的前身。在一封頗富深意的私人信函中，該機構某職員解釋這個團體的「人工草皮」策略。他說這個團體實際上是由大企業主掌控，他們的角色就是「匿名的四分衛」以及「指揮方向」。但是他承認，他們必須賣這個「杜撰故事」，說這個團體「組成份子是家庭主婦、農夫、小生意人、專業人士及上班族，而不是大型工業的企業主。」否則這個運動「幾乎一定會失敗」。01

佛雷德・寇克的兒子們在健全經濟公民協會使用的教戰守則也是一樣。自由意志主義仍是孤單的聖戰，該組織就利用企業資金來行銷並散播這種觀念，並且為它戴上大眾運動的光環。根據早期參與者麥特・基勃（Matt Kibbe）表示，它的使命「是消化這些艱澀的想法，再翻譯給美國大眾聽。」基勃解釋，「我們和歐巴馬一樣讀過非暴力革命的文獻——索爾・阿林斯基（Saul Alinsky）、甘地（Gandhi）、馬丁・路德・金恩。我們研讀波士頓茶黨（Boston Tea Party）的想法，當它是非暴力社會改革的案例。我們學到我們必須步步進攻把觀念銷售出去，而不是銷售候選人。」

沒幾年，這個團體已經在二十六州動員了五十五個有給職的田野工作者，把選民聚集起來

---

01 作者注　德米勒政治自由基金會的通訊資料見於 Sophia Z. Lee, *The Workplace and the Constitution: From the New Deal to the New Right*（Cambridge University Press, 2014）, chap. 3. 第一句引述來自 Donald MacLean（DeMille Foundation） to Joseph C. Fagan（Wisconsin State Chamber of Commerce）, Oct. 13, 1954. 第二句引述來自 MacLean to Reed Larson, Aug. 15, 1956.

支持寇氏家族的目標：降低稅率、減少管制、減少政府支出。例如，健全經濟公民協會呼籲廢止累進稅率、採用固定稅率，並「私有化」許多政府計畫，包括社會安全。「觀念不會自己發聲」，基勃表示，「從歷史上來看，觀念需要贊助人。」

雖然寇氏家族是這個組織的創辦人以及早期資助者，但該組織很快就成為全國最大的十幾家企業的前鋒團體。該組織負責人否認，它是有人出錢就可以雇用的群眾運動。不過，《華盛頓郵報》得到的私家紀錄顯示，這個協會為企業目標動員到大眾的支持之後，艾克森（Exxon）到微軟（Microsoft）等等許多大企業都曾捐錢給該組織。許多公司在對抗政府，例如微軟當時試圖避開反壟斷訴訟，據說微軟捐了一筆錢給健全經濟公民協會所設立的基金會，目標就是減少司法部的反壟斷作為。01

這個團體的不正統作法偶爾會引起爭議。一九九〇年，該組織成立一個分支團體：環境公民協會（Citizens for the Environment），將酸雨及其他環境問題稱為「迷思」。《匹茲堡郵報》調查這件事時發現，這個分支團體「本身並沒有一般公民會員」。

根據內部消息來源指出，它聲稱的主要團體會員也是騙人的。這名消息來源後來回想，「他們總是說自己有二十五萬名會員」，當他詢問，那是否表示他們有會員卡或是要付錢入會，對方回答沒有，所謂會員只是表示某個時間有捐過錢，不管是多久以前或是捐很少都算。「這是認知上的不誠實」，他堅持。

柯林頓成為總統時，健全經濟公民協會已經成為企業支持的反對活動原型，歐巴馬當選之後，這種反對活動更多。一九九三年，它針對柯林頓提議的能源稅，也就是徵收化石燃料的使用稅，但可再生能源免稅的計畫，發動了成功的攻擊。健全經濟公民協會為了展現實力（**並且不透露它的企業金主**）它刊登廣告、在媒體活動曝光，並且鎖定政治對手。它也動員一群看似草根的聒噪群眾，在國會大廈外辦了一場反稅集會，被全國公共廣播電台（NPR）形容為「特地要讓搖擺的民主黨人心生恐懼」。

丹．葛立克曼（**Dan Glickman**）是支持能源稅的民主黨議員，他曾是寇氏家族家鄉威奇托選出來的議員。他認為就是他們祕密挹注金錢來打倒他，導致他結束了十八年的國會職涯。「我無法證明這一點，但我想我可能是他們攻擊的對象。」他說。[02]由於同樣來自威奇托，他與寇氏家族之間的共同朋友向他保證，寇氏家族在意識形態上的真誠性，但對他來說，他們也許真誠，但似乎很明顯，「他們的政治理論完全是在合理化自身的利益。」

芬克後來證實了葛立克曼的懷疑。選舉之後，他承認，他們發起運動要打敗能源稅法的動機就是企業純益。「我們相信，這條稅法久而久之可能會摧毀我們的生意」，他對《威奇托鷹報》說。[02]

---

02 作者注　作者採訪丹．葛立克曼。

健全經濟公民協會協助順利封殺柯林頓的能源稅法，這次的成功使該團體氣勢更盛。接下來它的目標是柯林頓提出的富人增稅。根據《華爾街日報》指出，健全經濟公民協會的廣告非常誤導大眾，它以洗車行老闆及夫妻一起經營的小生意為主角，暗示增稅目標在中產階級，但事實上這項法案影響到的人只是最富有的四%。[03]歐巴馬執政期間，這種誇大不實引起恐懼的戰術，也是寇氏家族的招牌手法。祕密的企業金主對健全經濟公民協會的表現欣喜若狂。「他們可以躲過雷達了……沒有任何限制，沒有監管法規、沒有訊息揭露」，有人得意地說。[04]

不過在二○○三年年底，內部敵對勢力導致健全經濟公民協會分裂。「分裂是為了控制權」，德州前共和黨多數黨鞭迪克·阿爾（Dick Armey）離開眾議院之後在該組織擔任主席，他回憶道，「我從來沒搞懂過，現在也不確定懂了。」他認為寇氏家族想利用這個團體「推動他的企業利益；他們要健全經濟公民協會去遊說其他議題」，他說。其他人表示，是阿爾要推動他法律事務所客戶的利益，但阿爾否認這項指控。他認為分裂還有另一個因素。「我看是芬克要奪權。他試圖占到太陽下更好的位置，在寇氏家族維持他的地位與他的好日子。」[03]

阿爾對寇氏家族並不很熟悉，不過在加入該組織之前曾與查爾斯談過話，覺得他「有點古怪。查爾斯似乎讓人摸不透」，他說，「他與人有些隔閡，說話語氣隱晦，你會想『他到底是什麼意思？』他說他的公司試圖要『拯救這個國家』之類。」對阿爾來說，查爾斯的目標似乎是互相衝突的。「查爾斯想要更多掌控權，但是他也想更隱身幕後。我真搞不懂。」另一個健全經濟公民協會的老前輩總結說，寇氏家族是把自由（liberty）當成抽象概念而熱愛，「他們是非常喜歡掌控的，非常地由上而下。你無法和他們一起建立組織，是他們在掌控一切。」

阿彌後來創立了另一個保守派自由市場團體自由行得通（FreedomWorks），並從健全經濟公民協會帶了一些叛將過去。就在二〇〇三年那個時間，寇氏家族開始舉辦他們一年兩次的金主高峰會，根據內部人士表示，一開始的目的是為了把寇氏工業的環境及法規抗戰所需花費卸下來給別人分擔。第一次會議還滿慘淡的，不到二十人參加，大部分是查爾斯的社交圈。內部人士還說，演講非常枯燥。

同時，大衛和芬克從健全經濟公民協會的殘餘份子中，創立一個新的非營利倡議團體，取名為美國繁榮。就像健全經濟公民協會一樣，批評者說它利用非營利地位偽裝自己，以匿名的掩護作用為寇氏工業及政治利益工作。就像健全經濟公民協會一樣，這個新團體有幾個不同的部門，各自的稅務地位也不同。一個部門是美國繁榮基金會（Americans for Prosperity Foundation, AFP Foundation），董事會成員包括大衛及芬克。該基金會被列為501(c)(3)教育基金會，所以捐款是可以抵稅的公益贈與，可以「教育」社會大眾，但不能參與選舉。另一個部門是一個倡議組織，就叫做美國繁榮。在稅務分類上它是屬於501(c)(4)的「社會福利」

03 作者注　作者採訪迪克．阿彌。

團體，這表示，只要不是「主要」活動，就可以參與選舉。捐款給這個組織也可以不曝光，但是不能抵稅。

為了經營這個較為政治性的行動，寇氏家族聘請政治老手——提姆．菲利普斯（Tim Phillips），他曾與前任基督教聯盟主持人羅夫．里德（Ralph Reed）共事。里德被認為是宗教界右派最老練的政治操盤手，他和菲利普斯曾一起成立世紀策略（Century Strategies），是家活躍的社運顧問公司，因為與傑克．阿布拉莫夫（Jack Abramoff）往來密切而且有利益輸送關係，而名聲惡劣。阿布拉莫夫從事遊說事業，曾經因為從美洲原住民保留地的賭場老闆等人詐欺幾百萬美元而入獄。菲利普斯並沒有因為牽扯到這件醜聞而遭起訴，但他協助創立一個聽起來像宗教組織的團體，但實際上卻是為阿布拉莫夫經手賭場現金。[04]

菲利普斯身在一個蠻悍實幹的團體裡，和查爾斯早期沉思自由意志時期高談政策的知識份子氛圍相差很遠。里德和阿布拉莫夫都是諾奎斯特的早期追隨者，諾奎斯特是華盛頓的反稅運動份子，他說過很出名的一句話是，希望政府縮小到他可以「把它放進浴缸裡淹死」的程度。諾奎斯特曾經承認，他認為里德和阿布拉莫夫是他最棒的門徒。「古洛佛跟我說，羅夫是他的托洛斯基，阿布拉莫夫是他的史達林。」保守派經濟學家巴特利特回憶道。[05]

菲利普斯出身貧寒，在南卡羅來納州一個熱衷民主黨的家庭長大，他父親在紡織場工作、後來成為公車駕駛，名為富蘭克林．迪拉諾．羅斯福（Franklin Delano Roosevelt），他的祖父曾經在羅斯福的公共事業振興署（WPA）工作。但是，菲利普斯回憶他青少年時期最「受傷」的時刻是，一九八〇年有一天傍晚看電視時，他被雷根迷住了。他告訴父親，「我要支持這個人。」父親震驚之餘把電視關掉，把他媽媽叫進來，並嚴厲警告他，共和黨「是為有錢人說話的，兒子。拜託，你是在跟我開玩笑嗎？」[06]

菲利普斯反駁說，「那，我想也許有一天我會變有錢。」他回憶道，他父母非常驚慌，「本來以為我會說要搬去蘇聯，要變成無神論的共產黨之類的。」

菲利普斯是南方浸信會教徒，就讀的是自由大學，這是法威爾在維吉尼亞州林赤堡的福音教派學校。但是讀了一學期之後，因為錢用光了只好輟學。從那時候開始，他接二連三受到保守派團體相助，做實習工作附帶免費住宿，直到被維吉尼亞州共和黨眾議會競選活動雇用為工作人員。一九九七年，他與里德成立世紀策略公司。二〇〇四年，他們一起幫忙把福音教派選民催出來，再投票給小布希。那一年，基督教右派被批評，以煽動對同性戀人權的恐懼，來刺激社會上的保守份子。二〇〇五年，大衛．寇克和亞特．波普（Art Pope）這個經常出席寇克聚會的北卡羅來納州廉價商店大老闆，把菲利普斯拉來經營美國繁榮。他解釋自己接受這個工

---

04 作者注　菲利普斯的組織，信仰與家庭聯盟（Faith and Family Alliance）把現金轉手給阿布拉莫夫的賭博客戶，至少有一次紀錄。

05 作者注　作者採訪布魯斯．巴特利特。

06 作者注　菲利普斯與紀錄片工作者亞歷克斯．吉布尼（Alex Gibney）的訪談逐字稿，未出版。April 19, 2012.

作的原因時說，「我對一個想法很感興趣，也就是能夠根據經濟議題來形成一股風潮，就像基督教右派人士根據社會議題形成一股風潮一樣。」07

菲利普斯在網絡上的自我介紹中描述，他專精於「草尖」與「草根」政治組織工作。寇氏家族選擇菲利普斯這個硬底子專業政治工作者，象徵著寇克章魚進入了態度強硬的新階段。以讚美「割喉」政治出名的諾奎斯特，認為菲利普斯是「有能力讓事情發生的大人物。」

芬克計畫中的第三階段，現在可以鄭重開始了。

07 作者注 出處同前。

07 「茶黨」的故事

我們不是來協商的

「我認為歐巴馬執政時代真正發生過的一件事是，他們每搬動一顆石頭，就會看到有人反對，而且都是我們。」

——理查．芬克

（**Richard Fink**）

一般人認為，茶黨運動在美國的興起是自發性的，與既得利益沾不上邊。但是，就如同大部分的創世神話，實際情形可不是這樣。

口耳相傳的說法是，在二〇〇九年風起雲湧、席捲全國的反政府覺醒，事先並無計畫，而是一股憤怒突然爆發，引爆點則是瑞克．山德利（Rick Santelli）現場直播的電視節目，他曾是期貨交易員，經常上CNBC財經台的現場電視節目。[01]二〇〇九年二月十九日，早在歐巴馬宣誓就任之後不到一個月，山德利就在節目中長篇大論地攻擊他。當時歐巴馬的支持率超過六〇%，但一年後，支持歐巴馬健保提案的國會議員開始被唾棄；兩年後，歐巴馬所屬的民主黨失去眾議院的控制權，這等於是讓他不能兌現競選時的承諾，實施「你可以信任的改變」。因此可以說，歐巴馬的聲勢從陡坡一路下滑，就是從那一天開始。

專家學者、反對者、幻滅的支持者，都責怪歐巴馬沒有做到執政承諾。當然，他和他的執政團隊確實是犯了錯。但是，也很難想出有哪個總統像他這樣，從上任一開始就得面對這種游擊戰。少數擁有大量資源的人策劃、操控，並利用經濟震盪來達成目的。他們利用免稅的捐款來資助一場運動，讓富人得以減稅，讓他們自己的公司可以解除管制。在他們付錢給焦點團體和經驗老道的操盤人，把這些自我服務的政策架構為迫切的公眾利益時，還隱身在原意是要保護匿名慈善家的法律之後，讓山德利這種比較親和的人物出面來傳達訊息。

後來所謂的山德利「咆哮」事件，是在芝加哥商業交易所（Chicago Mercantile Exchange）

裡開始的。開口痛罵的是前一個節目來賓。山德利上場之前，小韋爾伯・羅斯（Wilbur Ross Jr.）已經痛斥了歐巴馬前一天提出的草案，計畫提供緊急紓困給幾百萬個即將遭到拍賣的屋主重建貸款。[02]羅斯是大衛・寇克的朋友[03]，他可不是毫無利益瓜葛的政策分析家。他的私募股權公司WL羅斯公司（WL Ross & Co.）就是所謂的禿鷹基金，介入貸款服務很深。[04]

一般來說，態度傾向於強硬派自由市場宣言的山德利，非常興奮地同意羅斯的說法，認為政府不應該出手幫忙。他一開始劈頭就說，「羅斯先生說的對極了！」他譴責歐巴馬的計畫是古巴式的國家主義，並強調在他看來，那些房屋擁有者就是活該的「輸家」。他反對政府扮演重分配的角色，並且用道德字眼來闡述他的主張。他說，那些屋主所做的財務決策很爛，政府竟然還要幫忙紓困，這是在「推廣壞習慣」。批評者後來指出，布希政府出手紓困美國幾家最大的銀行時，他可沒這麼憤慨。[05]他很不情願地承認，「我同意，必須要做些事才行。」但是

---

01 作者注　山德利是德克索投資銀行（Drexel Burnham Lambert）副總裁。

02 作者注　在二〇〇八年市場崩潰之後，屋主面臨的房產損失高達八兆，屋主可負擔能力及穩定度計畫（The Homeowner Affordability and Stability Plan）是暫時性的紓困方案。

03 作者注　羅斯在二〇一四年十月為大衛・寇克舉辦一場慶祝派對。Mara Siegler, "David Koch Celebrated by Avenue Magazine," *New York Post*, Oct. 2, 2014.

04 作者注　關於羅斯與房貸的利益關聯，請見 Carrick Mollenkamp, "Foreclosure Tsunami Hits Mortgage-Servicing Firms," *Wall Street Journal*, Feb. 11, 2009.

05 作者注　歐巴馬上任之前，布希的財政部部長亨利・鮑爾森（Henry "Hank" Paulson）已經為銀行紓困花了一千兩百五十億美元，另外還正要投入兩百億。

當歐巴馬提案協助廣大的下層階級，山德利卻對著攝影鏡頭尖聲說道，「這裡可是美國！你們裡面有誰願意幫你鄰居付貸款，他家裡有一套額外的衛浴，卻付不起自己的帳單？誰願意，請舉手。歐巴馬總統，你聽到了嗎？」

在交易商同行的口哨與歡呼聲中，他繼續說，「我們考慮在七月舉辦芝加哥茶黨（Chicago Tea Party）聚會。所有想來密西根湖的資本家請注意，我要開始籌辦了。」但這個比喻從一開始就錯了。《新新政》（*The New New Deal*，書名暫譯）這本書詳實報導歐巴馬的振興經濟方案，該書作者麥可・葛蘭瓦德（Michael Grunwald）觀察，「波士頓茶黨（Boston Tea Party）[06]是抗議非民選領袖增稅，但歐巴馬是民選領袖，而且才剛減了稅。」[01]

儘管如此，山德利還是即興地挪用了波士頓茶黨這個典故，一般也都認為，正是這樣才促成了這場運動。例如寇氏家族的政治顧問芬克說，「就是芝加哥那個傢伙在股票交易號子裡嚷叫」才開始的。他還補充，「我們的計畫和那件事沒有任何關係。」[07]

二〇〇九年四月，茶黨運動正在集結兵力，寇氏工業發言人柯密亞也否認寇氏家族和這場騷動有任何直接關聯，她發出聲明，「寇氏相關公司、寇氏相關基金會，或查爾斯・寇克及大衛・寇克本人，並沒有提供任何資金給茶黨。」一年之後，大衛・寇克繼續在《紐約》雜誌堅稱，「我從來沒有參加茶黨活動。甚至沒有任何一個代表茶黨的人來和我聯絡過。」[02]網絡媒體《野獸日報》（*The Daily Beast*）採訪記者伊蓮・拉弗提（Elaine Lafferty）同情地問大衛，

《紐約客》說寇氏家族有參與，是真的嗎？他的反應是，「噢，拜託。」03

這種否認有助於形塑早期的論述，說茶黨運動是一般公民發起的業餘暴動，「群眾主義的新路線，在我們眼前轉移陣地了」，馬克・里拉（Mark Lilla）在《紐約書評》（*The New York Review of Books*）中寫道。04全國公共廣播電台在報導中，把茶黨成員形容為是被「民主黨、共和黨、全國辯論以及其他討厭的東西所激怒」，一群無黨派立場的普通人（everymen）。

印地安人太少

這些自發性政治騷動的報導不完全錯，但是距離全貌還很遠。首先，茶黨在美國政治上並不是「新路線」。它的規模並不尋常，但是歷史顯示，類似的反動勢力曾經攻擊過小羅斯福以來幾乎每一位民主黨籍總統。早期由企業資助的右派運動，從自由聯盟（Liberty League）、約翰伯奇協會到史凱菲的阿肯色計畫，都曾把民主黨總統稱為叛徒、篡位者，以及威脅憲法。不

06 譯者注　一七七三年，美國還是英國殖民地期間，英國因為戰爭而債台高築，並在美國推動一系列的加稅行動，茶黨運動就是當時一件為了抗稅而發生的群眾運動，後來導致更大的獨立運動。

07 作者注　芬克對《威奇托鷹報》及《佛姆報導》（*Frum Report*）的提姆・馬克（Tim Mak）做出這項辯駁。他承認寇克被問過是否能資助茶黨，但是運動份子的提案沒有一項能達到他們的標準，他們要求目標必須明確、要列出可計算的時程，以及可茲比較的評判標準。

可否認，許多茶黨示威活動也沾染了種族憤恨情緒，這也是美國政治長久以來不光采的老套故事。茶黨被形容為無黨派，也是不準確的。《紐約時報》民調顯示，超過四分之三的支持者被指認為共和黨籍，剩下來的大多數人則是覺得共和黨不夠共和黨。最後，雖然許多支持者可能是政治生手，但是這場表面上反菁英的叛亂，從一開始就是由政治菁英老手出錢資助、煽動與籌畫。更仔細檢視，哈佛政治學家提達・史寇克波（Theda Skocpol）以及博士生凡妮莎・威廉森（Vanessa Williamson）在他們合著的二〇一二年書籍《茶黨與共和黨保守主義的再製》（*The Tea Party and the Remaking of Republican Conservatives*，書名暫譯）指出，茶黨運動是「群眾叛亂……由企業界的億萬富翁（例如寇氏家族）提供資金，由過氣的前共和黨中心人物例如阿彌帶頭領導，並且由富裕的媒體名嘴例如貝克及西恩・翰那提（Sean Hannity）不斷宣傳。」05

街頭劇場的幕後是這個國家中最有錢的企業家，從一九七〇年代以來就費盡心思建立「反建制」的組織，如今把社會動盪不安視為良機，終於有機會能夠動員大眾來支持他們自己的目標。正如經濟學家巴特利特所說，「整個自由意志運動的問題是，酋長太多，印地安人太少（按：指策畫的人多，追隨的人少）。實際上的人，例如選民，根本沒有人真的在乎。所以寇氏家族面臨的問題，是要促成一個真正的運動。」他說，茶黨的出現，「大家突然第一次看到，哇，有印地安人耶，這些人才能提供真正的意識形態力量。」他說，寇氏家族於是立刻開始「試圖形塑與掌控，並把群眾暴動的力量導向他們自己的政策。」06

事實上，在山德利的咆哮之前，還有一些富裕盟友多次努力煽動反政府的反抗勢力，他們也經常延續並利用波士頓茶黨的形象。這段歷史要回溯到幾十年前，從查爾斯・寇克在一九七〇年代晚期為自由意志革命擬訂藍圖，到芬克在一九八〇年代提出「社會變革的結構」三階段計畫。到一九九〇年代，由寇氏家族及少數親近人士所資助的非營利「草根」倡議團體，開始刻意推動反稅的茶黨主題。但是早期的努力就像巴特利特說的，沒吸引到什麼人。

一九九一年，健全經濟公民協會宣傳的是，在北卡羅來納州的羅利，大力「復興波士頓茶黨」，目標是抗議增稅。出席者當中，施壓的企業人士甚至差一點多過一小群穿著革命戰爭、山姆大叔及聖誕老人道具服的抗議人士。接下來那一年，健全經濟公民協會投入另一個計畫，再次上演茶黨的抗爭。這次是由菸草公司為了對抗香菸稅而祕密資助的活動，但在暗助曝光之後取消計畫。二〇〇七年，健全經濟公民協會分裂了。寇氏家族的新組織美國繁榮，試圖上演另一次茶黨的抗稅行動，這次是在德州，結果又是個空包彈。儘管如此，歐巴馬當選、經濟崩潰之時，這個政治機器的基礎已經到位，還有一個有薪水的社運專家所組成的網絡，以成立表面上傳承殖民時期精神、假裝擁有大眾支持的「人工草皮」組織。

歐巴馬要對抗的是新形態的永久造勢活動，它的起點不是政治人物，而是由能夠運用財富來資助其私人事業的企業家發動，因此在起點破壞選舉結果的這個目標上顯得成效卓著。所謂的外部資金（outside money），也就是在參選活動之外的個人及團體所花的錢，在歐巴馬時代大量增加。大家的注意力多半放在這些花費有多少是投注在選舉中，卻很少注意到這些威力強大的外部資金，是如何影響到這個國家的治理方式。這些支出大部分從來不曾被揭露。但是，就如同寇氏家族的政治隊長芬克，於二〇一二年對《威奇托鷹報》誇耀，「我認為歐巴馬執政時代真正發生過的一件事是，他們每搬動一顆石頭，就會看到有人反對，而且都是我們。」07

針對非選舉本身的外部花費，在二〇〇八年夏天遇到一次考驗。卡爾．羅夫（Karl Rove）是小布希幕僚，以布希的說法，羅夫是他二〇〇四年總統大選的「建築師」。長久以來，羅夫一直夢想著，在傳統的政黨掌控之外，建立一個由不受限制的私人財富所資助的保守派政治機器。他希望能號召各界的保守派金主，一起來組建一支能夠自給自足的民兵部隊，這支部隊能夠立刻行動，不必受到要求透明的法律限制，或是受到傳統造勢活動的責任追究。新聞網站《政治圈》（*Politico*）記者肯尼斯．佛格（Kenneth Vogel）指出，那年夏天，寇氏家族短暫參加過這個計畫的某個版本。他們的代表暗中與為其他巨富金主工作的政治操盤人會面，例如拉斯維加斯賭場大亨阿道森。有一個參加者說，理想目標是「一場永無止境的造勢活動。」08由於歐巴馬勝選，他們在失望之餘解散了這個團體。但寇氏家族和其他人再次重新集結。

正如已故的德州富豪哈洛德．席蒙斯（Harold Simmons）說的，他們學到的教訓是，下次必須花更多錢。席蒙斯從事槓桿收購而致富，他曾拿出將近三百萬美元給某個團體做電視廣告，試圖在二〇〇八年的總統大選中，把歐巴馬和一九六〇年代的激進份子比爾．艾耶斯（Bill

Ayers）連在一起。「如果我們當時廣告再放多一點，就可以把歐巴馬幹掉了。」他感到遺憾。[09]

歐巴馬上任時，股市下跌將近六千點，失業率上升到將近七%。就如同前參議員湯姆・達施勒（Tom Daschle）後來回憶道，「災難感節節升高。」[10]在這種有如經濟版九一一事件的氛圍中，歐巴馬希望得到兩黨的支持。他在之前的二〇〇四年，於民主黨全國大會（Democratic National Convention）的演講中宣示，「沒有所謂的自由派的美國，以及保守派的美國，我們就是美利堅合眾國！」或者他如此以為。

歐巴馬的億萬富翁對手不浪費任何時間給他享受蜜月期。歐巴馬宣示就任之後的四十八小時，美國繁榮就開始攻擊他的第一個重要法案，也就是《美國復甦與再投資法案》（American Recovery and Reinvestment Act），該法受到凱因斯的啟發，在公共支出與減稅上投資龐大的八千億美元，以刺激經濟。寇氏家族的倡議團體開始在全國各地籌備「援豬」（Porkulus，按：塞滿豬肉的刺激經濟法案）集會，嘲弄公共支出是臭掉的「豬肉」。這個詞是羅許・林波（Rush Limbaugh）發明的。合理的設想是，寇氏家族太忙，沒時間去盯這種瑣事，但是一個曾在他們圈子裡的人士指稱，「他們要它（美國繁榮）去做的事，它沒有多做，也沒有少做。」[08]「援豬」示威活動一開始沒什麼人參加，於是就變成茶黨的彩排活動。

美國繁榮隨即推出「不要刺激方案」（No Stimulus）活動，這是一波反歐巴馬的媒體活動，並請來那年一月在寇克高峰會上的明星：南卡羅來納州的參議員狄敏特。這個團體也設置了網頁，以播放電視廣告並推出連署，並宣稱收到五十萬人的簽名，目標是阻止國會通過歐巴馬的刺激經濟法案。它宣稱，「我們不能把通往繁榮的路給花掉」。這項法案成形時，該團體寄出一封措辭嚴厲的信給國會的共和黨議員，要求他們對該項支出法案投下反對票，不管新的執政團隊是否會提出任何妥協或修改。

這項攻擊反映出查爾斯・寇克信仰的修正主義，他認為政府干涉經濟正是造成上一次經濟大衰退的原因。「銀行家、股票經紀人、企業家」，他說這些人被罵錯了。⓫真正的壞蛋是胡佛和羅斯福，他認為這兩個人是危險的自由派份子。以他的觀點，哈定與柯立芝的經濟政策都被抹黑了。柯立芝曾經說過一句名言：「美國的事業就是做生意」。查爾斯說新政只會「讓經濟持續衰退，而且惡化」。[09]歐巴馬選上不久，查爾斯給公司裡七萬多名員工，寄出一封包含「歷史課」的通訊文章，基本上是重申他在自由學校裡被教導的強盜貴族式修正主義。他也動員寇克章魚這個觸角龐大的網絡，包括二〇〇八年由他資助的三十四個公共政策及政治組織。相對來看，在小布希執政時代，這些團體則是沉寂而沒有活動的。

寇氏家族資助的智庫以及與他們結盟的金主網絡，例如卡托研究院、傳統基金會、史丹福大學裡的胡佛研究所，有六個在這些機構擔任正式職位的人參加寇氏家族的年度研討會，他們開始發表研究論文、發布新聞稿，以及投書於報章雜誌，反對歐巴馬的振興方案。許多研究案後來被較無偏見的專家質疑。例如，喬治梅森大學的莫卡特斯中心發表一篇論文，宣稱振興資金並沒有公平發放，大多發放在民主黨選贏的區域。最後作者被迫修正論文，但是在修正之前，就已經被林波引用，並貼上標籤說歐巴馬的計畫是「行賄資金」，福斯新聞及其他保守派媒體也呼應這種意見。

這些拿人錢財的說客形成了全國的回音室。美國繁榮的政策副總裁菲爾．柯本（Phil Kerpen）是福斯新聞網站的供稿人。另一個任職美國繁榮的華特．威廉斯（Walter Williams）是喬治梅森大學經濟學約翰歐林講座的傑出教授，經常在林波的廣播節目擔任代打主持人，這個節目據稱有二千萬名聽眾。

有些保守份子堅稱，茶黨運動和富裕金主沒有關聯，他們引述柯里．卡倫德（Keli Carender）的例子，表面上他是單兵作戰的西雅圖社運份子，他在山德利咆哮後一週，發起

---

08 作者注　例如，舒爾曼報導寇氏兄弟在美國繁榮這個組織涉入甚深，他們雇用外部的政治操盤手來操作該組織的廣告。Schulman, *Sons of Wichita,* 276.

09 作者注　查爾斯．寇克的對新政的輕蔑，請見 Charles Koch, “Perspective,” *Discovery: The Quarterly Newsletter of the Koch Companies,* Jan. 2009, 12.

「援豬」示威活動。然而，卡倫德是從林波那裡借用「援豬」一詞。同時，播送林波廣播節目的系統業者頂級網絡（Premiere Networks），也從傳統基金會收取一年約兩百萬美元的可觀費用，以訪問該智庫對許多議題的看法，藉此傳播這個資金雄厚的基金會所欲傳達的訊息。[12]

指控剛起步的歐巴馬政府瀆職的訊息持續曝光，因此掀起社會大眾的憤怒，並為國會中的共和黨提供有用的軍火，他們確實需要各種能夠得到的協助。歐巴馬總統任期剛開始時，由於共和黨在二〇〇八年大選慘敗，一般認為他們若還想保有存在感，唯一的希望就是和歐巴馬達成協議，因為當時他受歡迎到得罪不起。然而，那些期待會有妥協的人，包括總統本人以及他的高階幕僚群，並沒有留意到共和黨內部日益強化的極端主義。

我們還不夠保守

出身維吉尼亞州里奇蒙的律師艾瑞・坎特（Eric Cantor），當時正要執掌眾議院少數黨的黨鞭，甚至早在新國會開議前，就在他的華盛頓公寓裡舉辦過一場不公開的籌畫會議，會中他對幾個親信盟友表示，「我們不是來談協商、搶些碎屑來吃，然後接下來四十年都待在少數黨。」[13]他主張共和黨必須開戰。他們必須聯合起來反對所有歐巴馬的提案，不可以讓他有任何一次在兩黨都得勝的機會。這個團體裡面包括他的副手凱文・麥卡錫（Kevin McCarthy）。

該團體自稱為青年槍手（Young Guns，按：這也是一部西部槍戰片片名，片名中譯為《少壯屠龍陣》）。他們採用的阻撓策略，讓共和黨得到一個暱稱：什麼都說不的政黨（the Party of No）。

二〇〇九年一月，共和黨議員第一次舉辦正式的領袖研習營，他們選擇的範本是塔利班（Taliban）。德州眾議員彼得・沙遜斯（Pete Sessions）是共和黨眾議院社運委員會的新任領袖，他以聲名狼藉的阿富汗伊斯蘭極端份子為例，說明如何發動「不對稱戰爭」。他對同僚說，國家此刻也許處於經濟危機，不過他們被選出來並不是為了治理。在安納波利斯的飯店中，他用幻燈片演講展示並詢問同僚，「**如果多數黨的目的是治理……那我們目的是什麼？**」**他的答案很簡單：「少數黨的目的就是成為多數黨。」**他也強調，這個目標就是「整場會議的任務。」[14]

約翰・貝納（John Boehner）是新任的少數黨領袖，他本人並不是青年槍手的一員，但越來越清楚的是，如果他不向他們屈服，他們可能會把他撤職。當權力從政黨移轉到外部資金手上，而許多提供資金的金主比大部分當選的公職人員還要極端時，中間溫和派就得要擔心從自己右腹來的主要挑戰及內部打擊。

出身俄亥俄州的史蒂芬・勒托雷（Steve LaTourette）長期以來是共和黨溫和派眾議員及貝納的好友，他解釋，「以前很少有人和自己黨內的現任公職作對。但現在，外部團體（outside group，按：指在政黨外部、不受指揮的團體）的錢讓這些人有膽量和現任公職作對。」他把外部金主形容為「可能拿兩隻手的手指頭數，就數得出來的一小群、擁有不尋常影響力的有錢人。其中一、兩個可能是那種高中時在襯衫口袋放筆插、挖鼻孔的傢伙，但是現在他繼承了四千萬的家產，而且輪到他當家了。他們一旦有機會投入大量的金錢，就能得到不成比例的影響力。現在不再是一人一票了」，他嘆了一口氣說，「一切都是錢。其他的都沒有用了。」[10]

勒托雷說，歐巴馬當選後，他參加共和黨第一次黨團會議時很錯愕，「我們為什麼會選輸？這個問題提出來之後，這些傢伙的答案是，『因為我們還不夠保守。』可是啊，我看看數字，我們流失了更多中立選民的票啊！」但是像他這種溫和派的下場就是被凍起來了。他深感挫折，就退休成為遊說人士，創辦一個專為對抗自己黨內極端派的組織。「我離開」，他說，「是因為我很討厭那樣，我再也無法忍受了。我在那裡十八年，我很清楚這是近身肉搏的競技，但是，無論是交通運輸還是學生貸款，總有些事你不用想就會去做。現在你什麼事都做不了。有些人就是不要政府做任何事。」他結論道。

葛蘭瓦德說過一件軼事，共和黨領導階層對該黨眾議院成員表示，正如該黨眾議院撥款委員會的傑瑞．路易斯（Jerry Lewis）所說，「我們不玩。」（We can't play）民主黨籍的眾議院撥款委員會主席戴維．歐貝（David Obey），對於共和黨的不合作態度非常憤怒。「他們從一開始就講明」，他說，「不管你要做什麼，我們就是不會幫你。我們會袖手旁觀，大發牢騷。」[15]

共和黨當然是以不同的眼光看待這件事。他們指控歐巴馬過於黨同伐異，並在某次劍拔弩張的答詢中，炫耀選民授與他的權限，慍怒地提醒坎特，「選贏的人是我！」在路易斯看來，民主黨是自大又沒雅量，還作威作福。

儘管如此，歐巴馬繼續尋求兩黨的支持。歐巴馬和希拉蕊所謂「右派的大陰謀」的交手經驗很有限。他擔任伊利諾州參議員才五年就到了白宮。結果顯示他過於不切實際，自信能夠像以前編輯《哈佛法學評論》（*Harvard Law Review*）那樣化解黨派積怨。因此當他接到眾議院共和黨黨團會議貝納等人的邀請，到國會山莊就刺激方案向他們諮詢時，歐巴馬接受了，媒體也大肆報導。

一月二十七日，第一次總統車隊出行，歐巴馬坐進防彈轎車朝向國會山莊行駛。專門只和共和黨開會是不尋常的，這就好像總統來到他們的地盤遊說。但是，歐巴馬政府承諾過，要捐棄狹隘的黨派之分。事實上，歐巴馬的經濟顧問認為，他們是為了取得共和黨的支持而量身訂做了刺激經濟計畫，因此其中有三分之一是減稅措施。這項妥協使自由派震驚不已，並提出警告，說政府支出比減稅更能振興經濟，而且整體刺激經濟的支出金額還是太少，無法真正使經

---

10 作者注 作者採訪史帝芬．勒托雷，他於二〇一二年會期結束後退休。

濟再度運轉。歐巴馬雖然做出讓步，但在國會山莊的會議，還是一場喪盡尊嚴的災難。新聞透露，他抵達會場報告計畫、尋求支持之前沒多久，眾議院的共和黨領導階層已經指示幹部要投反對票。歐巴馬在那裡對著一整間緊閉心房的人說話，之後他面對聚集的媒體採訪，看起來身受重傷，而且兩手空空。

「非常驚訝」，歐巴馬的長期政治顧問亞斯洛（David Axelrod）後來承認。「我們的感覺是，我們處理的是一場潛在的災難，其中很大一部分需要相互合作。如果有什麼訊號代表未來兩年會是什麼樣子，那就是它了。」⓰

隔天早晨，《紐約時報》及《華爾街日報》的讀者打開報紙會看到，卡托研究院買下了整版廣告，這是查爾斯·寇克創立的智庫，由大衛·寇克擔任董事。廣告直接挑戰歐巴馬的可信度。它引述歐巴馬的話「我們需要政府採取行動——這件事沒有人反對，復甦計畫將有助於經濟再度運轉。」廣告用大型粗黑字體反駁，「恕我直言，總統先生，這不是實話。」這份宣言由兩百零三個人簽署，許多人的事業是靠寇氏家族、布拉德利基金會、約翰歐林基金會，以及其他右派家族的資金捐款補助。

歐巴馬的白宮副新聞祕書博頓如今回首過去，執政第一個月遇到阻礙的程度，完全是一場震撼教育。「他們這麼早就開始對付歐巴馬了」，他遺憾地回憶道。「我們不只是還沒有答案，根本連要坐在哪裡都不太清楚。白宮前任主人剛離開的座椅還在旋轉呢。」博頓想起當時執政的天真，搖搖頭。「那時候沒有人知道會是這樣。」[11]

他說，特別是「我們沒有真正看到外部資金那股威力，一直到他選上之後。然後他首先要做的、他唯一能做的一件事，就是花下幾兆又幾兆美元，通過刺激經濟法案一，然後是刺激經濟法案二，然後是TARP，然後是汽車業緊急融資。右派財閥真的是被餵得飽飽的。他們趁著民眾對這些支出方案不滿而大撈一筆。」他承認，「沒有人知道寇氏家族或阿彌就在那裡。」

他回憶，歐巴馬上任兩個月之內，政治環境就改變了。「一月時，我們和共和黨談一項完全基於中間路線的復甦方案」，他回憶。「當時的主流經濟觀點是，這場大災難的規模需要大量的經濟支出。我們去問共和黨的意見，取得對方的合作。眾議院裡各路成員都寫信來衷心地表達想法。有個地位很高的共和黨眾議員甚至建議蓋高鐵！但是到了二月上旬，情況開始轉變了。沒有人再寫信來。他們對任何支出計畫全都表示懷疑。」參議員狄敏特是寇氏家族反刺激運動的代表人物，他的發言一開始就宣示，「我非常喜歡歐巴馬總統。」然後他稱刺激法案是「價值幾兆的社會主義實驗」，是「一百年來國會審理過最糟糕的經濟法案。」博頓說，「在歐巴馬上任六週內，狄敏特就說，他只會是『一任總統』。」

11 作者注　作者採訪博頓。

二月十七日，歐巴馬簽署了《復甦法案》（Recovery Act），在國會勉強通過時僅得到共和黨參議院三票、眾議院零票。五年之後，芝加哥大學的全球市場倡議（Initiative on Global Markets）選出美國首屈一指，而且包含各種意識形態的卓越經濟學家進行調查訪問⑰，結果發現，學者幾乎一致同意，《復甦法案》達到降低失業率的目標。接受調查的三十七位經濟學家中，只有一個不同意。華盛頓共和黨普遍堅持的自由市場正統派信仰，完全與理性的專業知識背道而馳，然而極端份子幾乎占了上風。歐巴馬的對手迫使執政者採行的刺激方案，規模比經濟學家認為的必要方案小得多，因此削減了復甦程度。由外部資金資助的極端對手，在歐巴馬就任總統的一個月之內，就已經讓他身受重傷。簽下刺激經濟法案隔天，歐巴馬宣佈七百五十億美元的房貸紓困計畫。

隔天早上，山德利發出咆哮，隨即迅速蔓延。彙整新聞的保守派麥特．楚拉吉（Matt Drudge），在他的網站上一個旋轉的紅色警示燈下放連結，對該站每天的三百萬讀者，推銷激動人心的政治緊急事件。

幾小時之內，另一個網站 TaxDayTeaParty.com 就在網絡上出現，以茶黨標籤散播反對聲浪。⑱該網站的網域名稱是由艾瑞克．歐登（Eric Odom）註冊，他是一個住在芝加哥的伊利諾州自由黨青年黨員。直到不久之前，歐登都是在為山姆亞當斯聯盟（Sam Adams Alliance）工作，它的執行長與寇氏家族長期以來都有密切關聯。山姆亞當聯盟的怪事又是另一個案例，說明這幾年以來，在少數有錢理論家資助下所建立的地下政治基礎設施。

「我們不會閉嘴的」

這個位在芝加哥的避稅機構，名稱取自一七七三年波士頓茶黨運動人物山姆・亞當斯。雖然團體名稱取自開國先祖，但該組織執行長是個威斯康辛州投資人，名叫艾瑞克・歐基夫（Eric O'Keefe）。大衛代表自由黨競選副總統時，歐基夫就擔任年輕志工，而開始參與寇氏家族的事業。歐基夫最後成為自由黨全國主任。然而就像寇氏家族一樣，到了一九八三年，他已經轉而從其他方式來推廣自由市場的基本教義，並經常參與寇氏家族的金主高峰會及其他事業，和寇氏家族一起聯手使力。歐基夫從孩提時代就受到《華爾街日報》及保守派讀書會（Conservative Book Club）影響，如同《華盛頓郵報》指出，他「有錢。家裡本來就有一點錢，做投資又賺進更多，這讓他能夠貢獻幾十年的時間，進行一連串具有企圖心的政治聖戰，但幾乎全都失敗。」

山姆亞當斯聯盟的創辦人，據說是個逐漸禿頭、在公開場合很害羞、在布魯克林出生的不動產大亨，名為郝沃德・瑞奇（Howard Rich）。[19]人稱郝威（Howie）的瑞奇也一直參與寇氏家族的好幾個極端政治事業。他早年曾讀過海耶克及傅利曼的作品，並留下深刻印象，後來持續支持贏面不大的自由意志理想，並一邊靠買賣曼哈頓、德州、北卡羅來納州的公寓大廈而累積財富。歐基夫及瑞奇兩人都在卡托研究院的董事會，與大衛一起擔任董事。他們和查爾斯也有多年交情，這個交情時好時壞，但已經好到可以把查爾斯擔任董事會主席的喬治梅森大學人道研究所中，三十幾個得到查爾斯寇克獎助金的研究員，派到山姆亞當斯聯盟參加暑假實習工作。

幾十年來，這個富裕且緊密的小圈子，一直試圖推進他們熱切擁護的自由意志思想，而且幾乎都是在一層一層外圍團體的掩護下祕密進行，這樣他們的角色才不會被偵測到。尤其是瑞奇，簡直可以與魔術師胡第尼（Houdini）變的戲法相比，能夠把他的角色隱藏在好幾個改名又變形，而且互有關聯的組織裡。[12]他不上媒體或與對手辯論，所有邀訪一律拒絕，[13]直到茶黨運動。然而結果卻令人失望。瑞奇的長期政治夥伴歐基夫承認，「我三十二年來的投入，是長期而昂貴的教訓，全是挫折。」[20]

這個團體早期的一項政治作為是，在一九九〇年代初期，有一次企圖暗中策畫讓選民投票批准限制國會任期。當時民主黨在國會的人數比較多，專家認為，任期限制對民主黨不利，而且也會強化有錢外部人士的勢力。就像後來的茶黨運動，支持任期限制的人形容其運動是自發性的草根運動，是因為群眾對根深蒂固的權力深感憤怒。加州謠傳，在一九九二年，公民投票決定是否要實施國會任期限制時，背後有寇氏家族的力量作祟，但發言人否認他們有任何直接涉入的行為。但是在公投成功之後，《洛杉磯時報》發現，真正的組織者及許多資金的源頭，是一個由瑞奇和歐基夫經營的祕密團體，叫作美國任期限制（U.S. Term Limits）。[21]還有一些關聯指向寇氏家族。芬克被報紙媒體詰問時，承認他們確實提供「種子基金」。

同樣的，在一九九一年，華盛頓州的國會任期限制投票動議差點就通過，直到《紐約時報》揭露，與寇氏家族拆夥、態度不敬的自由意志派理論家羅斯巴德爆料，「在『草根』運動背後，有寇氏家族的深口袋」。[22]該報發現，支持者盛讚「如火如荼的群眾運動」，事實上是自稱為國會改革公民協會（Citizens for Congressional Reform）這個華盛頓團體的產品，該團體是大衛・寇克投入幾十萬美元成立的。[23]大衛在角色曝光之後說，「我點燃火花，大火就自己燒起來了。」[24]不過，煽風讓火燒起來的是他的支票簿。他的團體貢獻了將近四分之三的活動預算，付錢給專業的簽名收集人去收集足夠的姓名，讓這項議題能付諸投票。

最後，最高法院判決聯邦任期限制違憲，這項運動在國會層級被永遠封殺，但卻擋不住資助者運用冒牌群眾的慣用手法。

自由意志主義的資助者繼續嘗試，至少要買下大眾支持的光環。二〇〇四年，寇氏家族新

12 作者注 案例請見 Russ Choma, "Rich Rewards: One Man's Shadow Money Network," OpenSecrets.org, June 19, 2012.

13 作者注 我數次試圖聯繫請他發表意見，都沒有回音。

組成的倡議團體美國繁榮，首先推展的一個事業就是激進的反稅措施，稱為《納稅人權利法案》（Taxpayer Bill of Rights）。這項措施嚴格限制國家立法者，增稅必須先得到大眾公投同意。這個團體選擇了堪薩斯州作為推動此項法案的第一個戰場，因為寇氏家族在家鄉正在對抗一項增稅提案。雖然大眾對私下資金挹注十分反感，但該團體還是花大錢投放電視廣告，最後打敗了增稅提案。

兩年之後，二〇〇六年，瑞奇創立並營運一個團體：美國小政府協會（Americans for Limited Goverment），花了八百多萬美元推動各式各樣的法案，其中有一項是，房屋所有人若因土地使用法規而導致不動產受到衝擊，可以要求政府賠償。支持者再度宣稱，已經得到廣泛的草根支持。但是公共誠信中心的調查顯示，事實上這個組織九九%的經費來源，只有三個金主，而且都不透露身分。但即使花了這麼多錢，這個極小眾的反政府措施，仍幾乎在每一個地方都沒有投票通過。[25]

不久之後，瑞奇的團體因為沒有提出財務證明，而被伊利諾州政府吊銷公益執照，該團體在二〇〇六年關閉芝加哥總部，搬到維吉尼亞州菲爾法克斯，瑞奇旗下還有好幾個非營利組織設在那裡。同一時間，該團體本來在芝加哥的地址則冒出一個可抵減稅額的新團體，稱為山姆亞當斯聯盟。

歐基夫本來在支持小政府美國人協會擔任董事，現在則成為新組織的董事長及執行長。

「我們不會閉嘴的」，之前在威斯康辛州，因為違反選舉財務法規而遭到調查時，他如此發誓。[26]稅務紀錄顯示，那年山姆亞當斯聯盟的資金，大約八八%來自一個不透露身分的神祕金主，捐了三百七十萬美元。

二〇〇八年夏天，歐巴馬距離總統大位越來越近，山姆亞當斯聯盟的歐登開始實驗一些網絡傳播方式，後來在組織茶黨運動時派上用場。[27]他嘗試使用推特，在華盛頓眾議院鼓動了一群右派的快閃暴民。他的朋友、二十八歲的部落客羅伯·布魯伊（Robert Bluey），形容自己是「巨大右派陰謀的正式成員」[28]，兩人成立了他們所謂的不要走（DontGo）運動，發送推特訊息要求眾議院民主黨領袖，將離岸石油及天然氣鑽探的法案排上投票議程，否則共和黨在夏天休會時就拒絕回家。[14]

推特的實驗相當成功。那年八月，保守派眾議員、石油遊說者、離岸鑽探支持者一起湧入眾議院，發起一項看似自發性的狂亂抗議活動。他們反覆喊著口號「不要走」以及「鑽這裡！現在鑽！」他們並沒有成功解除離岸鑽探限制，但這場暴亂的領導者之一、保守派共和黨籍亞利桑那州議員約翰·薛代格（John Shadegg），讚揚這場抗議是「二〇〇八年版的波士頓茶

14　作者注　整個夏天，石油與瓦斯價格達到高峰，能源產業大亨一直強力推動要擴大離岸石油鑽探，例如奧克拉荷馬石油與瓦斯公司德文能源董事長尼可斯，他也出席過寇氏兄弟的金主高峰會。寇氏網絡中好幾位成員包括拉斯維加斯賭場企業主阿道森、辛塔企業的法默、哈勃電視台的哈勃，都牽涉在內，資助贊成鑽探的外圍團體：美國解方（American Solutions），這個團體由金里奇經營。

黨」。

過了六個月，歐登在山德利咆哮之後，立刻重新啟動參與「不要走」活動的名單。他和布魯伊收集到幾萬個死硬保守派的聯絡方式，並號召他們採取行動。歐登也也和其他社運人士組成他所謂的全國茶黨聯盟（Nationwide Tea Party Coalition），包括阿彌所屬團體自由行得通，以及寇氏家族的團體美國繁榮。美國繁榮立刻註冊了一個網站，叫做納稅人茶黨（TaxPayerTeaParty.com），並利用分散各地的五十幾個職員網絡，策劃在全國各地發起示威集會。

這些操盤人在網絡上串連，訂下第一次全國茶黨示威的時間，二月二十七日。那一天，全國各地有十幾個城市舉行抗議活動。主辦者宣稱有三萬名參與者，但很多地方的群眾仍然稀稀落落。不過，四月十五日，在第二次全國「納稅日」（Tax Day）[15]的茶黨示威，人數增加十倍到三十萬人。

傳統基金會、卡托研究院及美國繁榮，負責提供演講者、話題、新聞稿，還有交通以及其他後勤補給支援。新聞網站《進步思考》（Think Progress）的部落客李方，第一個跳出來質疑，究竟這個運動是自發性的有機草根活動，或是人造的「人工草皮」。他表示，美國繁榮突然籌劃「從東岸到西岸」的抗議活動，而自由行得通似乎負責佛羅里達州的示威。[16]不是每個人都喜歡從上而下控制抗議活動。「美國繁榮惹惱了一些茶黨支持者」，自由意志派部落客班科回想。「這些人開車來、門一打開、穿上T恤，然後拍照傳給查爾斯說，『看到沒？我們用你的錢好好做事了。』」

《堪薩斯出了什麼事？》的作者湯瑪斯．法蘭克，二〇〇九年二月在白宮對面的拉法葉廣場，觀察早期的茶黨示威活動。「那很像是事先預謀好的」，他的結論是，「所有的慣行犯都到了，像自由行得通、『水管工人喬伊』，以及《美國觀察家》（*The American Spectator*）雜誌。還有一些人穿著美國獨立戰爭時代的服裝，舉著『別踐踏我』（Don't Tread on Me）的旗幟，裡面有真正的社運份子，也有少數的一般人」，他說。「它是保守派團體規畫好的活動。當時真的很明顯，那就是事先預謀的，是他們一手辦起來的。不過之後就動起來了。」法蘭克認為，「它本來就是來亂的。」不過他說，「對於像寇氏家族這樣的金主來說，這是個大成就，因為他們把自身的企業利益，成功轉變成街頭上的群眾運動。」[17]

寇氏家族還是聲稱沒有涉入。曾在雷根政府工作的忠貞老手佩姬．費納堡（Peggy Venable），從一九九四年開始就是德州的有給職黨工，她成為美國繁榮德州分部主任，並大

15 譯者注　美國的報稅截止時間是四月十五日午夜十二點。

16 作者注　李方早期的報導質疑，茶黨是否為華盛頓製造的「人工草皮」運動，為了吸引媒體注意而鋪路。他的第一篇大型報導是"Spontaneous Uprising?," *ThinkProgress,* April 9, 2009.

17 作者注　作者採訪湯瑪斯．法蘭克。

談她在運動中的角色。「茶黨還沒有紅起來之前，我就是一員了！」她在一場寇氏家族資助的政治活動捍衛美國夢（Defending the American Dream）與人交談時表示。茶黨運動開始時，她形容美國繁榮如何協助「教育」社運份子，以瞭解政策細節。她說，在示威之後，他們對支持者提供所謂的「下一步驟訓練」，這樣一來，他們的政治能量才能夠「較有效率」地傳遞。這個組織也提供一份議員名單，交給憤怒的抗議者去鎖定對象。費納堡的發言沒有經過寇氏家族公關代表的確認，她開心地說到寇氏家族，「他們當然是我們的人。大衛是我們董事會的主席。我當然見過他們，而且我非常感謝他們所做的一切。」她補充說，「我們喜歡茶黨做的事，因為那就是奪回美國的方法！」[18]

費納堡在高峰會上讚美好幾個茶黨的「公民領袖」。美國繁榮德州分部頒發年度部落客大獎給一個名叫喜碧兒．韋斯特（Sybyl West）的年輕女士。她在她的網站上形容歐巴馬是「癮君子的頭頭」，並懷疑總統展現出「瘋魔附身」（也就是思覺失調症等）症狀。」

在高峰會的午宴上，費納堡介紹了德州政府法務長、後來成為參議員的泰德．克魯茲（Ted Cruz），他對與會者說，歐巴馬是「有史以來橢圓辦公室裡最激進的總統」，而且對選民隱藏了他的祕密目標──「政府要掌控我們的經濟和我們的人生」。克魯茲說，對抗歐巴馬是「我們這一代最偉大的戰役！」與會者站起來歡呼，他還引述德州人在阿拉莫之役的反抗名言：「不是勝，就是死！」[19]

歐巴馬・賓拉謊

早期沒有一個組織比自由行得通的角色更重要，這個組織就像美國繁榮的遠親，是由菲力浦莫里斯這類公司，以及史凱菲這樣的億萬富翁提供資金。「我會說，茶黨開始時，自由行得通比任何人更能把它推展成有效的運動。」阿彌說。

回首過去，阿彌特別把功勞歸給一個年輕幕僚布蘭登・史坦豪斯（Brendan Steinhauser），他是該組織全國及聯邦活動的主任，是他在山德利咆哮之後立刻設了網站，提供給支持者各式各樣實際建議。網站推薦他們如何計畫示威遊行及抗議哪些議題，歐巴馬的刺激支出列在目標名單最前面。他也建議口號和標誌，並資助全國各地超過五十個茶黨運動份子，每天開會一次以協調大家的行動。自由行得通提供九個專業人員協助這個行動。阿彌回憶道，剛開始時，「自由行得通裡的其他人都在取笑史坦豪斯，因為他和發現自由行得通網站的人，花了好幾個小時在講電話。」[20]但是，阿彌形容，史坦豪斯如何把這股未成形的憤怒，組織成一個大型的政治運動。「他告訴他們要怎麼做。他訓練他們。如果不是自由行得通，茶黨運動不可能有進

---

18 作者注 作者採訪佩姬・費納堡。

19 譯者注 一八三六年，德州脫離墨西哥統治而發起獨立戰爭，德州義勇軍遭墨軍圍困於阿拉莫後被全數殲滅。

20 作者注 作者採訪阿彌。

展。」阿彌後來說。

由於阿彌自己就是華盛頓內部人士，這戳破了茶黨運動是反菁英的想法。阿彌在國會的資歷有十八年，據說一年拿七十五萬美元在DLA派普法律事務所（DLA Piper）做遊說工作，這個事務所是好幾個企業客戶的代表人，例如製藥業巨人施貴寶（Bristol-Myerd Squibb）公司。億萬富翁支持者是很有用處的，他們組織初期的茶黨運動，並下指導棋，沒有這些支持，可能就會像占領運動（Occupy movement）[21]那樣把能量浪費了。而抗議者回報給億萬富翁的東西，即使是富翁也不容易買到——為他們的理想提供合法性所需要的民眾支持。就如阿彌所說，「好幾年來，我們一直都是自己在做這件事。從我們的觀點看來，這就好像騎兵隊前來馳援。」

後來被揭露的是，自由行得通本身就雇了幫手。這個避稅組織悄悄與福斯新聞網主持人貝克訂下協議，這位煽動性很強的右派主持人當時是茶黨的超級明星。貝克年收入高達一百萬美元，他讀了自由行得通職員所寫的「置入性內容」，告訴他現場要講什麼，他就把這些推銷材料無縫接軌到他的獨白中，聽起來像是他自己的意見。在自由行得通的稅務揭露中，這項安排被描述為「廣告服務」。

「我們認為，如果適量使用這種手法，會是很好的工具，不過他們後來就邁開大步了」，阿彌回憶那項安排。「但他們不讓運動人士和支持者知道」，他指稱。「他們創造的假象是，他們很重要，重要到這個運動的指標及英雄人物竟然在讚美他們。他們不是贏得媒體注意，根本就是付錢給媒體來注意。」[22]

貝克的觀點受到克里昂·史考森（W. Cleon Skousen）的影響，這個非主流理論家的政治偏執也啟發了約翰伯奇協會。㉙貝克的聽眾每天大約兩百萬人，可以說是以全新的規模，傳播早期保守派極端份子例如佛雷德·寇克的觀念。法蘭克·朗茲（Frank Luntz）形容，這個影響是歷史性的。「山德利的咆哮敲醒了中上階級以及投資人階級，而貝克敲醒了其他所有人。貝克的節目創造了茶黨運動」，他並補充，「開始於二〇〇九年納稅日，然後在七月的市政廳會議中爆發。三個月內就能創造一個大型的群眾運動。」[23]

另一個原因是，歐巴馬極為厭惡對抗及煽動修辭，因此他說到華爾街時還算矜持，不像羅斯福在第一次國情咨文演講時，為經濟大衰退而怒罵「金融交易商」，歐巴馬的公開談話完全被淡化了。才不到幾週，批評者認為他已經把群眾披風拱手讓給他的茶黨對手。「在群眾激烈的反彈氣氛中，他讓右派對輿論定調」，朱迪斯在自由派雜誌《新共和》（*New Republic*）雜

21　譯者注　二〇一一年九月十七日開始，發生在華爾街的抗議集會活動，主要訴求是抗議貧富差距與失業率，後來蔓延到五十多個城市。

22　作者注　作者採訪阿彌關於付錢給貝克的事，也見於 Vogel and McCalmont, "Rush Limbaugh, Sean Hannity, Glenn Beck Sell Endorsements to Conservative Groups."

23　作者注　作者採訪法蘭克，朗茲。

誌發表觀察。[30]

雖然史坦豪斯努力監控出現在茶黨標誌中的種族主義及其他仇恨言論，但歐巴馬上任兩個月之內，街頭及公園裡的示威白人抗議者，就舉著「馬上彈劾！」以及「歐巴馬・賓拉謊」（Obama Bin Lyin）的標語。歐巴馬照片中的臉孔被修圖，看起來像是電影《黑暗騎士》（*Dark Knight*）裡的小丑（Joker），皮膚塗成白色、嘴巴寬到幾乎抵到耳朵、眼窩畫成黑色，像殭屍一樣死盯著「社會主義」這個字。有個營利性質的網絡社運公司抵抗網（ResistNet），在它的網站上播出一支名為「歐巴馬＝希特勒」（Obama = Hitler）的影片。二月二十七日的示威中，有個抗議者自稱屬於該團體，舉著標牌把國會裡的奴隸主及納稅人稱為「黑鬼」。歐巴馬的形象也被修圖做成原始的非洲巫醫模樣，鼻子還插了一根骨頭。

寇氏家族的政治隊長芬克宣稱，這樣的種族主義行為讓他難受。[24]不過大衛・寇克呼應了這種只憑外表的論述，說歐巴馬因為外觀，立場偏向非洲人，即使他出生在美國，幼年就被肯亞的父親拋棄，主要是由美國籍的母親在夏威夷把他養大，直到成年都沒有踏上過非洲大陸。大衛後來接受保守派專家康帝納提訪問時，顯示他瞧不起歐巴馬，說他是「這個國家歷來最激進的總統」[31]，並認為總統的激進主義來自他的非洲背景。「他父親在肯亞是死硬派的經濟社會學家」，他說。「歐巴馬雖然沒有和他父親相處很久，但從我讀到的資料中，他顯然非常崇拜父親的觀點。因此他幾乎一輩子都被父親影響，而有點反商、反自由企業。這個例子告訴我們，能言善道的人可以達到什麼成就。」

本人就是黑白混血的博頓認為，「要了解歐巴馬和右派的關係，你不能不去考慮他的種族。這是所有人都不願意談的話題，但說真的，你不能否認的確有種族因素。如果他是白人，他們看待他的方式絕對不會是這樣。那種不敬的程度簡直破表。」

歐巴馬上任後第二個月底，《新聞週刊》刊登一篇諷刺的封面故事，指稱「我們現在都是社會主義者」，甚至地位很高的《紐約時報》也採用右派眼光看待歐巴馬，說他在美國主流之外。該報訪問總統時，詢問他是否為社會主義者。歐巴馬當場非常震驚，事後還和《紐約時報》聯絡，補上完整的回答。「我很難相信你是在認真問我是不是社會主義者」，他說，是他的前任共和黨總統布希，而不是「在我任內，開始買進一堆銀行股份。也不是在我任內，在毫無資金來源的情況下，通過重大醫療補助新適用辦法：處方藥計畫。」[32]

對付「歐巴馬健保」

當歐巴馬在經濟方面被當成箭靶，另一道攻擊火線也祕密吸引到許多富裕金主的注意力。

24　作者注　與芬克交談很久的消息來源，對作者表示他的想法。

寇氏家族一月份在棕櫚泉召開祕密高峰會時，這個團體裡的大金主肯屈克提出一個問題。她瀑布般的及肩僵硬髮型以及華麗珠寶，讓她看起來不像是個能煽動烏合之眾的人，但肯屈克是個敢言的律師，在幾十年前拋棄婦女運動，為極右派自由意志智庫、位於鳳凰城的高華德研究所（Goldwater Institute）擔任董事。她的丈夫肯恩是亞利桑那響尾蛇（Diamondbacks）棒球隊的共同老闆及管理合夥人，這對夫婦的財富十分引人側目。

厄爾．「肯恩」．肯屈克（Earl "Ken" Kendrick）出身西維吉尼亞州，開了一家提供電腦軟體給大學院校的資料電訊公司（Datatel），而賺了好幾百萬美元，接著買下德州的伍德佛瑞斯特全國銀行（Woodforest National Bank），這是一家私人銀行，二〇一〇年被控收取透支費用的高額利息，而被迫退款三千兩百萬美元，還要支付一百萬的民事罰款。33除了國家補助蓋響尾蛇體育館，並建設通向球場的公共運輸之外，肯屈克夫婦是經濟與社會方面的堅定保守派。歐巴馬的勝選把他們嚇壞了。他們是寇氏家族金主網絡的特許成員，至少給過一張七位數的支票。他們如此慷慨是有雙向好處的。他們支持寇氏家族喜歡的機構，例如喬治梅森大學的人道研究所及莫卡特斯中心。寇氏家族也支持他們在亞利桑那大學成立的「自由中心」（Freedom Center），哲學教授肯屈克就在該中心對大學生教授「自由」。

現在藍迪．肯屈克想要知道，這個團體計畫要怎麼做，來阻止歐巴馬徹底顛覆美國健保制度。她讀了前民主黨參議員達施勒在二〇〇八年的書《重症：我們該如何面對健保危機》

（*Critical: What We Can Do About the Health-Care Crisis*，書名暫譯），她因此有了警覺心。達施勒贊成普遍而全面的健保，她提出警告，達施勒這個主張可能反映了歐巴馬的思維。達施勒被認為將出任歐巴馬的健康及民眾服務部長[25]，如果新政府採用達施勒主張的計畫，她說這將會打擊企業、傷害病患，並導致他們此生所見最大的社會主義政府接管一切。她非常堅決必須阻止歐巴馬。但要怎麼做？

肯屈克熱情發言。她對政治和個人領域的議題都有興趣。她認為私人健康保險救了她，讓她在一次腿部意外後免於後半生困於輪椅。她之前本來被告知，由於患了罕見失調症狀而不能冒險開刀。不過著名的克里夫蘭醫學中心（Cleveland Clinic）有位專科醫生發現了成功的治療方式。她平安開完刀，現在是一對青少年雙胞胎的母親，而且很有活力。「藍迪相信，如果美國像加拿大或英國一樣，採行政府健保制度，她早就死了。」有位婉拒透露身分的朋友說。

這段見證非常有力，讓寇克研討會的金主們深深感動。不過，歐巴馬政府從來沒有提出像加拿大或英國那樣的政府健保。後來，曾治療肯屈克的克里夫蘭醫學中心連納醫學院（Lerner College of Medicine）的分子醫學教授唐納．賈克伯森（Donald Jacobson）回憶，她是個慷慨的金主，但是她認為歐巴馬健保計畫會威脅到她所接受過的治療，賈克伯森則說那是無稽之談。

---

25 作者注　達施勒被任命擔任兩個職務，一是健康與民眾服務部長及白宮健康事務指導者，但二月初因未繳稅款爭議而被迫退出。

「我可以向你保證，『歐巴馬健保』完全不會減損我們的研究努力」，他說。「但是，右派保守份子以及他們茶黨同僚的祕密作為，已經阻礙了醫學研究的進展。國家衛生研究院在苦撐，所有研究者都很難得到經費。你不能責怪《平價健保法案》（Affordable Care Act，按：又稱歐巴馬健保法案），但你一定可以責怪共和黨。」

儘管如此，肯屈克發表完她情緒化的故事之後，根據兩個熟悉那次聚會的消息來源說，寇氏家族古怪地沉默著。寇氏家族當然反對任何政府的社會計畫擴大，包括任何可能的普遍性健保計畫。但是，該消息來源說，他們還沒有去詳加研究這個議題。他們認為，為了捍衛自己的權益，健康照護產業會出來作戰，因此他們沒有想過需要涉入。不過，歐巴馬政府已經和許多健康照護產業談好協議了，也贏得很多支持。「他們在這方面的議題，並沒有準備好」，其中一個消息來源說。

儘管寇氏家族後來有個名聲是反對歐巴馬健保案，但事實上是肯屈克而不是寇氏家族首先帶頭走上這條路。她以及其他幾位千萬富翁大力資助，以防止亞利桑那州的公民被「壓迫」，而轉向支持政府營運或任何其他種類的健康保險計畫，不過並沒有成功。[26]但肯屈克不放棄。她的意志非常堅強，向來一意孤行。她每隔幾週就出現在智庫，一個前同事回憶，「他們會列隊並給她獻上一束花，就像女王一樣。」

根據伊蓮娜．強森（Eliana Johnson）為《國家評論》（*National Review*）所寫的文章指出，

在亞利桑那被打敗之後，肯屈克發誓要把抗爭帶向全國。「我要把錢給誰，來做這件事？」她問亞利桑那的共和黨政治操盤人尚恩．諾伯（Sean Noble），他實際上是她個人的政治顧問。肯屈克要求知道「什麼組織在做這件事？」[34]

諾伯因應肯屈克的要求，而調查了這個領域，並發現，在二〇〇九年年初時，幾乎沒有組織把歐巴馬健保這個議題當成目標。或者說，至少沒有一個屬於501(c)(4)分類性質的組織。在國稅局的分類中，這是可以抵稅的「社會福利」團體，而且只要政治不是該組織的主要關注，就可以參與政治。這種非營利組織不像傳統的政治組織，它可以不對大眾公開金主的身分，只對國稅局報告。諾伯知道，這些所謂的黑錢團體對有錢人特別具有吸引力，他們希望影響政治，但不要被社會大眾察覺，就像寇克網絡裡的那些人。

諾伯隨著前任老闆薛代格參加過寇克研討會。薛代格是個忠實的保守派，是亞利桑那州共和黨眾議員，他父親史提芬．薛代格（Stephen Shadegg）曾是高華德的競選總幹事，兩人是密友。諾伯為薛代格工作十幾年，最後成為這個眾議員在亞利桑那辦公室的主任。二〇〇八年，諾伯決定走自己的路，他在鳳凰城自宅開設政治顧問公司諾伯聯合事務所（Noble Associates）。肯屈克是薛代格的主要支持者，也成為該事務所的尊貴客戶，她之前已經和諾

---

26 作者注　高華德研究所草擬的表決提案，於二〇〇八年十一月以些微差距落敗。

伯共事很多年。肯屈克高談闊論的那場一月份寇克聚會，他沒有被邀請出席，但是事後她打電話請他協助。他開設自己的事務所，正好碰上她有興趣發動健保改革聖戰，而且她也加入了寇克的金主網絡，對諾伯來說，這些都是可以賺錢的機會。

諾伯並不是華盛頓政治大聯盟的第一線打者，不過他很受敬重，而且充滿魅力。他身材精壯、一頭金髮，鬢邊的些許白髮為漂亮五官增加了穩重感，他不擺架子，而且活潑有趣；甚至連他的政治對手都很難不喜歡這個人。諾伯形容自己是「雷根寶寶」（Reagan Baby），在亞利桑那州的秀洛（Show Low 這個名字是由賭牌客取的，按：指小牌的意思）小鎮長大，他小時候一早起來就會聽收音機、放國歌，還會舉起一隻手貼在心口上。他的母親是家庭主婦，爸爸是牙醫，夫妻都是摩門教徒，相信美國是應許之地。在他家裡，高華德是英雄，卡特是壞蛋。一九七六年，卡特選上總統，諾伯的媽媽警告他說蘇聯將會占領全世界。諾伯在大學就讀時就在為保守派候選人工作，最後認識了薛代格。這一路以來，他結了婚、生了五個小孩，在鳳凰城他居住的地區成為摩門主教。反墮胎、主張自由意志，一九八八年他投票給榮恩．保羅（Ron Paul，按：德州眾議員、總統候選人）。從許多方面看來，他和寇克網絡非常合拍，除了一件事之外。諾伯自己有個部落格叫做諾伯思維（Nobel Thinking），他幾乎是難以抑制地在上面寫東寫西。諾伯很愛講話。但用私人資金來對付歐巴馬的健保計畫，需要祕密進行。

二〇〇九年四月十六日，病患權益保護中心（Center to Protect Patient Rights, CPPR）在馬里蘭成立為法人團體，諾伯和肯屈克開始執行計畫。這個組織實際上只存在於北鳳凰城一條人煙稀少的馬路邊、博德丘郵局裡一個上鎖的金屬郵箱，號碼七二四六五。後來的紀錄顯示，諾伯是這個組織的執行長。這項事業非常低調祕密，非營利調查報導組織《公眾利益》（ProPublica）後來報導，諾伯在二〇一三年的口供中，被問到是誰雇用他時，他拒絕回答，說是簽過保密協定書。

他回答律師的問題時說，「我不能告訴你我為誰工作。」[35]

「等等」，律師突然插話，「我是問你的薪水是怎麼訂的，而你跟我說二〇〇九年你跟一些人討論，但你拒絕告訴我這些人是誰？」

「是的。」諾伯回答。

金主的身分仍然撲朔迷離，但是從稅務紀錄來看，有一件事很清楚，諾伯的金主真的非常多金。到了六月，病患權益保護中心已經累積了三百萬美元捐款。到了二〇〇九年底，金額達到一千三百萬美元。其中超過一千萬美元很快移轉給其他避稅團體，包括美國繁榮，後者立刻就開始帶頭攻擊歐巴馬的健保計畫。到了二〇一〇年底，從病患權益保護中心的郵政信箱裡進出的錢，將近六千二百萬美元，大部分是從寇克金主網絡中募得的款項。

第一次能夠看出這筆地下金流的跡象，是一支叫做「倖存者」的電視廣告。內容是一個加拿大女性秀納・荷姆斯（Shona Holmes）說，「我得了腦瘤，但我活下來了。」廣告宣稱，如果她被迫必須等待加拿大政府的健保服務才進行治療，「我早就死了。」不過她說她在亞利桑那州得到救命的治療。後來有人核對事實後揭露，她的戲劇化故事非常可疑，而且加拿大醫療當局沒有加速她的治療是因為，其實她得的是腦下垂體良性囊腫。[36]儘管如此，美國繁榮基金會這個由大衛・寇克擔任主席的避稅團體附設組織，在二〇〇九年花了一百萬美元做這支廣告。

這個訊息是由華盛頓媒體顧問老手賴瑞・麥卡錫（Larry McCarthy）製作的，他最為人所知的是做出指控種族議題的威利・荷頓（Willie Horton）廣告，內容是一個非裔美國人謀殺犯，從麻州監獄週末假釋時所犯的罪。這支廣告在一九八八年總統競選期間，擊敗了麥可・杜卡克斯（Michael Dukakis），指稱他對打擊犯罪不夠有力。賴瑞・麥卡錫最擅長的手法是使用操控情緒的訊息，特別是恐懼。民主黨民意調查家彼得・哈特（Peter Hart）長年以來在工作上對抗麥卡錫，偶爾也和他共事，哈特提到麥卡錫說，「如果你想暗殺，你會雇用史上最棒的槍手。」[27]那年春天，諾伯捧了大筆現金找上麥卡錫。

病患權益保護中心並不莽撞。在諾伯的煽動之下，那年春天該組織也悄悄付錢，給共和黨民意調查及行銷專家朗茲來執行市場測試，以找出攻擊歐巴馬健保提案的最佳方法。朗茲在賓州大學的政治學教授，是後來執掌歐林基金會的裴若森。朗茲研究過保守派運動的形成，並成為某種把菁英意見轉譯給普羅大眾的翻譯人員。「智庫是觀念的生產者，而我是觀念的解釋者。」他說，「我做的大部分就是聽，然後消化。」他承認，作為溝通者「這些人是不可能的。」[28]朗茲所擔任的角色是一系列「政策創業家」的其中一環，他們提供的服務，是以較具廣泛吸引力的語言來「架構」有錢金主的議題，讓他們的目標更大眾化。37

朗茲使用民調、焦點團體，以及「即時反應的撥號時段」，來把攻擊健康照護的語言修到完美，然後拿這些台詞來測試密蘇里州聖路易斯的一般美國人。到了四月，朗茲從這些時段彙整出一份極重要的二十八頁機密備忘稿，文中警告，當時的大眾輿論並沒有反對歐巴馬健保計畫；事實上，社會大眾是支持的。朗茲建議，到目前為止，讓社會大眾改變心意並反對這個計畫的最有效方法是，把它貼上「政府接管一切」的標籤。他寫道，「接管就像政變，都會通向獨裁及失去自由。」

「我創造了這個詞：『政府接管』健康照護，而且我相信的確如此」，朗茲也表示，「它是共和黨在二〇一〇年要打敗歐巴馬所需要的武器。」但是大部分專家發現，這項訴求明顯是誤導，因為歐巴馬政府所提的計畫是要美國人從營利公司購買私人健康保險，而不是從政府

---

27 作者注　作者採訪彼得·哈特。
28 作者注　作者採訪法蘭克·朗茲。

買。事實上，這個計畫裡有進步的成分，與其支持「公共選項」給那些寧願要政府保險的人，歐巴馬計畫中有一項是，政府規定個人要購買健康照護保險，這也是保守派的傳統基金會想出來的，為的是避開國營的健康照護。38朗茲的用詞非常錯誤，它被無黨派的事實檢核團體政治事實（PolitiFact）選為「年度最大騙局」。然而，做為後衛的政府官員笨拙地糾正紀錄時，朗茲的欺騙性訊息已經深植人心，並逐漸煽動恐慌及憤怒的選民，造成許多人聚集到茶黨抗議。

諾伯的策略是謹慎地鎖定目標。他把這波廣告的攻擊目標特別鎖定在參議院財務委員會成員所在的那幾個州，因為這個委員會負責撰寫健康照護法案，需要那幾州的支持力量來把這個法案踢出委員會。歐巴馬白宮方面已經大力授權給該委員會主席，蒙大拿州民主黨員麥克斯·波克斯（Max Baucus），託付他去贏得兩黨支持。波克斯時不時就去拉攏該委員會共和黨主導人、愛荷華參議員恰克·葛萊斯里（Chuck Grassley）。諾伯仔細研究了這個委員會，挑出幾個可能特別容易受到壓力影響的委員，以及其他幾個關鍵搖擺票，並把名單縮減到路易斯安納、內布拉斯加、緬因、愛荷華，以及蒙大拿州。有了足夠壓力，他相信甚至能夠讓葛萊斯里和波克斯都不敢小看自己。

當時，很少人會想到歐巴馬的健康照護計畫會有什麼不測。保守派反對者的注意力比較集中在其他議題。諾伯必須去生出「草根」壓力，來對可能被說服的參議員施壓，但是選區選民還不太關心這件事。夏天時，參議院就要休會了，情勢急迫。「我知道我們那個夏天必須勤奮工作」，他告訴《國家評論》。㊴為了尋求協助，他找上亞利桑那一個老朋友，道格·古德易（Doug Goodyear），他的公關公司DCI集團（DCI Group）非常有爭議性，已經真正專業化地運用虛假的「人工草皮」造勢活動，為有錢人的利益服務，從奠定欺騙性廣告標準的產業菸草業起家。

一九九六年，古德易與兩個共和黨造勢操盤人成立DCI集團，他是該公司的經營合夥人及執行長，當時也在大型菸草公司雷諾茲負責外部公關工作。這項工作讓這三個人看到，即使是最毒的產品，運用普通造勢手法都能成功行銷。根據菸草產業後來在訴訟判決中，被迫揭露的一九九〇年內部備忘錄，其中的關鍵就是，務必要把財務利益說成是偉大的原則。他們不做香菸行銷，而是成立冒牌的「吸菸者權利」團體，他們把吸菸當成基本的自由，反對限制吸菸的法規。或者，根據提姆·海德（Tim Hyde）所寫的備忘錄——海德是DCI集團的其中一個創辦人，當時是雷諾茲菸草公司的全國田野行動主任——他說這家公司需要「創造一個運動」，這個運動要能夠「在自由、選擇、隱私這些議題上，建立廣大的聯盟」。㊵海德寫著，這家公司「應該雙軌並行」。其中之一是「在華盛頓特區及紐約之間，建一條帶狀的知識份子軌道」，這條軌道能夠影響菁英意見，方法是利用報紙專欄、法律訴訟，以及專家的智庫研究。另外一條則是「草根組織及大部分當地門路」，方法是利用外圍團體來模擬很受歡迎、很有政治支持度的樣子。

諾伯知道ＤＣＩ集團在二〇〇九年已經相當嫻熟這些暗黑藝術。這家公司和共和黨有深度聯繫，也曾為有權有勢的大企業工作，從艾克森美孚、聯合運輸（Teamsters）到緬甸軍政府。古德易特別擅長把企業遊說包藏在「人工草皮」造勢活動中。不過，這家公司還有很多其他本領。他們為艾克森美孚工作時，曾經嘲笑艾爾．高爾（Al Gore）《不願面對的真相》（*An Inconvenient Truth*）的環境控訴影片，並祕密推出一支惡搞卡通〈高爾的企鵝大軍〉，然後迅速傳播出去。後來才發現這支號稱獨立製作影片上有ＤＣＩ的指紋。41公關公司不像遊說公司必須揭露某些資訊，政治施壓的公關公司可以隱藏金錢流向。

諾伯的病患權益保護中心很快就開始發放幾百萬美元給其他非營利團體，有些看起來像是掩護ＤＣＩ集團的借殼組織。六月，病患權益保護中心轉了一百八十萬美元給一個名字聽起來很像的組織，叫做病患權益保護聯盟（Coalition to Protect Patient Rights），它是當月在維吉尼亞州由一個為ＤＣＩ工作的會計師所成立。這個維吉尼亞州的組織隨即就把資金轉給ＤＣＩ集團。沒多久，美國醫療聯盟（American Medical Association）前主任唐納．帕米沙諾（Donald Palmisano）就出現在全國媒體圈，代表這個新成立的聯盟攻擊批評歐巴馬的健保提案。42他承認有金主招募他來，為這個自稱「醫生主導的聯盟」出面說話，至於金主是誰，他拒絕透露姓名，而且這些人也不是醫療界的人。

那名ＤＣＩ集團會計師的名字也出現在另一個華盛頓區域的非營利團體的文件上，這個小團體自稱為自由研究所（Institute for Liberty），它很快就從諾伯的病患權益保護中心得到一百五十萬美元。其中四十萬流向DCI集團，名目是「諮詢」。自由研究所前一年全部預算是五萬二千美元，突然之間就湧進這麼多現金，所長安德魯．藍傑（Andrew Langer）告訴《華盛頓郵報》，「我們今年真是意外豐收。」[43]他說有一個金主，他拒絕透露身分，指定這筆錢要用在五個州，要打廣告轟炸歐巴馬的健保計畫。雖然《華盛頓郵報》報導了這個令人驚訝的大規模廣告宣傳，但追查不出錢的來源。播出的廣告中，唯一的贊助資訊是完全誤導的訊息。廣告有一行文字是「保護小企業的健康組織贊助。」

同時，美國繁榮也投入對抗行動，它自己切出一個分支團體，名叫病患立刻聯合（Patients United Now），根據菲利普斯的說法，它組織了超過三百個示威活動反對健保法案。其中一場活動中，有個民主黨眾議員的假人形被吊起來；另一個抗議者展開的條幅上面畫的是達考（Dachau，**按：從前是納粹集中營的西德城市**）的屍體，暗示歐巴馬的健保計畫就像納粹由國家下令的謀殺行為。

布拉德利基金會也投入了。這個避稅基金會並沒有直接支持茶黨團體，但它的會長葛雷伯說，該基金會支持「由美國繁榮以及自由行得通所舉辦的公眾教育計畫，這兩個單位在茶黨都非常活躍。」[44]

雖然葛雷伯公開形容，寇氏家族的團體美國繁榮在茶黨中「非常活躍」，但芬克說的還是另一套。「我們從來沒有資助過茶黨」，他仍然口風一致。「這二、三十年來，我們在大學、智庫及公民組織中推展自由市場觀念。我希望這些觀念能夠滲透下去，而成為茶黨興起的一部分原因。」㊺

到了寇氏家族在二〇〇九年舉辦的第二個金主高峰會，會議名稱是「理解美國自由企業及繁榮的威脅與對策」，於六月底在科羅拉多的阿斯本舉辦，這一次，諾伯贏得了入場資格，成為圈內人了。他不只被邀請，還以寇氏家族政治顧問的身分正式被放在合約中。有一個前圈內人說，寇氏家族認為他們需要額外的協助，因為歐巴馬勝選在右派引起尖刻的批評，許多富裕金主爭先恐後地想加入他們，他們快要招架不住了。「他們突然之間募到很多錢！他們現在炙手可熱，差點要喘不過氣來了。」他說。[29]

這次，肯屈克不需要再中途插話打斷會議進行，她在健康照護這一組被列為講者。一個現場參加者指出，這次她對其他人所做的訴求是「要讓火燒起來」。在金主散會之前，答應的捐款就已經有好幾百萬美元，要用來阻止歐巴馬的第一個優先法案。

那個夏天，民主黨眾議員及參議員回到選區舉辦的傳統市鎮廳會議，場面非常激烈。憤怒幾乎完全是自然而然的。但是，調查報導記者李方發現，有一個自由行得通的志工在散發一份備忘錄，指示茶黨如何阻擾會議進行。經營正確原則（RightPrinciples.com）網站的鮑伯·麥可高菲（Bob MacGuffie）建議歐巴馬政策的對手，「要擠滿會議廳……散開」，好讓他們的人數看起來比較明顯，並且要「在議員發言之前，早點滋生事端……對議員說的話，早點出聲喊叫並挑戰他……激他，讓他不要照講稿及原來的安排進行……站起來喊叫，然後坐回位子。」46 麥可高菲很快就被貶為單兵作戰的業餘者，有些寇克網絡付錢的外部辯論，其實非常專業。諾伯後來承認，「我們要人出席這些市政廳集會，他們就只是叫囂。」47

一個退休軍人怒罵民主黨眾議員布萊恩．貝爾德（Brian Baird），支持歐巴馬的普遍健保計畫是褻瀆憲法。貝爾德後來決定退出政壇，因為這種負面環境實在令人無法忍受。費城參議員亞倫．史拜克（Arlen Specter）是共和黨溫和派，還有健康與民眾服務部長凱瑟琳．西貝流士（Kathleen Sebelius），他們在某個活動中試著解釋健保法案，但是被幾百個喝倒彩的鬧事份子給淹沒。全國的眾議員，從佛羅里達坦帕到紐約長島，全都發現自己被尖叫怒罵的公民奇襲，有些人誤信謠言，說歐巴馬的計畫將成立政府「死亡委員會」，來把老人安樂死。

這些喧鬧抗議很大程度侵蝕了歐巴馬推行的目標。為華盛頓的保守派領導人，包括美國繁榮的代表，每週舉行一次集會的反稅運動人士諾奎斯特，形容這個夏天的群魔亂舞是個轉折關鍵點。他說，國會中的共和黨領袖，「沒有八月的群眾上街，就不能成事。這讓葛萊斯里這種想妥協的人退縮了。」這位共和黨領袖本來可能和歐巴馬有建設性的合作。甚至，社會大眾反

---

29 作者注　寇氏工業顧問馬克．荷登（Mark Holden）形容，諾伯是該公司的「獨立承包商」及「顧問」。Kenneth Vogel, *Big Money*, 201.

對歐巴馬的情勢看起來好像節節升高，也影響到華盛頓遊說產業中心那條K街（K Street）上的企業金主。「K街是個價值三十億美元的氣象儀。」諾奎斯特說，「歐巴馬聲勢強的時候，商會說『我們可以和歐巴馬政府合作』。但是當幾千人上街『恐怖奇襲』眾議員時，情勢就改觀了。就是八月的事讓它改變態度了。」[30]

在那個月，歐巴馬和家人趁國會休會期間在瑪莎葡萄園島渡假，葛萊斯里被寇克網絡出資的反健保廣告輪番轟炸，他清楚表明不會提供兩黨支持。波克斯那一州也是被諾伯鎖定宣傳，他慌張而猶豫。參議員愛德華．甘迺迪（Edward Kennedy）這位自由派民主黨參議員，是普遍健保出力最大的人，他的死更讓健保改革蒙上陰影。遞補他席位的選舉訂於一月份舉行，一般認為這個席位民主黨應該會十拿九穩。

民主黨的政治顧問及廣告專家、創造了歐巴馬二〇〇八年競選時許多亮點的吉姆．馬戈利斯（Jim Margolis），看著這一切越來越憂慮。他對白宮和國會的民主黨都曾就健保提出建議，一開始時很有希望。「我以為健保會在比較深思熟慮的共和黨中得到不少支持。」他說。「在三月和四月的時候，波克斯和奧琳琵雅．斯諾（Olympia Snowe）及葛萊斯里接觸。這些溫和派共和黨的反應還不錯。不過進展很慢。接著八月休會期間，事情就爆了。如果能知道資金流是什麼樣子，會很有意思」，他深思。「我懷疑，我們剛進入夏天的休會期時，外部力量卻備足馬力向前衝。」[31]亞斯洛後來說他「沒有去追蹤」這段時間的右派金流，後來才明白原來有一組「右派寡頭」「覺得歐巴馬很有威脅性」，因為歐巴馬「相信利用政府來解決問題。這是另一次的鍍金時代了。」[32]

對目不暇給的政治戲碼向來見獵心喜的媒體，也誇張了草根輿論的規模。九月十二日，貝克及自由行得通號召的「九一二」示威抗議，不到六萬五千個茶黨支持者[33]聚集在華盛頓國家廣場，舉著各種標語，其中一個是「把歐巴馬健保和甘迺迪一起埋葬」，卻被報導成好像整個美國的政治重心都轉移了。

極右派人數確實有所成長。一九三〇年代類似茶黨的反新政組織自由聯盟，會員人數大約是七萬五千人[48]，一九六〇年代約翰伯奇協會的主要會員數大約是十萬人。整體來說，美國人口大約五%贊同約翰伯奇協會。相形之下，據《紐約時報》估計，茶黨運動巔峰時的支持人數，大約是總人口一八%，但根據研究者大衛．勃根亞特（David Burghart）估計，大約有三十三萬人在六個全國性組織網絡中登記，這些是核心成員。[49]如果這個估計正確，從歷史

---

30 作者注　作者採訪古洛佛．諾奎斯特。

31 作者注　瑞克．波斯坦是媒體中少數質疑茶黨抗議者是「烏合之眾」，而非廣泛散播的新運動，他警告「保守份子已經很擅長操作媒體來愚弄大眾」，稱右派抗議者是「瘋狂的樹」，在美國政治上從未出現過；但另一方面，過去比較有名望的新聞企業以及比較負責的保守派份子，例如威廉．巴克利（William F. Buckley），已經明確表示「把所謂『極端份子』當作民間憤怒的代表的確有些不妥」。請見 Rick Perlstein, "Birthers, Health Care Hecklers, and the Rise of Right-Wing Rage," *Washington Post*, Aug. 16, 2009.

32 作者注　作者採訪大衛．亞斯洛。

33 作者注　群眾人數估計各方不同。

來看，強硬派茶黨活動份子的確實數目並不是那麼大。但是，其地下基礎建設的專業化，引起的共鳴更多，或在某些例子中被補助的媒體更多，以及集中在把訊息從邊緣推到中心的資金更多，這些都是真正有影響力的發展。

十月三日，歐巴馬勝選週年慶即將來臨，大衛・寇克來到華盛頓特區出席宣示勝利的捍衛美國夢高峰會，這是由美國繁榮所資助舉辦的活動。歐巴馬的民調數字掉得很快。只有緬因州參議員斯諾在健保法案與執政者合作，後來她也離開了。幕僚說歐巴馬非常失望。共和黨阻撓每一項提案，包括他最有企圖心的民生計畫，徹底打擊到他最大的訴求與承諾：做個超越舊黨派隔閡的橋樑建造者。

參議院少數黨領袖，共和黨籍的米奇・麥康諾（Mitch McConnell）舉辦黨團會議時，部分也是因為注意到，茶黨勢力已經準備好等著對任何游離份子發動挑戰。由外部資金資助的外部團體提供了關鍵的作用力。他們的計畫成效非凡，到了秋天，任何一年前讚美過歐巴馬的專家學者，此刻都在寫歐巴馬的政治不當作為。

十月的那一天，大衛在維吉尼亞州阿靈頓水晶門萬豪酒店，對滿場的出席者發表演講，他說，「五年前，我和兄長查爾斯提供資金創立了美國繁榮，我做夢也沒想到，它會成長到現在這麼大的組織。」他繼續說，「像今天這樣的日子，實現了五年前我們創立這個組織時的董事會願景。」他有點怪異地搓著雙手說，「我們想像一場立足各州但放眼全國的群眾運動，有幾十萬個各行各業的美國公民站起來為經濟自由而奮戰，讓我們的國家成為有史以來最繁榮的社會……幸好，這番風起雲湧，從加州到維吉尼亞、從德州到密西根，顯示了越來越多公民與我們有志一同，開始看到我們看到的真相。」

他容光煥發站在講台上，美國繁榮各地分會代表也紛紛報告他們如何在該地區舉辦「幾十個茶黨抗議活動」，每個人就站在標誌州名的巨型條幅旁邊。氣氛越來越熱烈，會議廳裡閃光燈此起彼落。很難不去注意到的是，二十九年前被打得慘敗而退出全國政治舞台的大衛．寇克，如今成功資助這個很像總統提名大會的場合，而贏家正是他本人。[34]

34 作者注 是李方首度注意到捍衛美國夢高峰會和總統提名大會的氣氛非常相近。Fang, *Machine*, 121.

08

要把煤都燒光嗎？

獨占的超賺錢產業

「就像在十九世紀換掉鯨油的使用一樣，他們會盡一切努力來維持現狀。」

——麥可．曼恩（**Michael Mann**）

二〇〇八年總統大選前最後幾個月，氣候變遷研究領域的領頭人物、賓州州立大學氣象與地球科學終身教授麥可・曼恩（Michael Mann），告訴他的妻子，不管誰選上，他都會很開心。因為共和黨及民主黨總統候選人都表示關注全球暖化的重要性，曼恩認為這是當前最重要的議題。但是他沒有完全預見的是，煽動茶黨的勢力也會用同樣的專業手法引導大眾對政府的怒氣，來反對像他這樣的科學家。

曼恩剛開始並不相信氣候變遷，但是在一九九九年，他和兩位共同作者發表了追蹤北半球一千年的氣溫研究。這篇論文有一張容易理解的簡圖顯示，地球溫度在九百年來大約呈一直線，但是在二十世紀陡然上升，就像曲棍球棒側面一樣。後來這張圖就被稱為曲棍球棒圖，非常具有說服力，在氣候辯論上相當具有指標地位。到了二〇〇八年，曼恩和大部分專家一樣早已有結論，科學證據一面倒顯示，人類燃燒太多石油、天然氣及煤，正在危害地球的氣候。燃料釋放的二氧化碳及其他氣體，使地球熱氣無法消散，因而產生嚴重的影響。

就連五角大廈這個最謹慎而嚴密的中立科技機構也下結論，「氣候變遷所帶來的危險，真實、緊急，而且嚴重。」一份官方的美國國家安全策略報告宣稱，這個情勢是節節升高的國安威脅，並主張，「地球暖化帶來的影響，將在難民及資源方面導致新的衝突；前所未見的乾旱及飢荒之苦；造成災難性的自然災害；以及全球各地的土地惡化。」這份報告提出明確預測，如果不採取任何行動，「氣候變遷和傳染病」將會直接威脅到「美國人民的健康與安全」。[01]

美國科學進展協會（American Association for the Advancement of Science）是世界上最大最有名望的科學協會，它更是堅信如此。該協會警告，「我們面臨的危機是出其不意且無法預料的，而且可能是無法逆轉的改變」，這種改變可能「導致大規模的毀滅。」[02]

曼恩不是特別熱衷政治。[01]他正值中年、為人友善，禿頭的圓臉蓄著深色山羊鬍，是典型的科學書呆子，在加州大學柏克萊分校主修應用數學及物理，在耶魯拿到地質與地球物理學高級學位，許多年來，他沒有想過科學家在公共政策上能夠扮演什麼角色。他回想歐巴馬勝選時，「我和普遍的看法一樣，認為在氣候方面我們會看到有些作為。」

這個假定似乎很合理。歐巴馬與民主黨候選人歡欣擁抱的那一晚，他熱烈談起氣候變遷，並誓言美國人將來回頭看就會知道，「就是這個時刻，海洋升高開始減緩，我們的地球開始得到療癒。」執政之後，他呼籲通過「總量管制與交易」（caps and trade）法案，強迫化石燃料產業和其他產業一樣，要為它所造成的污染付費，而非當作別人家的事。總量管制與交易是個以市場為基礎的解方，共和黨本來也支持，排放二氧化碳需要通過許可。理論上對產業來說，這個法案是停止污染的財務誘因。頭幾年也運作得非常好，確實降低了導致酸雨的工業排放

---

01 作者注　麥可・曼恩表示，「剛開始我只是個單純的科學家，並不認為在公共政策方面能扮演什麼角色。」Banerjee, "The Most Hated Climate Scientist in the US Fights Back," *Yale Alumni Magazine*, March/April 2013.

量。藉由選擇一個已經通過檢驗、適度、兩黨合作的途徑，歐巴馬政府及很多環保人士都認為這個法案應該會過關。

「我們沒有考慮到的是」，曼恩後來表示，「政商勾結這麼嚴重。我們直接挑戰地球上最有權勢的產業，他們不會對任何威脅到他們利益的挑戰低頭，即使有科學或科學家牽涉其中。」02

曼恩堅決認為，「化石燃料產業是寡頭獨占」。美國石油、天然氣及燃煤的大亨就是典型的特權團體，而且有效統治大多數人，有些人對這一點可能會有異議。但是沒有異議的是，他們資助並協助導演一系列激烈的個人攻擊事件，因而威脅到曼恩的生計，阻撓到氣候法案，並迫使歐巴馬修改執政方向。

如果有哪個超級有錢、希望歐巴馬執政失敗的企業團體，那就是化石燃料產業；如果有什麼測試能顯示其成員挹注金錢對美國民主政治機器的威力，那就是這群少數人破壞政府對氣候變遷採取行動的能耐，但在此時，科學界和其他各國正朝著反方向走。雖然利用歐巴馬健保法案來煽動茶黨很有效，但是對於寇克圈子裡的千萬或億萬富翁來說，歐巴馬的環境與能源政策才是真正的目標。對世界上的大部分人來說，面對氣候變遷，不採取行動的代價遠大於採取行動。但是化石燃料產業就如曼恩所言，「就像在十九世紀換掉鯨油的使用一樣。他們會盡一切努力來維持現狀。」03

「對抗」氣候科學

煤礦、石油以及天然氣產業大亨是寇克金主網絡的核心。高峰會的賓客名單就像是美國最成功且最保守的化石燃料富豪名人榜，其中大部分是私人企業的個人、獨立營運商。他們自己賺來或繼承來的大量財富是從「開採性」能源而來，也不必對大眾股東或是任何人負責。例如，這個團體裡有一個小柯賓．「寇比」．羅伯森（Corbin "Corby" Roberson Jr.），他是德州著名石油大亨休．羅伊．卡倫（Hugh Roy Cullen）的孫子。羅伯森是德州大學美式足球隊前任隊長，一九六九年從該校畢業。他用繼承來的石油財富冒了一個大膽而不傳統的風險。他把幾乎所有的財富都投入煤礦，據說到二〇〇三年已經累積成美國最大的私人煤礦礦藏。他擁有二百一十億噸煤礦，足夠整個國家使用二十年。[03] 除了美國政府之外，沒有別的公司礦藏比它多。[04] 這家公司位於休士頓，叫做昆塔那天然資源資本公司。

這個網絡中的其他金主還包括漢姆及尼可斯，這兩人是以「壓裂」技術採礦最成功的先驅者，這種採礦方式是以水力及化學物質注入地下岩層以抽取石油及天然氣，在環境議題上很有

---

02 作者注 作者採訪麥可．曼恩。
03 作者注 出處同前。

爭議。漢姆是大陸天然資源公司創辦人，是白手起家、冒著風險投入開採而致富的億萬富豪，《全國期刊》將他比喻為洛克菲勒。他的離婚協議金額將近十億美元，加上出身於佃農之家，在十三個孩子中排行最小的崛起歷程，都是過去風靡小報的題材，而商業期刊則比較關注他的公司，因為他幾乎在一夜之間就成為北達科塔州巴肯頁岩水力壓裂的代表。

尼可斯則在這個網絡社會位階的另一端，他是德文能源的老闆，後來是美國石油研究所（American Petroleum Institute）主席，這個組織是石油產業中最重要的商會。尼可斯畢業於普林斯頓、曾任最高法院書記，他曾催促家族企業奧克拉荷馬能源公司買下米歇爾能源（Mitchell Energy），他注意到該公司因為使用水力壓裂法而使天然氣產量攀升。尼可斯把這種處理方法和自己公司的水平鑽探專業技術結合起來，「開啟了後來所謂非傳統的天然氣革命」，能源產業歷史學家丹尼爾．姚金（Daniel Yergin）在《追尋》（*The Quest*，書名暫譯）中寫道。05 而水力壓裂所使用的化學物質及輸送管線等等也是寇氏家族的投資標的之一。06

這個金主網絡也有相當成功的石油業者，例如安舒茲，他是西部石油鑽探企業的繼承人，一九八〇年代，他本人在懷俄明與猶他州邊界發掘了一塊傳說中的油田，後來他多角化經營投入牧場、鐵路及通訊事業。這個網絡還包括許多規模小一點的營運商。懷俄明、奧克拉荷馬、德州、科羅拉多州的石油業者；維吉尼亞、西維吉尼亞、肯塔基、俄亥俄州的煤礦大亨。美國最大的丙烷裝罐廠也在其中。許多美國能源產業相關供應商也有參與。除了寇氏家族之外，還有好幾個輸送管線業主、鑽探設備、石油服務公司，包括在沙烏地阿拉伯及委內瑞拉等地，因建造煉油廠及輸送管線賺了幾十億美元而出名的貝克托（Bechtel）家族。

這個團體裡的大部分金主都非常低調，寧願讓政治人物出面為其喉舌。對於政府監管，他們善於使用崇高的哲學詞彙來表達保留性的看法。政治人物稱他們為「工作創造者」及愛國人士，對美國的能源自主有功。不過，很顯然的是，政府訂出碳排放上限，對幾個美國人造成了更直接的財務威脅。

這個團體面臨的麻煩是，到了二〇〇八年，氣候變遷的計算方法顯示出一個幾乎無法想像的挑戰。如果這個世界要維持在科學家認為合理的碳排放範圍內，以維持尚堪承受的大氣氣溫到本世紀中期，那麼，八〇％的化石燃料產業蘊藏量就必須要保持在地下不能使用。[04]換句話說，科學家估計化石燃料產業擁有的石油、天然氣及燃煤的蘊藏量，比地球的安全燃燒量還要多五倍。如果政府為了保護地球而干涉「自由市場」，那麼這些公司的潛在損失將會非常巨大。但是，如果這些蘊藏的碳被隨意燒掉，沒有政府出來踩剎車，那麼科學家預測，大氣溫度將會上升到無法承受的地步，並對地球上的所有生命造成可能無法回復的傷害。

---

04 作者注 "Global Warming's Terrifying New Math," by Bill McKibben, *Rolling Stone*, July 19, 2012. 他解釋科學家相信，地球到這個世紀中可以容受大約五千六百五十億噸的二氧化碳，但是據知情人士估計，目前沒有使用的碳蘊藏量為二兆七千九百五十億噸。

早在一九九七年，有一個寇克集團的成員就發出警告，政府監管的威脅即將到來。美國獨立石油協會（Independent Petroleum Association of America）是石油及天然氣獨立製造商的商會，那一年，退休主席李歐．華德（Lew Ward）發表了一席哀嘆，作為他的臨別絕唱。華德本人是奧克拉荷馬州的石油業者，他一開講就大談自己任內協助通過好幾項免稅措施。「過去幾年我們很幸運能有共和黨主導的國會」，他表示。但他警告，這個產業近來經歷過幾次政策「小衝突」，就是「正式開演前的彩排……因為『碳排放稅』可能會實施，以支付降低溫室氣體排放的成本。」華德的眼光正確，他看到氣候變遷的議題來臨，因此說如果「激進的環保份子『去石油』目標」成功，「我們就能看到一個被圍困的產業，未來將是窮途末路。」他發誓，「我們不會讓這件事發生。相信我，我絕對是玩真的！」

華德如此氣焰高張不是沒有理由。石油產業多年來在美國政治上一直保有偏狹但強大的影響力。早在一九一三年，石油產業就靠它的影響力而贏得一項特別的稅收減免，稱為「石油枯竭津貼」。07理論上，石油探勘風險高而且花費大，這個津貼讓這個產業在採到油井時可以減掉許多收入，以至於很多石油公司可以完全避掉所得稅。更令人錯愕的是，這項稅收減免在一九二六年又更擴大了，由於為石油業護航的國會議員阻撓，自由派五十年來屢敗屢戰，最後終於關閉了這道減稅之門。

過去一個世紀以來，被石油澆灌而掌權的政治人物中，沒有誰能比得過詹森。根據羅伯特・卡羅（Robert Caro）在《通向權力之路》（*The Path to Power*，書名暫譯）書中描述，從一九四〇年開始，詹森從一個新手議員到成為民主黨內完美的權力掮客，靠的就是從極富有的德州油田金主拿到選舉經費來到處分發，並捍衛他們的利益。[05]

石油產業其實從聯邦政府受惠極大，優惠稅率、豐厚的政府契約、協助建造輸油管線、還有其他補助經費等等，但石油業者仍然是反政府保守派的堡壘。事實上，隨著石油業者的財富累積，德州油田不只是大量競選經費的來源，更是右派政治中特別極端的品系。在《巨富》（*The Big Rich*，書名暫譯）這本探討該州石油財富的書中，布萊恩・博洛（Brian Burrough）推測，許多大亨活躍的原因是「新富階層的深層不安全感」[08]，因此這些人會竭盡全力保有他們剛剛得到的一切。

如果有誰可以稱作當代德州超保守石油派系的開山祖師，那就是羅伯森的祖父卡倫，就是他把昆塔那變成營收幾十億美元的企業。他出身於南方邦聯（Confederacy）[06]沒落的仕紳階層，屬於一群厭惡北方自由派的石油業者。他們譴責羅斯福的新政是「猶太交易」（Jew

05 作者注 「一筆可能相當大的新政治獻金來源已接上線。」卡羅寫道，「由詹森全權掌控。」Robert Caro, *The Path to Power*（Vintage Books, 1990）, 637.

06 譯者注 一八六一年到一八六五年的南北戰爭期間，美國南方有十一個蓄奴州，從當時的美利堅合眾國獨立出來所成立的政權，稱為美利堅邦聯（Confederate States of America）。

Deal），並組成第三政黨，黨綱是「復興白種人的優越性」。[09]卡倫的政治企圖心隨著財富而擴大，一九五二年——在寇氏家族成為政治大金主前半個世紀——他是美國政治上最大金主、參議員麥卡錫反共聖戰的重要支持者。[10]他這個以石油為燃料的激進右派政治路線，在當時注定要被邊緣化。博洛解釋說，「要在政治上成功，卡倫需要某種支持機構，但是他不願意或沒有能力建立這種機構。」[11]然而，半個世紀之後「寇克章魚」組建完成，卡倫的孫子及石油業者同行就更亨通發達了。

這個產業反對碳排放限制由來已久。地球暖化，以及人類造成地球暖化，這些觀念於一九八八年首度進入主流媒體，美國太空總署（NASA）哥達德太空研究院（Goddard Institute for Space Studies）主任、氣候模型學家詹姆斯・韓森（James Hansen）還到參議院委員會報告這件事，當時全國正逢熱浪侵襲。《紐約時報》以頭版報導他驚人的研究發現。布希總統就像當時大部分政治領袖一樣，沒有異議地接受科學研究結果。布希宣示要保護環境，承諾要「以白宮效應（White House Effect）對抗溫室效應（Greenhouse Effect）」，並派遣國務卿詹姆斯・貝克（James Baker）出席第一次氣候學家國際高峰會：氣候變遷跨政府委員會（Intergovernmental Panel on Climate Change）。雖然布希是個共和黨員，但他並不是黨內少數；幾十年來，環境運動在兩黨陣營都贏得支持。

然而，在輿論都贊成對氣候問題採取行動時，化石燃料產業卻組織起來資助一項技術先進的祕密逆襲。即使二〇〇八年兩黨總統候選人都同意針對氣候變遷必須採取行動，威力強大的外部利益團體卻加倍努力破壞這項共識。用來發動思想戰的保守派基礎建設已經到位，所有需要用來集中攻擊氣候科學的，就是錢。而且錢悄悄地在檯面下倒進來了。

科特．戴維斯（Kert Davies）是自由派環保團體綠色和平（Greenpeace）研究主任，他花了幾個月的時間，試圖追蹤流進非營利組織網絡以及媒體名嘴的資金，這些人好像是用同一套劇本否認全球暖化。他發現從二〇〇五年到二〇〇八年，有一個來源是寇氏家族，光是它就灑了將近二千五百萬美元，到數十個不同的組織對抗有關氣候的改革。[07]這筆錢的總數令人吃驚。他的研究顯示，查爾斯和大衛所花的錢，已經超過當時世界上最大的上市石油公司艾克森美孚，而且超過多達三倍。[08]二〇一〇年，在綠色和平的一份報告中，稱當時還很少人聽過的寇氏工業為「否認氣候科學的首腦。」⓬

針對這個主題的第一份經過同儕審核的學術報告，還有更多細節。卓克索大學（Drexel University）社會學及環境科學教授羅伯特．布魯雷（Robert Brulle）發現，二〇〇三年到二〇一〇年間，超過五億美元用於他所謂大型「操縱並誤導社會大眾的氣候變遷威脅造勢活

07　作者注　這些團體和候選人的關注點並非只有氣候變遷，但卻是他們的共同點。

08　作者注　寇克貢獻的資金超過艾克森美孚是在非營利組織，而不是政治人物。

動」。⑬這項研究檢視了超過一百個非營利組織的稅務紀錄，這些都是挑戰當前全球暖化科學的組織。簡要來說，它發現，企業遊說活動全部偽裝成可以避稅的公益事業。布魯雷發現，大約一百四十個保守派基金會資助這項活動。在他進行研究的七年期間，這些基金會將五億五千八百萬美元，以五千二百九十九筆獎助金名義，分派給九十一個不同的非營利組織。這些錢進入智庫、倡議團體、商會、其他基金會，以及學術及法律課程。點點滴滴，這個祕密網絡發動的永久性宣傳活動，就是要破壞美國人對氣候科學的信心，並打擊任何碳排放的管制法規。

布魯雷發現的保守派組織，對於關注現代保守派運動資金的人來說並不陌生。他發現，否認氣候變遷最大的資金提供者，是寇克及史凱菲家族相關基金會，這兩家族的財富有一部分就是來自石油。此外，布拉德利基金會也參與很多，還有其他幾個參加寇克金主高峰會的富裕家族相關組織，例如狄維士家族經營的基金會，北卡羅來納州零售業大亨波普，以及繼承父親老約翰．譚普頓（John Templeton Sr.）財富的小約翰．譚普頓（John Templeton Jr.）醫生，其父是美國共同基金先驅，後來放棄美國公民身分住到巴哈馬，據說因此可以省下一億美元的稅金。布魯雷發現，這些分派到各團體的資金中，有四分之三，外加他所謂「反氣候變遷運動」的其他資金，無法追查來源。

「威力強大的金主支持這個活動，來否認全球暖化的科學發現，並使社會大眾懷疑這個大型全球威脅的根源及解方。」他主張，「但至少，美國選民應該有權知道，這一切的背後是誰在運作。」

然而到歐巴馬上任時，這場反氣候科學戰爭中的某些最大金主，已經藏到地底更深處了。與其直接資助宣傳活動，越來越多保守派私人基金會及金主，開始把錢轉移到一個組織：捐款人信託（DonersTrust），基本上它就是右派的屏幕，在它的掩護之下，現金上的指紋就不見了。捐款人信託設在維吉尼亞州亞歷山大一棟普通的紅磚建築裡，它和附屬組織捐款人資本基金（Doners Capital Fund）被《瓊斯夫人》雜誌（*Mother Jones*）[09]的安迪・克洛（Andy Kroll）形容為「保守派運動的黑錢提款機」。

捐款人信託在一九九九年由來自西維吉尼亞、滿腔熱忱的自由意志派惠特妮・波爾（Whitney Ball）創立，她曾在寇氏家族創立的卡托研究院協助組織發展。捐款人信託對富裕保守派來說有一個重要優勢，就是讓他們的捐款看起來像是進入波爾平淡無奇的「捐款人建議的基金」，而不是進入那些爭議很大的保守派團體，而她隨後就會把錢轉過去給這些團體。利用這種機制，在金流中就可以抹除金主的名字。同時，捐款人也能享有同樣或更大的公益免稅額。捐款人信託網站上的廣告說，「您希望公益贈與不公開，尤其是資助敏感或爭議性議題的

09 譯者注 一本左派雜誌，擅長人權、政治、環境類的調查報導。

贈與。設立捐款人信託帳戶，並要求將您的贈與保持匿名。任何進入您的捐款人帳戶的資金必須對國稅局報告，但不會對外公開。不像許多私人基金會，您帳戶裡的贈與將會如您要求保持匿名。」

在一九九九年到二〇一五年間，捐款人信託從獻金池中轉發了七億五千萬美元，到無數的保守派事業目標，全部都是以該組織的名義。[10]一般來說，按照法律要求，避稅的交換條件是，像查爾斯寇克基金會這種私人基金會必須揭露他們把錢捐到哪裡去。這個方法是為了確保，這些大眾服務組織確實是在服務大眾。但是捐款人建議資金則違反了這項最低透明度。波爾認為，這個機制並不可疑，也並非不尋常，她說自由派也有它們的捐款人建議資金，也就是泰德斯基金會（Tides Foundation）。捐款人信託是保守派呼應泰德斯基金會的產物，但是它的資金有四倍多，而且董事會更有策略性。它的董事是由保守派運動幾個最重要的研究機構組成，包括美國企業研究院、傳統基金會，以及創始資金由查爾斯．寇克提供的自由意志法律中心司法研究所。這些代表組成中央委員會，負責協調獎助金的發放。

研究否認氣候變遷背後的金流時，布魯雷注意到，阻擋改革的批評聲浪在二〇〇七年左右逐漸增加聲勢，當時化石燃料業者例如寇克和艾克森美孚的幾千萬美元資金，似乎從公開對陣中消失了。同時，從捐款人信託而來的匿名資金則逐漸增加、金額和前述業者差不多，這些錢開始資助反氣候變遷運動。例如，布魯雷發現，二〇〇三年從捐款人信託來的錢，只占他研究一百四十個團體財務紀錄的三%。到了二〇一〇年，已經成長到二四%。這種間接證據表示，化石燃料業者故意把他們的手藏起來，挹注金錢給氣候變遷否認者，只是布魯雷無法證明。「到底錢是從哪裡來的，這是個大謎團。」他說。[14]

寇氏家族和捐款人信託之間的關係很近。揭露資訊顯示，寇氏家族的基金會捐了不少錢到捐款人信託，後者再轉而將大筆金錢分發給他們中意的非營利團體。例如在二〇一〇年，它給出的最大一筆錢是七百四十萬美元，捐給美國繁榮基金會，會長正是大衛．寇克。這些資金占了該基金會當年度資金的四〇%，但它堅稱自己是真正的草根組織。就在同一時期，美國繁榮（按：「美國繁榮基金會」與「美國繁榮」是美國繁榮的兩個部門）不只帶頭組織茶黨反抗運動，也率先採取全國行動來阻擋針對氣候變遷的相關作為，並想盡辦法結合這兩個運動。

這些隱形資金「買」的是散播對科學的懷疑。化石燃料業者沿用同樣欺騙性的教戰守則，是由公關公司希爾與儂頓（Hill & Knowlton）於一九六〇年代幫菸草公司發展出來的，當時的目的是為了捏造吸菸與癌症之間的不確定性。這家公關公司的備忘錄上有這段惡名昭彰的紀錄：「懷疑，是我們的產品。」為了增加自身的可信度，菸草公司資助了一連串名稱聽起來很

---

10 作者注　波爾於二〇一五年八月過世，裴若森在《國家評論》雜誌的一篇致意文中說，從一九九九年開始，捐款人信託總共給出七億五百萬美元。捐款人信託宣布，曾任喬治梅森大學的莫卡特斯中心副總裁、企業競爭力研究所所長洛森．巴德（Lawson Bader）繼任波爾的位置。

正式的研究機構，以及吸菸者權益團體。全球暖化否認運動很快也引用了這個策略。

幾乎就和任何科學假說一樣，全球暖化事實上是有一些不確定性。科學方法的本質是機率，而非絕對確定性。但正如國家海洋及大氣局（National Oceanic and Atmospheric Administration）前主任詹姆斯．貝克（James Baker）於二〇〇五年所言，「這件事情的科學共識，多過於我所知道的任何議題——也許除了牛頓熱力學第二定律之外。」[15]

儘管如此，一九九八年，美國石油研究所、主要石油產業公司執行長，以及保守派智庫工作人員，花了兩百萬美元串通一項祕密計畫，要讓媒體及社會大眾對這項越來越有共識的科學發現感到困惑。這個計畫找來懷疑派的科學家，並以公關方法訓練他們，讓他們有能力成為發言人，因此可以增加合理性，並掩蓋業界的意圖。

根據《共和黨對科學的戰爭》（*The Republican War on Science*，書名暫譯）指出，這是威廉．奧奇夫（William O'Keefe）想出來的計畫，[16]他是美國石油研究所前營運主任，也是為艾克森美孚工作的遊說專家，後來成為喬治馬歇爾研究所（George C. Marshall Institute）所長，這是一家位於維吉尼亞州的保守派智庫。奧奇夫在這個研究中心工作時，同時仍在為艾克森美孚遊說。《新聞周刊》形容，這個智庫是「否認氣候變遷機器中的中央齒輪」，[17]它的專長是為抱持懷疑的客戶提供反潮流的科學辯詞。這個智庫由史凱菲、歐林、布拉德利等基金會資助，一開始是冷戰鷹派的中心，曾經為雷根總統的「星際大戰」飛彈防護罩背書，後來範圍擴大到揭穿其他可被解釋為自由派或反壟斷的科學發現。而在同時，來自受威脅企業的資金，也經常資助他們的研究。

領頭對抗氣候科學的是兩位年紀很大的退休物理學家，佛雷德．賽茲（Fred Seitz）與佛雷德．辛格（Fred Singer）[11]，他們附屬於喬治馬歇爾研究所，以前曾經為菸草業辯護。娜歐蜜．奧瑞克斯（Naomi Oreskes）及艾瑞克．康威（Erik Conway）在《販賣懷疑的人》（*Merchants of Doubt*）一書中指出，這兩個佛雷德曾是卓越的物理學家，但在環境或健康學科上並不具備任何專業。「但是，多年來，媒體還是把這兩人稱為專家。」根據奧瑞克斯和康威的描述，他們擅長的其實是把一股看不見的金流，轉換成「對抗事實，並且販賣懷疑」。[18]

但對化石燃料業來說，贏得輿論並不容易。進入新千禧年之時，一般大眾普遍都支持環境法規。根據民調，遲至二〇〇三年，超過七五%的**共和黨員**支持嚴格的環境法規。[19] 二〇〇二年，碳排法規反對者雇用朗茲來協助公關宣傳，他警告說，「環境議題可能是一般共和黨人最脆弱的地方，尤其是布希總統。」為了取勝，他主張，全球暖化否定者必須把自己描繪成「保

---

11 作者注　賽茲以前曾經從雷諾茲菸草拿到四千五百萬美元，要給願意捍衛香菸的科學家。辛格曾經攻擊環保局指稱二手菸危害健康。辛格的研究獎金是從菸草研究所（Tobacco Institute）來的，這是由香菸製造公司資助的團體。不過這筆錢是透過艾雷斯德托克維爾研究所（Alexis de Tocqueville Institution）這個非營利組織轉手。辛格在九〇年代進行二手菸研究，稅務紀錄顯示，一九八八年到二〇〇二年間，艾雷斯德托克維爾研究所從布拉德利、歐林、史凱菲、菲力浦麥坎納（Philip M. McKenna）、克勞德蘭伯公益基金會等收到一百七十二萬三千九百美元。

存與保護」環境。他的機密備忘錄「全球暖化辯論取勝之道」，後來被洩漏出來，在這份文件中，朗茲最強調的一點是，碳排管制反對者「絕對」不可以「先提出經濟論點」。換句話說，老實講出他們的財務利益，絕對會輸。

他繼續寫道，關鍵是質疑科學。「必須一直把缺乏科學確定性，拿來當作辯論的主要論述」，他建議。只要「選民相信，全球暖化在科學社群中並沒有共識」，就能阻礙法規。他建議「有效的」語言包括：「我們不能急著下判斷」以及「對於任何束縛我們的國際文件，我們不應該讓美國作出承諾」。後來朗茲換邊站了，他公開承認全球暖化的危險是真的。但是從曼恩看來，朗茲在二〇〇二年的備忘錄可以說是狩獵執照，使他的科學研究會迅速變成氣候變遷否定者的攻擊目標。「基本上它就是說，你必須踐踏科學家的信用，建立冒牌團體。它沒有說要『人格暗殺』，但卻是朝著那個方向做。」

最大的騙局

就在這個時候，寇氏家族資助及主導的組織，也加入攻訐全球暖化科學及科學家。查爾斯．寇氏資助的自由意志智庫卡托研究院不斷出版報告，例如《不是世界末日：科學、經濟與環境》以及《氣候恐懼：為何我們不應該擔心全球暖化》。查爾斯寇克公益基金會的補助款，以及艾克森美孚、美國石油研究所的資金，也付給一個沒有經過同儕審核的研究，研究宣稱，全球暖化辯論中的代表物種北極熊，並沒有因為氣候變遷而瀕臨絕種。這份研究立刻受到該領域專家批評，例如全國野生動物聯盟預測，到了二〇五〇年，因為棲地融化，有三分之二的北極熊族群將會消失。[12]儘管如此，石油業者資助的研究結論在寇氏家族資助團體的網絡中不斷傳播，「目前的北極熊數量比以前還要多」，卡托會長克瑞恩堅持。他表示「全球暖化理論只是給政府更大的經濟控制權力。」[13]

就是這些修正主義式的北極熊研究作者群，在二〇〇三年出版一篇論文反制，對曼恩那張極具代表性的曲棍球氣溫走勢圖開了第一槍。批評者的資格看起來很亮眼，他們是莎莉．貝流納斯（Sallie Baliunas）以及威哈克．「威利」．孫（Wei-Hock “Willie” Soon）。孫被認為是哈佛-史密森尼天文物理學中心（Harvard-Smithsonian Center for Astrophysics）科學家，但是後來出現的資訊是，他的博士學位是航太工程領域，並不是氣候科學，而且在史密森尼中心只是一

---

12 作者注　擔任北極熊國際（Polar Bears International）首席科學家暨美國地質調查（U.S. Geological Survey）北極熊計畫主持人三十年的史蒂芬．阿姆斯楚（Steven C. Amstrup）博士解釋，過去幾十年來，北極熊族群規模的預測幾乎都是用猜的，但是「由於全球暖化」，如果不做任何事來保護牠們的棲地，北極熊的未來注定非常嚴酷，這是無可否認的。另外，北極熊在二〇〇八年成為第一種因全球暖化而列名於《瀕危物種法案》（Endangered Species Act）的脊椎動物。Michael Muskal, “40% Decline in Polar Bears in Alaska, Western Canada Heightens Concern,” *Los Angeles Times*, Nov. 21, 2014.

13 作者注　作者採訪克瑞恩。更多請見“Koch Industries, Secretly Funding the Climate Denial Machine.”

個不支薪的兼職協作人員。但他並沒有揭露這一點，並在二〇〇五年到二〇一五年間，從化石燃料產業收受超過一百二十萬美元，其中至少有二十三萬美元是從查爾斯寇克公益基金會來的錢。後來被揭露的是，他的論文拿到的款項被化石燃料企業標記為「有產出成品」。⑳孫對曼恩的攻擊非常有爭議，曼恩為了抗議發表該論文的小型期刊《氣候研究》（*Climate Research*）而辭職，主編及其他工作人員皆表同情。然而從那時候開始，當時是維吉尼亞州環境科學系助理教授的曼恩，背上就貼了一個箭靶。[14]

隨著科學共識越來越支持全球暖化，產業界對抗它的努力也越來越有攻擊性。環保人士高爾在二〇〇〇年的總統候選人資格，對化石燃料產業是一個明顯的威脅。在那次的選舉週期，寇氏工業及其員工支付超過八十萬美元，支持高爾的對手布希及其他共和黨員。寇氏工業的政治行動委員會在聯邦宣傳活動的花費，比其他石油及天然氣公司更多，包括艾克森美孚。[15]從二〇〇四年到二〇〇八年，寇氏工業在華盛頓的遊說支出擴增超過二十倍，達到二千萬美元。[16]此時寇氏家族的企業自利行為，已經徹底取代他們年輕時不屑投入傳統政治的態度。

在這段期間，從石油、天然氣及燃煤公司而來的政治獻金變得越來越極端。一九九〇年，石油及天然氣產業的政治獻金，六〇%捐給共和黨、四〇%捐給民主黨。到了布希執政中期，來自這個產業的獻金有八〇%捐給共和黨。政治因應中心（Center for Responsive Politics）指出，燃煤企業的獻金甚至更偏袒，九〇%捐給共和黨。

這些投資很快就獲得回報。哈佛政治學家提達・史寇克波（Theda Skocpol）研究氣候變遷否定論時寫道，共和黨在氣候議題上很快就偏向右邊，特別是美國國會中的共和黨。㉑黨派差異在一般大眾之間並不明顯，但在民選公職之間卻成為鴻溝。

反對碳排放管制的保守派，例如奧克拉荷馬州共和黨參議員詹姆斯・印霍夫（James Inhofe），從寇氏工業政治行動委員會連續收受競選捐款，他把論述帶到沸騰點。他宣稱，全球暖化是「對美國人的最大騙局」。印霍夫的發言人馬克・莫拉諾（Marc Morano）有個名聲，就像曼恩後來形容他是專業「鬥牛犬」，因為他早期為「快艇老兵說真相」（Swift Boat Veterans for Truth）這個團體宣傳其論點，這個團體在二〇〇四年總統競選期間，跳出來抹黑約翰・凱瑞（John Kerry）從軍時的作為。當時莫拉諾為保守派新聞媒體工作，[17]這個媒體有部

---

14 作者注　曼恩和他的共同作者對他們的發現坦白並謹慎地表示，因為一千年前的氣溫並無紀錄，他們只好使用「代理」方法，包括較不理想的技巧，例如研究冰核及樹的年輪。

15 作者注　根據聯邦選舉委員會資料，二〇〇五年到二〇〇八年間，寇克政治行動委員會的聯邦獻金總共是四百三十萬，艾克森美孚是一百六十萬。

16 作者注　根據公共誠信中心，二〇〇四年寇氏工業花了八十五萬七千美元進行遊說，二〇〇八年此項支出增長至二千萬美元，John Aloysius Farrell, "Koch's Web of Influence," Center for Pub- lic Integrity, April 6, 2011.

17 作者注　莫拉諾宣傳「快艇老兵」事件、質疑凱瑞於越戰的行為紀錄，當時他是新聞記者、任職於網路媒體（Cybercast News Service），這是媒體研究中心（Media Research Centre）轄下的計畫，是史凱菲家族基金會的贊助對象。

分資金是來自史凱菲、布拉德利及歐林基金會。

到了二〇〇六年，莫拉諾已經搖身一變成為「快艇」科學家。「你必須一個一個點名罵，你必須對個人窮追猛打。」他在紀錄片導演羅伯特・肯納（Robert Kenner）訪問時解釋。㉒他似乎傾向把政治歧見變成人身攻擊、嘲笑戲弄、惹火對手，臉上還掛著笑容出現在電視轉播中。莫拉諾貶斥詹姆斯・韓森是「想成為炸彈客」，說曼恩是「假內行」，說到這個代罪羔羊，「我們玩這招玩得很開心」。㉓

莫拉諾指控曼恩是所謂「氣候騙局」的一部份，他形容那是「資金雄厚的氣候機器，正在遊說法案，並且使用新研究的每一個片段資料來宣稱，『它比我們想得還要糟』，或是『我們必須現在就採取行動』。」㉔莫拉諾的背景是政治學，他在喬治梅森大學讀政治，而非氣候科學。「我不是科學家，但我在電視上演科學家」，他開玩笑說。然而他卻端著權威態度指控「人造的全球暖化恐懼，是偉大的政治論述，不是科學。」

而在同時，化石燃料產業在布希執政下鴻運當頭，他能選上背後也是因為有這些靠山。特別是在二〇〇〇年，西維吉尼亞州五次投票給布希，燃煤產業在其中的角色舉足輕重，否則高爾應該會在這個前民主黨票倉得勝。「州內政治老手及白宮高層幕僚都認為，這基本上是燒煤燒出來的勝利」，《華爾街日報》寫道。㉕這個產業的確得到豐厚的回報。副總統錢尼以前是油田設備及服務公司哈利博頓（Halliburton）總裁，能源政策就是由他本人全權負責。布希在競選期間承諾要對氣候變遷採取行動，方法是限制溫室氣體排放，然而一旦執政，錢尼卻取消布希的承諾。錢尼的自傳作者巴頓・傑曼（Barton Gellman）形容，這是「對走歪路的老闆向上管理之案例研究」㉖，錢尼翻轉執政者的立場，主張全球暖化科學「尚無結論」，需要「更多科學調查」。

二〇〇五年的能源法案是希拉蕊・柯林頓所謂的「錢尼遊說能源法」，提供大量補助金及免稅措施給化石燃料密集型企業。布希政府削弱法規，例如燃煤電廠的法規。而且一反柯林頓政府的作法，竟然將水銀排放豁免於《淨化空氣法案》的管制，但這個立場後來被法院駁回。水力壓裂也得到紅利，錢尼不顧環保局反對，利用他的影響力使它豁免於《飲水安全法案》（Safe Drinking Water Act）的監管範圍。[18]水力壓裂產業因此發展興盛。五年之內，尼可斯的德文能源排名全美第四大天然氣製造商。漢默成為億萬富翁。錢尼以前的公司哈利博頓，也成為水力壓裂產業中的主要企業，這些都說明自由市場倡議者其實得到政府很大的好處。

整體來說，布希能源法案包括六十億美元石油及天然氣補助金，以及九十億燃煤補助金。㉗寇氏家族經常以自由意志立場反對政府稅收、管制及補助，但是記錄顯示他們占盡便宜，有特

---

18 作者注 《洛杉磯時報》報導錢尼運用影響力使水力壓裂得到豁免，並表示他的前公司哈利博頓在水力壓裂具有利益。Tom Hamburger and Alan Miller, "Halliburton's Interests Assisted by White House," *Los Angeles Times*, Oct. 14, 2004.

殊免稅額及補助款給石油、乙醇及輸送管線業務，還有他們涉入的其他商業領域。在許多情形下，他們的遊說專家也極力保護這些利益。此外，根據媒體事務（Media Matters）這個自由派監督團體所做的研究，在二〇〇〇年之後的十年間，他們的公司還受益於將近一億美元的政府契約。

巴拉克·歐巴馬執政之後，化石燃料產業不只急著要保護它們的利益，還比從前更加堅決反對氣候變遷科學。史寇克波表示，二〇〇七年是這場對抗的轉折點。那一年高爾得到諾貝爾獎，他的紀錄片《不願面對的真相》也得到奧斯卡獎。這部影片播出曼恩的曲棍球棒溫度走勢圖。高爾得到的喝采、曼恩的圖，引起大眾高度關注全球暖化，美國民眾有四一％表示「非常憂心」。[28]

「在這個關鍵當口，因應全球暖化的迫切性，美國大眾可能被說服了。」史寇克波表示，反對者於是以全新的氣勢反擊。芬克和查爾斯幾十年前創造發明的整條意識形態裝配線，包括整個保守派媒體圈都加入這場戰役。福斯電視及保守派廣播節目主持人猛力報導這個議題，把氣候科學家描繪成具有激進、黨派、反美目標的騙徒。同盟的智庫出版書籍及立場偏頗的論文，這些作者在國會發言作證並輪番上談話節目。史寇克波估計，「氣候否定論透過智庫書籍到日常媒體報導，被刻意並迅速傳播給三〇％至四〇％的美國人口。」[29]

反氣候變遷人士也召募了保守派福音基督教會領袖，他們普遍不信任政府，在政治及傳播上具有相當大的影響力。這個團體有個副產品是位於華盛頓郊區的組織康沃聯盟（Cornwall Alliance），它在福音教會圈內釋出一支影片叫做《抵抗綠魔龍》（*Resisting the Green Dragon*），把環保運動視為崇拜假神。它描述全球暖化是「這個時代最大的騙局」。氣候變遷成為基督教基本教義份子的熱議題，理察・西茲克（Richard Cizik）是全國福音聯盟（National Association of Evangelicals）的副會長，他被認為是這個運動中最有權勢的領袖，二〇〇八年底，在公開為氣候變遷科學背書後被迫辭職下台。

沒多久，輿論的民調顯示，除了強硬自由派之外，一般大眾對氣候變遷的關注已經降低了。二〇〇八年總統選舉起跑時，這個議題更加兩極化。就在選舉前，加上經濟情勢不穩，共和黨總統候選人約翰・馬侃（John McCain）重申氣候問題是真的，還說環保工作能夠帶動經濟復甦。[19]不過他選擇莎拉・培林（Sarah Palin）做副手，她是主張「鑽哪！寶貝鑽哪！」的其中一個，這正顯示出氣候極端論者的聲音，在共和黨內是如何越來越有影響力。

歐巴馬上任之後，美國使用的能源有八五％來自石油、天然氣及燃煤。這個產業相當龐大，利潤及影響力也等量齊觀。

然而一般認為，歐巴馬勝選對環保份子有利。曼恩也樂觀以對，但他憂心同事之間有一種

19 作者注　馬侃在第二次總統競選辯論時提出此看法，見 Pooley, *Climate War*, 297.

他所謂「麻煩的自滿」。他知道歐巴馬政府對化石燃料產業構成兩個巨大的威脅，這個產業怎麼肯乖乖就範。第一個威脅是歐巴馬的環保局。環保局行政長官麗莎・傑克森（Lisa Jackson）宣布，她打算將溫室氣體排放視為危險污染物，將首度納入《淨化空氣法案》的管制範圍內。二〇〇七年最高法院已經認可這項執法作為。不過，過去的政府都沒有正面攻擊這個產業。第二個威脅是民主黨計畫引進構思已久的總量管制及交易法案（cap-and-trade bill），來限制溫室氣體排放。

即使在歐巴馬宣誓就職之前，美國繁榮就已經開始關注總量管制與交易這個觀念，他們不斷呼籲當選議員，反對新的對抗氣候變遷支出項目。而在同時，寇氏工業則開始遊說，反對政府要求降低碳排放。歐巴馬上任後不久，出現了一支奇怪的全國電視廣告，訊息內容似乎陳舊得離奇。在歐巴馬上任頭幾個月，經濟災難一波波湧來，大部分的美國人正在震驚不已時，不知哪裡冒出來這支荒腔走板的廣告，主角是個叫做卡爾頓（Carlton）的懶散鬼。

「嗨」，外表帥氣的年輕人端著一盤精緻小點心說。「我是卡爾頓，富裕的環保偽君子。我的錢是繼承來的，我上的是很棒的學校。我有三棟房子、五輛車，不過我總是和我的有錢朋友們談論如何拯救地球。我希望國會花幾十億美元在全球暖化和綠色能源這些名目的計畫上，即使這會造成大量失業、電費和瓦斯費帳單變貴，而且讓你們這些人陷入更深的經濟衰退。誰知道呢？也許我還會從裡面撈一筆！」

其實，「卡爾頓」就是美國繁榮一手打造的廣告，這個非營利「社會福利」組織是由大衛·寇克創辦並大量資助，當然他是繼承了幾億美元，上的是迪爾菲爾德中學，擁有四棟房子（一棟在阿斯本的滑雪山屋；一棟位於棕櫚灘的美好時代風格豪宅薩曼托別墅；一棟位於漢普頓的寬敞濱海宅邸；以及曼哈頓公園大道七百四十號、有十八個房間的雙層公寓），還有很多輛車，其中包括荒原路華（Land Rover）及法拉利（Ferrari）。

寇氏家族和他盟友們創造「卡爾頓」為誘餌，顯然希望說服大眾，政府在氣候變遷的行動會威脅到「像你們這樣的人」，或是一般美國人的荷包。但是，那對他們當然是更大的威脅。他們擁有煉油廠、輸送管線、一家煤礦子公司瑞斯（C. Reiss Coal Company）、燃煤發電廠、肥料、石油焦炭製造、木材，以及超過一百萬英畝的加拿大石油未開發土地租用權[30]，光是寇氏工業一年固定排放的二氧化碳量是三億噸。[31]政府在碳污染上實施任何財務罰則，將會直接衝擊到他們的利潤，以及他們大量投資的未開採化石燃料蘊藏的長期價值。

但寇氏家族當時並沒有透露自己對氣候變遷的觀點。

不過在某次訪談中，大衛·寇克認為如果可以成真，那會是一個恩賜。他認為，「地球就可以養活更多人，因為有較多土地可以拿來生產食物。」[32]查爾斯的想法則出現在自己公司的內部刊物上，這篇文章的標題是「噴煙」，文中提問「為什麼會推廣這種未經證實或錯誤的推論呢？」文章主張，與其對抗全球暖化，如果人類適應它會更好。[20]它建議，「既然我們不能控制大自然，讓我們想想有什麼辦法與她的改變相處。」類似訊息也出現在史密森尼自然史博物館的大衛寇克人類起源展覽廳，二〇一〇年三月於華盛頓開幕。這項展覽由他資助，傳達的訊息是人類因應過去的環境挑戰而進化得更好，因此面對氣候變遷也會適應的。有個互動遊戲還說，如果地球氣候變得無法忍受，人類可能會蓋出「地下城市」，並發展出「矮小精幹的體格」或是「曲形脊椎」，這樣一來，「在擁擠的空間移動就不是問題了。」

很快的，氣候議題也悄悄進入茶黨的抗議活動中。二〇〇九年春天和夏天，抗議者爆發一般性的怒氣時，美國繁榮、自由行得通，以及其他祕密資助茶黨的組織，非常成功地把群眾的怒氣引導到氣候抗戰上。二〇〇九年四月十五日第一次「納稅日」茶黨抗議時，大部分的抗議者嚴厲批評歐巴馬的銀行紓困措施及刺激經濟方案，美國繁榮的工作人員則散發免費的T恤及抗議標語，對大部分的街頭群眾來說，標語上寫的抗議內容似乎是艱深難懂的議題：總量管制及交易法案。倡議團體的論點強調「歐巴馬打算提出史上最高的消費稅。」[33]

為了戲劇化呈現這個議題，美國繁榮的旁支機構派出「碳警」（Carbon Cops）加入茶黨抗議，假裝成環保局派來的狡詐密探前來警告大家，在後院烤肉、教堂和草坪除草機都要被禁了，因為《淨化空氣法案》將有更新、更嚴格的適用解釋。倡議團體也推出所謂的熱空氣價格之旅（Cost of Hot Air Tour）來惡搞總量管制及交易提案。亮點是一個七十呎高（按：約二十一公尺）的大紅色熱氣球，側面塗上一句標語，把反對總量管制及交易提案濃縮成幾個可怕的字：「增稅、失業、更少自由」。二〇〇九年時，美國繁榮把這個熱氣球送到許多州，該組織會長菲利普斯後來承認，「那一年半期間坐了好多次熱氣球，坐到我都不想再坐了。我不喜歡熱氣球。」[34]

伴隨著公開造勢活動，還有不為人知的暗地活動。湯姆．裴瑞洛（Tom Perriello）是維吉尼亞州沙洛斯維的新任民主黨眾議員，他支持總量管制及交易法案，二〇〇九年夏天，他發現選區裡的選民開始以憤怒信函轟炸辦公室。傳真機吐出一長串選民寫來的意見，許多是以自由派團體當地支會為名義，例如全國有色人種協進會（The National Association for the Advancement of Colored People, NAACP）及美國大學女性協會（American Association of University Women）。[35]他們的文書使用官方信頭，內容急切表達總量管制與交易立法將會讓電費漲價並傷害窮人。不過，這位眾議員的助理花了不少心力去選區接觸不滿民眾，進而發現這些信件全部都是偽造的，發信單位是華盛頓一家代表煤礦產業團體的公關公司波納聯合（Bonner and Associates）。

這件詐欺案遭到揭露之後，這家公關公司開除了一個員工。但這不是單一事件。那年夏

20 作者注 關於寇氏工業的遊說活動，精彩描述請見 Farrell, "Koch's Web of Influence."

天，裴瑞洛與其他議員一樣，在市鎮廳舉辦選民大會時也被砲轟。有個叫罵者因為他支持總量管制及交易法案而稱他「叛徒」，另有個人把這段過程錄下來。後來有個阻礙會議的聽眾對調查記者李方承認，他是被美國繁榮的維吉尼亞分會主任派去的。36那年夏天全國各地都有同樣的狀況。根據艾瑞克．普利（Eric Pooley）在《氣候戰爭》（*The Climate War*）一書中指出，來自德拉瓦、屬於溫和派的共和黨眾議員麥克．卡斯托（Mike Castle），被選民嗆聲要求他說明，為何會考慮投票給這種「騙局」。但後來才發現，是美國商會、美國石油研究所，以及其他產業代表所創立的「草根」團體能源公民（Energy Citizens）加入茶黨組織中，並派出抗議者去塞滿市政廳。37

右派廣播節目主持人也在一旁煽風。「這才不是什麼拯救地球」，林波告訴聽眾，「各位聽眾，這就是加稅，就是財富重分配。」貝克警告聽眾，這會導致供水配給。「這就是要控制你生活中的每一個環節，甚至連沖個澡都不行！」眾議院共和黨還引述傳統基金會一項研究來煽動恐懼，預測美國人的電費瓦斯費將會增加幾千美元，並導致嚴重失業。但無黨派的眾議院預算辦公室提出一項權威的研究結果，正好與此相反，研究顯示，美國人多付出的費用平均等於一天買一張郵票。但是眾議院少數黨領袖貝納駁斥實際的數字，說有誰相信這些數字的可以去「問問獨角獸」。38

雖然氣氛緊繃一觸即發，眾議院還是在二〇〇九年六月二十六日通過碳排放總量管制及交易法案。過程不是很順利。[21]提出這個法案的加州眾議員亨利．威思曼（Henry Waxman）及麻州的艾德．馬凱（Ed Markey）花了特別多時間推動，並且在環保人士與受影響的產業之間討價還價。許多環保人士認為，最後的法案實在缺點太多，根本不值得這麼大費周章。但是對於那些希望眾議院能夠達成某種妥協，也就是歐巴馬被選出來要做到的事，這是第一步。

但是，這項勝利並沒有讓人感到歡欣鼓舞，反而蒙上惶恐的陰影。特別是來自保守的化石燃料大州的民主黨提案人，例如維吉尼亞的裴瑞洛及瑞克．包徹（Rick Boucher），他們擔心會付出很高的代價。隨著對產業的威脅增加，阻擋的意志也更堅決了。

那年秋天，電視廣告開始在某些州出現，例如蒙大拿州，民主黨參議員波克斯本來就已經因為健保議題而遭受寇克網絡成員的攻擊。廣告說，「沒有科學證據說二氧化碳是污染物質。事實上，比目前還高的二氧化碳濃度將有助於地球的生態系統。」它催促收視者告訴波克斯，不要對總量管制及交易法案投下贊成票，那會「讓我們失業」。這支廣告的贊助者是一個名字奇怪的團體：二氧化碳是綠的（CO2 is Green）。根據《華盛頓郵報》能源記者史提芬．穆弗森（Steven Mufson）的報導，默默資助這個團體的是羅伯森，全美最大私人煤礦礦藏的擁有者。[39]

21 作者注　總量管制與交易在眾議院裡的爭論過程，權威描述請見上述資料來源。

羅伯森的指紋也出現在另一個反氣候變遷的外圍團體：責任管制聯盟（Coalition for Responsible Regulation）。歐巴馬的環保局一開始實施溫室氣體管制時，這個之前不為人知的團體就企圖採取法律行動阻止。[22]後來發現，這個團體的私人郵件顯示，它成功唆使德州的公務機關處加入訴訟，儘管該州自己的氣象學家相信，人類造成的全球暖化是真實的危害，而且環保局的科學研究結果也是肯定的。羅伯森的名字以及他的公司名稱，都沒有出現在該組織的相關文件上，但是該組織的地址和高層主管則和羅伯森的公司昆塔那一樣。

那年夏天，刺耳吵鬧的茶黨抗議過後，華盛頓的局勢更加醜惡了。二〇〇九年九月，歐巴馬在國會聯席會中提出他的健保提案，他的演講被南卡羅來納共和黨眾議員喬伊．威爾森（Joe Wilson）從眾議院深處發出的「你騙人！」叫囂聲打斷，雖然眾議院譴責威爾森目無法紀的脫軌行為，但是還不到一個月，氣候懷疑論者就呼應好戰的威爾森，某份報告的標題就是「聯合國氣候報告：他們騙人！」[40]

二〇〇九年十二月，歐巴馬政府準備出席哥本哈根第一次國際氣候高峰會時，反對聲浪繼續升高。之前美國拒絕加入其他已開發國家，根據京都議定書（Kyoto Protocol）同意限制溫室氣體排放，因此世界各國領袖都期待，美國最後會承諾做出認真的改革。有鑒於歐巴馬向來的立場，對於化石燃料業者及其自由市場盟友來說，時間似乎來不及了。接著，二〇〇九年十一月十七日，反對陣營的某個網站出現一則匿名留言宣稱「奇蹟發生」。[41]

就在這個要命的緊急時刻，某個身分不明的破壞份子熟練地駭進英國的東安格里亞大學網站，並上傳了幾千封內部電子郵件，都是該校有名的氣候研究小組科學家的內部聯繫信件。該校的氣候學家和美國的氣候學家一直有所往來與溝通，信件時間可以回溯到一九九六年。現在，他們之間所有不設防的專業懷疑，甚至偶爾有瞧不起對手的私下對話，整個世界都可以看到。

保守派逆向操作氣候議題人士克里斯・荷諾（Chris Horner）任職於企業競爭力研究院（Competitive Enterprise Institute），這是另一個支持企業的智庫，由包括寇氏家族在內的石油及其他化石燃料業的有錢人資助，他說，「藍色洋裝那一刻可能來臨了」。[42]但這次並非利用莫妮卡・陸文斯基（Monica Lewinsky）洩漏私情的那件衣服來告發柯林頓，而是以世界上首屈一指的氣候學家的文字來詆毀氣候變遷運動。如果經過剪裁、去掉脈絡，科學家之間的交流可能會被拿來宣稱，為了支持全球暖化是真實的狀況這個想法，科學家會願意偽造資料。

為了製造所謂的氣候門醜聞（Climategate），他們快馬加鞭。某些寇氏家族資助的組織網

22 作者注 這項爭議的詳情，以及德州氣候學家約翰・尼爾森加曼（John Nielsen-Gammon）的陳述，請見 David Doniger, "Going Rogue on Endangerment," *Switchboard*（blog）, Feb. 20, 2010.

絡，抓住這些被盜的電子郵件大做文章。卡托學者特別熱切推銷這個故事。這些電子郵件遭到曝光之後兩週，有名卡托學者光是自己一人就上了超過二十次媒體訪問，大肆宣揚這件被指控的醜聞。這件事很快就從明顯有偏見的媒體擴散到《紐約時報》及《華盛頓郵報》，並獲得主流媒體加持。美國繁榮會長菲利普斯拿這些盜來的電子郵件，在傳統基金會一場保守派部落客聚會上描述這就是「關鍵引爆點」，並補充「如果我們贏得科學論戰，那整個運動就手到擒來了。」[23]

最後，七次的獨立調查洗刷了氣候學家的清白，這些電子郵件沒能減損他們針對全球暖化研究的可信度以及大規模共識。然而，就在這段期間，曼恩的生活已經隨著環境運動而陷入混亂。

在所有科學家中，曼恩被這起神祕的駭客事件鬧得最不得安寧。在被盜的電子郵件中，有幾個字被抓出來，當作指控他是騙子的證據。同事在描述他的研究時，讚美他使用幫他「掩蓋下降」（hide the decline）的「技巧」（trick）。誹謗曼恩的人就跳出來下結論說，這些文字證明，他的研究只是唬弄大眾的「技巧」，說他故意隱瞞二十世紀的氣溫其實是在「下降」，為的是假造全球暖化的證據。

但完整了解的人就會知道，事實根本不是這樣。[43]寫下那些表面看起來很糟糕字眼的人，是一個英國同事，而不是曼恩，放在脈絡中來看，這些字眼再平凡不過。所謂「技巧」是指曼恩為了製作一組備份資料而發明的巧妙技術。所謂「下降」是指，一九六一年之後，從某些特定種類的樹木年輪中可獲得的資訊減少了，因此較難得到一組連續的資料。而另一個科學家，不是曼恩，發現有一組資料來源可以替代以填補這個缺口，這是所謂的「掩蓋下降」。這些電子郵件揭露出來的負面訊息其實是，曼恩及其他氣候學家都同意保留研究發現，不要分享給那些他們瞧不起的批評者。考慮到他們已經遭受到的騷擾，這個理由是可以理解的，但是這違反了科學社群中期待的公開透明慣例。除此之外，所謂的「氣候門」根本不是什麼醜聞。

儘管如此，這些被盜的電子郵件還是引起獵巫行動。只隔數日，印霍夫及其他收過寇氏家族政治獻金的共和黨眾議員就要求調查曼恩。他們寄發威脅信函給賓州州立大學，當時曼恩是終身職教授。後來，維吉尼亞州檢察總長、畢業自喬治梅森法學院的肯恩・庫切內利（Ken Cuccinelli）對曼恩的前任雇主維吉尼亞州立大學（University of Virginia）發出傳票，要求取得他幾十年來的學術研究紀錄，根本就把自由意志主義者反對政府干涉的主張拋在腦後。維吉尼亞最高法院最後認為，該州檢察總長「侵權」、誤讀法條，而駁回此案。

到了二〇〇九年最後一天，曼恩感覺到攻擊從四面八方而來。保守派廣播節目主持人經常

---

23 作者注　Brad John- son, Climate Progress, Nov. 27, 2010. 二〇一〇年十月二十六日，菲利普斯在傳統基金會談到氣候門洩密案，菲利普斯盡其可能惡意利用這個情況，在哥本哈根舉行的聯合國氣候變遷會議場外，打著美國繁榮名號抗議，當時他宣稱「我們是草根組織……我認為，有錢人家的孩子……要把美國失業率衝高到二〇%，這是不幸的。」請見 Mayer, "Covert Operations."

嚴詞抨擊他，逆勢對抗的網站刊登部落格文章詳述他的不法行為。一個自稱前中情局探員的人聯絡曼恩部門裡的同事，欲提供一萬美元賞金給任何能夠抹黑他的情報提供者，「保證不透露身分」。沒多久，曼恩聲稱，一個名為全國公共政策研究中心（National center for Public Policy Research）的智庫帶頭發起，要撤回曼恩的全國科學基金會（Natioanl Science Foundation）研究獎助金。曼恩在他的書《曲棍球棒及氣候戰爭》（*The hockey Stick and the Climate Wars*，書名暫譯）中描述，兩個保守派非營利法律機構：東南法務基金會（Southeastern Legal Foundation）及地標法務基金會（Landmark Legal Foundation），對他提出法律行動。[24]該智庫及兩個法律機構都是由同樣的一小群金主，從他們的私人基金會撥款資助，其中總是有布拉德利、歐林及史凱菲。

查爾斯．寇克的基金會也補助了地標法律基金會。寇氏家族顯然很讚賞地標的會長馬克．列文（Mark Levin），他是前檢察總長米斯的長期合作夥伴。二〇一〇年，美國繁榮雇用列文，要他在他的全國同步廣播節目中大力推廣，就和自由行得通與貝克之間的交易如出一轍。對於保守而博學的寇氏家族來說，選擇列文作為發言人是很奇怪的。因為他的風格具有煽動性，甚至可以說是粗野。《政治圈》記者佛格後來揭穿他與美國繁榮之間的協定，列文稱他是「狗娘養的惡毒小子」[44]，還對一個女性叩應聽眾說「我不知道為什麼妳丈夫不拿槍對著太陽穴。妳給我滾！」[45]他攻擊歐巴馬政策的說詞也很火爆，特別是關於氣候變遷。他說曼恩是

「人造全球暖化的另一個倡議者」，「並不懂如何執行正確的統計分析」，而且指控「國家主義環保份子」發明全球暖化，是為了要替蠻幹強橫的政府接管找藉口。他宣稱，他們「汲汲營營」的「就是權力，不是真相。」[46]

骯髒的戰爭

對曼恩的生計展開強力攻擊的還有另一個團體，賓州哈瑞斯堡的公共政策選擇福利基金會（Commonwealth Foundation for Public Policy Alternatives）。這個自稱為智庫的團體隸屬於一個類似的保守派組織網絡，叫做國家政策網絡（State Policy Network）。許多福利基金會的資金是從捐款人信託及捐款人資本基金轉過來的，因此不可能追查出金主。但因為這個智庫就位在史凱菲的家鄉州，公共福利基金會與他的家族基金會有特別深的關係。麥可．吉列巴（Michael Gleba）是公共福利基金會的董事長，他也是莎拉史凱菲基金會的會長，以及史凱菲的迦太基基金會財務長，並在兩個單位都擔任信託委員。這項安排給了公共福利基金會很不尋常的影響

---

24 作者注　曼恩寫道，東南法律基金會要求全國科學基金會，提供有關該基金會補助賓州州立大學的曼恩及同事研究的資料；地標法律基金會提出訴訟，要求取得曼恩與共同進行曲棍球桿溫度曲線研究的他校學者之間的私人郵件。Michael E. Mann, *The Hockey Stick and the Climate Wars*（Columbia University Press, 2012）, 229.

力，特別是在賓州的州議會。

這個賓州智庫策畫要讓曼恩被解雇，並成功遊說州議會中的共和黨盟友，威脅賓州州立大學要凍結學校資金，直到校方對曼恩採取「適當行動」為止。大學的資金被掐住，只好同意調查曼恩。同時，這個智庫在大學日報上發動一波針對他的攻擊廣告，並協助組織反曼恩的校園抗議活動。

「賓州州立大學的壓力使人神經衰弱」，曼恩回憶道。「用偷來的電子郵件來打爛仗，通常這種情況很顯然是沒有立場去發動調查的。但它是由公共福利基金會推動，對州議會共和黨來說，有絕對的牽制作用。我知道我沒有做錯什麼，但這種前景不確定的情況，有如烏雲罩頂。賓州州立大學承受很大的政治壓力，我不知道他們能不能扛得了。」

同時，曼恩的信箱開始出現死亡威脅信。「我試著盡可能保護我的家人」，他說。但卻辦不到。有一天他沒有多想就打開一封可疑信件，竟然飄散出一陣白色粉末灑在辦公室。他擔心可能是炭疽熱而通報校園警察。聯邦調查局馬上用刑事案件封條，把他的辦公室圍起來列為疫區，整個部門也因此癱瘓。雖然後來發現粉末無害，但曼恩回想，「那次真的鬧得很大。有一度我還把警察局長專線電話貼在我家冰箱上，要是我太太看到什麼不尋常的事，就派得上用場。那感覺就是非常針對性的誹謗，甚至感覺有瘋子盯上了我們。」

曼恩特別煩惱的是，似乎有一群人既是堅定的氣候變遷否認者，也是憲法第二條修正案

（按：美國人民有持有和攜帶武器的權利）的狂熱份子，曼恩認為他們是被「憤世嫉俗的特殊利益團體」所煽動。曼恩說，「生活艱難的不滿民眾被嚴重誤導，因此相信因應氣候變遷的行動就表示，『他們』要拿走你的自由，甚至是你的槍。他們被很有技巧地洗腦了。」他說，「我們已經看到第二條修正案的狂熱份子是如何對付墮胎醫生。他們想要用同樣的方式把我們抹黑成壞蛋。」

他不是唯一收到死亡威脅的人。他說好幾個氣候學家不得不雇請私人保鑣，包括被駭客入侵的英國氣候研究小組主任菲爾・瓊斯（Phil Jones）。「幸好」，曼恩說，州議會要求賓州州立大學進行第二次更深入的調查，以及另一個由全國科學基金會這個可以說是全美最高科學組織的督導所進行的調查，都還給曼恩清白。「整個過程歷時兩年。結果是好的，但兩年是很長的時間。」他說，「我從來沒想過，我會成為爭議的中心。我擔心的並不是你們為什麼來查我做過什麼事」，他說，「我擔心的是，這種競技場氣氛可能會嚇退許多年輕科學家。這的確有寒蟬效應，讓科學家不再參與公開交流，因為他們害怕自己或部門主管會遭到威脅。」

等到曼恩的科學研究終於被平反，他的誠信沒有問題，以及氣候變遷是真實的危險時，這些已經不重要了。這時相信地球正在暖化的美國人，比起二〇〇八年，已經遽降一四％。二〇一〇年蓋洛普調查顯示，幾乎有一半的美國人（四八％）相信，全球暖化議題被「普遍誇大」，從十年前這個民調公司第一次提出這個問題以來，這個數字是最高的。[47]長遠來看，曼恩認為，美國沒有任何理由往科學的反方向走，除非是被錢驅使。「科學社群越來越相信氣候變遷現象」，他說，「社會大眾則是持平或下降。這之間出現分歧。而這個分歧就是產業界用錢砸出來的。」

雖然碳排放總量管制及交易法案被送進參議院，但它已經死了。一開始，具有獨立意志的南卡羅來納州共和黨員林西・葛拉罕（Lindsey Graham），在聲明「我的結論是，溫室氣體及碳污染有害無益」之後，勇敢接下領導作戰的角色，與民主黨的約翰・凱瑞（John Kerry）及無黨籍的喬伊・李伯曼（Joe Lieberman）聯名為該法案的提案人，讓環保人士大為驚喜。[48]

然而葛拉罕很擔心從他右方而來的壓力。他警告民主黨人，必須在福斯新聞掌握事態之前快速進行。一切正如他所擔憂的，二〇一〇年四月，福斯新聞因為他支持「氣體稅」（gas tax）而攻擊他。有個激烈的茶黨運動份子立刻在葛拉罕選區所在的州，召開記者會指稱他是「同性戀者」；某個政治外圍團體美國解方（American Solutions）也在南卡羅來納州，針對他的氣候議題立場而發起反對行動。後來發現，美國解方是由大型化石燃料及其他企業利益團體資助的團體，其中許多人都在寇克的圈子裡，包括德文能源的尼可斯、辛塔企業的法默、哈勃廣電公司（Hubbard Broadcasting）的史坦・哈勃（Stan Hubbard）、拉斯維加斯沙漠公司的阿道森。被砲轟好幾天之後，葛拉罕退出法案運作。來自內華達州的民主黨多數黨領袖哈利・瑞德（Harry Reid）處理總量管制及交易法案的最後一關。他自己連任選得辛苦，也擔心這個法案會終結民主黨參議員的政治生命，於是隨著葛拉罕退出而拒絕把這個法案提交到參議院大會表決。

氣候變遷改革的反對者得到他們想要的結果。「僵局是全球暖化懷疑論者最好的朋友，因為那就是我們真正想要的。」莫拉諾後來說，「我們不是要推動什麼法案，我們是反對方，只要阻礙就好了。」49

《紐約客》雜誌的瑞恩．利薩（Ryan Lizza）問高爾，為何氣候議題立法會失敗，高爾說，「特殊利益團體的影響力，現在到了一個非常不健康的程度。」他說，「在目前的政治制度下，如果不事先尋求深受改革衝擊的**最大商業利益團體的同意**，政治工作者幾乎不可能制訂任何重大的改變。」50

因應氣候變遷的首度立法正在沸沸揚揚之時，西維吉尼亞州的梅西煤礦因甲烷爆炸而倒塌，造成二十九名礦工死亡。不久，位於墨西哥灣的深水地平線（Deepwater Horizon）石油鑽具引發史上最大一宗石油外洩意外，海洋動物死亡及畸形的數量破天荒。陪審團指控上大山脈礦區的礦主蓄意規避安全法規，聯邦法官則判決石油鑽具的主要擁有者英國石油（British Petroleum）重大疏失及濫行有罪。

而在同時，大氣層中的二氧化碳已經超過科學家所說的，可能會造成全球暖化失控的程度。此時歐巴馬表示，他心知「可能沒有多少選民支持」，但仍誓言，「接下來幾個月，我要把支持者找出來。」然而，保守派的金錢機器早已遠遠跑在他前面，籌畫一項大膽的新計畫，以確保歐巴馬絕對不會成功。

09

當「錢」在說話

邁向《聯合公民案》的漫漫長路

「它等於是給了富人自由，想花多少錢支持他們屬意的候選人，就可以花多少。」

——《紐約客》（**New Yorker**）專欄作家傑弗里·圖賓（**Jeffrey Toobin**）

二〇一〇年五月十七日，紐約大都會歌劇院裡，一位身高頎長，面容和善快活的億萬富翁大步跑上舞臺，另一個打著黑色領結的觀眾熱烈鼓起掌來。這是美國芭蕾舞劇團（American Ballet Theatre）第七十屆年度春季演出的會場，會中表揚大衛·寇克擔任劇團理事會成員，為劇團做出的慷慨貢獻。寇克長期熱愛古典芭蕾，最近捐出了二百五十萬美元贊助劇團新一季的活動。事實上，在此之前他已經捐了數百萬美元。寇克在晚會二位聯合主席的簇擁之下接受了感謝獎，一位是身穿桃紅色禮服的社交名媛布蘭恩·川普（Blaine Trump），另一位是身穿翡翠綠禮服的政治望族卡洛琳·甘迺迪·史洛斯柏格（Caroline Kennedy Schlossberg）。卡洛琳的母親賈桂琳·甘迺迪·歐納西斯（Jacqueline Kennedy Onassis）長期贊助芭蕾藝術。很巧的是，一九九五年寇克買下第五大道上的一間公寓，前任屋主就是賈桂琳。隔了十一年之後，寇克又以三千二百萬美元將公寓售出，因為覺得它太小了。

這場盛會標示了寇克正式晉升紐約最重要慈善家之列的時刻。現年七十歲的寇克以慷慨好施而聞名。二〇〇八年，他捐了一億美元協助林肯中心紐約州立劇院（New York State Theatre）進行翻新工程，該建築如今便以他為名（**按：大衛寇克劇院**）；他捐了二千萬美元給美國自然歷史博物館（American Museum of Natural History），那裡的恐龍館就以他為名；同年春天，在發現大都會博物館（Metropolitan Museum of Art）外部噴泉年久失修的狀態之後，他承諾捐出至少一千萬美元做為整修經費。他是博物館的受託人（trustee），這個身分可能是整個紐約市社交圈最令人夢寐以求的獎賞；同時，他也是史隆．凱特林紀念癌症中心（Memorial Sloan Kettering Cancer Center）的董事會成員，並且在捐了超過四千萬美元之後，獲得該中心任命為名譽主任，還有一座以他為名的研究中心。

然而，當天晚會上有一位重要人物沒有出席，並引起眾人的關注。缺席的人是這場活動的第三位榮譽聯合主席蜜雪兒．歐巴馬（Michelle Obama）。她的辦公室表示，因為行程撞期，她無法出席這場盛會。事實上，寇克能夠躋身紐約慈善社交圈名流，憑藉的還是自身的條件。在一群公關顧問的協助之下，寇克成功塑造出令人印象深刻的公共形象。一名友人[01]表示，寇克曾經透露，自己捐了年收入的四〇%左右，估計大約為十億美元上下。當然這也為他帶來大約六億美元的年收入，同時大幅減輕了他的稅負壓力，但根據一名寇氏家族成員表示，最主要還是因為他享受扮演這樣的角色，享受這種尊榮。事實上，他的錢還花在其他方面，只是那個部分至今仍然不為人知。只要大衛．寇克仍然樂於把他的名字放在國內最受尊敬、最受喜愛的文化和科學機構上，繼續享受在芭蕾表演舞台上公開鞠躬就好。至於他的家族龐大的政治花費內幕為何，就屬於他們的私人事務了。

如果透過一般報稅程序，可能要花上好幾年的時間，才能讓寇氏家族龐大政治陰謀的模糊

---

01 作者注　作者採訪大衛．寇克的社交圈友人。

輪廓浮出水面，而完整的故事我們可能永遠無法得知。但是四個月前，針對右派人士攻擊希拉蕊・柯林頓所引發的爭端，最高法院做出的裁決，促使寇氏家族將原本隱祕的資金，投入更具選舉野心的新方向。當大衛・寇克在紐約上台受獎的同時，他和他哥哥的人手正悄悄地把花了三十年建立起來的意識形態機構，轉化成可以與二個主要政黨相匹敵的政治機器。他們崛起的背後並沒有廣大群眾的支持，而是受到一小部分美國最富有的家族金錢上的資助。現在，如果這些金主願意，就可以動用他們所有的財富，影響整個國家的政治走向。

給錢的方法

二〇一〇年一月二十一日，聯邦最高法院宣告對聯合公民（*Citizens United*）訴訟案的裁決，以五比四的票數，推翻了長達一世紀以來禁止企業和工會捐款贊助候選人的金額上限。法庭相信，只要企業和工會不是直接把錢交到候選人手上，就不至於造成貪腐；若是把錢捐給支持或反對某位候選人，但是與選舉作業無關的外部團體，那麼，要捐多少錢支持哪些候選人，並沒有金額上的限制。最高法院達成這項裁決所引用的論點是：企業和人民一樣，享有言論自由的權力。

這項裁決為上訴法院審理的現在就要自由言論訴訟案（*SpeechNow*）鋪好了路，上訴法院隨即也做出類似判決，推翻個人捐款給支出獨立的外部團體的金額上限。在此之前，按照聯邦競選法規定，捐款給為某位候選人助選的政治行動委員會（political action committees, PAC），每人每年捐款金額不得超過五千美元。但現在法院發現，只要與候選人的競選活動沒有協商合作，就不必有捐款金額的限制。於是，很快地，一種不受獻金上限約束的超級政治行動委員會（super PACs）因應而生，並操弄著仍然爭議不斷的新力量。

在上述二個訴訟案中，**只要不是直接捐給候選人的獨立支出，就不會造成貪腐**的這種論點，得到了法院的支持。然而，打從一開始，睿智而反傳統的保守派聯邦上訴法院法官波斯納之類的評論家就宣稱，法院的推論很「天真」。他指出「從貪腐的角度來看，很難看出捐給超級政治行動委員會的政治捐款和直接捐給競選陣營的捐款，有什麼實質上的不同。」[01]至於這二項裁決造成了什麼立即影響，《紐約客》（*New Yorker*）專欄作家傑弗里．圖賓（Jeffrey Toobin）一言以蔽之：「它等於是給了富人自由，想花多少錢支持他們屬意的候選人，就可以花多少。」[02]

在少數幾項仍然得到法院大多數贊同的限制之中，任何花在政治選舉上的支出，都應該對大眾透明公開，依然是長久不變的期待。負責撰寫主要意見書的最高法院大法官安東尼．甘迺迪（Anthony Kennedy）預測，「隨著網絡時代的來臨，即時公開各項支出」將比以往更加容易。他認為可以藉此預防貪腐現象，因為「人民可以清楚看出，被選出的官員是否被所謂的富有利益團體（moneyed interests）掌控」。

然而，這個假設很快就被證明是錯誤的。相反地，正如評論家之前提出的警告，越來越多流向選舉的錢被遮遮掩掩的非營利組織花掉，還聲稱他們有權隱匿捐款者的身分。史凱菲和寇氏家族這些有錢的活動份子，示範了如何把慈善變成一種武器。現在，他們和其他的捐款人盟友把所謂的黑錢（dark money）交給非營利「社會福利」團體，而這些團體有權把錢用在選舉上，同時對捐款來源保密。結果，美國政治系統就淹沒在無法限制又無從追溯源頭的錢海之中。

為了扳倒現行的競選財務法，法院取消了一個世紀以來的改革精華。十九世紀末和二十世紀初，美國爆發了一系列有關新富工業大亨祕密獻金的競選醜聞。在那之後，進步人士（Progressives）通過了限制支出上限的法律，防止民主進展走向貪腐。這些法律的立意是要在經濟不平等持續成長的情況下，捍衛政治上的平等。改革人士已經看出，財富集中在石油、鋼鐵、金融、鐵路等產業巨頭手中，已經對民主政治的平衡產生威脅。例如在一八九六年和一九○○年，共和黨的威廉．麥金利（William McKinley）參與的那場總統選舉，就因政商界大老馬克．漢納（Mark Hanna）向包括洛克菲勒（Rockefeller）的標準石油公司（Standard Oil）在內的大企業募集巨額政治捐款，而弄得惡名昭彰。面對社會持續高漲的反貪腐聲浪[03]，在老羅斯福（Theodore Roosevelt）總統的指示下，美國國會在一九○七年通過了蒂爾曼法案（Tillman

Act），禁止企業對聯邦候選人和政治委員會捐款。後來陸續發生的醜聞，則導致進一步的限制，包括規定工會的支出、個人捐款的金額，都必須對大眾公開。然而，聯合公民訴訟案的裁決，等於把前述許多限制都推翻了，從許多角度看來，美國形同重返了「鍍金時代」。

大法官約翰．保羅．史帝文斯（John Paul Stevens）初上任時為共和黨溫和派，後來長期歸屬法院自由派系。他形容聯合公民訴訟案的裁決「嚴重偏離憲法第一修正案所定下的方針。」他在篇幅甚長的不同意見書中申明，憲法制定者奉為神聖的自由言論權，是「屬於個人，不屬於企業」；一切偏離方針的作法，都是「和所有看出政府從建立之初就必須預防企業削弱其自治力的美國人民，和所有自西奧多．羅斯福總統時代以來，就致力與企業干預選舉的貪腐潛力相對抗的美國人民，持對立的立場」。史帝文斯說了一句令人難忘的話：「儘管美國的民主並不完美，但是最高法院的絕大多數都不認為，政治裡缺乏企業的錢是一種缺陷。」

大部分的分析評論都認為，促使這項確保公平選舉的重要規則向後倒轉的主因，是首席大法官約翰．羅伯茨（John Roberts）帶領的最高法院裡，保守勢力逐漸增強。的確，那是決定性的因素，但其實在那後面還有個背景故事。

將近四十年的時間，一小群超級富豪一直被規定他們不能花太多錢影響美國政治的法律限制，搞得很不耐煩。其中有一個家族特別積極與這些限制對抗，那就是密西根的狄維士家族。

狄維士家族是寇克捐款網絡的忠實成員。藉由成功的家族事業——美國安麗直銷王國，狄維士家族賺進了好幾十億美元的財富。一九五九年，小理查．狄維士（Richard DeVos Sr.）和傑．馮安鐸這二位孩童時期的好友，在密西根州大急流城（Grand Rapids，密西根州第二大城）郊區的亞達城創立了安麗直銷公司，以「門對門」（door-to-door）的方式銷售家用產品，同時以宗教崇拜式的熱情鼓吹財富的信念。久而久之，這家私人公司逐漸發展成行銷巨人，到了二〇一一年，公司年收益已將近一百一十億美元。

狄維士家族是荷蘭改革宗教會（Dutch Reformed Church）的虔誠信徒。該教會原先是由一群喀爾文主義（Calvinism）[02]變節份子成立的新分支，經由荷蘭移民帶進美國，這批移民大都落腳在密西根湖周邊。到了一九七〇年代，教會變得非常活躍，對有些人來說，它甚至成了基督教右派尖酸刻薄的批判中心。教徒致力於反對墮胎、同性戀、女權運動，以及任何有違教義的現代科學。喀爾文主義傳統中反對政府干預的極端自由市場經濟理論，也受到許多教徒熱情奉行。在所有抱持這種極端論點的社群之中，狄維士是最極端也最活躍的家族。在密西根以外的地區，狄維士家族的名氣並不像其他推動保守派運動的家族那麼響亮，但一說到資金贊助的手筆，幾乎沒有人可與他們相比。受到他們金援的對象眾多，寇克的捐款網絡便是其一。雖然在社會議題的觀點上，他們比寇氏家族要反動許多，但是對法規和稅制的反感程度，倒是一樣激烈。

事實上，安麗公司的結構設計本來就是為了避開聯邦稅法。狄維士和馮安鐸把門對門銷售公司美妝、清潔和營養品的業務員，定義為「獨立事業經營者」，而非公司的雇員。如此一來，公司便可以省掉大筆社會安全稅以及其他員工福利支出，從而大大提升公司的利潤，但也因此和國稅局與聯邦貿易委員會（Federal Trade Commission, FTC）產生嚴重的法律爭論。之後，在一項後來被撤銷的控訴中，政府控告安麗公司不僅是一個金字塔式騙局，更以致富的承諾誤導潛在的經銷商，許多人因此購進大批產品囤貨，後來卻發現自己賣不出去，只好被迫以招募更多下線經銷商的方式來抵掉債務。

由於在公司業務上操弄這樣的灰色地帶，使得培養政治影響力對這家公司而言更形重要。一九七五年，大急流城共和黨國會議員傑拉德．福特（Gerald R. Ford）[03]成為美國總統。在那之後，政治權勢的用處就變得格外明顯。當聯邦貿易委員會在進行調查的同時，狄維士和馮安鐸與福特總統在白宮的橢圓形辦公室進行了一場長時間的會談。不久，福特的二名首席助理就成為狄維士和馮安鐸創辦的一家新公司的投資人。消息曝光之後[04]，二名白宮助理宣布退出，但是安麗隨後又聘請其中一人擔任華盛頓的說客。就在此時，或許純屬巧合，聯邦貿易委員會

02 譯者注　由十六世紀法國宗教改革者喀爾文（Jean Calvin，一五〇九－一五六四）的思想推演而出的一套神學體系。
03 譯者注　尼克森總統因水門案辭職下台，福特接任總統，因此是美國唯一不經由人民選出的總統。

調查安麗是否為非法金字塔騙局的調查案逐漸偃旗息鼓，最後只是避重就輕，裁定安麗必須因誇大經銷商收入的不實廣告而受罰。

安麗公司的政治活動極為強烈，以至於聯邦貿易委員會的一位律師有一次對《富比世》雜誌表示：「他們不是一家企業，而是某種近乎宗教的社會政治組織。」05正如菲利普斯・費恩在《看不見的手》（*Invisible Hands*）一書中提到的：「安麗絕對不只是單純的直銷公司。它是一個以傳教士般的熱情，致力於追求自由企業理想的組織。」

然而，當時對於狄維士能花多少錢在選舉上，還是有法律限制。一九七四年，在水門事件之後，國會設定了新的獻金上限，並且成立總統競選活動公眾募資單位。於是，敵對陣營努力想找出新規定的漏洞，終於在一九七六年有點進展。當時，最高法院在審理共和黨參議員候選人，也就是小威廉・巴克利的哥哥詹姆斯（James）相關案件時，取消了對「獨立支出」的限制。這等於是為捐款大戶敞開了無限擴張的機會大門。

一九八〇年，理查・狄維士和傑・馮安鐸領頭搭上「獨立支出」的順風車06，代表總統候選人雷根，成為出手最闊綽的捐款人。從他們在一九八一年的頭銜，可以看出他們的影響力已日益壯大。07理查・狄維士時任共和黨全國委員會（Republican National Committee, RNC）財務主席，而傑・馮安鐸則擔任美國商會主席。二人在華盛頓很出風頭，在停靠於波多馬克河的安麗遊艇上舉行奢華派對時，來賓包括共和黨重量級人物，還有來自設有安麗分公司的十二個國家的顯要人士。出身荷蘭移民寒門的狄維士[08]，駕著勞斯萊斯名車，有如經過好萊塢道具服部門打點過般盛裝出席，手上的粉紅鑽戒閃閃發亮。

然而，一九八二年加拿大政府對狄維士和馮安鐸控以稅務詐欺的罪名，二位安麗公司創辦人試圖以金錢攻勢平息調查，卻踢到鐵板。揭發這項醜聞的是《底特律自由報》（*Detroit Free Press*）的二名記者。凱蒂・麥肯錫（Kitty McKinsey）和保羅・麥格努松（Paul Magnusson）二人直搗黃龍，暴露了這項精心設計、長達十三年的稅務騙局[09]，讓長久以來習慣了狄維士和馮安鐸愛國主義者和虔誠信徒表現的人震驚不已。他們的報導揭露安麗公司的最高層祕密指示一項計謀，在一九六五年到一九七八年間，以假發票欺騙加拿大海關官員，低報公司進口到加拿大的商品價值，因而減少關稅高達二千六百四十萬美元。

安麗公司公開譴責這項新聞報導，揚言控告《底特律自由報》誹謗，求償五億美元。但是就在隔年，安麗公司發表了一份簡短聲明，宣布就欺騙加拿大政府一案認罪，並且將償付二千萬美元罰金。認罪協議的交換條件是，撤銷對該公司包括狄維士和馮安鐸在內四位高層的犯罪起訴。一九八九年，安麗另外又花了三千八百萬美元，解決另一件相關的民事訴訟。[10]

不久之後，狄維士就被迫交出共和黨全國委員會財務主席的職位。另外，他評論一九八二年殘酷的經濟衰退是值得歡迎的「清洗過程」（cleansing process），又堅稱他從未看過真的想工作卻失業的人，種種不當言論使他的處境更是雪上加霜。此外，因為狄維士總是試圖把共和黨全國委員會的會議，搞得像是安麗業務員的鼓舞士氣大會，令許多捐款大戶望之卻步。他會把那些有錢的捐款人叫上台問他們：「你為什麼以身為美國人為傲？」一名共和黨長期激進份子對《華盛頓郵報》透露：「我們募到的捐款越來越少，那是壓垮我們的最後一根稻草。」⑪

即便如此，狄維士家族仍然是共和黨與保守主義運動的主要資助人，同時也是撤銷競選經費法行動的主要贊助來源。⑫從一九七〇年起，他們開始投入將近二億美元的資金，贊助新右派幾乎所有的基礎建設，包括像傳統基金會（Heritage Foundation）之類的智庫，並且資助大學校園保守派如校際研究協會（Intercollegiate Studies Institute）之類的學術組織。密西根共和黨前任主席索爾・安紐席斯（Saul Anuzis）說過：「過去五十年來，共和黨的總統或總統候選人，沒有不認識狄維士家族的。」⑬

狄維士家族也與神祕的國家政策委員會（Council for National Policy）關係密切。《紐約時報》（*The New York Times*）形容國家政策委員會為「由國內數百名最有勢力的保守派人士所組成，卻鮮為人知的社團」，⑭每年三次「在隱密的地點進行不公開的機密會談」。委員會的成員名單全是祕密，但是與這個組織有關的人名包括傑瑞・法威爾[04]、施妃麗（Phyllis Schlafly）[05]、派特・羅伯森（Pat Robertson）[06]，以及美國全國步槍協會（National Rifle Association, NRA）[07]的韋恩・拉皮耶（Wayne LaPierre）。其中有些人名與出席寇克研討會的人員重疊，傅伊斯便是其一。博伊斯是創辦懷俄明州傅伊斯聯合公司共同基金（Friess

Associates）的大富豪，在一九九六年的選舉中，他和寇克都曾祕密資助打擊競選對手廣告的三合管理公司（Triad Management），之後，二人在政治上就聯手合作至今。查爾斯・寇克曾經接受過國家政策委員會頒發的獎項，但他並不是委員會的成員。根據理查・狄維士的說法，這個委員會把「出力的人和出錢的人」聚在一起了。⑮

如果有什麼值得一提的，那就是狄維士家族和法律之間的磨擦，反而替他們壯了膽。一九九四年期中選舉時期，安麗捐出二百五十萬美元給共和黨，是美國史上企業捐出的「軟錢」（soft money）[08]數目最大的一筆。一九九六年，乾淨政府（clean-government）團體批評狄維士家族捐出一百三十萬美元給聖地牙哥觀光局，替該年度的共和黨全國大會打廣告，是遊走在競選活動獻金限制的邊緣。

那時，理查・狄維士已經買下美國職籃NBA奧蘭多魔術隊（Orlando Magic），也已經把安麗交給他的兒子，也就是人稱廸克（Dick）的小理查管理。年輕的狄維士遵循父親一貫的政治和宗教觀點，但是在生意方面他是個實用主義者。他積極深入中國拓展這家狂熱的自由市

---

04 譯者注　美國福音派牧師及電視傳道人。
05 譯者注　美國資深保守派人士，有「保守運動第一夫人」之稱。
06 譯者注　美國福音派牧師及電視傳道人。
07 譯者注　全美最大擁槍遊說團體。
08 譯者注　指在競選活動中，不直接捐給候選人，而是捐給政黨的捐款。

場公司。到了二〇〇六年，安麗收益的三分之一都來自這個共產主義國度。

狄維士家族的聲望和財富，在迪克和密西根荷蘭改革宗教社群另一個皇室家族的女兒貝琪・普林斯（Betsy Prince）成婚之後，更是如虎添翼。貝琪・普林斯的父親艾德格・普林斯（Edgar Prince）⑯創辦的一家自動零件生產工廠，一九九六年以現金一百三十五萬美元售出；她的兄長艾瑞克・普林斯（Eric Prince）創辦全球知名的黑水私人保安公司（Blackwater），被記者傑瑞米・史卡希爾（Jeremy Scahill）形容為「全世界最強大的雇傭兵團」。[09]

貝琪・狄維士的政治野心一點都不亞於她的丈夫，甚至還可能超過。後來她果然當上了密西根共和黨的主席。有了她的支持，迪克・狄維士在二〇〇二年放下了管理安麗的工作，以便投入更多時間在政治事業上。結果卻讓他大失所望。二〇〇〇年，狄維士家族花了超過二百萬美元在密西根學校教育券（school voucher）[10]公投，結果因六八%的票數反對而失敗；後來，在二〇〇六年迪克・狄維士角逐州長失利的那場選舉中，狄維士家族又花了三千五百萬美元。

狄維士家族積極推行保守派的理念，其中，根除政治支出限制仍是他們最主要的任務。多年來，狄維士家族資助法律行動，向各種不同的競選經費法挑戰。這場仗的原爆點是詹姆斯麥迪遜言論自由中心（James Madison Center for Free Speech）。一九九七年，貝琪・狄維士成為該中心的創立董事會成員。這個非營利組織的唯一目標，就是終結所有政治獻金的法律限制。中心的榮譽主席參議員麥康諾，是一位精明而強大的募款人。

「像我們這樣的人」

保守派宣稱，反對競選財務限制是為了捍衛言論自由，然而麥康諾身為這個目標的最大贏家，卻不時透露出比較明顯的黨派色彩動機。在七〇年代，共和黨黨員麥康諾在幾乎可說是民主黨堅實陣營的肯塔基州競選時，曾經承認：「支出上的優勢，是共和黨員競選時的唯一機會。」[17]他曾經在大學裡開一門課，在黑板上寫下他認為建立政黨的三個必須要素：「錢、錢、錢」[18]；據報在一場有關競選資金限制的辯論會上，麥康諾對他的同儕這麼說：「如果我們能終止競選財務法，就能在未來二十年內掌控這個制度。」[19]

詹姆斯．麥迪遜中心成立的目標，在於藉由與法院對抗，實現這個夢想。除了狄維士家族之外，早期的捐款人還包括幾個右派最具影響力的團體，像是基督教聯盟（Christian Coalition）和全國步槍協會。但是這個組織背後的推手是一名全心投入的律師，他是來自印第安納州特雷霍特的小詹姆斯．鮑伯（James Bopp Jr.）。鮑伯是美國國家生命權利委員會

09 作者注　艾瑞克．普林斯是前美國海軍海豹突擊隊（SEAL）軍官，公司不久即遭遇專業上的法律問題，因為他的手下被控在伊拉克戰爭期間槍殺了十七名平民。他後來移居國外，並且改掉公司名稱，以擺脫國際不法份子的惡名聲。

10 譯者注　政府直接發放學費補貼給家長，讓他們自己選擇把孩子送去哪所學校。許多私立學校允許家長使用州政府的補貼來支付自選私立學校的學費。

（National Right to Life Committee）的總法律顧問，後來他也成為麥迪遜中心的總法律顧問。

事實上，鮑伯的法律事務所和詹姆斯．麥迪遜中心的辦公室地址一樣，電話號碼也一樣。表面上鮑伯屬於麥迪遜中心的外聘員工，事實上所有捐款的每一分錢都會進到他的事務所。麥迪遜中心將自己定位為非營利慈善團體，透過這個中心，狄維士家族基金會和其他支持者，可以因為資助某些成功機會不大、沒有人願意嘗試的訴訟案件，以得到減稅。曾經為國稅局審查免稅團體的華盛頓律師馬可思．歐文斯（Marcus Owens）的觀察是：「這個組織和鮑伯律師事務所的關係如此密切，實在與慈善無關……我從來沒有聽說過這種只資助某家特定法律事務所的慈善組織或基金會。」

一九九七年，也就是貝琪．狄維士協助成立麥迪遜中心的同一年，她解釋了自己為什麼反對競選財務限制的理由。那時候，民主和共和二黨在一九九六年總統大選時，投入了難以計數的資金，也就是所謂的軟錢，製作他們不稱做競選廣告而稱為「議題」的廣告，以避開捐款限制，此舉引發了全國的抗議聲浪。當時，由二黨協商合作的參議院促請加速改革。但是，貝琪．狄維士在國會山莊動態報紙《點名》（*Roll Call*）的客約專欄裡，為無上限的捐款辯護。

她寫道：「軟錢，也是辛苦賺來的美金，只是政府老大哥還沒有找到控制它的方法。僅此而已。」[20]她又補充：「我對軟錢略有些認識，因為我的家族是提供軟錢給共和黨的單獨捐款人之中，最大的一個。然而，對於外界質疑我們這樣做是為了買影響力，我決定不再為此氣惱。現在我乾脆承認他們說的對。沒錯，我們的確期待能得到回報：我們期待能夠培養一個保守派的治理哲學，包含有限政府（limited government）[11]以及對傳統美國美德的尊重；我們期待投資有所回報；我們期待一個良好而誠實的政府。另外，我們也期待共和黨運用這些錢去推廣這些政策，然後，沒錯，去贏得選舉。」她的結語非常狡詰：「像我們這樣的人，當然應該被阻止。」

對抗競選財務限制的捐款大戶大多是保守派人士，然而其中也有一些超級富豪屬於民主黨自由派。二〇〇四年，與民主黨同一陣線的外部團體花了一億八千五百萬美元，是共和黨外部團體花費金額的二倍，試圖打敗尋求連任的小布希[21]，結果並未成功。這筆錢之中的八千五百萬美元，來自僅僅十四名的民主黨捐款人，其中最大一筆捐款來自紐約避險基金大亨索羅斯。[22]索羅斯反對美國入侵伊拉克的行動，他視布希總統為禍害根源，誓言如果有把握成功的話，他願意傾全部身家七十億美元來打敗布希。在民主黨操盤手的協助之下，索羅斯輸送了超過二千七百萬美元給所謂的五二七團體。[12]同年，共和黨運用同樣的機制，資助打擊約翰・凱

11 譯者注　有限政府是指在權力、職能和規模上，都受到憲法和法律嚴格約束和限制的政府。

12 譯者注　受美國國稅局第五二七號文件保護，獲得免稅待遇的民間政治團體。

瑞[13]的「快艇老兵說真相」組織。[14]在聯合公民訴訟案發生之前，這類計畫充其量只是在法律上有可疑之處。美國聯邦選舉委員會判定龐大的外部支出計畫違反競選財務法，民主黨和共和黨雙方因此遭罰巨額罰金。在那之後，索羅斯依舊積極進行意識形態上的慈善事業，耗資數億美元支持許多人權與公民權利的團體，但是在巨額競選捐款方面已經明顯淡出。

如果狄維士家族期待對麥迪遜中心的「投資有所回報」，就像貝琪說的，那麼，最高法院審理聯合公民一案的判決，就是一個回報。洛杉磯洛約拉法學院（Loyola Law School）選舉法專家理查．L．哈森（Richard L. Hasen）對《紐約時報》表示，這個判決是「吉姆（Jim，按：也就是前述的律師鮑伯）的智慧結晶。他製造出這些案件，依設計好的順序向最高法院提出設計好的問題，然後取得預期的成果。」哈森認為：「他簡直是訴訟機器。」㉓

鮑伯也同意這個說法。他告訴《紐約時報》：「為了達到這個目標，我們訂定了一個十年計畫……如果按計畫好好執行，我認為我們很有可能廢除整個被稱為競選財務法的管理制度。」㉔

如果早個幾年，這樣的言論很可能被視為荒謬而可笑。事實上，一開始也的確沒人把鮑伯的話當真。他那蓬亂灰白的披頭四髮型，自以為是的法律形象，再加上極端的觀點，還曾經被一名聯邦法官嘲笑。㉕當時，就競選總統的希拉蕊．柯林頓（Hillary Clinton）受到誇張影片攻擊一案，他主張該案應該像美國哥倫比亞廣播公司的《六十分鐘》（*60 minutes*）節目一樣，受到憲法第一修正案的保護。這部名為《希拉蕊：一部電影》（*Hillary: The Movie*）的影片是由素來以拍攝惡意競選廣告聞名的右翼老團體聯合公民所製作。根據最高法院的解釋，爭議點在於，這部影片是否算是受到保護的一種言論形式，或是受到選舉捐款法規管制、由贊助人提供的一種企業政治捐款。

藉著一個接一個的案子，在有錢的捐款人以減稅的慈善捐款名義，給予資金上的贊助之下，鮑伯得以對當代競選財務法的基礎給予連番打擊。他運用自由派有關公民權以及言論自由的說法，反治其人之身，也取得了部分的成功。事實上，他們是刻意地採取這樣的策略。保守派法律運動先鋒波立克創辦的正義律師事務所（the Institute for Justice），曾經得到查爾斯・寇克給予創業資金贊助。他就曾經主張右翼必須藉著堅持「相對權利」的訴求，和左派戰鬥。[26] 聯合公民訴訟案被設計成企業運用言論自由的權利之戰。正如保守派所預期，這樣的論點瓦解、分裂了左派陣營，甚至吸引了捍衛第一修正案的傳統自由派人士的支持。

儘管民調持續顯示，美國無論共和黨或民主黨，絕大多數的一般大眾仍然偏愛嚴格的支出

13 譯者注　二〇〇四年民主黨總統候選人。

14 譯者注　由越戰老兵組成的組織，在二〇〇四年凱瑞參選總統期間，推出連串廣告攻擊凱瑞謊報越戰經歷。

上限，[15]然而僅占少數的超級富豪，也就是寇氏家族和他們那些超級富有的保守派積極份子組成的派系，卻發動了關鍵性挑戰，導致相關法律遭到廢除。

舉例來說，仔細觀察《現在就要自由言論案》，可以發現在《聯合公民案》的判決出來後，緊接著下級法院也做出立場相同的判決。原本其實並沒有一個叫做現在就要自由言論的組織，純粹是幾個右派自由主義激進份子為了挑戰支出限制而發明出來的。這件訴訟案是艾瑞克·歐基夫的精心傑作，在他的諸多身分中，其中之一是威斯康辛州的投資人，打從一九八〇年大衛·寇克競選副總統，要求取消競選支出上限時開始，他就一直是寇氏家族的右派自由主義盟友。

領軍打這場訴訟的是強烈反對管制的聰明律師，也是保守派競爭力政治中心（Center for Competitive Politics）的聯合創辦人布拉德利·史密斯（Bradley Smith）。他提倡政治支出零公開，並且不曾透露他的資金來源，但是美國國稅局的紀錄顯示，二〇〇九年他的中心受到幾個保守派基金會的贊助，其中包括布拉德利基金會。史密斯成功的事業，說明了保守派慈善家的財富，如何培育、滋養了像他這樣的有才之士。史密斯曾在查爾斯·寇克的機構鑽研人類學。在那之後，他成為有史以來第一位直接表明反對財務限制，卻當上聯邦選舉委員會主席的人，而選委會是負責制定競選支出政策的聯邦機構。幫助他登上這個要職的是麥康諾和卡托研究院。他自己也承認：「要不是卡托研究院的拔擢，我不可能當上聯邦選舉委員會的委員。」[16]

以查爾斯．寇克的種子資金創辦的正義律師事務所，是現在就要自由言論訴訟案的另一個關鍵。這件訴訟案同時也受到威斯康辛州的右派自由主義退休人士弗瑞德．楊格（Fred Young）的大力資助。[27]楊格把工會勞工的工作，外包給沒有工會的州之後，靠著賣掉父親創辦的楊氏暖氣設備公司（Young Radiator Company），賺進數千萬美元。他在有寇克在背後撐腰的理性基金會（Reason Foundation）[17]和卡托研究院的董事會服務，也經常出席寇克的捐款人高峰會。

二〇一〇年，楊格充分利用剛到手不久的自由，花了很多錢。那一年，現在就要自由言論組織的超級政治行動委員會花掉的錢之中，有八〇％是他所貢獻的，那些錢全都用來支付針對威斯康辛州民主黨參議員羅斯．范戈德（Russ Feingold）所拍攝的電視廣告費用。范戈德是特別具有象徵性的目標，因為他向來是參議院裡嚴格限制競選支出法的主要支持者。[18]為了宣示立場，他促請外部團體不要以他的名義花錢。結果，那年秋天他被打敗了。

---

15 作者注　根據美國廣播公司ABC在二〇一〇年二月十七日所作的一次民調顯示，八成參與民調的美國民眾對最高法院《聯合公民案》判決表示反對。

16 作者注　作者採訪布拉德利．史密斯。

17 譯者注　美國保守派智庫。

18 作者注　二〇〇二年，參議員羅斯．范戈德與亞利桑那州共和黨員約翰．馬侃，共同發起二黨競選改革法案，稱為馬侃-范戈德法案，後來在《聯合公民案》判決中大致都被撤銷。

從捍衛者的觀點來看，《聯合公民案》與其後續類似行動，在釐清灰色地帶時，比較不像進步派的惡夢般那樣黑白分明。但光是做到這樣，就已經非常重要了。最高法院亮了綠燈，等於是向富人和他們的政治操盤人傳送一個訊息，就是以後不管募款或花錢，都可以放心行動，不會受到責罰。也就是說，法律上的迷霧和政治上的恥辱都已經散去。

很快地，在寇克的捐款人高峰會上承諾捐出的金額總數就往上攀升。二〇〇九年六月尚恩·諾伯募得了一千三百萬美元，到了隔年，光是一場募款活動，就募到了九億美元。美國十字路口（American Crossroads）是共和黨政治操盤手卡爾·羅夫組織的保守黨超級政治行動委員會，擔任該會主席的史帝文·勞（Steven Law）在《聯合公民案》判決出來後不久便承認：「最高法院的這項判決，實質上等於是發給我們一個『調度家用有方』的認可標章。」[28]

然而，包括歐巴馬在內的反對者，認為這個改變的後果極其嚴重。在他二〇一〇年發表的國情咨文中，歐巴馬就公開譴責最高法院的判決，說它「等於開倒車，讓法律退步了一百年，我相信從此將為特殊利益團體大開洩洪閘門，連外國企業都可以無限制地花錢干預我們的選舉。」有人看到當時也在現場的最高法院法官小塞繆爾·阿利托（Samuel Alito Jr.）的回應，他搖著頭，用嘴形說著「沒這回事」。[19]

另一個後果是，《聯合公民案》的判決把權力的平衡，從建立在廣泛共識的黨派之間，轉移到那些有錢又有足夠的熱情，願意從自己的口袋裡掏出幾百萬美元來花的個人身上。從定義上來看，就等於賦與一個小小的、非典型的少數族群權力。

芝加哥大學政治學研究所主任大衛．亞斯洛斷言：「這個判決為巨額黑錢解開束縛……《聯合公民案》判決不只是對總統，也對整體政府持續帶來負面影響。歷屆總統也遭到圍攻，但是，如今已經無法假設他們是為了大眾利益而行動。對大眾有害的鼓聲，已然響起。」在判決之後，他說：「我們感到四面楚歌。」[20]

---

19 作者注　就技術層面來看，《聯合公民案》的判決中並未提及任何有關外國企業可以怎麼做。因此，部分無黨派的事實查核人士認同阿利托，反對歐巴馬把判決描述為對外國企業打開大門。然而，《聯合公民案》的判決的確開放了一個管道，讓外國企業在美國的子公司，得以無上限地花錢參與美國選舉。

20 作者注　作者採訪大衛．亞斯洛。

10

二〇一〇年的交鋒

用錢買到的勝利

美國人要嘛就是不懂，要嘛就是根本不在乎。

——美國專業政治顧問的普遍認知

一月底，捐款人齊聚在加州棕櫚泉，參加二〇一〇年度第一次寇克高峰會。沙漠中的空氣彌漫著樂觀的氣氛。其中一名與會人士回憶：「波士頓的特別選舉才剛剛在一、二個星期前結束……因此會場的氣氛非常亢奮。」

這個月的稍早時刻，來自姓名保密的捐款人源源不絕的捐款，為麻薩諸塞州的史考特．布朗（Scott Brown）送來驚喜的選舉結果，讓他成為過去三十八年至今，首位從以自由派為主的麻省選出的共和黨參議員。在幕後管理大部分資金的是西恩．諾伯，那個時候他已經在為寇氏家族工作。在此之前，當許多人都不看好布朗的時候，諾伯就已經看準，事成之後的成效值得放手一搏，決定力挺布朗。布朗的成功對歐巴馬來說是一場大災難。長久以來，這個位子一直是由民主黨傳奇人物泰德．甘迺迪（Ted Kennedy）所擔任，但甘迺迪已在八月份去世。如今，布朗補上這個位子，改變了國會的權力平衡。雖然民主黨仍然占參議員席位的多數，但是失去這一席等於讓他們的勢力嚴重跛腳。當時歐巴馬正拼命想讓他的健保法案最後定案通過，失去這一席，面對共和黨運用拖延戰術時，民主黨需要的最低票數六十票就會出問題。民主黨將會因為票數不足，無法要求法案重新投票。布朗的勝利很顯然就代表《平價健保法案》闖關失敗。

但如果沒有得到許多幫助，布朗肯定贏不了，從數字上就可看出端倪。布朗原只是個行事低調的共和黨州參議員，他最為人所知的是刊登在《柯夢波丹》（*Cosmopolitan*）上的裸照。

然而，他卻意外地比他的民主黨對手瑪莎·寇克利（Martha Coakley）花了更多的錢。在初選後的六周內，就以大約八百七十萬美元，超過對方陣營的五百一十萬美元，當中包括一筆將近三百萬美元的捐款，是來自其他州神祕的非營利團體不透露姓名的捐款人。[01]其中二個最活躍的黑錢團體，美國未來基金（American Future Fund）和美國工作保障協會（Americans for Job Security），得到神祕的「社會福利」團體挹注的大筆資金。前年春天，諾伯以亞利桑那州的郵政信箱為登記地址，註冊了一個「社會福利」團體。接下來幾個月，這個名為病患權益保護中心的郵政信箱湧進一筆筆來自藍迪·肯屌克和寇克捐款網路其他成員的神祕資金，加入防堵歐巴馬健保法案的艱難戰役。[02]諾伯把當中許多錢撥給與寇克利在麻省進行的特別選舉之戰。共和黨希望藉著在參議院反轉一個席位，阻擋歐巴馬的健保法案，以給歐巴馬致命的一擊。他們的計策果然奏效。布朗的勝選讓捐款人興奮不已，許多人覺得自己扭轉了歐巴馬健保的浪

---

01 作者注　詳見布萊恩·穆尼（Brian Mooney）的"Late Spending Frenzy Fueled Senate Race," *Boston Globe*, Jan. 24, 2010. 事實上，布朗和對手瑪莎·寇克利在參議院競選時整體開支大致相差不多，但是寇克利得到來自常規的民主黨委員會大量資金贊助，而布朗則沒有受到共和黨委員會的資金贊助。布朗得到來自外部保守勢力二百六十萬美元捐款，比寇克利得自外部開支團體的錢多了將近一百萬，對於他這次的補位成功有關鍵性的影響。

02 作者注　根據史提夫·勒布朗（Steve Leblanc）於二〇一〇年一月十九日為聯合通訊社（Associated Press）所做的報導，在和寇克利競選戰中，美國未來基金花了六十一萬八千美元，而二〇一〇年將從「保護病患權利中心」獲得四百八十萬資金的「美國工作保障協會」團體則花了四十六萬美元。加上美國商會投入製作最後關頭廣告所花費的一百萬，三個團體在選戰的倒數十二天內，提供了保守派外部團體總共二百六十萬美元的資金。

潮。一位高峰會的與會者回憶道：「我們認為我們贏定了！」[03]

布朗的勝選讓歐巴馬一時陣腳大亂。隔日在白宮召開資深幕僚會議時，歐巴馬語帶責備地要求幕僚回答：「我的論述是什麼？我連個論述都沒有！」的確，歐巴馬行政團隊的勢頭，讓外部資金給徹底沖毀了。

接下來在一月二十一日，也就是布朗贏得麻州選戰之後二天，寇克高峰會議召開不久之前，最高法院對《聯合公民案》的判決，進一步振奮了捐款人的士氣。布朗的這場選戰有如一場前景看好的綵排，吸引了更多被最高法院尊為言論自由的外部獻金。這班人自封為「投資人」，他們齊聚一堂，歡欣鼓舞地為二〇一〇年的期中選舉[04]進行謀劃。

西恩．諾伯曬成古銅色的臉龐散發著自信。六個月前，在二〇〇九年六月的高峰會上，他只是區區一個小組召集人，現在的他已經晉升到能夠獨挑大樑。國會幕僚的工作和還沒付清的學生貸款，於他都成了過往雲煙。正如在他的政治顧問公司官方網頁上，熱情洋溢的聲明所言：「重點不是你懂什麼；重點是你**認識誰**。」

研討小組名稱定為「二〇一〇年契機：了解選民態度與選舉地圖」。諾伯對於健保一戰相當樂觀，他相信這場攻防戰已經喚醒全國的反抗意識。台上除了諾伯，另外還有三位男士，各自代表不同的地下政治運作層面，準備在這一年徹底擊潰民主黨陣營。

其中最為人所熟知的，是頂尖的國家政治策略高手艾德．戈雷斯比（Ed Gillespie）。二〇〇三年，才四十一歲的他，就擔任了共和黨全國委員會的主席。戈雷斯比靠著當說客賺進了大筆財富，據估大約有一千九百萬美元。他曾是民主黨人，與人聯合創辦的奎恩—戈雷斯比聯合公司（Quinn Gillespie & Associates）與二黨關係友好，對他們來說，進行交易比政治上的純粹度更重要。這家公司的客戶群包括後來宣告破產引發醜聞的大型能源公司安隆企業（Enron），以及一家推動個人強制納保，[05]類似那些被歐巴馬的對手抨擊為叛國徒的醫療保健團體。[06]根據《國會軼事》（*Capitol Lore*）的報導，出身愛爾蘭移民家庭的戈雷斯比，憑著親和力與敏銳的政治直覺，已經奠定好基礎，朝華盛頓欣欣向榮的遊說產業頂峰邁進。

最高法院的判決一下來，戈雷斯比就看出它的潛力了。不出幾周，戈雷斯比就和他的校友，也是布希政權的高級幕僚卡爾．羅夫（Karl Rove）一同前往德州，向口袋很深的達拉斯石油俱樂部（Dallas Petroleum Club）的石油大亨們，推銷新形態的影子政治機器計畫，並進行募款。01二位特使向大賭客們說明，現在他們的錢不必像以往那樣只能捐給共和黨和參選的黨員，也沒有金額上的限制；他們可以把資金投入像羅夫和戈雷斯比打算成立的這種「外部」組

03 作者注 與會者在要求匿名的條件下，接受作者的訪問。
04 譯者注 美國在總統任期過半時，會舉行參議員和眾議員的選舉，稱為期中選舉。
05 譯者注 歐巴馬健保法案中，規定所有美國公民都應該擁有健康醫療保險。沒有健保，無論公司還是個人，都要受罰。
06 作者注 戈雷斯比表示，他本人從未支持個人條款，只是他的事務所代表提出這個計畫。

織，而且金額不限。這類新組織將扮演私有化後備部隊的角色，正如羅夫多年來所夢想的那樣。羅夫對這些金主說：「人們稱我們為龐大的右翼陰謀，但其實我們只是半調子的右翼陰謀。現在，**該是認真的時候了！**」02

其實在聯合公民的判決還沒出爐之前，戈雷斯比就沒有閒過。歐巴馬政府成立之初的幾個月內，新總統的民調滿意度爆表。許多保守派人士還在為此感到沮喪之時，戈雷斯比已經想出一個妙計，充分利用這個只有他才看得到的缺口。歐巴馬主掌華盛頓，戈雷斯比則放眼各州。他知道二〇一一年將是關鍵的一年，許多州議會將依據新的人口普查，重新劃分國會選區的邊界，這可是十年一遇的機會。於是他擘畫了一系列野心戰略，目標是為共和黨拿下全國各州州長和議會的主控權，藉此共和黨將能重新劃分他們在各州的國會選區，以便為他們的候選人提供支援。對大多數人來說，州議會選戰機制複雜深奧又極其枯燥，但是對戈雷斯比而言，卻代表著共和黨東山再起的關鍵。

「一切計畫都在艾德位於維吉尼亞州亞歷山德里亞的辦公室內策畫完成……完全出於他的遠見。」03戈雷斯比的幕僚克里斯．楊考斯基（Chris Jankowski）後來接受《政治圈》的採訪時表示：「現在看起來這個策略完全合情合理，但是你得想像一下我們當時的士氣有多低落……只聽他說個不停，『我們這裡可以這麼玩』。」

戈雷斯比把這個計畫稱為「紅色版圖」（REDMAP），是「重劃大多數計畫」（Redistricting

Majority Project）的首字母縮寫詞。為了執行這項計畫，他接管了共和黨州領導委員會（Republican State Leadership Committee, RSLC），該非營利組織原先的功能是為有心影響州法律的企業所設的萬用銀行戶頭。他所需要的是足夠的資金，讓「紅色版圖」計畫動起來。二〇一〇年年底，包括菸草巨頭奧馳亞集團（Altria）和雷諾茲菸草的百萬捐款，沃爾瑪（Walmart）、製藥業的鉅額捐款，以及寇克高峰會有錢人的私人捐款，共和黨州領導委員會已經募到了三千萬美元，是對手民主黨陣營的三倍。[04] 後來，戈雷斯比回憶這段到處籌錢的日子表示：「那真是分秒必爭……就是工作、工作，不停地工作。」特別是在寇克高峰會這個大金礦裡。[05]

三人小組除了諾伯和戈雷斯比之外，還有一位身材矮小、禿頭、對政治瑣事似乎無所不知的人物。他操著北卡羅萊納口音，眼鏡總是滑到鼻頭，給人一種南部地區商店店員的印象。但亞瑟·「亞特」·波普（Arthur "Art" Pope）其實是一家店的老闆，更準確地說，他是身價上千萬的萬有批發（Variety Wholesalers）總裁兼主席。萬有批發是家族經營的折扣商店集團，旗下擁有數百家暢貨中心，遍布大西洋中部和美國南方。波普同時也是寇克網絡的創會成員。他和查爾斯·寇克是老友兼盟友，對自由市場哲學也和查爾斯一樣滿懷熱情。一場在卡托研究院時參加的夏日計畫，讓他受到保守派代表性人物海耶克和艾因·蘭德（Ayn Rand）等人的注意。一九八一年，從杜克大學法學院（Duke School of Law）畢業後，他接管家族事業，開始把當時資產將近一億五千億美元的波普家族基金會，改造成一個強大的攻治勢力。

過去十年來，波普和家族成員以及家族基金會，已經花了超過四千萬美元，試圖將美國政治推向右派。[07]除了經常性出席寇克的祕密策略高峰會之外，他也擔任寇氏家族主要的公開倡議團體美國繁榮，及其前身健全經濟公民協會的董事會成員，並且和寇氏家族聯手運作許多政治企業。稅務資料顯示，至少有二十七家由寇氏家族贊助的團體收到了波普的捐款，其中包括反對環境法規、加稅、工會以及競選支出限制等各種組織。和狄維士家族一樣，波普也是詹姆斯．麥迪遜言論自由中心的贊助者。沒錯，波普在家鄉北卡羅萊納州所扮演的角色，從很多方面看來，就是寇氏家族在全國各地所扮演的角色，只不過它是一個州的版本。儘管波普在其他地區的知名度並不高，但他在家鄉逐漸上升的影響力，讓北卡羅萊納州羅利地區的《新聞與觀察報》（*News & Observer*）為他取了個「右翼騎士」的稱號。

在那個周末的研討會議上，波普端出的菜色，是請捐款人協助他把北卡羅萊納州轉變成紅色版圖計畫的實驗室。一直以來，北卡羅萊納州都是關鍵性的搖擺州（按：指沒有單一候選人或政黨擁有壓倒性支持度的州），它不僅是新南方（New South）的門面，也是由傑西．荷姆斯（Jesse Helms）所主導、善於以種族歧視言論造成分歧的美國國會俱樂部（National Congressional Club）經常聚集之地。但是，歐巴馬在二〇〇八年以些微差距的票數拿下北卡；到了二〇一〇年，歐巴馬受歡迎的程度仍然不減。民主黨也主導了本州的議會，共和黨已經有超過一百年以上，不曾掌控北卡參眾二院。「從謝爾曼將軍（General Sherman）時代開始就沒有過」，成了廣為流傳的笑話。由此可見，共和黨想在二〇一〇年選戰中贏得議會的大多數，絕非易事，但若要讓這個目標實現，波普絕對是不二人選。波普既能精通晦澀難懂的選舉法，又具備少有人能與之匹敵的財富。只是就像寇氏家族和狄維士家族一樣，過去這些年來，他在選戰上總是運氣欠佳，不受選民青睞。在他服務於北卡羅萊納州議會任期之內，曾於一九九二年角逐副州長而慘敗。當時報導這場選戰的北卡德罕《獨立週報》（*Indy Week*）政治記者鮑伯．吉里（Bob Geary）回憶時表示：「他是個糟糕的候選人……我從沒看他笑過。他太過內向，又太拘泥於形式。」[08]以嚴謹聞名的波普也承認：「我的確不具備政治演說家的魅力。」[09]

若想翻轉北卡，需要深諳政治藝術，具備政治手腕的人手。為此，三人小組找了第四個人加入，那就是吉姆．艾利斯（Jim Ellis）。寇氏家族對於誰能有幸受邀參加他們的高峰會，是出了名的挑剔，但他們似乎並不在意艾利斯當時正因違反競選經費法而遭到起訴。艾利斯是諾

07　作者注　四千萬美元這個數目，是根據進步派的政府監督團體「北卡羅萊納民主陣營」（Democracy NC）所做的稅務記錄分析所得的結果而來。

08　作者注　作者採訪鮑伯．吉里，內容第一次出現在 Jane Mayer, "State for Sale," *New Yorker,* Oct. 10, 2011.

09　作者注　作者採訪亞特．波普，內容第一次出現處同前。

伯的老朋友，他將負責預測二〇一〇年的選戰結果，但事實上他還有其他的特長。

艾利斯在辦假運動以協助不受歡迎的公司和事件方面，經驗相當豐富。一九九〇年，他擔任一家名為拉姆赫斯特（Ramhurst）機構的主管。根據文件顯示，該公司事實上是為菸草巨頭雷諾茲公司打點公關事務的左右手。在艾利斯的帶領之下，拉姆赫斯特組織了表面上看似由人們自發的「吸菸者權利」抗議行動，反對菸草法規和稅制提案。[10]光是在一九九四年內，雷諾茲就投入了二百六十萬美元到拉姆赫斯特公司，提供操盤人部署所謂的「支持者」，以抗議提議對香菸銷售課以重稅的柯林頓健保案。[06]同年，反健保群眾大會也起而響應，怒喊「滾回蘇俄去！」

上述情況之所以和十五年後反對歐巴馬健保案的情況如此驚人地相似，可能是因為在背後操作的都是同一批政治操盤手。艾利斯在拉姆赫斯特的二名得力助手，道格．古德易和湯姆．辛荷斯特（Tom Synhorst），於一九九六年成立了公關及遊說公司DCI集團，協助諾伯煽動茶黨發動反歐巴馬健保法案的抗議行動。

同一時間，艾利斯已經深入華府共和黨的錢流核心，成為湯姆．德雷（Tom DeLay）的得力助手。來自德州的湯姆．德雷是共和黨眾議院多數黨黨團領袖，他因主導「K街行動」（K Street Operation），充當企業說客，同時以威脅利誘的方式，向企業索取競選獻金而聲名狼藉。德雷任用艾利斯為他的政治行動委員會總監。這個二人拍檔因為採用高壓手法，以至於在二〇〇五年雙雙因為違反競選財務法而遭到起訴。後來，德雷的起訴案被撤銷，但艾利斯就沒有那麼幸運。二〇一二年，艾利斯被判處一項重罪，還繳了一筆罰鍰。[11]不屈不撓的他把德雷的名字從履歷表上蓋掉，依然故我。人們質問他是否以收錢製造抗議活動為業，他聳聳肩，顯得相當理直氣壯：「基礎組織設計的用意，就在於讓民眾有權運用自己的聲音。」[12]當艾利斯在大金主面前大談「二〇一〇年契機」之時，他的法律地位仍然未明，但是他對政治黑暗面所知甚深，則是無庸置疑。

在諾伯和其他小組成員的鼓舞之下，捐款人滿懷著對二〇一〇年選舉樂觀的心情離開了棕櫚泉。然而，事實很快就證明，在扳倒歐巴馬這件事上，他們實在高興得太早了。亞斯洛回憶時說：「華盛頓和其他地區流傳著一個假設，如果他們拿下了史考特・布朗，就等於給歐巴馬健保敲響一記喪鐘……歐巴馬可不願坐以待斃。他說：『我們要祕密進行，找出一條生路。』」

民主黨陣營後來終於想出一個可以讓議案通過的計畫。眾議院首先必須批准一份參議院在

10 作者注　See Ted Gup, "Fakin' It," *Mother Jones*, May/June 1996. 他寫到，自製標語實際上是從北卡羅來納州溫斯頓・塞勒姆的菸草公司高層，請聯邦快遞送給吸菸者權利團體的。

11 作者注　二〇一二年六月，艾利斯因進行非法競選獻金而被判以重罪，處以四年監禁，罰金一萬美元。他說據他所知，在四年緩刑期之後，也就是二〇一六年，會有進一步的裁決撤銷對他的控告。

12 作者注　作者採訪吉姆・艾利斯。

去年十二月以六十票通過的版本。之後，參議院將運用增修法案條款時只需要五十一票通過票數這項議事手段，巧妙地避開共和黨可能採取冗長發言干擾議事進行的威脅。於是，儘管懷疑氣氛瀰漫，到了三月中旬，堅定的眾議院院長南西・裴洛希（Nancy Pelosi）離成功已經只有一步之遙。

隨著議案通過的可能性升高，茶黨的抗議行動也越來越醜惡。寇氏家族的錢也繼續避開眾人的視線、持續活動。美國繁榮會長菲利普斯跳出來組織了三月十六日在國會山莊舉行的「追殺法案」（Kill the Bill）抗議活動，控訴民主黨「試圖將近二千頁的法案硬塞給美國人吞下去！」幾天後，在國會山莊舉行的第二次集會中，抗議人士向一位路過的民主黨國會議員吐口水；故意咬舌，發出類似「死娘砲」的噓聲與尖叫聲，嘲笑麻州的男同性戀代表巴尼・弗朗克（Barney Frank）；還以種族歧視用語對約翰・路易斯（John Lewis）、伊曼紐・克里佛（Emanuel Cleaver）以及吉姆・克萊伯恩（Jim Clyburn）三位黑人國會議員大聲叫囂。[07]

然而在三月二十一日，正當抗議群眾情緒高漲之時，國會裡的記分板上，登記支持歐巴馬《平價健保法案》的票數達到了二百一十六票，剛好是通過這個法案所需要的票數。國會裡此起彼落地響起「我們辦得到！」「我們做到了！」的歡呼聲，瀰漫著有如勝選之夜的興奮高亢氣氛。是夜，歐巴馬和幕僚在白宮的杜魯門陽台舉行了罕見的慶祝會，但是總統心裡有數，用不著多久就得為此付出政治代價。當他舉起香檳酒杯向他的政治主任派屈克・蓋斯博德（Patrick

Gaspard）致意時，不禁苦笑：「你知道他們將會因此好好修理我們一頓。」08

歐巴馬的預感是正確的。就在國會通過歐巴馬健保法案之後不久，西恩．諾伯和夥伴們聚集在位於華盛頓市區，和寇克幾個政治操盤人共用的辦公室內，仔細地研究投票數字。一個新計畫構想就此成形。他們一致同意，現在必須運用這個為了對抗健保法案而成立的政治組織，接管賦與歐巴馬最大勝利的立法機構，也就是國會。

諾伯後來接受《國家評論》時表示：「我們特別建議把焦點放在國會……那裡正是通過這個法案的地方。裴洛希得罪了那麼多民主黨人，以致於完全沒有企業投贊同票給這個法案。歐巴馬健保案絕對是一個分水嶺，促成了日後共和黨重掌國會多數的局面。」09

總而言之，在沒有多少人注意到的情況下，一個與以往不同的期中選舉開始了。整個四月份，諾伯馬不停蹄到處奔波，和查爾斯．寇克、理查．芬克（Rich Fink，按：寇克集團的經濟學家）、藍迪．肯屈克，以及網絡裡的其他成員，磋商計畫的執行細節。大衛．寇克比較像是事後諸葛，或者如同一位參與人士所說的，弟弟就是弟弟。相較之下，做事井井有條又工於心計的哥哥查爾斯，則密切參與計畫的策劃。此時，寇克網絡已經成長壯大，光是和眾多捐款人聯繫並且說明情況，就得花上好幾週的時間。走遍全國，見了一個又一個百萬富翁，諾伯努力地推銷他的新計畫。他們已經得到票數了，論點也通過了，現在該是承擔責任的時候了。

只有選民不知道

到了二〇一〇年年底，諾伯的病患權益保護中心（Center to Protect Patient Rights）就募集了六千一百八十萬美元，是原先計畫的四倍。根據稅法，這類「社會福利」團體所屬的報稅類型，可以不必公開捐款來源。同年，另一個和寇克有關，叫做TC4信託（TC4 Trust）的神祕組織，也採用了同樣的手法，募得了四千二百七十萬美元，其中將近三分之一的錢透過披露表格的偽裝手法，轉回給病患權益保護中心。[13]如此一來，就等於諾伯籌到了將近七千五百萬美元。有了這麼多的現金，寇氏家族終於擁有了一個可以與他們的財富相匹配的政治行動。

先前，他們已經撥了一些金額比較小的款項給所謂的501(C)（4）「社會福利」團體。[14]在《聯合公民案》之前，這些非營利組織就和營利組織一樣，法律規定它們不得把錢用來支持或反對參選的候選人。有些組織則以自稱為議題廣告的手法，游走在法律邊緣，但仍然有觸法的危險性。然而，在《聯合公民案》之後，寇克章魚有如另外長出了一組觸角。第一束是各式各樣的智庫，還有學術方面的計畫案與法律中心，還有被芬克形容為意識形態生產線的議題倡議組織（issue advocacy）。這些組織或企業按照法律歸類屬於慈善機構，因此仍然被禁止參與政治，但是捐給這些組織的捐款可以減稅。二〇一〇年，加入了另一束觸角，各類錯綜複雜的「社會福利」組織源源不斷地將暗湧的金流投入期中選舉。

早在一個世紀之前，當國會制定「社會福利」團體的法律框架時，從未想到有一天它會成為富人包藏政治支出的工具。事實上，根據規定，若要享有免稅優惠，就必須證明組織確實「以提升社會福利為唯一運作宗旨」。然而，國稅局後來放寬標準，允許此類組織稍微涉及政治，只要不以政治為組織主要目的。很快地，律師就把這個法律漏洞延伸到荒謬的程度。例如，根據他們的說法，如果一個組織四九%的支出都用在政治活動上，還是符合法律規定，因為那表示政治仍然不算是它的主要業務。此外，他們也辯稱，如果一個組織把錢撥給另一個政治性組織，撥出的錢就可以不被視為政治性支出，即使後者把錢用在政治性活動上。專家把這類操作手法比喻為俄羅斯娃娃。舉例來說，二〇一〇年底，病患權益保護中心報稅時完全沒有報任何政治性支出。[15]但實際上，它給了其他保守派團體總共一億零三百萬美元，而這些團體大都積極參與了期中選舉的競選活動。

---

13 作者注　這些表格顯示TC4把錢轉給會計師稱為「非企業實體」（disregarded entities）的團體，如此一來，錢不是進到「病患權利保護中心」，而是進到二個分別叫做「十一版有限公司」（Eleventh Edition LLC）和「美國承諾」（American Commitment）的虛擬組織。可參考 Viveca Novak, Robert Maguire, and Russ Choma, "Nonprofit Funneled Money to Kochs' Voter Database Effort, Other Conservative Groups," OpenSecrets.org, Dec. 21, 2012.

14 譯者注　美國國內稅法501(C)條款，列出了二十六種得享聯邦所得稅減免的非營利組織，其中501(C)(4)是社會福利組織。

15 作者注　政治因應中心首先報導「病患權利保護中心」在二〇一〇年國稅局報稅表格上沒有申報任何政治開支的事實。隨後，在記者金．巴克（Kim Barker）發表的傑出而深入的報導〈How Nonprofits Spend Millions on Elections and Call It Public Welfare〉中，ProPublica, Aug. 18, 2012, 對事情經過有更詳盡的敘述。

黑錢在全國到處流竄，寇氏家族難辭其咎。在二〇〇六年時，大概只有二%的「外部」政治支出，是來自不需公開捐款人的「社會福利」團體。到了二〇一〇年，數字就上升到四〇%，抹去捐款來源的金額高達上億。競選財務改革人士儘管火冒三丈，卻無能為力。保羅·萊恩（Paul S. Ryan）表示：「需要這些基金和受惠於這些支出的政客，都心知肚明這些錢是從哪裡來的……唯一被矇在鼓裡的只有美國選民。」

管理這些新的黑錢是不小的挑戰。四月份，當選戰專家想方設法如何極盡所能地利用《聯合公民案》的判決，戈雷斯比邀請共和黨操盤人，參加一場他稱為「有關二〇一〇年版圖劃分的非正式討論」的會議。這場不尋常的會議在卡爾·羅夫位於華府西北區韋弗台（Weaver Terrace）的豪宅大廳裡舉行。有些參與者開玩笑說，他們參加這個稱為韋弗台小組（Weaver Terrace Group）的第一場會議，只是為了日後可以在朋友面前炫耀，自己曾經去過這位傳奇政治權威的豪宅。會議現場有如一場戰地會議，二十名召集人馬的組頭互相協調彼此的行動計畫，並分割各自的領土。記者肯尼斯·佛格在著作《大金錢》（*Big Money:* 書名暫譯）形容會議現場「有如一個全新的共和黨誕生了，操盤手是一小撮非民選操盤人，只對資助他們的富豪積極份子效忠。」

不久，二個組織浮出水面，在這些操盤人的經營之下，成為虛擬的私人銀行。第一個是美國十字路口，還有它的 501(C)(4) 分支 CGPS（Crossroads Grassroots Policy Strategies），由羅夫創辦，主要仰賴他在德州所結交的企業大亨人脈提供資金來源；另一個是諾伯的病患權益保護中心，資金來源則是寇克捐款人高峰會的捐款。美國商會則居中與二者密切合作，花了超過數百萬美元來自企業的匿名獻金，其中大部分都集中火力，以打擊歐巴馬健保為目標。在韋弗台會議和寇克捐款人高峰會中，美國商會也都派出最高層的人員出席會議。[16]

每一個角色都小心謹慎地分工。諾伯主打眾議院選戰，參議院的部分就交給羅夫的小組。配合**紅色版圖**計畫，戈雷斯比則繼續集中火力在州長和州議會上。為掩人耳目，這些操盤人把資金分配給為數眾多且名不見經傳的小團體，這種作法也容易符合法律禁止單一社會福利團體把一半以上的錢花在選舉用途的規定。很快地，在普通人的眼中看來，只見一連串此起彼落對民主派陣營的攻擊，在全國各地突然爆發。事實上，這些事件都經過中央嚴密協調，所以一位參與者就說：「在一場又一場選戰中，從未出現一個以上的團體同時發布競選廣告的情況。」⑩

後來，諾伯向保守派刊物《國家評論》的駐華盛頓編輯伊蓮娜·強森說明他的作戰方法時，就是從製作一份 Excel 試算表開始。表上列出六十四名民主黨國會議員，而且是「按照被擊敗的可能性排序」。⑪諾伯表示，到了六月底，表上列出的目標增加到八十八名；到了八

16 作者注　例如，彭博社報導，在二〇〇九年與二〇一〇年，健保產業就為了攻擊廣告，祕密資助美國商會超過八千六百萬美元。Drew Armstrong, "Health Insurers Gave $86 Million to Fight Health Law," Bloomberg, Nov. 17, 2010.

月，則增加到一百零五名。他指示每一個國會選區，「除了其他標準，也特別根據每一個成員的投票紀錄與選區結構」，為「勝選潛力」按一到五計分，每一個候選人則是依一到四十評分。最後，他根據共和黨勝出的可能性，把這一百零五名目標候選人分成三組。

之後，諾伯根據每一位候選人獲勝的機率，來分配寇克網絡的錢。他並未披露這些廣告實際上是由他的組織付費，而是透過一大堆不同的外圍團體轉手這些經費。舉例來說，諾伯向《國家評論》解釋，他選了一個叫做退休協會（60 Plus Association）的團體，這是資深公民遊說組織美國退休人士協會AARP（American Association of Retired Persons）的右派版本，在以下選區發布攻擊民主黨的競選廣告：亞利桑那州第一國會選區、佛羅里達州第二和第二十四選區、印第安那州第二選區、明尼蘇達州第八選區、紐約州第二十選區、俄亥俄州第十六選區、賓州第三選區，以及華盛頓州第三和第八國會選區。同時，他還利用在史考特・布朗參選時期所成立的商業聯盟美國工作保障協會，在「紐約州第二十四選區、北卡羅萊納州第二和第八選區、俄亥俄州第十八選區，以及維吉尼亞州第九國會選區」發布廣告；此外，他還選了另外一個在為布朗打選戰時用過的影子團體，也就是設在愛荷華州的美國未來基金，在阿拉巴馬州第二選區、科羅拉多州第七選區、新墨西哥州第一選區，以及華盛頓州第二國會選區，播放攻擊廣告。

美國未來基金和諾伯自己經營的非營利組織一樣，都屬於501(C)(4)「社會福利」團體，意思是它可以不必公開捐款來源，也不應該以競選為主要活動。它對外聲明的任務是「提供美國人民保守與自由市場的觀點」。實際上，它除了扮演掩護保守派政治資金的外圍團體，就沒什麼其他作用。如果你追查它的辦公室，就會發現那只是愛荷華州的一個郵政信箱。⓬共和黨操盤人於二〇〇八年在愛荷華州創立了這個機構，並從國內最大的乙醇生產商之一布魯斯・拉斯泰特（Bruce Rastetter）獲得種子資金。然而稅務紀錄顯示，這個組織在二〇〇九年有八七%的資金，在二〇一〇年有一半左右的資金，來源都只有一個，那就是西恩・諾伯的病患權益保護中心。

同樣的，美國工作保障協會組織因為屬於美國國內稅法501(c)（6）的「商業聯盟」或「貿易協會」，所以一樣有權隱匿捐款人姓名，而僅以「成員」稱之。這個組織有一個實體辦公室設在維吉尼亞州的亞歷山卓，但是那裡幾乎總是空著。組織只有一名雇員，是年僅二十五歲的共和黨競選助理，和西恩・諾伯彼此認識。一九九七年，這個以保險產業一百萬美元的捐款成立的組織，被贊成嚴格制定競選財務法規的自由派團體公共公民（Public Citizen），批評為根本只是個「騙人的幌子」。之前，美國工作保障協會曾經在阿拉斯加發起過一項競選活動，當地官員得到的結論是，這個團體「除了掩護分派到全國各地的資金流向之外，別無其他目的」。⓭因此州政府控告該組織違反阿拉斯加的公平選舉規則，後來該組織繳納了二萬美元達成庭外和解，但是完全沒有認罪。到了二〇一〇年，在諾伯的襄助之下，它的業務迅速壯大。

光是那一年，諾伯的病患權益保護中心就撥了四百八十萬美元給這個組織。

此外，諾伯透過上述團體以及其他組織，投入數百萬美元參與其他的競賽，包括反增稅運動份子諾奎斯特的美國稅務改革協會（Americans for Tax Reform）、瑞奇的美國小政府協會，以及寇氏家族的代表組織美國繁榮。美國繁榮的預算也隨之飆升，二〇〇四年時，該組織及其基金會的預算是二百萬美元；到了二〇〇八年，預算就增加為一千五百二十萬美元；到了二〇一〇年，更是高達四千萬美元。來自病患權益保護中心的資金，大大充實了這個組織的荷包。[17]

六月份，為了測試系統，諾伯選了美國繁榮，發動對民主黨國會新鮮人湯姆．裴瑞洛的攻擊。湯姆．裴瑞洛來自維吉尼亞州夏洛茨維爾，在總量管制及交易法案上，一直都和化石燃料利益團體作對。諾伯決定提早出擊，盡可能地擴大對民主黨勢力的破壞範圍。裴瑞洛正當意氣風發的時候，曾經霸氣宣稱氣候變遷之戰是「一份禮物」，他聲言「在這個世代裡，我們第一次有機會重新定義我們的能源經濟。」⓮然而，那年夏天被重新定義的竟是他自己。接二連三的負面廣告打擊了他的形象，贊助廣告的不是他的敵人，而是一些不知名的外部團體。

裴瑞洛坦率直言，他屬於自由派又在搖擺選區，的確是明顯的攻擊目標。但是很快地，連保守派民主黨國會議員包徹也被神祕的金錢攻勢搞得焦頭爛額。包徹的選區是維吉尼亞州的偏遠區域，工廠林立的索爾特維爾，該地區被歐林企業當成毒物廢棄場。包徹擔任此區的眾議院代表長達二十八年，更早之前，還當過八年的州參議員。他是維吉尼亞州的律師，更是企業利益團體的堅強盟友，對於眾議院通過碳總量限制及交易法案，向來扮演關鍵角色，他草擬了大部分的標準，並且為法案爭取到包括杜克能源公司（Duke Energy）在內，許多大型能源公司的支持。協商法案期間，包徹對煤炭工業做出太多讓步，令許多環保人士對他很反感。儘管如此，包徹支持法案的事實，還是惹毛了保守派的極端人士，其中包括數名資助寇克網絡的維吉尼亞州煤炭大亨。像包徹這樣的中間溫和派，正是這筆二極化的政治黑錢所要趕盡殺絕的對象。

包徹在十一月敗選之後，便去當盛德律師事務所（Sidley Austin）的合夥人。他回憶當時情況：「寇氏家族對我窮追不捨，一刻也不放鬆」。他說美國繁榮和其他保守派外部團體，砸了二百萬美元對他大肆攻擊，把他打得踉蹌難行，一直到投票當天。他說：「這裡可是阿帕拉契**（按：維吉尼亞州的一個城鎮）**啊！這裡的媒體市場很廉價。如果在其他地方總要花上一千

17　作者注　二〇一〇年，諾伯的病患權利保護中心撥了基金的一半，也就是三千一百萬美元，分給五個保守團體，這些團體隨後都花了相當的金額，發布了以五十八名眾議院民主黨參選人為標靶的電視廣告。這幾個團體是美國未來基金（一千一百六十萬美元）、美國退休協會（八百九十萬美元）、美國工作保障協會（四百八十萬美元）、美國稅務改革協會（四百一十萬美元），以及里維爾美國（Revere America）組織（二百三十萬美元）。五個團體該年分別募得的預算中，至少三分之一都是來自病患權利保護中心。另外，病患權利保護中心另一筆大額支出是撥給「溝通與調查」組織的一千零三十萬美元，以及撥給美國小政府協會，用來寄發攻擊眾議院民主黨參選人信件的五百五十萬美元。

萬美元。」他指出他的共和黨對手摩根．格里菲斯（Morgan Griffith）「沒有籌到多少錢，也沒花多少錢，事實上他根本不用，因為有寇氏集團幫他撐腰。」[18]

包徹表示，格里菲斯唯一的問題，是他反對處理氣候變遷和環境問題的立場。在環保署強制要求下，歐林公司必須負責改善索爾特維爾當地河川受污染的情況。格里菲斯的勝選，等於讓一位視環保署為該區最大敵人的國會議員，來代表索爾特維爾。

在包徹看來，競選財務法被推翻，表示污染源廠商得勝了。他聲稱：「《聯合公民案》之後，起了很大的轉變……每個人都可以躲在各種名不符實的組織背後，匿名花錢資助選舉活動，而且金額不限的時候，就等於是打開了防洪閘門。最高法院犯了大錯。問責制度將蕩然無存。」

為了形成期中選舉的訊息，諾伯回過頭去找民調專家朗茲，請他幫忙做市場測試。由病患權益保護中心付費，在一百個國會選區進行民調，大部分還做了不只一次。這個忙所費不貲，後來的紀錄顯示，病患權益保護中心在二〇一〇年，花了超過一千萬美元在「溝通與調查」上。

針對焦點團體做過民調後，朗茲建議對手應該避免直接攻擊支持度仍然很高的歐巴馬，必須盡量把民主黨候選人與眾議院發言人南西．裴洛希綁在一起。一名參與計畫的內部人士表示：「她根本是票房毒藥，在人們眼中，她和大眾嚴重脫節。如果照實告訴你人們對她的評價啊，包準你笑掉大牙。」

為了確保攻擊廣告達到預期效果，諾伯又找了資深媒體顧問賴瑞．麥卡錫。麥卡錫擅長把複雜的主題，濃縮成簡單、有力，而且通常帶有負面意義的象徵。在針對敵營候選人進行對手研究這個領域上，他特別精明。他經常運用民調、焦點團體、微定位數據（micro- targeting data），以及所謂的「感知分析器」，也就是評估觀看者對影片的瞬間反應，讓自己製作的廣告更為準確有效。

麥卡錫是個老手，經常為那些出於法律或政治衛生理由，在表面上和候選人看不出有任何關聯的「外部」團體，製作惡質廣告。[19]只要祭出「獨立開支」的旗幟，候選人就可以把責任推得一乾二淨。就拿威利．荷頓廣告[20]來說，也是由資助聯合公民組織的右翼操盤手佛洛伊德．布朗（Floyd Brown）所經營的「外部」團體出資製作的。後來攻擊希拉蕊．柯林頓的影片也是出自這個團體之手。布朗證實：「賴瑞不只是近來最好的廣告製作人……他可算是本世紀最佳的廣告金頭腦之一。如果你參觀賴瑞的工作室，簡直是在觀賞藝術。美極了！」他說著

---

18 作者注 作者採訪里克．包徹。
19 作者注 賴瑞．麥卡錫拒絕對此做出評論。
20 譯者注 無期徒刑犯人威利．荷頓在週末放哨期間，再度犯下強盜、強姦的罪行。一九八八年，美國總統大選期間，副總統老布希利用一則威利．荷頓的負面廣告，攻擊支持「受刑人週末放哨」政策的麻州長杜卡斯基。

便笑了起來。「以我的立場來看，真是美極了！」[21]

民主黨的民調策略專家吉夫・加林（Geoff Garin）過去雖然曾幾次和麥卡錫合作，但是個性沒有那麼熱情的他，比較習慣待在另一個陣營。他形容麥卡錫是個「連續犯罪者」，[22]「美國政治尺度的底線一再下探，他要負很大的責任。」

宣戰的是誰？

就在寇克網絡於亞斯本聖瑞吉度假飯店舉行該年度第二次高峰會，也就是六月聚會不久之後，他們得到了一個機會，足以大大提升他們網絡的財務影響力。在總統歐巴馬的支持之下，眾議院民主黨人士通過了一項法案，目的是刪除股權私募和避險基金經理人所享有的特別稅收減免，以消除所謂的附帶權益金的漏洞。這件事在金融界引發恐慌。二〇〇八年，歐巴馬意外獲得了大多數紐約金融界巨頭的支持，然而對於這個永遠不可能在參議院過關的稅法案，歐巴馬的立場惹惱了許多重量級人物。獲利豐厚的私募基金黑石集團董事長兼執行長、《富比世》估計個人財富高達六十五億的史帝芬・舒瓦茲曼，把政府的這項行動視為「一場戰爭」，[15]聲稱它「就像一九三九年希特勒入侵波蘭一樣」。

後來舒瓦茲曼雖然為這個評語致歉，但事實上歐巴馬和華爾街之間的關係，幾乎從他上任之後就開始惡化。金融家不滿自己成了二〇〇八年經濟崩潰的指責對象，尤其是當歐巴馬譴責他們為「肥貓」（fat cats），更令他們氣憤至極，痛斥歐巴馬政府是由一群對企業一竅不通的大學教授操控。然而，對舒瓦茲曼和部分金融家而言，這項法案等於是更進一步的冒犯，促使他們拿著支票，蜂擁至六月份寇克高峰會會場，決意阻止歐巴馬競選連任。

諷刺的是，或許就是舒瓦茲曼過激的反應，吸引了評論家對附帶權益金漏洞的注意。二〇〇六年，當舒瓦茲曼決定把黑石集團從私人股份企業轉型為上市公司，他首度被要求公開收入資料，結果數字震驚了華爾街和華盛頓。二〇〇六年他賺了三億九千八百三十萬美元，是高盛集團（Goldman Sachs）執行長的九倍以上。最令人驚訝的是，光是他在黑石集團的股份市值就超過七十億美元。二〇〇八年，專欄作家詹姆士・B・史都華（James B. Stewart）在《紐約客》發表的人物介紹裡，引用了舒瓦茲曼一位友人的話：「你不知道這在華爾街形成了什麼樣的印象。那些一輩子工作得一樣賣力的人，辛辛苦苦也只能賺得二千萬美元。沒錯，那已經是一大筆錢。但是現在卻發現，舒瓦茲曼彷彿可以在一夜之間，輕輕鬆鬆就賺進八十億美元。」⓰

---

21 作者注　作者採訪佛洛伊德・布朗，第一次出現在 Jane Mayer, "Attack Dog," *New Yorker*, Feb. 13, 2012.

22 作者注　作者採訪吉夫・加林，第一次出現出處同前。

史都華在文章裡還提到，舒瓦茲曼「到處收集即使以當今華爾街的標準來看，都堪稱奢華的豪華宅邸，使得他很容易就成為人們批評華爾街貪婪、炫耀性消費時的箭靶。」二〇〇七年《華爾街日報》（*Wall Street Journal*）的人物專欄也描述了舒瓦茲曼如何在他所擁有的五座豪宅之一，「位於佛羅里達棕櫚灘，佔地一萬一千平方英尺的家中，他對總主廚兼房產經理西恩·皮耶·史維根（Jean-Pierre Zeugin）抱怨，說有一名員工穿的不是和制服搭配的黑鞋……橡膠鞋底發出的聲音令他很煩燥」。[17]舒瓦茲曼的母親告訴報社，「錢是他的動力，錢是他的標準」。

然而，舒瓦茲曼最嚴重、最咎由自取的傷口，是因為二〇〇七年二月，他花了三百萬美元為自己辦了六十歲的生日派對，還請了流行樂巨星洛·史都華（Rod Stewart）和佩蒂·拉貝爾（Patti LaBelle）來為他演唱。億萬富豪的縱酒狂歡，在媒體界掀起轟動，直接導致了國會終結附帶權益金漏洞的要求。[23]

這個漏洞基本上是運用一種會計手法，把避險基金和私募股權經理人很大部分的收入，歸類為「利息」，因此就可以符合長期資本利得稅，只扣一五%的優惠稅率，還不到其他收入頂端族群平常扣稅稅率的一半。批評人士稱這個漏洞是拿一般納稅人的錢，給這些百萬、億萬富豪巨額補助。根據激進派智庫經濟政策研究所（The Economic Policy Institute）估計，避險基金漏洞每年導致政府損失稅收超過六十億美元，相當於提供三百萬名孩童健康照護的成本。其中，一年將近有二十億美元因為這個減稅優惠而進了區區二十五個人的口袋。⑱最早至少從二〇〇七年起，國會批評人士就開始嘗試堵住這個漏洞，然而即使民主黨眾議院三次通過改革法案，最後卻都承蒙華爾街扯後腿，在被共和黨以及民主黨保護人士挾持的參議院中遭到否決。

二〇一〇年夏天，這個議題又被搬上枱面，金融家於是再度動員。當歐巴馬首度批評避險基金為「投機」「肥貓」時，在康乃廸克州格林威治經營避險基金公司的克里夫·艾內斯（Clifford Asness）便公開宣示要金融界備戰，他表示：「避險基金亟需一位社群統籌人員」。[24]

統籌人員在等待舒瓦茲曼以及其他參加六月份寇克高峰會人員的指示。高峰會的主題是「認識美國自由企業和經濟繁榮所面臨的威脅與解決方式」，與會的金融家代表著和寇氏家族不同的共和黨類型，他們之中極少熱中於意識形態上的差異，大部分的人關心的只是如何保護他們持續增加的財富。然而，當他們的資源和保守派運動早期發起人士所建立的創意機器結合起來，再加上寇氏家族和其他反政府的激進派人士對意識形態的狂熱，就產生了洶湧的錢流，

23 作者注 甚至商業刊物也刊登專欄抨擊這個漏洞。See Martin Sosnoff, "The $3 Billion Birthday Party," *Forbes*, June 21, 2007.

24 作者注 艾內斯的公開信寫於二〇〇九年五月初，信中批評歐巴馬將避險基金妖魔化，只因避險基金不願配合歐巴馬團隊重建汽車大廠克萊斯勒（Chrysler）的意圖。詳見 Clifford Asness, "Unafraid in Greenwich Connecticut," *Business Insider*, May 5, 2009.

把整個共和黨沖向右翼。

另一位出席亞斯本會議的避險基金經理人，是歐巴馬陣營前任超級籌款人、總部設在芝加哥的避險基金公司城堡投資（Citadel）的執行長肯．格里芬（Ken Griffin）。格里芬從擔任民主黨歐巴馬的籌款人，轉而投靠共和黨陣營，只是後來所謂的「避險基金換邊站」（Hedge Fund Switch）的其中一個例子。其他與會的金融界億萬富豪，還包括家得寶創辦人、後來轉而從事投資的銀行家肯恩．朗格尼，以及麻省私募股權投資人約翰．柴爾茲（John Childs）。柴爾茲曾在私募基金機構湯瑪士．H．李夥伴事務所（Thomas H. Lee Partners）擔任第二把交椅，當時該公司藉由槓杆收購知名飲料公司思樂寶（Snapple）交易，二年內就賺進了九億美元。柴爾茲自己的公司J．W．柴爾茲協會（J. W. Childs Associates）經營得起起落落，但他向來是保守派政治的主要投資人，還曾經被形容為「共和黨在麻省所擁有最近似提款機的東西」。19在二〇一〇年的選舉週期期間，柴爾茲還會再花費九十萬七千美元在聯邦選舉上。

另外，曼哈頓研究中心（Manhattan Institute）主席暨避險基金經理人保羅．辛格，也是共和黨主要的政治獻金金主。他沒有參加會議，而是由得力助手安妮．迪克森（Annie Dickerson）代表出席。辛格的公司艾略特資本管理在金融界享有獨特利基。他們專門購買破產公司或國家的不良債權，然後要求對方全額償還，否則可能告上法院。評論人士批判這樣的手法很不道德，特別是當債務人是赤貧國家時。他們指責他是「禿鷹資本家」，利用貧窮榨取利益。但辛格還是憑藉著這種手法，累積了大約九億美元的財富。辛格自詡為高華德[25]自由企業保守派，支持同性戀者權利，但是卻對歐巴馬團隊所提出的財政法規改革大加撻伐。

出於對民主黨的憤怒，那年夏天他在曼哈頓主持自己為共和黨參選人舉辦的募款大會，對抗陶德─法蘭克法案（Dodd-Frank Act）[26]以及其他財務改革。他也參加了另外一個類似的會議，地點就在另一個憤怒的避險基金捐款人，也就是賽克資產顧問公司創辦人史帝文・寇恩價值高達一千四百萬美元的豪宅。根據後來的報導資料，這一小群高財富密度的億萬富豪快速「投入至少一千萬美元」到各個團體，讓共和黨期中選舉聲勢大振，而這些錢大都未曾留下公開交易的痕跡。⓴

在亞斯本舉行的六月寇克高峰會，財富密度高得令人咋舌。將近二百名與會人士中，至少有十一人名列《富比世》全美前四百大富豪榜上。[27]該雜誌根據他們當時的財富估計，光是這

25 譯者注　美國共和黨政治家，被視為一九六〇年代開始美國保守主義運動的主要精神人物。高華德主張自由意志主義，屬於共和黨內的自由派。

26 譯者注　二〇一〇年七月由美國歐巴馬總統簽署頒布「陶德・法蘭克華爾街改造與消費者保護法案」，強化對金融系統的監管，防制類似雷曼兄弟事件發生。

27 作者注　這些人是查爾斯・寇克（四百四十七億美元）、大衛・寇克（四百四十七億美元）、史帝芬・舒瓦茲曼（一百一十三億美元）、菲利普・安舒茲（一百一十億美元）、肯・格里芬（七十億美元）、大衛・狄維士（五十八億美元）、黛安・韓崔克（Diane Hendricks，三十六億美元）、肯恩・朗格尼（二十九億美元）、史提芬・貝克托（二十七億美元）、史丹・哈伯德（Stan Hubbard，二十億美元）、喬・克瑞夫特（Joe Craft，十四億美元）。

些人的資產總和就高達一千二百九十一億美元。

為了激勵這群富豪慷慨解囊，諾伯特別為捐款人準備了一份電視廣告樣本，標題是「期中選舉公民動員計畫」（Mobilizing Citizens for November），一方面抨擊歐巴馬健保案，一方面宣揚共和黨的勝算。會議小冊子上印著：「今年秋天，有沒有機會選出更堅定捍衛自由和繁榮的領袖？」「此次會議將進一步評估版圖，並提出計畫，教育選民經濟自由的重要性。」

和諾伯一起參與小組的美國繁榮會長菲利普斯宣布，他的組織計畫，將在幾個選定的期中選舉競賽上，前所未有地砸下四千五百萬美元。

傍晚時分，大會設宴款待與會人士，並由福斯新聞當家主持人貝克發表鼓舞士氣的演講，標題為「美國是否正走在通往奴役之路？」，以向海耶克致敬。[28]最後，由捐款人信託（Donors Trust）主辦的「雞尾酒與點心供應時間」，為晚會畫上圓滿的句點。該基金會提供捐款人，在政治上的安全管道進行高額的匿名捐款。基金會會長惠特妮．波爾在會中簡潔解釋了她參加此次晚會的理由，因為這裡「很多目標客戶」。㉑

高峰會的最後一天，捐款人參加了類似拍賣競標會的午宴，在笑聲和掌聲中，他們以一個比一個高的七位數字，做出保證。光是查爾斯和大衛自己，據說就承諾出資高達一千二百萬美元。到了餐會的尾聲，寇氏家族所支持的非營利組織已經確定，能夠獲得總計超過二千五百萬美元的捐款。㉒

到了六月，民主黨的策略人員開始感受到一股奇怪的水下逆流，彷彿一場海上風暴正在蘊釀當中。一名操盤人整理出一張圖表，彙編了十個傾共和黨的獨立組織在期中選舉的預計支出項目，然後駭然發現，光是這張表所列出的支出總數就至少二億美元。美國繁榮承諾支出四千五百萬美元；卡爾．羅夫的美國十字路口預算五千二百萬美元；美國商會承諾支出七千五百萬美元；還有其他數不清的團體，包括不知道多少個裝滿祕密資金的黑錢團體，都排隊等著在這場選舉中砸數百萬美元。這張圖表像是被禁的地下刊物一樣，在民主黨內到處流傳，該黨一名操盤人承認，他看到這張圖表時，就像聽到「超響的警鐘」。㉓

這個數字完全出乎歐巴馬團隊的意料之外。前白宮幕僚安妮塔．鄧恩（Anita Dunn）證實：「很明顯的，《聯合公民案》將會使得防洪閘門大開，局勢將對民主黨相當不利。但真正的爆發是在二〇一〇年。花在期中選舉上的支出數目，很可能超過所有人的猜測。」[29]

一直到五月之前，亞斯洛連寇氏家族是何方神聖都不太清楚。有記者問他對他們有何了解，他顯得不太確定。[30]雖然寇克網絡的公關小組認為，媒體對他們的報導，是白宮方面起的

28 譯者注　海耶克在其著作《通往奴役之路》中提出，自由經濟是由「看不見的手」（經濟規律）調節，而不是由「政府力量」來主導。如果「政府力量」主導，就會把經濟、甚至整個社會，導向共產主義那種農奴之路，所有人都是被政府力量支配的奴隸。

29 作者注　作者採訪。

30 作者注　作者與亞斯洛的對談，May 2010.

頭。但事實上，歐巴馬的政治小組根本就在狀況外。一直要等到諾伯的祕密工作小組，開始在全國各地對民主黨發動攻擊，白宮方面有些人才開始感到不對勁。正如亞斯洛回憶時表示：

「我們開始覺得奇怪，這些錢到底是從**哪裡**來的？」

在愛荷華州，美國未來基金開始播放一則由賴瑞．麥卡錫製作的廣告。民主黨的民調專家形容這則廣告為「年度最令人震驚的廣告」。廣告控訴時任國會議員的愛荷華州民主黨員及律師布魯斯．布雷利（Bruce Braley），指控他支持一個位於下曼哈頓的伊斯蘭教社群中心建案，並且故意誤導地稱呼它為「位於原爆點的清真寺」（mosque at Ground Zero，按：指計畫在遭到恐怖攻擊的世貿大樓遺址附近興建的清真寺）。當廣告中一段世貿中心被摧毀的影片播出時，旁白的講述是：「數百年來，穆斯林在贏得軍事戰役的地點會建築一座清真寺。」影片中說，現在一個慶祝九一一事件的清真寺，即將建於「伊斯蘭教恐怖份子殺害三千名美國人的地點」。旁白又說，這就如同日本人要在珍珠港建凱旋紀念碑一樣。接著，廣告就指控布雷利支持清真寺的建立。

事實上，對於這個議題，布雷利並未曾採取任何立場。對一個來自愛荷華的國會議員而言，會被問到這個問題是理所當然。但是一個不知名的攝影師卻在愛荷華州博覽會會場突擊，問他對這個議題的看法。

布雷利回答，他認為這件事是屬於本地分區議題，需要由紐約人自己決定。不久之後，他說這個攻擊廣告就像「《綠野仙蹤》（*The Wizard of Oz*）裡的那棟房子砸在我身上一樣」。[31]二〇〇八年，布雷利以領先對手三〇%的支持率贏得席位，到了二〇一〇年卻只能勉強保住位子。美國未來基金花在對抗布雷利的力氣，是那年由獨立組織所發起的競選活動中最昂貴的一場。

選後，布雷利控訴廣告製作人麥卡錫「以最低劣的手法從聯合公民上獲利」。至於那些聘用麥卡錫的人，布雷利說他們「一路笑著到銀行領錢。對他們而言，這是很好的投資……他們是贏家。輸家則是美國人民，還有事情的真相」。

在北卡羅萊納州，民主黨七屆國會議員鮑伯・艾德瑞吉（Bob Etheridge）的遭遇更慘。他成為諾伯委託麥卡錫為另一個幌子團體，也就是美國工作保障協會所製作的惡意廣告攻擊目標。那年夏天，艾德瑞吉走在國會山莊時，赫然發現自己成了突擊影片的受害者。二名穿著西裝的年青人走向他。其中一人把攝影機戳到他面前，另一個則喝令他回答：「你是否完全支持歐巴馬的議案？」驚愕中，艾德瑞吉問道：「你是誰？」沒有得到回應的他，又再問了一次。連續問了五次，終於他勃然大怒，把攝影機推開，抓住了那個質問他的人。

「請放開我的手臂，議員。」質問者乞求著，但同時錄影仍在繼續。

31　作者注　作者採訪，第一次出現在 Mayer, "Attack Dog."

「你是誰？」艾德瑞吉又問了一次。

終於，質問者結結巴巴地說：「我只是個學生。先生。」

「哪裡的學生？」艾德瑞吉再問。

得到的回答是：「華爾街。」

不出幾天，這段爆發衝突的影片就以「國會議員攻擊學生」為標題，在保守派網站《大政府》（*Big Government*）播放，影片還刻意剪輯，讓艾德瑞吉看起來就像神經錯亂。影片很快就被瘋傳出去。隨後不久，麥卡錫把這段影片插入一則名為「你是誰？」的攻擊廣告。廣告中，自稱來自艾德瑞吉選區的人回應道：「我們是你的選民。」然後不實指控艾德瑞吉想要刪減醫療保險。另外，在朗茲的指示下，南西．裴洛希也被放進這則廣告中，並擔任重要角色。最後，廣告對艾德瑞吉使出的致命一擊，像攻擊布雷利一樣，攻擊他支持「原爆點清真寺建案」。

羅利地區負責報導這場選戰的是當地電視台 WRAL-TV，他們注意到美國工作保障協會花了三十六萬美元，透過媒體攻擊艾德瑞吉，但當時沒有人看出是誰在幕後指使。

經過十七天重新計票之後，十一月，艾德瑞吉在驚愕與失望之中，確認敗給了茶黨的同情者瑞妮．艾爾摩斯（Renee Ellmers），她是在培林的支持下參選的一名護士。隔天，之前一直否認扮演任何角色的全國共和黨國會議員委員會（National Republican Congressional Committee,

NRCC），終於承認主導這段突擊影片。雖然他們並未說明這段影片為何會被剪輯進這則「獨立」廣告，但事實上，全國共和黨國會議員委員會也是麥卡錫的客戶。

那一年布雷利、艾德瑞吉、裴瑞洛，以及其他民主黨籍候選人都遭到不明攝影師突擊，這並非巧合。二〇一〇年，美國繁榮與數個保守派組織鼓勵成員故意刺激民主黨候選人，把他們爆發的樣子錄下來。有些甚至教導成員如何進行。後來，連自由派團體也開始進行這種活動。網路使得這類影片蔓延的速度和威力激增，尤其捕捉到不光采行為的影片更是如此。

除此之外，寇克網絡裡幾個最富有的成員，也在這段期間展開媒體投資，擴大黨派攻擊的曝光率。例如，懷俄明州的共同基金大亨福斯特．博伊斯和總編輯人選塔克．卡爾森（Tucker Carlson）進行了一次午餐會談後，就承諾出資三百萬美元成立《每日通訊》（*The Daily Caller*）。《每日通訊》自詡為保守派版本的《赫芬頓郵報》（*The Huffington Post*）。事實上，它最主要的功能，還是負責輸出那些由捐款人付費所挖出來的對手調查資料。查爾斯．寇克不久後原本也打算資助這個新聞網站（在《紐約客》刊登了我調查寇氏家族的文章〈黑箱行動〉〈Covert Operations〉之後，同年八月，《每日通訊》就被選定負責收集對我所做的報復性對手調查資料，後來經查證資料不實，該網站才決定中止計畫）。

一直要到二〇一一年事實才逐漸明朗，紐約的「原爆點清真寺」爭議，至少在某種程度上是為了政治利益才被挑起的，付錢的人是羅伯特．墨瑟，即市值高達一百五十億美元的長島避險基金文藝復興科技公司的共同執行長。為了協助紐約的保守派候選人，墨瑟拿出一百萬美元，贊助攻擊「原爆點清真寺」支持者的廣告。墨瑟之前是個電腦程式設計師，這位傑出的數學家向來獨來獨往，在寇克高峰會中算是相當新進的成員，但他立刻就對這個組織印象深刻。墨瑟向來看不起歐巴馬政府，和寇氏家族一樣對政府法規很反感。除了在「清真寺」議題上煽風點火之外，據傳墨瑟在二〇一〇年還出資超過三十萬美元協助超級政治行動委員會，試圖打敗來自奧勒岡州、主張徵收股票交易稅的民主黨國會議員皮特·德法吉奧（Pete DeFazio）。文藝復興科技是一家所謂的量化基金公司，會根據電腦演算法進行超高頻率與金額的股票交易，因此徵收交易稅的提案可能會減損公司向來豐厚的利潤。但是，某個熟悉墨瑟思維模式的人堅稱，股票交易稅提案並不是促使墨瑟投入這場選戰的因素，主要還是因為他和民主黨候選人亞瑟·羅賓森（Arthur Robison）一樣，對全球暖化抱持深度懷疑。雖然墨瑟不曾公開就這些議題表達立場，也拒絕說明自己的動機，他出錢製作那些廣告，操控選民對恐怖主義和醫療保險的恐懼，則是事實。

隨著選戰越打越醜惡，戈雷斯比的共和黨州領導委員會也開始把黑錢投入一場又一場的州議會選戰中。他們以祕密又縝密的計畫，逐步接手威斯康辛州、密西根州、俄亥俄州以及其他地區的議場。特別是北卡果然不負眾望，成為**紅色版圖**計畫絕佳的測試地點。亞特·波普在北卡的地位，也具體示範了在後**聯合公民**時代，超級富有的運動人士對一個州可以有多大的影響力。

雖然很多細節仍然不曾曝光，但是那年秋天，在北卡偏遠的西部地區，三度代表該地區角逐州參議員的民主黨退休法官約翰．斯諾（John Snow）發現，自己竟然成了一個接一個攻擊廣告的箭靶。斯諾經常對共和黨提案投贊同票，曾被認為是州議會中最保守的民主黨人士之一，他的紀錄也反應出他的選區民眾的觀點。斯諾的共和黨對手吉姆．戴維斯（Jim Davis）是齒列矯正師，和茶黨的結盟不甚緊密，從政資歷又淺；相較之下，大學時代曾是足球明星的斯諾，本來預期可以輕鬆連任。然而，戴維斯似乎有用不完的錢，可以一再發動對斯諾的攻擊。

斯諾回憶當時：「我投票支持在海岸邊建一個設有水族館的碼頭，很多北卡的參、眾議員也都投票支持。」㉔但是，一則在電視播放的攻擊廣告卻指控這個「奢華的碼頭」是斯諾浪費的主張。一名女演員在廣告中控訴：「我們沒了工作，而斯諾為經濟提出的解決方案卻是『自己找！』（Go fish!）[32]」另外還以一封裝飾有卡通豬的群發郵件，諷刺這個碼頭是斯諾眾多的「豬計畫」之一。

斯諾表示，總共有二十四封群發郵件以他為攻擊目標，其中一封讓人聯想到威利．荷頓的廣告。廣告中一張非裔美籍的囚犯面帶威嚇，旁白指出此人「多虧了狂妄自大的州參議員約

---

32 譯者注 一種紙牌遊戲，A問B有沒有某一張牌時，如果B有，就要把牌給A；如果B沒有，就對A說：「Go fish!」此處語意雙關，同時暗指水族館之無用。

翰・斯諾」，可能「很快就被免除死刑」。事實上，斯諾支持死刑，也曾經起訴過謀殺案件。只是在二〇〇九年，斯諾曾經投票支持通過一項稱為種族正義法案的新州法令，只要囚犯能夠證明，陪審團的決議確實受到種族歧視的影響，法官就有權力重新衡量死刑的判決。這項法律試圖解決不同種族在死刑判決上明顯不公的現象。

斯諾後來回憶時表示：「攻擊鋪天蓋地而來……我的對手運用恐懼戰術。我本是溫和派，但他們卻試圖讓我看起來像自由派。」選票揭曉後，斯諾以不到二百票的些微差距，飲恨敗選。

選後，跨黨派的親商組織北卡羅萊納自由企業基金會（North Carolina Free Enterprise Foundation）揭露，有二個表面上獨立的外部政治團體，出了數十萬美元資助攻擊斯諾的廣告。對一個貧窮、偏僻的森林地區而言，為地區性的選戰花這麼大筆錢，並不尋常。事實上，西維塔斯行動組織（Civitas Action）和北卡好工作（Real Jobs NC）這二個組織籌募資金時，還多虧了波普大力促成。二〇一〇年，波普拿出二十萬美元，做為成立北卡好工作的種子資金，而該組織正是負責攻擊斯諾的「自己找」廣告和「豬計畫」群發郵件的主使者。[33]

另外，北卡好工作組織則從艾德・戈雷斯比的共和黨州領袖委員會領到了高達一百二十五萬美元的一筆巨款。然而正如積極調查真相的新聞團隊《公眾利益》所解釋的，戈雷斯比的組織刻意採取讓選民無法察覺它參與其中的方式捐款。在廣告上不以原組織掛名，而是另外捏造了一個新的、沒有共和黨字眼、聽起來像是當地團體的非營利社會福利組織。這個組織號稱非政治性組織，但是它的經費被用來在全國各地攻擊的二十名候選人全是民主黨，沒有一個是共和黨。

共同使命組織（Common Cause）向來主張提高對政治獻金嚴格管控。該組織北卡分會主席鮑伯・菲利普（Bob Phillips），在仔細觀察這場戲之後得出的結論是，《聯合公民案》判決對地區層級選戰的影響，更勝於對全國性的影響。《聯合公民案》判決使得像波普和寇氏家族這類掌握主要企業資金的個人捐款人，扮演極為重要、甚至決定性的角色。菲利普表示：「在二〇一〇年之前，本來不會這樣……《聯合公民案》把門打開了。現在，任何一家獨立團體都可以比候選人花更多的錢。在北卡就是如此，許多這種黑錢的來源都指向亞特・波普。」

事實上，由同樣名不見經傳的外部團體所贊助的誤導性攻擊廣告，在全美各州的地區性選戰中如雨後春筍般出現。像是在費耶特維爾，支持商業的六十一歲民主黨員瑪格麗特・迪克森（Margaret Dickson）尋求連任北卡羅萊納州參議員，她被描繪成南西・裴洛希的複製品，儘

---

33 作者注　這則有關種族爭議話題的廣告是由北卡羅萊納州共和黨製作。波普表示自己並未參與製作，然而他與其他三名家族成員分別開出四千美元的支票，也就是州法律所允許的個人捐款上限，資助戴維斯的競選活動。波普告訴美國非營利網路傳媒公眾利益，他捐給北卡好工作組織的二十萬美元，與紅色戰略版圖行動或重劃選區無關。但是，選後有關重劃選區的訴訟案調查顯示，波普的確曾就選區劃分事宜進行諮詢。Pierce, Elliott, and Meyer, "How Dark Money Helped Republicans Hold the House and Hurt Voters."

管紀錄清楚顯示，她比裴洛希保守得多；廸克森表示，由對手陣營贊助的一則廣告，讓她看起來像是個「妓女」。廣告中一個與她神似的幽靈塗著口紅，數著一堆堆的美鈔，暗示她為了錢而出賣她的州。波普後來表示，這則廣告讓他很震驚。但事實上，他所擔任董事會成員的美國繁榮，就是為廸克森的對手助選。廸克森表示：「那些廣告對我傷害很大……這是我第五次參選，算是身經百戰了，但這次的選戰比任何事都更醜惡、更針對個人。」選票結果揭曉，廸克森的選區人口超過一百五十萬，而她僅以大約一千票的差距敗選。

克里斯．希加提（Chris Heagarty）是一位民主黨籍律師，那年秋天代表角逐羅利的議會席次。在此之前，他曾經指導過一個選舉改革團體，對於政治獻金並不陌生。即使如此，他仍然被攻擊他的密集攻勢打得措手不及。北卡好工作和西維塔斯行動組織花了大約七萬美元製作廣告，把他描繪成揮霍無度的形象；同時，美國繁榮則出重金為他的對手宣傳。其中一則廣告指控希加提曾投票贊成「加稅超過十億美元」，但事實上他根本就還沒進入議會服務。他說：「如果你把波普旗下所有的組織集結起來，他們和北卡的共和黨為了打敗我所花的錢，比實際上勝選的那個人所花的還要多。」沉默了一會兒之後，他又補充：「一個人可以擁有那麼大的影響力，實在令人膽寒。北卡羅萊納的政府，根本是誰出得起錢就賣給誰。」

波普自認在向來是民主黨地盤的北卡，他既是弱勢族群，也是誠實的改革者。因此，希加提的說法令他相當惱怒。接受訪問時，波普表示：「有些人滿口批評，想藉此收買選票。」在他看來，這種作法會鼓吹賄賂，而那是「非法、腐敗，是我一直以來在北卡努力對抗的事。」他說他花錢只是想要協助「教育」公民，「了解情況後再做決定。這正是第一修正案的精髓」。被問到是否有可能因此造成有錢的人聲音比較大的情況，他說：「我對北卡的選民有充分的信心。」北卡參議院民主黨領袖小馬丁・聶斯比（Martin Nesbit Jr.）不信這一套。針對波普二〇一〇年的支出，他說：「那才不是什麼教育；而是窮追猛打！他這麼做根本就是收買選票。」

其他評論人士則指控，波普利用享有減稅優惠的慈善活動，提倡有利於他公司的支持商業、激進的反稅政策。舉例來說，有些在他的家族基金會贊助的智庫工作的學者，就反對任何提高最低工資，甚至完全反對任何限制最低工資的法律。與此同時，許多在波普的折扣商店工作的員工，領的都只是最低工資。對此，波普辯稱：「我謹守法律規定……我的私人活動和我從事慈善、公共政策、基層，以及獨立支出各方面的活動之間公私分明。」

他抗議有些諷刺漫畫把他畫得貪婪又追逐私利，他說他深切關懷北卡的民眾，也相信比起政府的社會計畫，私人企業能提供人們更好的照顧。因此，他支持刪減個人和企業的所得稅、廢止遺產稅，主張削減州的支出。根據波普友人的解釋，波普相信，照顧貧民和弱勢族群的工作，應該交由慈善團體，也就是他捐款的對象，而不應該交給政府來做。

事實上，波普家族的財富主要還是仰賴低收入者的贊助而建立起來的。一九三〇年，波普的祖父在北卡羅萊納州開了五家一毛錢商店（dime stores），後來賣給了他的下一代。波普的父親是個刻苦節儉的商人，他把這份家族事業拓展成遍布十三州的零售王國。波普從公司的基層做起，一直做到執行長。萬有批發集團旗下擁有數個連鎖事業，包括玫瑰商店（Roses）、萬威（Maxway）、超級十（Super 10），以及折扣城（Bargain Town）。這家公司以特定族群為目標顧客：以年收入約四萬美元或更低的中低收入家庭、非裔美藉人口至少占二五％的社區為主。

姑且不看他引起的爭議，波普和外部支出在二〇一〇年北卡選戰中的勝利，影響的確相當廣泛。被波普、他的家族和他們的組織鎖定的二十二場地區議會選戰中，共和黨贏了十八場。正如戈雷斯比所預期的，自一八七〇年以來，共和黨首度成為參、眾兩院的多數，穩穩地掌控了議會。

根據南方研究院（Institute for Southern Studies）的調查，二〇一〇年北卡羅萊納州議會選戰中，所有獨立團體的支出有四分之三都來自與波普有關的戶頭。波普和家族成員，以及他所贊助的團體，合計大約花了二百二十萬美元。這個數字以全國性選舉的標準來看，並不是特別多，但是就一個州來看已經足以發揮關鍵的影響力。

事實上，在全國各地也都出現了同樣的模式。前共和黨國會議員、**紅色戰略版圖**的主席湯姆·雷諾茲（Tom Reynolds）後來接受《政治圈》新聞網站訪問時表示：「歐巴馬團隊做了些了不起的事。那些傢伙真是了得。但是民主黨的計畫卻在州議會慘敗了。」㉕戈雷斯比的副手楊考斯基後來也承認：「一開始我還有點緊張，他們似乎都沒有還擊。我以為他們會趁機使出什麼陰險招數……後來我才意識到，事情就是這樣了，然後開始想，我們到底會贏多少？」

到了期中選舉的最後一個月，歐巴馬的政治顧問發現，災難已然無可避免。一位白宮助理後來坦承：「到了十月，我們已不抱任何希望……我們也差不多麻木了，只能眼睜睜看著船撞上冰山。」㉖

在最後掙扎中，歐巴馬嘗試警告選民，共和黨正試圖以祕密、與特殊利益有關的錢偷取選票。他開始在造勢活動中，說出《聯合公民案》判決如何讓「由名稱故意誤導大眾的特殊利益團體，所贊助的不實攻擊廣告，變得像洪水般泛濫。」他甚至幾乎直接點名寇氏家族，暗示他們的大企業「躲在美國繁榮這種名字聽起來無關緊要的組織背後操控」。歐巴馬說：「他們不必講明美國繁榮到底是什麼樣的組織。你無法確定它會不會是一家外資掌控的公司……甚至，是一家大型的石油公司。」

在選前最後倒數的幾天，民主黨在全國播放一則廣告，描繪一名老婦女受騙的過程，指控「布希親信」、艾德．戈雷斯比、卡爾．羅夫，以及大企業以「假顧客真同夥」的手法，聯手「盜取了我們的民主」。可是，片中的影像老套陳腐，傳達的訊息也太過簡化，根本無法憑這三言二語，向大眾解釋清楚黑錢、捐款者的財務利益、對歐巴馬政策的攻擊，以及大眾生活之間錯綜複雜的關係。對此，專業政治顧問普遍認為，美國人要嘛就是不懂，要嘛就是根本不在乎。

其實，光看歷史趨勢和高達九．五%的失業率就知道，二〇一〇年共和黨的風潮已經是勢所難免；這一小群超級富有的保守派拿出來的錢，只是把原本就可能贏的局面，變成大勝。因此，諾伯大有斬獲，到了選前最後幾週，他已將目標放在第三組看起來穩操勝券的國會議員候選人。諾伯注意到來自明尼蘇達州杜魯斯的民主黨國會議員吉姆．歐博斯塔（Jim Oberstar）募到的錢很少，於是買下當地的電視時段，播出一則同樣由麥卡錫製作的廣告，廣告中歐博斯塔被描繪成一名廸斯可流行年代的老古董，在乎自己更甚於在乎選民。結果，出乎眾人意料之外，歐博斯塔也淪為諾伯的一筆戰功。

二〇一〇年十一月二日，民主黨遭逢大敗，痛失眾議院主控權。在一片看好他進行整頓的期待中，歐巴馬登上權力高峰，卻在短短二年之後，他的黨和他所有推動立法的雄心壯志，都摔得粉碎。共和黨獲得眾議院共六十三個席次，穩穩掌控下議院。這是自一九四八年之後，最大的一次翻盤。裴洛希這個首位女性議長，同時也是朗茲的頭號目標，也在僅僅風光四年之後，就淪為少數族群。新任議長是俄亥俄州的共和黨員約翰．貝納，他所組成的決策小組滿是茶黨的狂熱份子，靠著攻擊政府，尤其以攻擊歐巴馬而取得權勢。其中有好幾個人藉著打敗溫和派而贏得初選；更有許多人靠著金主才取得勝利，而這些金主期待的是激烈的保守派變革。

他們要的不是妥協。

民主黨的挫敗幾乎是全面性的。在中央，共和黨拿下參議院六個席次。在各州方面，民主黨的敗況更是慘烈。縱觀全國，共和黨共獲得六百七十五個議會席次；他們在二十一個州同時取得州議會和州長辦公室的掌控權，而民主黨只在十一個州取得類似一黨掌控的局面。整塊版圖陷入紅海，其中只剩幾座小小的藍色孤島。

以戰果來看，共和黨如今掌控的選區，已經是民主黨的四倍之多。藉著建立可靠的安全席次，他們可以建造一道防火牆，防止民主黨在未來十年奪回國會主控權。

很明顯的，以投資的規模來看，紅色戰略版圖計畫的報酬率的確驚人。根據《政治圈》新聞網站記者格倫．史拉許（Glenn Thrush）的觀察，對共和黨而言，它是「一個不斷產生價值的禮物」。共和黨的新領土，像是密西根、威斯康辛、俄亥俄以及北卡羅萊納，很快就成為攻擊歐巴馬核心議題的溫床，並逐步破壞歐巴馬的各項政策，包括醫療照護、墮胎、同性戀權利、投票權、移民、環境、槍枝以及勞工權益等等。

選後隔天，歐巴馬在一場記者會中坦言「很難受」。他說最令他難過的，是必須打電話慰問那些冒險挺身維護他與他的政策的民主黨人，像是俄亥俄州的州長泰德．史翠克蘭德（Ted Strickland）。他說：「最後幾天，看著這些優秀的人民公僕無法再繼續為民服務，最令人難以釋懷。看著他們離開，心中不但難過，我還不斷質問自己，如果當初改變什麼做法，或多做些什麼，一切會不會有所不同？」

然後，他像是教授給學生建議一樣說：「我認為這是每一個總統都必須經歷的過程。」他停頓了一會兒，然後疲倦地說笑：「但我可不是建議，未來的總統都要經歷像我昨夜經歷的那種失敗。」

選舉揭曉的那個夜晚，最大也是最不為人知的贏家，就是西恩．諾伯。當他還只是國會山莊裡一名小小的國會助理時，薪水是一年八萬七千美元。到了二〇一〇年，他已經富裕到足以買下二大塊地產，外加他和妻子在鳳凰城擁有的二棟房子。根據《彭博新聞》報導，他花了六十六萬五千美元在國會山莊買下一棟排屋，另外又以未公開的金額，「在猶他州的哈里肯買了一座面積五千七百平方英尺、有八個臥室的豪宅。」㉗最棒的是，為了二〇一二年大選所籌措的創紀錄支出預算，已經即將到位。

「是有階級戰爭沒錯。但發動戰爭的是我的階級，是富有階級。而且，我們贏定了。」
——華倫・巴菲特
（Warren Buffett）

01 作者注 Ben Stein, "In Class Warfare, Guess Which Class Is Winning," *New York Times,* Nov. 26, 2006.

第三部

政治私有化——
全面開戰，
從二〇一一年到二〇一四年

11

戰利品

把國會占領下來

許多國會議員都簽了一份特別保證書，宣誓對寇氏家族所提的議案效忠。

國會第一百一十二會期於二〇一一年一月五日正式開始。開議儀式中，卸任議長南西・裴洛希將一把特大號的議事槌遞交給繼任者約翰・貝納。在此之前，極端保守主義億萬富翁發揮影響力的新時代也已經展開。在這場公開宣誓儀式進行之前，運用捐款人網絡、花了至少一億三千零七十萬美元[01]幫助共和黨取得議會多數席位的大衛・寇克，就坐在準議長華麗的辦公室裡，和議長的部屬談笑風生。「人民殿堂」（The People's House，按：指美國眾議院）如今新官上任，或者也可以說是，江山易主。

寇克在國會山莊公開亮相的同時，他的政治參謀，亦即美國繁榮會長菲利普斯則深入國會委員會核心，為寇克事業相關事務抓穩底線。菲利普斯當天最重要的行程，是眾議院能源暨商業委員會（House Energy and Commerce Committee）。在共和黨成為多數的新局之下，這個委員會威力大增，成為國會裡防堵歐巴馬總統環保議案的新勢力。它可以讓氣候變遷相關議案在此葬送前程，也能在可預見的未來，持續騷擾環境保護署。

大衛・寇克那天的公開亮相象徵著重大轉型。寇氏家族早已不是昔日的自由派魯蛇。正如一個月後《洛杉磯時報》的評論所言，查爾斯和大衛・寇氏家族不必再被毫不妥協的保守派孤立，被華盛頓政治當權排擠；相反地，如今他們才是「毫不妥協的保守派」，二個國會議院的其中之一已由他們主宰，國內二大政黨之一也為其所掌控。正如報紙頭條下的標題：「寇克家族如今已經成為共和黨權力核心」。[01]

當天下午貝納完成宣誓之後，寇克穿上人字紋粗花呢外套，圍上駝色喀什米爾羊毛圍巾，昂首闊步穿過國會山莊，要到獨立大道上去慶祝。沒走多遠，就被《進步思考》[02]的自由派部落格作家李方攔下。李方幾個月來緊咬不放，追蹤記錄了寇氏家族躍升權力核心的過程。李方先自我介紹，然後就和攝影師把麥克風塞到大富翁的面前，問道：「寇克先生，你是否為茶黨運動感到驕傲？你認為過去幾年來他們有哪些成就？」

寇克說：「是的」，說時表情顯得有些迷惑。一旁的菲利普斯試圖截斷李方的提問，帶著緊張的笑容提醒他的老闆：「嘿，寇克。這位是**左派**優秀部落客李方。」但是，不知是否因為左耳聽力較差，還是沒聽出警告意味，甚或他根本就不在乎，寇克還是繼續說下去。他承認：「是有一些極端份子……但是一般成員就和我們一樣是平常老百姓。我欽佩他們。在我看來可能算是一七七六年以來，最棒的一次基層民眾起義。」

這時菲利普斯一邊盡力在鏡頭前維持風度，一邊試圖終結這段訪問。他堅持地重覆：「李——李——你這樣很讓我失望——李——你可以做得更好——李，**李——訪問到此結束！**」

---

01 作者注　一億三十零七十萬這個數字代表了二〇〇九年到二〇一〇年間，根據病患權利保護中心（七千二百萬），TC4信託（三千八百五十萬），以及美國繁榮（三千八百五十萬）三個非營利團體向國稅局申報的開支，扣除在三者之間來來回回的交易部分以免重覆計算，所得的金額。

02 譯者注　是美國著名的「Center for American Progress」組織的部落格，該組織由一群左派的政治人物和評論家組成，每天針對新聞事件，提出有事實根據贊成或反對評論。

李方依然窮追不捨，繼續問寇克對議長貝納帶領的新國會有什麼期望。寇克越說越起勁，習慣性地舔舔嘴唇回答：「這個嘛，取消支出限制、平均分配預算、刪減法規，還有，呃，支持企業！」

後來，在一連串修補形象的訪談中，寇氏家族把自己描繪成無私但不切實際的社會改良家（do-gooder），而且對捍衛刑事司法改革等跨黨派議題的社會自由派人士有所誤解。然而，當他處在難堪的處境，公關人員也幫不了他的時候，大衛．寇克其實已經清楚表達了他心中的優先順序。他以為他個人的私利，就等同於大眾的利益。

在《財閥：有錢人如何利用國家賺錢並阻止其他人翻身》（Plutocrats: *The Rise of the New Global Super Rich and the Fall of Everyone Else*）一書中，記者克莉西亞．佛利蘭描述了擁有大量且遍布全球財經資源的人，如何運用這些資源鞏固符合本身利益的政策，卻往往不惜損害沒那麼富裕族群的利益。在美國許多研究顯示，近幾年來這樣的趨勢已經嚴重扭曲政治。政治學家李．德魯特曼（Lee Drutman）為無黨派組織陽光基金會（Sunlight Foundation）進行一項研究發現，在美國逐漸增加的財富集中現象，已使得二極化和極端主義更為明顯，特別是在右派。美國共和黨的超級富豪捐款人比其他人更積極反對稅制和法規。他發現：「如果共和黨越來越依賴這些只占〇．〇一%的捐款人，他們就會越來越趨向保守。」[02]

國會第一百一十二會期很快地展開了。正如前總統小布希的顧問大衛・弗朗姆（David Frum）所描述，共和黨「激進派富豪」勢力正逐漸坐大，在他看來，這是一股毀滅性的影響力。根據他的觀察：「捐款人組成份子越來越激進化，促使共和黨支持更極端的政策，自一九六四年高華德參選總統以來，不曾見過如此情況。」[03]也因此「致使國會共和黨人開始嘗試他們從來不敢使用的策略」。

有可靠資料為證。哈佛教授提達・史寇克波發現，打從政治學者開始記錄議院席次的量化數據至今，這次是眾議院「跨向極右派最大的一步」。[04]最具體的例證，就是寇氏家族在眾議院能源暨商業委員會所贏得的影響力。

在此之前，這個小組的主席威思曼是自由派民主黨員，他曾經為碳總量管制及交易法案護航，讓它通過眾議院的審議，卻眼睜睜地看它在參議院遭到否決。如今，新的共和黨領袖都是石油產業的擁護者，其中許多人還欠著寇氏家族競選費用。寇氏工業政治行動委員會（Koch Industries PAC）現在是這個小組成員最大的石油天然氣工業捐款人，出手比艾克森美孚石油（ExxonMobil）還闊綽。委員會中的三十一名共和黨籍成員之中，有二十二名都接受其捐款，另外還加上五名民主黨籍成員。此外，委員會中的共和黨籍新鮮人，有六分之五都曾經得到美國繁榮的「外」援。

另外，許多新委員會的成員都簽了一份特別保證書，宣誓對寇氏家族所提的議案效忠。他們承諾將投票反對任何種類的碳稅，除非有份量相當的支出刪減與之互相抵銷，但那幾乎是不可能的事。這份「拒絕氣候稅」保證書是美國繁榮在二〇〇八年發明的，當時最高法院替環保署掃除障礙，準備比照其他污染物的做法來規範溫室氣體。寇氏家族的保證宣言以反增稅鬥士諾奎佛特用來恫嚇共和黨立法者，避免他們增稅，並取得巨大成功的那份宣言為範本，只是這次的目的與其說是為了信念，還不如說是為了一家公司的利益。

到了二〇一一年立法會會期開始之時，一百五十六名國會成員全部都已經簽署了寇氏家族這份「拒絕氣候稅」（No Climate Tax）保證書。眾議院能源暨商業委員會中許多連任委員都已經做過宣誓，新任十二名共和黨籍委員中，有九名簽了約，包括六名新鮮人之中的五人。[05]

若要說明寇氏家族和委員會之間的共生關係，最佳範例就是摩根．格里菲斯。就是他打敗了包徹，贏得維吉尼亞州索爾特維爾地區的代表權。他也是能源暨商業委員會新一批上任者中，公開感謝寇氏家族助其贏得席次的人之一。選後不久，在一場勝利集結大會會場，美國繁榮的操盤人以貴賓身分出席，會中格里菲斯滔滔不絕地說：「我由衷感謝各位幫了我這麼多的忙。」

寇氏的投資很快就收到回報。一就任，格里菲斯就經常直言不諱，對主流的氣候科學提出質疑；科學家到國會作證時，格里菲斯還對他們說教，要他們思考全球暖化導致美索不達米亞和維京人成功的可能性，又說從火星上冰帽融化的情況來看，人類或許不是地球上冰帽融化的罪魁禍首。種種言論，引起國內一片嘲弄奚落。

格里菲斯眾議員同時也是共和黨在眾議院「向環保局宣戰」小組的領導人物。該組織訴求加強對環保署加強管制。格里菲斯上任後不到一個月，就和其他共和黨眾議員聯手砍掉環保署高達二七%的預算，做為懲罰。參議院雖然反對，但最終還是同意刪減環保署用來防止汞流入索爾特維爾河川的預算的一六%。那時，一九八〇年制定、向歐林公司等污染製造者徵收清理費用的超級基金法已經過期，所徵得的三十八億美元基金也已用盡。[06]根據一項調查，半數以上的美國人居住地十英里之內就有一座有毒廢棄物處理場，但是在像索爾特維爾這樣的城市裡，清理這些爛攤子的通常是納稅人，而不是製造污染的公司。

寇氏企業是可以鬆一口氣了，但不代表住在他們工廠附近的居民也能如此。阿肯色州藍領勞工小鎮克羅塞特市內南賓路上一條短短的街上，十五戶中有十一戶人家裡有人罹癌。許多住戶相信，讓他們陷入如此困境的，就是被丟棄在寇氏企業旗下的喬治亞-太平洋造紙廠附近的化學廢料。那裡的空氣糟到，不論老少都得待在室內呼吸人工呼吸器所製造的空氣。公司方面否認必須為此負責，並指出居民要求公司為罹癌率負責的集體訴訟，之前就已被駁回。[07]住在這條街上的黑人部長大衛·鮑伊（David Bouie）竭力訴請環保署介入此事。他告訴進行調查的自由派導演勞伯·葛林華德（Robert Greenwald）：「整條街上罹癌的病例一起接著一起……這個社區出了問題，因為太多人生病甚至死亡。為什麼罹癌率這麼高？和造紙廠有沒有任何關係？」二年前，《今日美國報》（*USA Today*）曾經刊登過一篇令人震驚的調查報告，根據環保署空氣污染數據，克羅塞特市內一所小學的空污率名列全國最毒的一％之內，報告並指出喬治亞-太平洋造紙廠是污染的主要因素。環保署署長莉莎．傑克森誓言將採取行動，但是國會通過預算刪減，將使環保署的行動嚴重受限。

事實上，有關寇氏企業的污染數據實在無可辯駁。根據環保署毒物排放資料庫（Toxic Release Inventory）數據，二〇一二年記錄了八千家美國公司的有毒及致癌物排放量，寇氏工業以九億五千萬磅（按：約為四億三千一百萬公斤）的危險物質，居該年全美有毒廢棄物製造者之首。其中，五千六百八十萬磅的有毒物質被排放到空氣、河川、土壤，使寇氏工業躋身全美十五大污染公司排行榜。[03]同時，寇氏工業也名列美國溫室氣體排放前幾大。根據環保署資料，截至二〇一二年，該公司每年噴湧二千四百萬噸二氧化碳到大氣層，相當於五百萬輛汽車的排放量。

寇氏公司並未否認上述統計數字，但辯稱數字只是反映出公司的營運量，以及公司所生產的產品，並且強調他們已達相當的標準，不亞於其他同類型的製造廠。就像寇克礦業董事長史蒂夫．塔圖姆（Steve Tatum）所說的：「投資銀行沒有造成什麼污染，是因為他們沒有製造什麼東西。我們**有**製造東西。」[08]

委員會裡的寇氏支持者還有麥克．蓬佩奧（Mike Pompeo）。他是共和黨新鮮人，來自寇克工業的家鄉堪薩斯州的威奇托。他和這對億萬富豪兄弟關係如此密切，因此有「寇克家的國會議員」稱號。[04]寇氏家族曾經投資蓬佩奧成立的一家航太公司，投資金額並未對外公開。等到蓬佩奧參選時，寇氏家族雖然已不是他的事業投資人，卻變成他參選的主要資助人。他們的企業政治行動委員會和美國繁榮，也以他的名義在辯論場合發表意見。蓬佩奧當選後，就向公司尋求主要幕僚。他選擇了馬克·肯諾恩斯（Mark Chenoweth），一位曾經為寇氏工業遊說小組工作過的律師。連續好幾週，他為寇氏工業的二項首要法務目標戰鬥——反對歐巴馬提出，由環保署建立一個溫室氣體污染廠商公開登記處的計畫、反對成立一個供民眾投訴不安全商品的數位資料庫。但沒有可以公開取得的資料，要想追蹤任何公司的有毒物排放量，將會非常困難（最後，寇氏家族輸了這場仗，資料庫因此得以建立）。❾

寇氏工業的遊說資料被公開後，顯示該公司在二〇一一年花了超過八百萬美元遊說國會，特別是在環境議題上。❿若要說明其國會影響力，最佳範例當屬「赤裸裸的巴結」（naked belly crawl），⓫這個詞是由政治記者羅伯特·德雷波（Robert Draper）所創，演出者是密西根

---

03 作者注　詳見美國環保署毒物排放資料庫。到了二〇一三年，寇氏工業的地位再度提升，成為法律規定必須向環保署登記的八千家公司中，第十大有毒物污染廠商。

04 作者注　堪薩斯大學政治學教授柏戴特·盧米斯（Burdett Loomis）告訴華盛頓郵報：「我肯定他會堅決否認，但是很難不把看他成是寇克的家臣。」參照 Dan Eggen, "GOP Freshman Pompeo Turned to Koch for Money for Business, Then Politics," *Washington Post*, March 20, 2011.

州眾議員弗瑞德．厄普頓（Fred Upton），目的是希望獲取能源暨商業委員會主席一職。二〇一〇年之前，對於環境議題，厄普頓給人的印象是溫和派。事實上在二〇〇九年茶黨和他們的客戶掌權之前，厄普頓曾經說過：「氣候變遷是嚴重的問題，需要認真解決。」還說：「我堅決相信，若想找出降低碳排放的方法，就必須把所有事情攤開來談。」然而，到了二〇一二年，和許多共和黨溫和派人士一樣，厄普頓也面臨了來自右派、攸關職業生涯的重大挑戰。厄普頓存活下來了，但是認同氣候變遷主流說法的那些人，包括南卡羅萊納州的羅伯特．因格里斯（Robert Inglis）都被打倒了，並淪為其他人的前車之鑑。因格里斯開始相信全球暖化的真相，是在一次國會的南極洲之旅，科學家拿極地冰的樣本給他看，證明在工業革命之後，冰層中二氧化碳的含量就逐漸升高。殷格里斯是基督教保守派教徒，但是他無法違背著良心否認真相。在一片深紅的南卡羅萊納，他的科學覺醒卻促成了他的政治垮台。事後他坦承：「被丟棄的感覺很傷心……但我的確違背了共和黨的正統。」⓬

相反的，厄普頓則脫胎換骨，成了懷疑論者。二〇一〇年，他聲明放棄之前有關氣候的叛黨言論，還和美國繁榮會長菲利普斯在《華爾街日報》上的民意論壇版面，聯合發表了一篇評論，批評環保署對碳排放的規範計畫是「違憲的奪權行為，國會若不介入，勢必葬送數百萬個工作機會。」⓭厄普頓還參加了一場由美國繁榮發起，以阻止環保署計畫為目標的官司。不枉他百般巴結，新會期開始時，厄普頓保住了委員會主席的位子。他承諾將把環保署署長莉莎．

傑克森拉來接受委員會的質詢，還誇口說，質詢次數會多到，讓傑克森可能會需要在國會裡申請一個專屬車位。

不久後，共和黨籍眾議員提出一些措施，被華盛頓民主黨籍代表諾姆．迪克斯（Norm Dicks）挖苦說是「污染者的願望清單」。⓮他們除了要求中止有關全球暖化的行動，還試圖阻止任何對新列入瀕臨絕種動物的保護、允許大峽谷臨近開採鈾礦、撤銷山頂開礦的管制，以及阻止煤灰被列為空污。為了破壞環保署的核心任務，他們還提議立法審核環保署的法規所產生的成本，罔顧其對科學和健康的利益。為此，《洛杉磯時報》的社論寫道：「狠狠挖出四十年的《淨化空氣法案》的核心。」⓯

上任後二個月內，眾議院能源暨商業委員會共和黨籍委員還主導了反對替代及可再生能源計畫的運動。他們成功地污名化政府對加州太陽能製造商 Solyndra 和其他乾淨能源公司的支持，指控其為歐巴馬政府的醜聞。事實上，由能源部通過，後來卻引發財務爭議的這項貸款擔保計畫，早在布希時期就已經開始。而且，和政黨炒作的說法相反，這項計畫確實有將利益回饋給納稅人。[05] 此外，雖然 Solyndra 的投資人都被說成是歐巴馬的支持者，但是其中一個大金

05 作者注 Solyndra 宣告破產，同時還有好幾家受政府大型貸款擔保計劃支援的公司也遭逢同樣命運。但是，根據美國全國共公廣播電台的報導，雖然因為拖欠貸款而產生七億八千萬美元的損失，整項計畫還是產生了八億一千萬美元的利息，等於賺進三千萬美元的利潤。參照 Jeff Brady, "After Solyndra Loss, U.S. Energy Loan Program Turning a Profit," NPR, Nov. 13, 2014.

主是保守派成員沃頓家族，也就是沃爾瑪零售的創辦人；另一家接受能源部貸款，後來也破產的太陽能公司，主要的投資人迪克森．道爾創投公司（Dixon Doll），則是寇克捐款網絡的大金主。[16]然而，在眾議院舉辦的聽證會上，當各家保守派幌子團體煽動對「裙帶資本主義」（crony capitalism）怒火的同時，在有利於化石燃料產業的論述下，這些事實都被埋沒了。

眾議員厄普頓堅稱，自己未曾於環境議題上改變立場。但是時任無黨派全國野生動物聯盟副主席的傑瑞米．西蒙斯（Jeremy Symons）說，他的改變「有如黑夜和白天」一樣明顯。[17]他還表示：「從前，大多數的委員視《淨化空氣法案》為有效保護大眾的方式；如今，委員會卻把淨化空氣法和環保署視如仇敵。民眾並沒有要求這種親污染者的議案，但是寇氏家族花錢有方，他們的存在實在不容忽視。」

二〇一一年年底，六十五名接受調查的共和黨籍國會議員，只剩二十名願意表示，相信氣候變遷就是造成地球暖化的因素。菲利普斯很高興地為懷疑主義戲劇性的逆轉勝自討功勞。他告訴《國家期刊》：「如果你比較三年前的局勢和今天的情勢，就會發現戲劇性的翻盤……大部分的候選人已經認清，**科學已經被政治化了**。」又說：「我們取得了很大的進展。對支持共和黨的候選人而言，如果你……認同綠色能源，或者在這個議題上搞小動作，就等於把你的政治生命置於險境。因為，參與黨代表大會和黨內初選等（共和黨）提名過程的人士，大多數都對科學持懷疑態度。這就是我們的影響力。**美國繁榮這些組織的任務成功了**。」[18]

據寇氏家族族長佛雷德．寇克的故友說，弗瑞德有一句名言：「噴水的鯨魚容易被捕鯨叉叉到」。誠如老寇克所警告的，寇氏家族曝光率增加之後的負面效果，就是大眾越來越密切的審視。二〇一一年開春，當捐款人齊聚棕櫚灘參加一月份高峰會時，向來祕密的會議第一次招來大批示威人士。一向戲劇化的環保團體綠色和平，在度假勝地上空升起他們那一百三十五英尺長（按：大約四十一公尺）的「飛船」。那是一艘螢光綠的飛艇，上面印了巨大的查爾斯和大衛的臉，還有「寇氏家族：髒錢」的字樣。

寇克網絡已不再是祕密。米拉奇牧場渡假村幾乎進入封鎖狀態，長而曲折的車道兩旁，當地警察身著防暴配備，設置警戒線，混亂的抗議群眾搖著抗議牌，上面寫著「寇氏殺人！」「揭發寇氏真面目！」警方逮捕了大約二十五人，另外，衣領上別有Ks字樣的寇氏私人警衛，在渡假村的小餐館抓到《政治圈》新聞網站記者肯尼士．弗格的時候，還威脅說要逮捕他。他們警告弗格立刻離開現場，否則就要進行「公民逮捕」，令他在「河濱縣的監獄裡過一夜」。[19]

在防禦森嚴的渡假村裡，幾家全美最知名企業的首長和查爾斯．寇克縮成一團，其中包括安麗公司的狄維士家族、家得寶企業的肯恩．朗格尼，還有私募基金大亨、也是美國企業研究院院長塔利．弗里德曼（Tully Friedman）。大衛．寇克和妻子茱莉亞（Julia）戴著黑色墨鏡，有如坐困城堡的王室，從旅館的陽台短暫現身，表情嚴肅地審視街上的鬧劇。

動作粗暴的警衛，反映出寇氏家族性格中好鬥的部分。兩兄弟的密友表示，對於自己在公共領域扮演重要角色而引發的強烈反彈，寇氏家族不安的是消息如何走漏，另外，批評媒體的報導也讓他們很受傷。他們似乎很意外也很氣憤，沒想到自己的政治影響力逐漸增加，卻招致越來越嚴密的檢視。他們向來自認是普通公民，還是熱心公益的那種。一位高爾夫球友形容大衛對於《紐約客》和其他審查他們兄弟的出版刊物，「氣得火冒三丈」，責怪這些媒體害他們收到死亡威脅，迫使他的家人聘請私人保鏢自衛。[06]

寇氏家族還不實控訴歐巴馬白宮方面和記者密謀抹黑他們。一個與寇氏家族熟識的保守派消息人士對《政治圈》新聞網站透露：「他們還以為，即使大手筆花了數千萬美元在廣告上，還是可以避開雷達偵測，不會有人發現……這就是為什麼他們現在手忙腳亂，因為他們根本還沒準備好。」

為了處理逐漸升高的批評聲浪，特別是媒體方面，他們新聘一組擅長激進戰術的公關顧問，其中包括被聘來提升公司形象的共和黨政治操盤手麥可．戈法布（Michael Goldfarb）。戈法布被《紐約時報》形容為「保守派煽動份子」（provocateur，按：誘使對方違法以便將之逮捕的密探），擅長「以噴槍代筆」。⑳他曾擔任培林競選副總統的競選團隊，還形容自己的工作是「攻擊媒體」。後來，他成立了網絡媒體《華盛頓自由燈塔》（The Washington Free Beacon）[07]，網站主編自詡為對抗「廢話連篇的自由派人士」的「新聞鬥士」，網站的格言則是「還治其身」（Do unto them）。[21]在一篇人物側寫中，一名保守派記者告訴《新共和》雜誌（*The New Republic*）：「我沒有不敬的意思，我喜歡他這個人，但他是右派中最不老實的人」。[22]

和戈法布作伴的，還有菲利普・艾倫德（Philip Ellender）。他是寇克公司公共部門的聯合主席，總管公司在華府的遊說及公關事務運作。《政治圈》新聞網站形容他擅長運用「巧妙手法，為寇氏家族粉飾爛攤子。」[23]艾倫德還主管一項危機溝通專案，專案內容包括頻繁進行民調，以評估公司公共形象受損的程度。為了反擊，他發起了一個好鬥的公司網站，名為寇克真相（KochFacts）。只要公司覺得哪些記者的報導不合意，就對他發動人身攻擊，質疑他的專業和操守，從《紐約時報》到《政治圈》新聞網站，都成了被攻擊的對象。恫嚇戰術是寇氏家族的慣用手法，但現在他們竟使用同樣的手法，對付合法的新聞記者。

二〇一一年一月三日下午，我也嘗到了這種戰術的滋味。一封電子郵件突然跳上我的電腦螢幕，寄件者是《紐約客》的編輯大衛・瑞姆尼克（David Remnick）。我從一九九四年開始

06　作者注　寇氏兄弟的高爾夫球球友接受作者訪問。至於寇氏兄弟就收到死亡威脅和必須聘請私人保鏢一事怪罪媒體，則是根據作者和受訪者之間的傳話人所透露。

07　作者注　戈爾德法布加入寇氏兄弟的時候，是獵戶座策略諮詢公關公司（Orion Strategies, LLC）的副董。《華盛頓自由燈塔》的出版者是不公開捐款人的非營利組織美國自由中心（Center for American Freedom），戈爾德法布是其主席。根據該組織的國稅局九九〇表公開資料，戈爾德法布所領導的非營利組織申報了一筆公關費用，支付給一家營利供應商：也就是他自己的公司，獵戶座策略諮詢公關公司。

擔任《紐約客》的特約撰稿人。主編瑞姆尼克英明而忙碌，除非必要，不會麻煩他的撰稿人。如果他和你聯絡，一定有充分理由。

瑞姆尼克在電郵裡解釋，十分鐘前他莫名其妙接到《紐約郵報》（*New York Post*）主跑傳媒界的記者凱斯·凱利（Keith Kelly）的郵件，詢問關於我的事。瑞姆尼克不確定該怎麼回應，便把郵件轉寄給我，問道：「可否請你幫忙處理這件事？」他很有禮貌地補充：「很抱歉麻煩妳了」。

凱利在電郵中語氣輕快地詢問：「嗨！我們聽說有個右翼的部落客正打算對珍·梅爾（Jane Mayer）發動頗為嚴重的指控。看來有可能是報復她二〇一〇年八月扯寇氏家族後腿的仇。」

附件是五個月前我為《紐約客》所寫的那篇一萬字的文章，標題是〈黑箱行動〉，副標文字則是「向歐巴馬宣戰的億萬富豪兄弟」。這篇文章首次深度揭發看似靦腆的寇氏家族，如何在暗地裡運用自己龐大的財富，對美國政治發揮巨大的影響力。文章也揭露寇氏家族在環境與安全方面的紀錄，與過去所打造的無私慈善家的政治形象表裡不一。

在此之前，我也曾用相同的篇幅，在《紐約客》上寫過另一個富豪捐款人索羅斯。這位億萬富翁投資人花了大筆財富支援自由組織和候選人。索羅斯並不喜歡我的報導，但他早有心理準備，身處民主社會就得接受新聞報刊各種難題。相較之下，《紐約客》對寇氏家族的報導一刊登，就把他們氣壞了。寇克公司的總法律顧問馬克·霍頓後來形容該篇報導有如「警鐘」[24]，他坦承：「當時我們並沒有做好回應的準備。」當下，霍頓採取了激進手段以求控管損害程度，他寄了一封投訴信給雜誌社。他無法具體指出文章中有何謬誤，只是爭辯文章的標題〈黑箱行動〉不實，因為他們完全沒有做什麼偷偷摸摸或「黑箱」的行動。但是寇氏家族又不像索羅斯那樣大方，不願接受《紐約客》的專訪。相反地，文章刊登之後，大衛．寇克就在《野獸日報》（*The Daily Beast*）新聞網站上譴責報導「可憎」「荒謬」「全然錯誤」。只是他的指控缺乏具體事證，也沒有要求更正，因此雜誌社決定支持報導，不去理會。然而，這樣的冷靜，只是一種錯覺。

距離白宮三條街外一棟低矮的華盛頓辦公大樓裡，一項鍋爐室行動（boiler room operation，**按：以高壓方式推銷的詐騙行動**）正醞釀成形。從二〇一〇年的夏天開始，寇氏家族逐步增加用在期中選舉的花費，高薪聘請五、六個操盤人，祕密部署在前國會議員J．C．華茲（J. C. Watts）經營的一家遊說公司後方，借來的辦公空間裡。根據消息靈通人士指出，這些操盤人的任務是破壞我的名聲，藉以對抗《紐約客》對寇氏家族的報導。該名消息人士後來告訴我，他們拼命挖掘我的爛瘡疤：「如果挖不到，就自己捏造。」

多年來，寇氏工業這種恫嚇戰術經常為批評人士所詬病。如今老調重彈，用的也是同一家政治法律關係強大的私人調查公司。從種種跡象看來，這家公司應是警覺資源國際顧問公司（Vigilant Resources International）。公司創辦人兼主席霍華．沙菲爾（Howard Safir），曾於前任紐約市長魯道夫·朱利安尼任內，擔任過紐約市警局長。該公司的廣告文宣自稱將秉持「保密和守口如瓶的最高標準」。

聘請私人偵探針對一名記者的人格特質進行報復性調查，實在很不尋常[08]，畢竟報導政治本來就是新聞界的職責。究竟寇氏家族本人在這些活動上參與多深，外界並不清楚。這些私人偵探通常並非由公司直接聘用，而是受雇於公司負責人指定的法律事務所，如此方能運用律師-委託人特權，保留否認空間，進而湮滅證據。被問到是否曾調查我，霍華·沙菲爾只回答：「我不做評論。不確認，也不否認。」在他的公司工作的兒子亞當·沙菲爾（Adam Safir）也拒絕做任何評論。我們要求專訪查爾斯·寇克和大衛·寇克，也只得到他們的發言人史蒂夫·倫巴多（Steve Lombardo）以電子郵件回覆：「我們必須拒絕。」我們再度去信，詢問對方是否曾雇用私家偵探調查我，對方則拒絕回應。

然而，許多線索都指向寇氏家族。消息顯示，戈法布、艾倫德，以及其他寇克工業的人員都與這項行動關係密切。一名消息人士指出，為首的是南希·普夫騰豪爾（Nancy Pfotenhauer），長期以來她一直是寇氏家族的核心成員，曾任寇克工業發言人、華盛頓辦公室領導人，以及美國繁榮會長。

我對此事渾然不覺，一直到那年秋天，也就是我的文章刊登後幾個月，一位部落客打電話給我，問我是否聽到傳聞，說我成了某個私家偵探祕密調查的目標。當時我只覺得好笑。到了冬天，我參加一場聖誕派對，一名前記者把我拉到一旁，用警告的語氣對我說：「這事可能沒什麼大不了。」但是，她認識的一名私家偵探提過，有幾個保守派的億萬富豪想找人幫忙，挖一個華盛頓記者的瘡疤，因為這個記者寫了一些他們不喜歡的報導。她說：「後來我才想到，他們要調查的記者可能就是妳。」

因此，那個一月份的下午，當我讀著瑞姆尼克轉寄給我這封來自《紐約郵報》記者的電郵，那些警告就閃過我的腦海。郵報記者凱利其實是想看看，對於即將發布的那些針對我的指控，宣稱我嚴重抄襲其他記者文章的控訴，我們有何看法。只是，我都還來不及回應，瑞姆尼克和我就收到了第二封郵件。這次，寄件人是強納生・斯鍾（Jonathan Strong）。他是新成立的保守派網絡媒體《每日通訊》的記者。該網站的編輯塔克・卡爾森（Tucker Carlson）是卡托研究院的資深成員。看來，斯鐘也正準備要對我發動攻擊。他的電郵語帶威嚇，直截了當地問瑞姆尼克，我的文章是否「算是剽竊」。他提出我文章中的幾段內容為例，並要求瑞姆尼克在隔天早上十點之前回應。

在新聞界，剽竊在所有道德敗壞的罪行中，排名數一數二。在這個行業裡，名字和信譽代

08 作者注 《華盛頓郵報》針對寇氏家族以激烈方式對付記者的反常表現，刊登了一篇報導，報導中形容我為「寇氏家族的頭號公敵」。寇氏企業發言人表示，兩兄弟對於我所受到的剽竊指控「毫不知情」。參考 Paul Farhi, "Billionaire Koch Brothers Use Web to Take on Media Reports They Dispute," *Washington Post*, July 14, 2013.

表了一切，像這樣的指控可能造成非常嚴重的傷害。然而，經過仔細檢視之後，我發現這些指控既愚蠢又能輕易駁倒。某人可能運用了某種電腦程式，篩選出我近十年的作品，把其中某些引用的句子和出處分開，或者拿其他被廣泛傳用的片語短句，宣稱我的「結構和用字」和其他四名記者新近的報導內容「相當雷同」。那些被盜用的句子沒一句有什麼特別的重要性，任何對新聞工作有所了解的人都不會去注意這類材料。更蠢的是，他們指控我剽竊的四篇文章中，其中二篇我還曾特別感謝作者，而《每日通訊》卻還是聲稱我抄襲。

在長達二十五年的新聞工作生涯，各種驚心動魄的大錯，該犯的我都犯了，但從來沒有人指控過我盜用別人的作品。事實上，我總是盡我所能將功勞歸於他人。但是，我也知道如果不立刻回應這些指控，以後就沒有人會在意真相。這些污衊一旦上報，人們就會先入為主，認為無風不起浪。

後來有人告訴我，進行鍋爐室行動的操盤人以為成功羅織對我的指控，就已經勝券在握。消息人士透露：「他們以為已經制住妳了。還以為這下子寇氏家族該給他們加官晉爵了。」據說，他們先從我的私生活領域著手找碴，但是發現沒什麼足以煽風點火的材料，只好轉而污衊我剽竊。

距離這些指控上線發布的時間只剩幾小時，我唯一能做的只有嘗試在謊言被散播出去之前搶先公開真相。到了午夜，我已經和四位我被指控剽竊的作者中的三位取得聯繫，他們都表示將發布公開聲明支持我，駁斥剽竊指控。《每日通訊》甚至根本沒有訪問他們。

李方，自由派網站《進步思考》部落客。我曾在文章中提到他具有開創性的寇氏家族相關報導。他發布的聲明內容是：「這些指控毫無價值。梅爾女士在她的報導中已感謝過我，而且，很明顯的，她也做了大量的研究。我對她做為一名記者所表現的正直滿懷敬意。」

保羅・坎恩（Paul Kane），《華盛頓郵報》記者。他很快地看了被指有問題的那篇報導，然後回了電郵給我：「你不但沒有盜用我的作品，你還立馬在下一行就謝了我。」《紐約客》甚至還附上他的線上報導連結。而且，我先生在《華盛頓郵報》擔任編輯，後來我才知道，這篇我疑似剽竊的文章正是他編輯的。至此，這項剽竊指控已經淪為笑話。我聯絡上的第三位記者也發表聲明，表示無可抱怨。稍晚，第四位記者也是這麼做。如果這就是他們花大錢所買來的對手調查資料，也實在太粗製濫造了。

我把相關事證寄給《每日通訊》，對方經過確認後，就撤銷了要發布的報導。

但是凱斯・凱利仍然決定繼續報導。他試著向寇克的發言人施壓，求證他們是否為抹黑行動的幕後主使。有趣的是，他沒有得到任何回應。他寫了一篇後續報導，標題為「抹黑不見了」，問道：「這齣擺明了就是設計好的抹黑《紐約客》記者珍・梅爾的行動，誰是幕後主使？」他在文中提到：「故事已經夭折，但是指使這些指控的這個人或這些人，仍然躲在陰暗中。」他向《每日通訊》的編輯卡爾森追問消息來源，卡爾森卻說：「我不知道消息是怎麼來的。」

其實有一個重大線索。根據《紐約郵報》的判斷，從時間點來看，這項剽竊計畫是為了阻撓《紐約客》提名那篇有關寇氏家族的報導角逐美國國家雜誌獎（National Magazine Award）。《紐約客》不受影響，仍然提名該篇報導，寇氏家族便試圖從中作梗。寇克工業的總法律顧問霍頓寄了一封極不尋常的信，給美國雜誌編輯協會（American Society of Magazine Editors）的董事會，試圖阻止他們挑選我為該獎項的得主（反正我的報導後來也沒有得獎。世事多變，無需強求）。

事情發展至此，正如大衛．瑞姆尼克對《紐約郵報》說的那樣，這整個對手調查行動還真是「蹩腳」。他語帶嘲諷地補充：「我有點訝異，這麼大陣仗的行動，怎麼個個都像是糊塗大偵探（Inspector Clouseau，按：電影「粉紅豹」裡那個裝腔作勢的偵探）。」

寇氏家族還找了卡托研究院創辦人艾德．克瑞恩的麻煩。我在《紐約客》的報導對查爾斯所謂「市場基礎管理系統」（Market-Based Management）制度頗不以為然，當中有個沒有出處的引言，而克瑞恩承認那是他說的。於是，就在二〇一一年一月高峰會前不久，查爾斯運用他在卡托的股份所有權，強制進行管理階層改組，堅持要讓寇氏工業的長期忠實份子南希．普夫騰豪爾和詹崔，加入這個智庫的董事會，儘管二人從來不曾被看成是深刻的自由主義思想家。創辦卡托的克瑞恩為此怒不可遏，但這只是後來的大地震的序曲。就在那年，查爾斯和大衛就把他徹底踢出了卡托。根據報導，大衛告訴卡托董事會主席羅伯特・列維（Robert Levy），與其製造少數人才懂的知識理論，像卡托這種表面上無黨派的智庫，應該提供「知識彈藥，供美國繁榮以及我們的同盟組織使用」，以影響選舉。

買到一個勝仗以後

寇氏家族對批評聲浪的笨拙反應與委屈感受㉕，似乎只是刺激了他們的支持者，因為他們在二〇一一年二月一日離開棕櫚泉附近防衛森嚴的聚會地點時，寇氏家族的金庫又多了四千九百萬美元可以運用。最後募款階段的競標活動，氣氛非常熱烈，一個飯店員工說，他聽到捐款人的承諾是一次以五百萬美元的金額往上加。㉖由於眾議院已經順利到手，這個團隊現在氣勢正旺，正期望在二〇一二年一勞永逸地除掉歐巴馬。

不過，首先，針對如何幫助在眾議院已經是多數黨的共和黨，他們做了很多討論。繼續擔任寇氏家族特約政治顧問的西恩・諾伯，從幫助威斯康辛州國會議員、即將上任的眾議院預算委員會主委保羅・萊恩開始，就幫他們出了很大的力。

對這些大金主來說，萊恩是個超級明星，一個方臉、藍眼，認真又年輕的艾茵・蘭德門生，但因為太常被說「學院派」，所以這個字眼似乎和他的頭銜分不開了。但是他的問題在於，他削減預算的想法實在讓大眾大驚失色，讓自由派感到膽戰心驚，也讓很多共和黨人憂心忡忡。就像他自己說的：「我抽屜裡有很多把鋒利的刀。」[27]

在接下來的國會會期中，萊恩計畫提出一項可以作為強硬的財政保守派藍圖的預算提案。沒有人預期這個方案可以在二〇一一年通過，因為民主黨人仍然掌握了參議院與白宮。但如果萊恩取得了足夠的支持票數，他就可以把這個黨用力推向右派，讓歐巴馬傻眼，並為共和黨二〇一二年的政綱提供第一份初稿。在戰術上，他的成功牽涉到很多人的利益。

這幾年來，萊恩一直大力提倡大幅削減政府支出，包括聯邦醫療保險（Medicare）與聯邦醫療補助保險（Medicaid）這兩個政府主要的醫療保險方案。他也提出引進替代性的私人退休帳戶，把社會保障部分私有化。他認為，為了國家的財政健全，放血是必要的手段。在他的眼中，赤字已經到達危險邊緣，因此這些計畫將無法永續下去。他的想法受到大部分有錢捐款人的歡迎。身為這個國家付稅最多的納稅人，透過減少財政支出而產生的稅收減免，最大的受益人就是他們。另外，他們的健康與福利也不必仰賴政府的社會服務。

但萊恩的很多想法讓大部分的中產階級極為反感。之前小布希總統嘗試推動卡托研究院提倡的私有化社會保障計畫時，面對著一面倒的反對聲浪，也只好被迫讓步。事實是，雖然這些大金主動員了茶黨，但這些保守派大金主和那些較不富裕的追隨者，其實有很多不同的優先事項。根據一項研究指出，茶黨領導人故意「迴避」社會保障的議程，是為了不要疏遠追隨者。[28]他們用模糊的字眼談論著要讓美國「免於破產」，卻絲毫不提具體細節。但在同時，這份研究的作者群所遇到的每一個基層茶黨支持者，沒有一個人主張要私有化社會保障。目的在幫助中產階級的權利計畫（Entitlement programs）受到大部分美國人的歡迎，實際上根本是神聖不可侵犯的政策。雖然有錢的自由市場狂熱份子，通常支持以市場導向的替代方案取代這些計畫[09]，但很多民調顯示，絕大多數人其實堅決反對這種改變，紐特．金里奇還直接稱這種改革為「右派社會工程」。

為了推廣他激進的預算計畫，萊恩需要協助，諾伯很快就為捐款人想出一個表達的方法。他建議他們付錢做昂貴的私人民調與市場測試，以協助萊恩微調他的說詞，並由「人工草皮」團體發起活動，以形成大眾支持的聲音。這是個有趣的點子，但遊走在正當行為的尺度邊緣。[10]畢竟，起草政府的年度預算是國會的核心職能。

一開始，在二〇一一年的年初，捐款人對這個點子毫不動心。他們已經花錢支付了一場昂貴的選舉，因此不明白現在為什麼要為政府政策付錢做民調與焦點團體。但幾個月後，情況

---

09 作者注　更多有錢人和關心權利計畫支出的人的不同政策偏好，參見 Martin Gilens, *Affluence and Influence: Economic Inequality and Political Power in America*（Princeton University Press and Russell Sage Foundation, 2012）, 119.

10 作者注　眾議院道德手冊第七章禁止所有「非官方的辦公室帳戶」，包括「為官方目的提供商品與服務」。具體來說，針對議員的立法議程的發展與實施，禁止議員接受受雇的政治顧問提供的「自願服務」。

改變了，來自寇氏網絡的神祕資金開始流動。捐款人的很多錢都流到一個501(c)(4)的「社會福利」團體，名字還神祕地命名為TC4信託（TC4 Trust）[11]，並與一個稱為「大眾公告」（Public Notice）聚焦在預算議題的次級團體密切合作。TC4信託不過是維吉尼亞州亞歷山大市的一個UPS快遞箱[12]，但在二〇〇九年到二〇一一年，它向國稅局提報的收入大約有四千六百萬美元，並給了其他保守派非營利團體大約三千七百萬美元。它定義自己是一個自由市場的推廣團體，在給國稅局提交的文件上也宣稱，「這些捐款將不會用於政治活動。」但它很快就把錢花在民調與大眾宣導活動，目的在形塑與推銷共和黨的預算方案。

泰倫斯集團（Tarrance Group）董事長艾德．戈亞斯（Ed Goeas）指出，這件事的挑戰在於，減少削減權利支出所造成的政治傷害。泰倫斯集團是一家共和黨從事預算計畫的民調公司。戈亞斯說：「這不是要形成政策，而是要推銷。」[13]看起來的解決方式就是，提到聯邦醫療保險或聯邦醫療補助保險時，要避免直接使用「削減」這個字眼。戈亞斯說：「曾經討論到可以這樣措詞『讓你的錢值得從政府那裡拿出來』。」他還說：「你可以說『用得更有效果』，而不是削減。必須更常用到『效率』，這也是這件事的一大重點。」付錢做這個研究的大眾公告，也推動了一個大眾宣導活動，把赤字講成是一個即將來臨的大災難。戈亞斯承認，「大眾公告是寇氏家族集團的一個單位」，並指出他的公司在提供萊恩建議的同時，「已經為它工作三到四年」。

萊恩顯然還算孺子可教。他很專精於預算附屬細則，但較不確定怎麼做公共關係。根據別人的描述，只要會議中出現的內容與他的價值一致，他就會很感謝這些幫助。另外，這些建言不像其他大部分的建議，可是預付過的。歐巴馬總統在那年春天提出自己的預算案時——這也是治理國家的一個核心程序，他還不知道，這個國家中，對預算審議結果有龐大利害關係的一些最有錢的人，正在付錢形塑與推銷共和黨的替代方案。[14]

隨著大部分的注意力被導向萊恩的建議，稅收議題也大幅傾向捐款人的議程，他們真的贏了。美國繁榮進步中心主席妮拉·坦登（Neera Tanden）說，雖然這個機制很平淡無趣，但「當寡頭控制政府的操作桿時，就能分贓了，而且是透過稅收政策合法做到的。」[15]

甚至在共和黨正式控制眾議院之前，總統就被迫在對金主階級非常重要的稅收議題上讓步。二〇一〇年十二月，他達成一個協議，將對數百萬沒有工作的美國人暫時擴大失業救濟

---

11 作者注　負責監管ＴＣ４信託以及後來的大眾公告的人一樣，是前布希政府的新聞官哈梅爾（Gretchen Hamel），他曾在二〇一一年一月的寇克高峰會，發表「支出的辯論架構」簡報。

12 作者注　OpenSecrets.org 針對ＴＣ４信託做了突破性的報導。例如，參見 Novak, Maguire, and Choma, "Nonprofit Funneled Money to Kochs' Voter Database Effort, Other Conservative Groups."

13 作者注　作者採訪。

14 作者注　保羅·萊恩最後的說詞宣稱，是歐巴馬，而不是他計畫要削減醫療保險。但幾個事實查核人士發現，這純粹是誤導。事實上，歐巴馬的健保法案預估將穩定增加健保支出，但是由於預期的節省開支，未來會減少增加的比例。但是部份評論家很快就回應了這一個意見。例如，羅許·林博（Rush Limbaugh）就在他的廣播節目指出：「保羅·萊恩並沒有砍醫療保險五千億美元！是你們這群傢伙幹的！」

15 作者注　作者採訪妮拉·坦登。

金，同時為中產階級降低工資稅，並提供其他協助。為了交換共和黨的支持，歐巴馬給共和黨最想要的東西，也就是延長布希時代的所得稅減免，這個方案特別對有錢人有利，而且預計將自動到期。

這些減稅讓最高所得稅率從三九．六％，下降到三五％。在兩黨的支持下，布希也降低了未實現收入的稅，其中受益的大部分都是有錢人。例如，紅利稅從三九．六％，降到一五％。資本利得稅從二〇％，降到一五％，其中大部分落入有錢人的口袋。因此，很多最有錢的美國人付的稅率，竟然比中產與勞動階級的薪水階層更低。

一份針對四百位最有錢納稅人的二〇〇八年研究顯示，他們平均賺二．〇二億美元，但實際付的所得稅率不到二〇％。[16]在他們申報的收入中，整整六〇％的收入是來自資本利得。[17]換句話說，賺二．〇二億美元的實際稅率，比一年賺三萬四千五百零一美元的美國人付的稅率更低。

但是，稅法並不是一直都這麼失衡。當所得在二十世紀越來越集中在頂層時，為了因應這些人對立法人員施加的政治壓力，稅法對這些超級有錢人也越來越大方。第一個和平時期的所得稅法，是在一八九四年實施，這是威廉．詹寧斯．布萊恩（William Jennings Bryan）發動民粹運動的結果，而且只適用在八萬五千個最有錢的美國人身上，占當時六千五百萬人口中收入最高的〇．一％。十八年後，憲法第十六條修正案將所得稅合法化，一開始也只對非常有錢的人徵稅。戰爭時期的稅率特別高，當時稅賦被視為特權階級的愛國義務。在第一次世界大戰期間，最高收入者付的稅率是七七%，到了第二次世界大戰期間，他們付的稅率是九四%（**這就是史凱菲家族以精心安排的信託與基金會避掉的稅**）。

然而，不久之後，位在收入頂層的人順利把稅賦轉移到收入不及他們的人身上，因此到了一九四二年，將近有三分之二的人口要付所得稅。[29]數十年來，稅率保持相對的累進稅率，一九八一年，收入頂層的人付五〇%的稅率。但是從一九七〇年代開始了為期三十年之久的「減稅狂潮」[30]，一%最有錢的人順利把平均實際聯邦稅率下降了三分之一，而〇．〇一%非常非常有錢的人減得更多，平均實際聯邦稅率減少了一半。因此，美國的財富分配越來越扭曲，也就不令人意外了。

批評者認為，超級有錢的人想方設法規避掉了他們應該付的公平分擔比例。但查爾斯．寇克並不是這樣看，他認為，並沒有所謂「公平分擔」的稅賦責任，讓有錢人減稅並轉移到其他人身上，這個觀念是一種錯誤的假設。他主張，每一個人都應該減稅，目標是縮小政府規模。

---

16 作者注　針對二十世紀最有錢的四百名納稅人與稅率的研究，請參 James Stewart, "High Income, Low Taxes, and Never a Bad Year," *New York Times*, Nov. 2, 2013.

17 作者注　數字來自一本簡單扼要又有啟發性的資本利得稅報告，Steve Mufson and Jia Lynn Yang, "Capital Gains Tax Rates Benefiting Wealthy Feed Growing Gap Between Rich and Poor," *Washington Post*, Sept. 11, 2011. 他們指出，之前二十年期間，八〇%的資本利得落入只有五%的美國人口袋，其中一半的人是〇．一%最有錢的人。

他在一九七八年的一篇慷慨激昂的文章中寫著：「我們的目標不是要重新分配政府的稅收，而是要縮小政府規模。」㉛

從激進的反政府自由意志主義者的觀點來看，付更少的稅並不是貪婪的問題，而是原則的問題。自由意志主義者把避稅提升為原則性的改革運動。確實，寇克主張，有錢人爭取減稅是一種道德行為。就像他在同一篇文章中寫的：「從道德上來說，降低稅率只是在維護財產權。」就像自由黨在一九八〇年的黨綱上寫的，這是「挑戰萬能政府崇拜」的公民責任。

從一九八〇年代加入寇氏家族政治勢力的懷俄明州共同基金經理人傅伊斯，也以稍微不一樣的角度，把反對稅收描述為無私的動機。他認為，有錢人稅付得少，一般大眾的獲益會更多，因為比起政府，有錢人可以用自己的錢做更多好事。他主張，捐錢給公益事業就是「有錢人自我課稅（self-tax）」㉜，「你是相信，政府應該拿走你的錢，然後把錢花在你身上，還是你想要把錢花在你身上？這就是個問題。」他認為：「為了打造更美好的世界，一%的有錢人貢獻的可能比九九%的人更多。」

不過，查爾斯．寇克既不支持稅收，也不支持公益事業。他在一九九九年的一次演講中解釋過：「我認同二十一世紀哲學家邁蒙尼德（Maimonides）的看法，他把最高形式的公益定義為，讓同胞能夠擁有必要的資金以維持生計，並一舉完全免除公益事業。」㉝

但是，文化評論家、在大學教授幾個邁蒙尼德課程的猶太學者里昂．維塞提爾（Leon

Wieseltier）指出，「這種說法是錯誤、有偏差，而且愚蠢的。」[18]他解釋：「邁蒙尼德的確重視讓受助者更能自立的公益種類，但他認為，**公益的責任是永遠的**。」而且，幫助窮人的責任是「明確而絕對的。」事實上，他指出，邁蒙尼德主張「任何忽視公益義務的人，就是**壞人**。」

寇克與他團體裡的其他人把反對稅收當成純粹原則問題，同時不斷施加壓力，要歐巴馬政府接受犧牲其他人卻直接增加他們財富的減稅措施。為了達成這個目標，二〇一〇年十二月，共和黨協商代表堅持削減遺產稅，這會讓財政部少掉二百三十億美元稅收，並為大約六千六百個最有錢的納稅人，每人平均省下一百五十萬美元。

這並不是憑空出現的成果。多年來，包括寇氏家族與狄維士家族等共和黨最有錢的支持者，一直在鼓吹廢除被巧妙地戲稱為「死亡稅」（death taxes）的稅目。寇氏家族和美國其他十六個最有錢的家族，包括沃爾瑪的沃頓家族與生產糖果零食的馬爾斯家族（Mars），在財務上聯合起來，並協調一個進行好幾年的大規模運動，目的是降低並最終廢除遺產稅。根據二〇〇六年的一份報告指出，這十七個家族從稅制改革中省下七百一十億美元，㉞這也解釋了他們為什麼從一九九八年開始，願意聯合出資將近五億美元來遊說這件事。

18　作者注　作者採訪里昂・維塞提爾。

他們是由一小群外圍團體代表，其中包括美國家族企業研究院（American Family Business Institute），他們努力爭取把稅收減免視為保存家庭農場的必要手段。不過很可惜的是，在二○○一年，這個團體根本找不出一家因為遺產稅而倒閉的家庭農場。卡崔娜颶風發生之後，這個團體找遍全國，想找出一個暴風受害者，他的繼承人因遺產稅而受害的例子，好讓大眾可以同情他們的主張，但一樣的，他們根本找不到這樣的例子。事實上，所有的遺產稅納稅人中，只有○．二七％的人因為夠富裕，才會受到遺產稅的影響。

寇氏家族捐款圈裡的某些人，為了確保可能得到最大部分的家族財富，採取的動作令人印象深刻。寇氏家族並不是唯一對親人提出法律訴訟的人。在那段期間，他們圈子裡的一個人，Gore-Tex部分財產的繼承人，也是保守派智庫懷俄明自由團體（Wyoming Liberty Group）的創辦人蘇珊．高爾（Susan Gore），處心積蓄想增加自己繼承的財富，竟然試圖合法認養她的前夫，目的是宣稱她的孩子和兄弟姐妹一樣多，因此就能增加她在家族信託中的財產比例。但是在二○一一年年底，司法判決否決了這個七十二歲繼承人的詭計，裁定中認為，她不能把前夫算成自己的「兒子」。[35]

雖然會激怒改革派人士，但總統歐巴馬不得不同意共和黨的很多要求，包括擴大遺產稅的豁免範圍。他之前曾經反對，為年收入超過二十五萬美元的人，擴大布希的稅收減免方案，但是在二○一○年十二月，由於共和黨已經準備接掌眾議院，他試著說服失望的支持者，這是他們這段時間可能得到的最好交易。他說：「以前，你可以透過瓦解幾個共和黨人，來做對的事；但現在，格倫·貝克與莎拉·斐琳是共和黨的權力中心，根本不可能合作了。」36

禁不起一點審查

十二月的陰謀只是個開幕式而已，後來眾議院裡的共和黨人更上演了一幕戲，最後還威脅要讓美國債務違約。這可能會讓脆弱的美國經濟，更惡化成災難性的自由落體。共和黨的目的就是要更進一步敲詐稅收，以及支出上的讓步，而這都是有錢金主所支持的主張。所有的這一切，就在經濟不平等越來越惡化、社會流動停滯的背景中上演。美國人一向認為美國是個理想中的無階級社會，每一個人都有更上一層樓的機會，但現在，從世代交替的經濟流動性來看，已經落後在很多富裕國家之後，包括舊世界受階級束縛的國家，例如法國、德國與西班牙。

在這樣的環境中，要推動美國最有錢的人的議程，通常會很困難。畢竟，在二〇一一年，美國還有二千四百萬人失業。大蕭條已經蒸發了大約九兆美元的家庭財富。但在四十年後，保守派的非營利組織形成的生態系統已經非常善於進行思想戰。右派的智庫、倡議團體以及電視名嘴紛紛採取行動，並形成一種政治論述，阻礙了一直被期待可能會發生的修正路線。

這場思想戰的一個關鍵前哨戰，就是重新架構二〇〇八年經濟崩盤的歷史。從經驗的角度來看，很難不把它看成是自由市場基本教義支持者的大失敗，因此有理由支持更強大的政府監管措施。就像大蕭條一樣，對於這些不負責任的奸商，可能預期會有一股反彈聲浪，並導致更多的政府干預措施，以及更公平的稅收制度。

自由派經濟學家史蒂格里茲指出，對自由市場倡議者來說，二〇〇八年的金融崩盤，就像共產主義者面對柏林圍牆倒塌一樣。即使是華盛頓地區無人可以比美的自由市場智者、前聯準會主席亞倫．葛林斯班（Alan Greenspan）也承認，他錯在以為，亞當．斯密（Adam Smith）說的「看不見的手」，會從自我毀滅中拯救一切。這場災難其實有可能成為「教育契機」，讓這個國家的經濟保守份子學到一點什麼教訓。但顯然並非如此。他們反而以自己喜歡的結論開始，逆向操作，以達成這個目標。

經濟作家與資產管理人貝利．瑞索茲（Barry Ritholtz）把華爾街貼上「大謊言」的標籤，保守派智庫裡的學者卻主張，問題出在政府管太多，而不是管太少。提出這種修正論點的主角是美國企業研究院（American Enterprise Institute, AEI），它的董事會中充滿著金融業巨頭，很多人還是自由市場的狂熱份子，也是寇克捐款高峰會的常客。

美國企業研究院特別指出，政府補助低收入購屋人取得貸款的計畫，導致了這次的崩盤。瑞索茲指出，這種理論「禁不起一點審查。」37政府的準私人放款機構房利美（Fannie Mae）與房地美（Freddie Mac）是有很多疏失，但是，包括哈佛大學的住房研究聯合中心（Joint

Center for Housing Studies）與聯邦審計署（Government Accountability Office）等，許多無黨派立場的研究證明，它們並不是二〇〇八年崩盤的主因。瑞索茲指出，但是藉由推卸責任，這些「判斷錯誤與觀念失敗而導致危機」的人，就能繼續支持自由市場「不需要大人監管」的「錯誤論述」。由企業資助的保守派智庫所做的自我服務性質的研究，到二〇一一年時完全不是新聞，但瑞索茲說，令人意外的是，「由於不斷重複這個大謊言，他們竟然贏了！」國會為了調查崩盤原因而成立的兩黨委員會，主席菲爾．安吉利德斯（Phil Angelides）也被這種修正論點嚇了一跳。在一篇民意論壇的專欄文章中，他試著提醒大眾，「金融業的魯莽，以及政策制定者與監管者的失敗，才導致經濟崩壞。」而且他說，「那些處在經濟高峰的人」只是在兜售已經被調查委員會分析與拆穿的「老舊資料」。他承認，歷史是被勝利者書寫的，因此到了二〇一一年，即使很多經濟部門仍處在落後狀態，大部分的金融業都已經回春了，因此「也正在如火如荼地改寫歷史中」。

不久之後，受到資助這些智庫的相同金主所支持的政治人物，也跳出來呼應「大謊言」。佛羅里達州的共和黨新星馬可．魯比歐（Marco Rubio）很快就宣稱，「我們的問題是因為政府太小，這種想法是錯的。事實上，我們最近崩盤的主因，是因為魯莽的政府政策而導致住房危機。」魯比歐在二〇一〇年的共和黨參議院初選中，靠著二〇一〇年六月寇克高峰會中的四十九位金主，才打敗了一個溫和派競選人。

在這個背景下，二〇一一年四月十五日，萊恩的預算計畫現在已經包裝成「繁榮之路」，並在眾議院中進行投票表決。在過去，這個方案的前途一直是不確定的。因為不只是民主黨人，還有很多共和黨人都認為，先前的版本實在太過苛刻。一年前，眾議院議長約翰・貝納只給了不溫不火的支持。但現在共和黨黨團立場已經轉到右派，而且這個提案也已經重新包裝過。因此在眾議院中以二百五十三票對一百九十三票，輕鬆過關，只流失了四張共和黨人的票，但沒有一張民主黨人的票。

以修訂聯邦醫療保險（Medicare）的名義，這次投票結果把它縮小得像優惠券一樣的「額外支持」（premium supports），老年人可以用這個方案來購買私人的醫療保險。它也把聯邦醫療補助（Medicare）變成政府分類補助金的破碎拼湊，同時削減整個方案的資金。另外，它也廢除了擴大醫療補助的部分，而那正是歐巴馬《平價健保法案》的一部分。與此同時，它把所得稅縮小為兩種稅率，把最高稅率降低為二五%，這是雷根當選時的一半。從理論上來看，所有損失都會透過消除扣除額來補足，但這部分並沒有詳細說明。

《紐約時報》記者諾姆・賽伯（Noam Scheiber）在《逃脫的藝術家：歐巴馬團隊如何摸索復甦，書名暫譯》（*The Escape Artists: How Obama's Team Fumbled the Recovery*）中指出，萊恩的計畫和歐巴馬提的預算案相比，為有錢人刪減了二・四兆美元的稅，而且把支出刪減了六・二兆美元。他把這簡稱為「右翼的瘋狂行為」。[38]

最令人震驚的是它徹底改寫了美國的社會契約。為了降低赤字，萊恩規定大規模刪減政府支出，其中六二%是幫助窮人的計畫，即使這些計畫只占聯邦預算的五分之一左右。《紐約時報》一個類似的分析指出，萊恩預算案的後來版本中，有一百八十萬人會被取消食物券，二十八萬名學童會失去午餐津貼，還有三十萬名兒童會失去醫療保險。[19]預算與政策優先自由中心（liberal Center on Budget and Policy Priorities）的羅伯特·葛林斯坦（Robert Greenstein）把這計畫稱為「反羅賓漢」（Robin Hood in reverse）計畫，[39]他認為，「在美國現代史上，這可能形成所得從窮人到有錢人口袋最大的重分配。」

儘管如此，這個計畫還是成功推銷出去了，許多保守派專家與智庫學者也給了好評，這些人之前都聽取了共和黨領導階層高規格的政策簡報。大力讚美這個計畫的單位，包括卡托研究院、傳統基金會、諾奎斯特強大的反稅團體、美國稅務改革協會，美國稅務改革協會還宣稱，「保羅·萊恩的預算案就是**真正**保守派預算案看起來的樣子！」其他許多非營利倡議團體，例如大眾公告、退休協會、獨立婦女論壇（Independent Women's Forum）與美國的承諾組織（American Commitment），也跟著為大幅削減支出幫腔。發出聲音的單位雖然很多，但在表

---

19 作者注　這些萊恩預算案的後果預測是參考它的二〇一二年版本，也見於 Jonathan Weisman, "In Control, Republican Lawmakers See Budget as Way to Push Agenda," *New York Times*, Nov. 13, 2014.

象之下，每一個團體都分享著共同的含水層，也就是由寇克捐款網絡捐獻的現金池。

一些輿論作家也把萊恩當成神諭者。《紐約時報》溫和保守派專欄作家、意見也很受歐巴馬重視的大衛．布魯克斯（David Brooks）認為，萊恩的計畫「是我們任何人在這輩子中，所能看到最有勇氣的預算改革提案了……對任何想要參與討論的人來說，他的提案都設定了嚴肅的標準。不管誰被提名，這都將成為二〇一二年的共和黨黨綱。」40

還有更多的新聞媒體也呼應萊恩的說詞指出，聯邦政府的財政赤字是這個國家所面臨最具急迫性的經濟問題。佛利蘭在《大財閥》一書中指出，在四月和五月，即使失業率達九％，全國最大的五家報社刊登有關財政赤字的報導，比有關失業的報導多了三倍。她指出：「右派勢力已經順利設定經濟辯論的時程。對一％的人來說，這是很美好的結果。」20

萊恩成功說服華盛頓地區的媒體機構，他正在處理困難的問題，並展現出領導能力，勇敢推動一個計畫，既能拯救權利計畫，也能同時解決這個國家麻煩的赤字問題。這一出手打得白宮措手不及，只好急忙提出自己新的替代計畫。這個計畫呼籲削減更多支出，而且超過行政團隊已經提出的金額，讓自由派人士大失所望。而總統的高層政治顧問，例如大衛．普魯夫（David Plouffe）與比爾．戴利（Bill Daley），長期以來一直把注意力放在中間派以及爭取獨立選民，而不是照顧自由派的基本盤。普魯夫曾經令人難忘地把這些人稱為「尿床的人」（bedwetters）。

總統歐巴馬現在提議，在接下來的十二年中，要削減支出四兆美元，和萊恩提的四．四兆美元，並沒有相差太多。這個提案讓當時的國務卿希拉蕊非常痛心，不得不到戶外呼吸一點空氣平靜一下。

之後，在後來被稱為「伏擊」的行動中，白宮邀請萊恩到歐巴馬發表對策的演講場合上。歐巴馬面對著國會議員，把萊恩的計畫批得狗血淋頭，「這個願景是說，我們負擔不起維持我們對老年人的承諾……簡單說，就是要結束我們所知道的聯邦醫療保險。」歐巴馬指責共和黨人「在新的稅收減免上，給了有錢人一兆多美元」，並指出這根本「不是在減少聯邦赤字，而是在改變美國的基本社會契約。」

被這樣公開而個人地抨擊，讓萊恩感到深受冒犯。此事也在華府地區成為一個違反禮儀的小事例。歐巴馬事後告訴鮑伯．伍德沃德（Bob Woodward），他在發表尖銳談話時，並不知道萊恩人就在禮堂，他也承認「我們犯了一個錯。」[41]

但是在國內，人們比較不關心政治禮儀，比較關心的是他們的福利會怎麼砍，因此萊恩提議的聯邦醫療保險改革案，立刻引起大眾不快。一個民主黨弱勢候選人在紐約州北部的特別

20 作者注　See Freeland, *Plutocrats*, 265. 她寫到：「二〇一一年的四月與五月，失業率是九%……但全國五大報社卻刊登了二百零一篇有關赤字的報導，有關失業的報導只有六十三篇。」

國會選區，競選活動就是主打反對萊恩的聯邦醫療計畫，最後痛擊了預期會當選的共和黨候選人。[21]

但是在眾議院的共和黨人，還是歡欣鼓舞，因為他們已經逼歐巴馬參與他們的預算遊戲。[42]歐巴馬現在沒談工作與開支，而是談赤字問題，並與共和黨討價還價要砍多少兆美元。眾議院共和黨黨鞭凱文．麥卡錫說：「我們領導，他們只能回應。」[43]金主們也很興奮。歐巴馬被迫居於守勢，讓這群用錢資助萊恩計畫的人相信，他們的投資很值得。[22]

到了暮春，眾議院的共和黨人又在另一個議題上，讓歐巴馬陷入泥淖。民主黨做了很大的讓步，讓總統和共和黨達成暫時的預算協議不久之後，自稱為「青年槍手」的眾議院茶黨派系，針對提高債務上限而強烈爭吵。債務上限是一種形式上的措施，長久以來用來授權國家的支付財政責任。表面上看起來，茶黨的激進份子是反對揮霍支出，但他們實際上做的是，拒絕正式授權給國會已經撥款的支出資金，本質上就是在前一年的購物狂歡之後，拒絕支付國會的信用卡帳單。最後，他們自我毀滅的行為對自己造成的傷害比別人更大，同時，激進份子說服美國政府違約的意願，也造成了國家危機。越來越不顧死活的對峙，可能會造成混亂與政府失能，這個未來前景只滿足了保守派的反政府議程。長期擔任共和黨國會助理的麥克．羅夫根說，他的黨已經變成「末日崇拜的邪教」。[44]

如果國會不付帳單，美國的AAA信用評等就會被降級，很可能會讓市場震盪，動搖商業信心，並讓已經令人痛苦不堪的經濟衰退繼續惡化。沒有人確實知道違約的後果會如何。通常情況下，這是無法想像的事。貝納曾經在自己的黨團會議中警告這群鬧事份子，他們必須「像大人一樣處理這件事。」[45]但是眾議院多數黨領袖與青年槍手的創辦人之一艾瑞克·甘特，卻把債務上限的表決，看成他所謂「以小搏大的時機」。

到了二〇一一年，這些極端新貴已經在黨內領導階層形成一股強大的派系，並迫不急待想要挑戰貝納的權威。其中很多人對寇氏家族與其他激進的有錢金主欠的錢，比欠共和黨更多。但白宮卻誤以為，共和黨內感覺遲鈍的商業勢力會看到這樣做對經濟的威脅，然後迫使激進份子從邊緣立場退縮。但是，雖然由美國商會所代表的傳統商業利益的確採取這個立場，以捐款人為基礎的右翼份子仍慫恿青年槍手要一決勝負。身家上億的對沖基金經理人史丹利·杜魯肯米勒（Stanley Druckenmiller）在《華爾街日報》中指出，政府違約其實沒有比「如果我們沒有解決真正的問題」，也就是政府支出的問題，那麼「具有災難性」。[23]二〇一一年三月，查爾斯·寇克在《華爾街日報》的一篇民意論壇文章也清楚指出，他認為提高任何債務上限，只是

---

21 作者注 紐約州第二十六國會選區的競選，勝選的是民主黨的凱西·霍赫爾（Kathy Hochul）。

22 作者注 金主們覺得他們的投資很值得，這段話來自一位對他們的思維很熟悉但不願具名的受訪者。

23 作者注 弗朗姆在《搞垮黨》（*Crashing the Party*，暫譯）中，認為史丹利·杜魯肯米勒的定位「驚人」而激進。

「延遲艱難的決定」的一種方式。[24]

把青年槍手推向財務懸崖的是寇氏家族的政治機關美國繁榮。大約四十個其他茶黨與反稅團體也為全面開戰而大聲叫囂。其中喊的最大聲的就是成長俱樂部（the Club for Growth），這是一個小型但目標專注的華爾街團體，它的強大有一個理由：對於不遵守它毫不妥協路線的共和黨人，它有錢能造成重大挑戰的力量。這個俱樂部把同胞相殘作為戰術，讓公職人員可以保持立場一致。因為它之前支持的很多候選人，在就職之後，立場就變得比較溫和。它後來發現，它只要威脅要採取重大挑戰，「他們就開始嚇到褲子都溼了。」[25]一個創辦人開玩笑地說。這個團體的高層創辦人包括寇氏網絡裡的很多人，也包括對沖基金經理人、億萬富翁羅伯特．墨瑟和保羅．辛格，以及私人股權基金大亨約翰．柴爾德斯。

青年槍手把他們反對妥協的態度，描述為純粹是原則問題，但在這個表象之下，卻是龐大的既得利益在發揮作用。當時，總統與貝納就快要協商他們所謂的「大交易」（grand bargain），預期將封閉某些稅務漏洞。[26]但青年槍手卻斷然反對改革，因為這可能會減少對沖基金與股權私募基金的獲利。

甘特特別保護附帶權益金的稅收漏洞。對他來說，對沖基金與股權私募基金大亨的幸福，和他個人密切相關。他是眾議院內，得到證券與投資公司獻金最多的人之一。甘特在二〇一〇年的兩次競選資金，三個最大的捐款人都是隸屬於寇氏網絡的金融家，他們分別是賺大錢的大型對沖基金公司賽克資產顧問創辦人、億萬富翁史帝文・寇恩；以及所謂的禿鷹基金（vulture fund）公司[27]艾略特資本管理公司負責人、千萬富翁保羅・辛格；以及黑石集團共同創辦人、億萬富翁史帝芬・舒瓦茲曼。所以儘管有研究顯示，二十五個收入最高的對沖基金經理人，平均一年收入六億美元，而且封閉這個漏洞將會為未來十年增加二百億美元稅收[28]，甘特以及眾議院表明關心赤字「危機」的叛亂份子，仍然拒絕支持貝納提議的「大交易」。

隨著債務上限僵局日益嚴重，有兩個消息來源指出，貝納前往紐約親自懇求大衛・寇克的協助。[29]寇氏家族一名前顧問說，「貝納懇求大衛把狗叫回來！」他指出，如果國家違約，大衛自己的投資也會遭殃。貝納的發言人艾蜜莉・席林納（Emily Schillinger）確認有這趟紐約之行，但她堅持，「任何認識貝納議長的人都知道，他不會『求』人的。」但是，眾議院院長位高權重，是美國最有權力的民選官員之一，位居總統繼任順序的第三順位，在一場自相殘殺的

---

24 作者注　另外，寇克支持的倡議人士長期以來都反對關閉附帶權益的稅收漏洞。二〇〇七年，國會在辯論時，查爾斯・寇克贊助的研究團體稅務基金會裡的亞當・克萊頓（Adam Creighton）就主張，「這一點也不會提高稅收。」

25 作者注　成長俱樂部前董事長史蒂芬・摩爾（Stephen Moore。Matt Bai, "Fight Club," *New York Times Magazine*, Aug. 10, 2003.

26 作者注　在大交易中，歐巴馬會同意削減支出，以交換債務上限延長，以及貝納所說的，讓共和黨人在稅法上「清理垃圾」。貝納不同意提高稅率，但同意消除某些稅收漏洞。

27 譯者注　喜歡購買受困的公司債券或資產，待公司無法償付時，就打惡意官司索取巨額賠償金。

28 作者注　二〇〇六年的研究，引用自 Hacker and Pierson, *Winner-Take- All Politics*, 51.

29 作者注　作者採訪家庭顧問、國會消息來源，以及艾蜜莉・席林納。

國會對抗中，跑去一個億萬富翁的生意人在曼哈頓的辦公室尋求幫助，這說明了共和黨的權力重心，在二〇一一年已經轉移到外圍的捐款人團體了。46

到了七月的最後幾天，違約日日漸逼近，歐巴馬還以為，他就快要和貝納達成協議了。在很多民主黨人眼中，這件事令人深惡痛絕，因為除了其他因素，這個協議還削減了預計的聯邦醫療保險與醫療補助的支出。歐巴馬已經接受刪減赤字最重要的觀念，並相信這個協議是穩定經濟的必要措施。他也在國會山莊，讓民主黨人有心理準備面對這個令人痛苦的消息。但是，當總統在七月二十一日晚間打電話給貝納，以便讓這個協議正式成立時，議長並未回電，讓歐巴馬的憤怒隨著日益逼近的違約日而升高。總統打了好幾通電話，也留了言。經過了幾乎一整天。直到最後，議長終於打電話了，卻是要中斷雙方的談話，然後拂袖而去，並公開譴責歐巴馬。

貝納宣稱，總統背棄了協議條件，貝納說：「我為這個協議付出了一切，但遺憾的是，總統並不接受。」但根據湯瑪斯．曼（Thomas Mann）與諾曼．奧恩斯坦（Norman Ornstein）針對國會失能的研究《問題比看起來更嚴重》（*It's Even Worse Than It Looks*，書名暫譯）指出，這句話「沒有任何事實基礎」。47

甘特後來告訴《紐約客》的利薩背後的真實故事。48讓大交易破局，是他一直以來的想法。他說，「持平地說」，在最後的關鍵時刻，他告訴貝納不要接受交易，完全是基於政治理由。甘特認為，為什麼要讓歐巴馬贏？為什麼要讓他看起來很能幹，然後幫他再次連任？破壞會談對共和黨其實更有利，先不要考慮這會讓國家陷入亂局，等到下一年的總統選舉，選一個能給他們更好交易的共和黨總統就好了。

最後的結果被利薩稱為「拜占庭式」的安排，為了預先防止違約，兩黨同意自動削減預算，而且不分項目，整體預算都這樣做。沒有人相信，這種被稱為「扣押預算」，也就是盲目削減預算的方案，真的會付諸實施。但現實是，在沒有辦法達成其他的解決方案時，就會實施。這個機制把歐巴馬限制在無限期的財政緊身衣中。黑人國會黨團（Congressional Black Caucus）主席伊曼紐．克雷弗（Emanuel Cleaver），譴責這個交易是「敷上糖衣的撒旦三明治」，眾議院少數黨領袖裴洛希則把它改為「撒旦三明治配上撒旦薯條」。

這件事造成的政治傷害蔓延得很廣。無黨派的國會預算辦公室估計，這樣扣押預算一年會失去七十五萬個工作機會，並傷害依賴公共服務的數百萬美國人。美國有史以來，標準普爾（Standard & Poor）也第一次調降美國的信用評等。股市暴跌，當場下跌六百三十五點。而在同時，大眾對國會非常反感，民調顯示了有史以來最低的支持率。歐巴馬的人氣也因此重挫，第一次跌到五〇％重要門檻以下。他被左派與右派的人嘲笑與貶低。內部民調也認為他「軟弱」。

一個政治上的少數派，為了滿足立場極端的金主利益，已經把最強大的民主變成全球失能的狀態。自由黨黨綱呼籲要「取消醫療保險與醫療補助」、「廢除……越來越壓迫的社會保障制度」，以及「最終要廢除所有稅收」，三十年後，它的億萬富翁支持者們已經占了上風。

在這時候，妮拉．坦登認為，總統終於知道他在對抗什麼樣的人了。她說，「我認為他真的努力要成為後黨派。我想，債務上限之役讓他看清，比起想要成功，他們更恨他。這是受到他們背後金主驅動的不理性交易。」在擔任總統兩年半後，她說：「他終於意識到，他們寧願殺了他，也不願意拯救自己。」[30]

30　作者注　作者採訪妮拉．坦登。

12 最重要的戰役

二〇一二年的挫敗

面對這種規模的失敗，寇氏家族或他的金主們都很難接受。一個顧問回憶說：「金主們臉色鐵青。」

——保羅・萊恩
（Paul Ryan）

二〇一一年六月底，一個柔和舒爽的夏夜，寇氏家族在科羅拉多州比弗溪，為了查爾斯形容的「最重要的戰役」，再一次召集自己的人馬。這個從伊拉克獨裁者薩達姆．海珊（Saddam Hussein）借來的字眼，暗示著這對億萬富翁兄弟計畫把即將到來的二〇一二年大選，定位在兇狠對戰的軍事等級。

這是最高法院針對《聯合公民案》判決後的第一次總統大選。對於需要財務資源的人來說，政治支出現在就像貝切勒卡斯麗池卡爾頓飯店上開放的天空一樣，毫無限制。大約三百人參與了這場半年一度、主題為〈認識與解決美國自由企業與繁榮的威脅〉的研討會。這一次，策劃者採取特別措施，以保持一切程序都是祕密進行。在捐款人會面的亭子外面，圍了一連串的揚聲器，對外發射靜電干擾，以避免被人竊聽。或許事情真如他們所想01，直到《瓊斯夫人》雜誌記者布拉德．費里曼（Brad Friedman）取得了這個周末精華片段的錄音，並發表了一份內容抄本。

當他們聚集在洛磯山脈山腳下時，這群捐款人有很充分的理由樂觀。《紐約時報》常駐數字分析專家奈特．席佛（Nate Silver），他以賽馬賭客不帶感情的眼神計算政治可能性，並公開問道：「歐巴馬敬酒了嗎？」在分析了歐巴馬下滑的支持率與經濟落後指標之後，他斷定歐巴馬已經從「被看好低調贏得連任的人，變成微幅落後者。」02但他也指出，如果共和黨推選了一個很弱的候選人，或是經濟奇蹟復甦，情況也可能改變。他預測，如果挑戰者做得對，歐巴馬將步上連任失敗的後塵，加入吉米．卡特（Jimmy Carter）與老布希（George H. W. Bush）的行列。

但是，在下一次總統大選前的十四個月，共和黨還沒確定強棒候選人人選。在私底下，諾伯在寇氏家族的同意下，已經偷偷嘗試好幾個月，說服保羅．萊恩競逐白宮大位。億萬富翁支持者們都渴望他能對聯邦預算施展「鋒利的刀」。但萊恩並未同意。他和妻子都不喜歡馬拉松式的總統競選活動。在國會議員華盛頓辦公室的一場會議上，他問了寇氏家族的一位密使：「只當副總統，不是容易一點？因為那只要兩個月。」03

由於萊恩不想參選，寇氏家族與他們的操盤人急著想找另一個替代人選。米特．羅姆尼（Mitt Romney）顯然是一名值得認真看待的競爭者，但他們擔心羅姆尼無法和一般大眾連結，而無法當選。在羅姆尼成為麻州州長之前，就在金融業賺到一大筆財富。民調顯示，當選民被問到，羅姆尼是否「關心像你這樣的人」時，羅姆尼得到非常慘淡的回應。在尋找更有希望的候選人期間，紐澤西州硬漢州長克里斯．克里斯蒂（Chris Christie）有了強烈的興致。於是大衛邀請克里斯蒂到他的曼哈頓辦公室，兩個人花了將近兩小時，把克里斯蒂對工會和其他自由力量的混戰結合起來。這位州長好鬥的藍領風格，再加上他對財閥友好的經濟政策，讓他成為幾乎無法抗拒的可能人選。到了六月，寇氏家族已經在他們的研討會中，安排克里斯蒂成為主講嘉賓，讓他可以在一群可能會資助他的人面前，爭取成為自己政黨的領導人物。

克里斯蒂之前的講者德州州長瑞克・佩里（Rick Perry）成為完美的陪襯。在共和黨的辯論期間，在佩里後來的「哎呀」（oops，按：指狀況出差錯）時刻之前的序幕是，這位州長用五根手指說明一個四點計畫，剩下一個在程式中可以不被計算的數字在空中飛舞，在很多對數字敏感的商人聽眾面前，留下了一個很糟糕的印象。

相較之下，克里斯蒂就像他的偶像布魯斯・史普林斯汀（Bruce Springsteen，按：七〇年代的搖滾巨星）在政治上的分身。大衛親自介紹他，稱讚他不只是「一個真正的政治英雄，能把話說的好像真的一樣」，還是「我喜歡的人」。大衛特別熱情稱讚，克里斯蒂在推動兩黨協議，以刪減紐澤西州工會中公職人員的退休金與福利金時，所展現出來的「勇氣與領導魄力」。為了換取這些讓步，克里斯蒂承諾民主黨與其工會盟友，要增加生病方面的福利金。這種表面上的強硬作風把克里斯蒂「提升」到國家級的聲望。四年後，法官會認為，這比較像是欺騙手段。[04]工作者的福利金被削減了，而處在經濟不景氣的政府卻背棄了自己的承諾。然而，在二〇一一年，對寇氏家族與他們集結起來的盟友來說，克里斯蒂是彌足珍貴的明日之星。在大衛介紹時，面對捐款人的歡呼、吹口哨，甚至鼓噪時，他揶揄著說：「誰知道呢？隨著他在紐澤西州的改革成功，有一天，我們可能會看到他站上更大的舞台，而且天知道，說不定那裡正需要他！」[05]

克里斯蒂丟出了高所得者的低稅政策，把這當成一種群眾的理想，很快就讓這些有錢人臣服在他的腳下。在大膽的表現中，他形容要與他所謂的「百萬富翁稅」（Millionaires Tax）作戰，也就是從該州最高所得者中提高一%的所得稅。他描述自己告訴民主黨人所說的話：「把這退回去，因為我不會簽的。」捐款人熱烈歡呼。克里斯蒂曾經大力宣傳他的州是風力發電的超級大州[06]，但他從一個降低溫室氣體排放量的地區性計畫中轉變態度並退縮，也一樣引起歡呼。到了觀眾提問的時間，第一位演講者在會議室中，語帶興奮地說：「你是我見過的第一個我知道可以打敗歐巴馬的人。」然後，在笑聲與掌聲中，他懇求克里斯蒂參選。

不過，晚餐的主菜時間是由查爾斯主持的募款活動。他操著美國中西部的口音，呼籲大家要捐獻，好像美國的生存就靠這個了。在引用了海珊在第一次波斯灣戰爭中的知名戰鬥口號之後，查爾斯丟出了更聳動的說法。他提出警告，即將舉行的總統大選，風險不亞於決定「這個國家的生死」。他帶點幽默說，他不是「要對任何在這裡的人施加壓力，提醒一下，這不是壓力。但如果這讓你心裡感到高興，如果幫助人讓你覺得開心，就去做吧。」接著，他公開指出並評論目前為止捐款最多的人，這個動作保證會給其他人帶來壓力。「我現在想指出的人，不是所有的優秀夥伴，而是已經捐出超過十億美元的夥伴——百萬，啊，不，是十億。」他當場更正了自己的說法。這群有錢人知道很容易搞混幾個額外的零，所以都大笑了起來，查爾斯接著隨口說到：「喔，我在想歐巴馬和他的十億美元競選活動，所以我認為，我們應該會做得比他更好。」他繼續說：「如果你想捐個十億，相信我，我們會只為了你舉辦一個特別的研討會。」

查爾斯接著勾選了過去十二個月內捐了一百萬美元或以上的三十二個人的名字。其中有九個人是億萬富翁，他們的財富讓他們登上《富比世》最富有的四百個美國人名單。有些人相當知名，包括嘉信理財（Charles Schwab）的金融明星肯・格里芬（Ken Griffin），和保羅・辛格，以及安麗的理查・狄維士和天然氣領域的企業家哈洛德・漢姆（Harold Hamm）。然而，其他很多人都屬於隱形富豪，是很少引起公眾注意但非常賺錢的私人大企業負責人。例如，這九名億萬富翁中的兩個，小約翰・梅納德（John Menard Jr），《富比世》估計他的資產有六十億美元；還有黛安・韓崔克，《富比世》估計她的資產有二十九億美元，在威斯康辛州擁有私人建設與房屋供應公司，在該州之外並不出名。很多查爾斯認識的非億萬富翁都是寇氏家族圈子裡的熟悉面孔。有來自北卡羅萊納的主教、懷俄明州的傅伊斯（Friess）家族、在德州經營石油的羅伯森家族（Robertsons），以及喬伊・克瑞福特（Joe Craft）與吉列姆家族（Gilliams）等煤炭大亨，還有馬歇爾（Marshall）家族的成員，這是唯一擁有大量寇氏工業股票的外部人士。

查爾斯接著補充說：「還有十人仍然保持匿名，包括大衛和我。」他開玩笑說：「所以我們是非常謙虛的。」但是，他認真地宣布：「下一次研討會的計畫是，我會唸出捐一千萬的人的名字，而不是一百萬。」

當他唸出這些出手大方的捐款人姓名時，他很清楚表明他預期他們的錢要買到什麼。他對這群他稱為「夥伴」的人承諾：「我們絕對會盡全力聰明投資這筆錢，讓你們在這個國家的未來中，得到最好的回報。」

但這些想法都沒有和其他人分享。一點也不符合最高法院在《聯合公民案》中的認知，因為多數人都假設，政治支出會是透明的資訊，但寇氏家族與他們的夥伴可是煞費苦心隱藏他們所做的事。事實上，這正是一個賣點。已經為寇氏家族負責募款活動很多年，並在研討會中擔任司儀的寇氏工業特別專案副總裁詹崔，那個周末對這些金主保證：「我們可以保證匿名。」

寇氏家族最近還想出一個更聰明的障眼法。他們已經不再用二〇一〇年競選期間的方法，透過祕密的非營利公益機構與社會福利團體等複雜系統給錢，他們現在已經有了更有效的方法。他們先以非營利企業的形式匯集大筆現金，這種企業在稅法上的定義是501(c)(6)[01]，或是「商業聯盟」(business league)。他們把這個組織稱為美國創新協會(Association for American Innovation, AAI)。這種傘狀組織的優點在於，捐給這些組織的錢可以歸為「會費」，因此可以在一定程度上當成營業費用扣除。而且，和捐給501(c)(4)[02]一樣，法律保護這些捐款人可以維持匿名。但商業聯盟在州檢察長的公益信託權限之外，所以更能保障其祕密性。

01 譯者注　一種免稅的非營利組織。
02 譯者注　淨收入專門用於公益、教育或娛樂目地的協會。

在比弗溪研討會結束時，寇氏家族已經募到大約七千萬美元新認捐的金額。沒有任何公開紀錄具體顯示這筆新資金會怎麼用，但顯示出大部分的錢轉進入了新的「商業聯盟」，也就是美國創新協會中。稅收紀錄顯示，很快把名字改成自由夥伴（Freedom Partners）的AAI，光是在二〇一一年就收到超過二．五億美元。

這個新的商業聯盟一開始是由偉恩．蓋博（Wayne Gable）負責，他是寇氏工業遊說活動的頭頭。這個商業聯盟對國稅局並不坦誠。根據它的創始文件，它告訴國稅局，它「目前並未計畫影響任何選舉」，但未來可能會這樣做，但只限於「非實質」（insubstantial）的程度。但從一開始，這個組織就資助了很多寇氏家族在二〇一〇年期中選舉所動員的政治外圍團體。03只是這一次，他們對付歐巴馬的地下游擊戰是由一個「商業聯盟」策畫，所有支出還可以當成可部分扣抵的營業費用。從二〇一一年十一月到二〇一二年十月，寇氏家族的新「商業聯盟」就轉了一億一千五百萬美元給西恩．諾伯的病患權益保護中心，以及三千二百三十萬美元給大衛的美國繁榮。04

二〇一一年十月，克里斯蒂明確宣布，二〇一二年將不會參選。眾所周知，兩黨在選擇候選人時，「民主黨會愛上候選人，但共和黨只要候選人聽話。」但二〇一二年剛好是個例外。隨著權力從中央的政黨黨工轉移到流氓億萬富翁，互相鬥爭的派系取代了由上而下的共識。甚至在寇氏陣營也有分歧的意見。在對萊恩癡迷了一段時間之後，大衛開始喜歡上克里斯蒂。但查爾斯推崇的是當時的國會議員、後來當上印第安納州州長的邁克・彭斯（Mike Pence）。當彭斯無意參選之後，寇氏家族聘用了他之前的幕僚長，還有另一名政治顧問。同時，捐款人全部都是共和黨。諾伯非常努力把每一個人運作到同一個方向，但卻失敗了。

二〇一一年年底，由於不知道還要做什麼，寇氏家族的操盤人在大選期間推出了第一支攻擊廣告。這支廣告由美國繁榮贊助，抨擊歐巴馬貪腐，用「綠色贈品」（green giveaways）[05]灑錢給他的朋友，例如Solyndra。[06]美國繁榮花了二百四十萬美元，在關鍵的佛羅里達、密西根、內華達與維吉尼亞州，撥放這支廣告好幾千次。諾伯說服大家，這是個可以一刀斃命的點子。但卻引起了一點問題。有一個寇氏陣營的捐款人碰巧也投資了Solyndra，所以很不高興。

這個神祕的愛荷華前鋒組織，是寇氏陣營想與某些訊息保持距離的最愛選擇。廣告中拍攝到，在占領運動中凝聚起來，對「一%」有錢人感到憤怒的抗議民眾，一路遊行前往大衛的公

---

03 作者注　自由夥伴在二〇一二年提供了一百多萬美元捐款，給以下的團體：病人權利保護中心一・一五億美元；美國繁榮三千二百三十萬美元；退休協會一千五百七十萬美元；美國未來基金一千三百六十萬美元；關懷婦女美國法律行動委員會（Concerned Women for America Legislative Action Committee）八百二十萬美元；Themis Trust五百八十萬美元；大眾公告五百五十萬美元；世代機會五百萬美元；Libre Initiative三百一十萬美元；全國步槍協會三百五十萬美元；美國商會二百萬美元；美國能源聯盟（American Energy Alliance）一百五十萬美元。

04 作者注　從技術上講，寇氏兄弟發言人堅稱，大衛・寇克只是美國繁榮的主席，但是凱文・詹崔在二〇一一年六月高峰會期間，介紹大衛・寇克時，就稱他為「就是美國繁榮的主席」。

05 譯者注　指資助氣候與環保相關單位。

06 譯者注　一家太陽能電板公司，曾獲歐巴馬政府聯邦貸款擔保。

寓，這個廣告狡猾地抨擊歐巴馬，讓華爾街實在太好過了。在引用歐巴馬把華爾街銀行家稱為「肥貓」之後，廣告中問：「猜猜看，誰投票支持了華爾街紓困方案？他的白宮充斥著華爾街的高階主管」，影片繼續播出歐巴馬顧問閃過的特寫鏡頭。寇氏家族的政治操盤手之前在十五個不同的焦點團體測試過這支廣告。在播出後，似乎非常成功，在YouTube得到超過五百萬的點擊流量。但在捐款團體裡的某些銀行業高階主管，並沒有因為這種政治誤導手法而高興。他們反問：「為什麼要攻擊華爾街？」

其中一個捐款人，彼得．席夫（Peter Schiff）顯然並未接收到這個新的民粹論點。這個康乃狄克州的金融分析師與經紀人，在十月闖進了占領運動在曼哈頓的營地，身上還帶著一個標語：「我就是那一%的人，我們來談談吧。」隨後的連續鏡頭中播出他的主張，支持取消最低工資，並支付「智力遲鈍」的人一小時二美元。這讓他成為約翰．史都華（Jon Stewart）在《每日秀》（*Daily Show*）上的笑柄。寇氏家族「最重要的戰役」在開打時，戰況並沒有比海珊好太多。

最強大的「公益勢力」

在總統選戰的關鍵戰場威斯康辛州，情況就好很多。在那裡，還在第一任州長任期內的史考特・沃克，因為制訂令人意外而大膽的反工會政策，一躍成為全國明星。沃克是新一代共和黨人的典型，在二〇一〇年靠著一波黑錢的庇護而當選，早就準備好要實施支持者花了數十年在保守的非營利組織中精心準備的政策。

對寇氏家族的圈子來說，沃克不可思議的崛起是一種勝利。[07]因為寇氏工業政治行動委員會是沃克競選活動的第二大金主。更重要的是，寇氏家族是共和黨州長協會（Republican Governors Associatio）的重要資金來源，在二〇一〇年時，共和黨在威斯康辛州與其他地方，就是運用這個協會突破州政府嚴格的捐款限制。寇氏家族的政治行動委員會也在威斯康辛州捐款給十六位立法人員候選人，而且這些人全部順利選上，讓保守派得以控制立法機關的兩院，並為威斯康辛州戲劇化地轉向右派創造條件。

沃克也得到兩位極端保守的兄弟檔的公益機構大力幫助，已故的林德與哈利・布拉德利，他們的基金會已經成為密瓦沃基的意識形態巨獸。沃克的競選經理麥可・葛雷伯正是布拉德利基金會會長。智庫長久以來都會提供政策點子給當權人士。有些智庫領導人本身就是經常出入政府的知名人士，例如自由派的美國進步中心（Center for American Progress）。[08]但是很少人

---

07 作者注　寇氏工業捐了四萬三千美元給沃克的州長競選活動，而大衛・寇克則在二〇一〇年捐了一百萬美元給共和黨州長協會。

08 作者注　美國進步中心創辦人波德斯塔在二〇一五年簽約成為希拉蕊・柯林頓總統競選活動的主席。

會同時擔任兩種身分。因此，葛雷伯的雙重身分一定很讓他在布拉德利基金會的前任麥可．喬伊斯感到驕傲。在喬伊斯著手將保守的公益事業當成武器時，就是在尋找這種巧妙的政治影響力。

布拉德利基金會和沃克的關係密切，從他的私人行程就可以明顯看出來。選後的第一波私人活動中，其中一個就是在密爾沃基一家可以眺望密西根湖的時尚餐廳巴克斯，和基金會的董事與高階主管舉行慶功宴。在那時候，林德與哈利布拉德利的基金會09已經擁有超過六億一千二百萬美元的資產，並提供了沃克很多政策的教戰手冊。

葛雷伯否認，是他的基金會採取主動，策動沃克打擊州政府員工工會，讓他因此一戰成名。但他非常贊成這個行動，因此個人曾發出募款信，請求支持者幫助沃克對抗「大政府的工會老闆」。07而在同時，布拉德利基金會也在二〇〇九年提供巨額資金，給威斯康辛州兩個保守智庫，這兩個智庫都在研究打擊州政府工會力量的計畫。就如《密爾沃基看守報》（*Milwaukee Journal Sentinel*）在二〇一一年指出，布拉德利基金會是「美國保守運動背後的一個最強大的公益勢力」08，以及「公共政策實驗背後的財務支持者，這些實驗會從威斯康辛州開始，然後擴大到整個國家，包括福利改革、私立學校的公共代金券，以及這一年的削減公職人員福利與集體談判能力。」不過，對於沃克的迅速崛起，葛雷伯後來對《紐約時報》承認，「說句不客氣的話，我在他早期的競選活動中就幫了點忙。」

身為一個沒有特殊人格魅力的大學中輟生，一般來說，沃克可能不會有機會擔任高位，但是和威斯康辛州很有淵源的美國繁榮，在它的茶黨集會時，給了沃克很多現場運作與演講的平台，當時沃克還只是密爾沃基郡長。[10]這個寇氏家族的政治組織，從二〇〇七年以來，就已經和州政府員工工會槓上了。這場戰鬥其實意義深遠。因為在一九五九年，威斯康辛州是第一個同意員工組織工會並有集體談判權的州，而保守派之所以對工會深惡痛絕，部分原因是工會是民主黨的一大助力。美國繁榮會長菲利普斯對政治新聞網站《政治圈》承認，「我們在威斯康辛州以及其他州，已經運作很久了。」[09]菲利普斯以前總是忌妒地說，工會是左派的「地面部隊」。

沃克反工會、反稅，以及小政府的立場，完全符合寇氏家族的哲學，也能為其商業利益服務。寇氏工業在威斯康辛州有兩個紙廠，也有木材廠、煤礦與油管的利益，總共雇用了大約

---

09 作者注　See Patrick Healey and Monica Davey, "Behind Scott Walker, a Longstanding Conservative Alliance Against Unions," *New York Times*, June 8, 2015. 根據報紙報導，在二〇〇九年，布拉德利基金會給了威斯康辛政策研究院（Wisconsin Policy Research Institute）一百萬美元，並提供麥基弗研究院（MacIver Institute）三分之二的預算，這兩個單位都為即將上任的州長起草提案清單，其中最重要的就是壓制州政府員工工會的力量。麥基弗研究院和寇克的倡議團體美國繁榮的威斯康辛分會有很多密切的聯繫。麥基弗研究院董事會中的三個成員也是美國繁榮威斯康辛分會的董事。其中之一，大衛・費蒂格（David Fettig）也是寇克高峰會的出席人員。

10 作者注　二〇一〇年，一個自稱為「威斯康辛反擊」（Fight Back Wisconsin）的美國繁榮分支機構，在威斯康辛州各地組織茶黨集會，並以當時擔任威斯康辛州密爾沃基郡長的史考特・沃克為主角。之後，這個祕密資助團體還幫他動員投票。而在同時，基於互相幫助，布拉德利基金會給了五十二萬美元給美國繁榮。

三千名員工。

不久，一小撮威斯康辛州最有錢的產業巨頭，這些人是寇克政治捐獻網絡的一部分，也開始掏錢了。例如威斯康辛州最有錢的人小約翰・梅納德，他在二〇一一年六月寇氏家族舉辦的研討會中捐了一百萬美元，還捐給威斯康辛成長俱樂部（Wisconsin Club for Growth）一百五十萬美元，這是一個支持沃克的外部黑錢機構。就和梅納德的很多投資一樣，政治獻金的回報也比投資金更多。沃克一上任就主持了一個州政府的經濟發展公司，給梅納德的公司一百八十萬美元的特別稅收抵免額度。[11]沃克政府也放鬆了對汙染者的執法行動。

沃克選上的時候，梅納德已經七十歲，也早發了財，靠著一個以他為名的家用設備連鎖店，估計在二〇一〇年，他已經有六十億美元的身家，在沃克進入州議會以前，他和政府的關係一直衝突不斷。根據《密爾沃基雜誌》（*Milwaukee Magazine*）的資料，他的公司比起威斯康辛州的其他公司，和州政府的自然資源部（Department of Natural Resources）有更多衝突。⑩最後，由於非法放置危險廢棄物，他的公司和他個人被罰了一百七十萬美元罰款。一個令人難忘的例子是，他的公司被報導將被砷汙染的塑料膜，貼上「遊樂場的理想選擇」的標籤。

梅納德對有組織的勞工，敵意很深。他強行實施絕對禁令，絕不雇用任何曾經加入工會的人。有個員工說，他因此必須開除兩個很有潛力的管理人才，因為他們在高中時曾在一家有工會的超市當過裝袋工。⑪同時，如果店裡成立工會，店經理就要減薪六〇%。對於各種違規，例如沒有準時開店，店經理也必須同意支付每分鐘一百美元的罰金；另外，有任何爭議，必須提給對經營階層友善的仲裁單位，而不是法院。因為怕員工會偷取公司的物資，梅納德還禁止員工興建自己的房屋。有一個員工為了坐輪椅的女兒，以降職和大幅減薪為交換條件，得到可以興建設備齊全的房屋的特別許可，結果卻被解雇了。他的過錯是，他的承包商用了競爭對手的建材。

梅納德在賠償與稅收方面，也有爭議性的紀錄。國稅局命令他支付六百萬美元欠稅，據說他把二千萬美元定為工資，而不是分紅，並將其當作營業費用扣除。在另一個案例中，威斯康辛州最高法院強迫梅納德，支付一百六十萬美元給一位之前擔任過他法律顧問的女子，這個人是梅納德當時女友的妹妹，以補償他對她的性別歧視與少付的總薪資。這個女子的律師形容梅納德是「一個沒有規範、沒有尺度、不尊重法律，而且顯然也不自律的人。」

之後還有一個案子。梅納德在二〇一一年開除的某人妻子指控，梅納德因為她拒絕與梅納

---

11 作者注　See Michael Isikoff, "Secret $1.5 Million Donation from Wisconsin Billionaire Uncovered in Scott Walker Dark- Money Probe," *Yahoo News*,March 23, 2015. 沃克的新聞祕書羅瑞爾・派翠克（Laurel Patrick）強烈否認《奇摩新聞》有關對梅納德的偏私報導。她否認「州長提供梅納德任何特殊好處」，並說，沃克「並未參與」給他公司稅收抵免額度的決策，這是威斯康辛州經濟發展公司為了創造就業而擴充現有設施的作業。她並未提到，梅納德的公司在二〇〇六年在民主黨州長詹姆斯・多伊爾（James Doyle）時，已經得到一百五十萬美元的減免。州記錄顯示，如果這家公司沒有達成完整的工作機會要求，減免額度會下降到一百萬美元。

德夫婦玩三P性愛遊戲，因此開除她的丈夫作為報復。[12]這個指控被梅納德的發言人否認。但在同時，第二個女人，印第安納波里斯小馬隊（Colts）四分衛的妻子聲稱，她因為拒絕梅納德的性要求而被解雇。公司發言人也否認了這件事。總之，梅納德似乎不太可能成為沃克的金主，因為沃克強調自己是保守的基督教徒，還是浸信會傳教士的兒子。但是在經濟政策上，這兩顆心靈是有交會的。另外，梅納德是出了名的不愛上媒體，因此有好幾年的時間，他和沃克的接觸都很少曝光。

威斯康辛州最有錢的女人，也是寇氏家族的另一個百萬美元捐款人黛安·韓崔克，除了一個紀錄片製片人偶然在鏡頭中捕捉到她的身影之外，可能也一直沒在媒體雷達上曝光。二〇一一年一月，沃克正式就職的十五天之後，韓崔克在一個她以為是私人聊天的場合被拍到，當時她正在催促州長要好好對付工會。這個看起來風韻猶存但不太耐煩的六十幾歲寡婦，對沃克施壓，要沃克把威斯康辛州變成一個「全紅」的「工作權」州。沃克向她保證，他已經胸有成竹。在競選期間，他一直把選民蒙在鼓裡，但他對韓崔克透露，他的第一步就是要「處理所有公職人員工會的集體談判權」。他向她保證，這將會「分化與征服」勞工運動。很顯然，這就是韓崔克想聽的話。她當時已經累積了一大筆財富，估計從ABC Supply得到三十六億美元，這是全美最大的屋頂、窗戶、外牆批發供應商，是她和丈夫肯（Ken）在一九八二年所共同創辦的公司。儘管成就不凡，韓崔克說，她很擔心美國正在轉變成「社會主義意識形態的國家」。在州長對她保證他也一樣擔心後不久，韓崔克和她的公司就開始一連串創紀錄的捐獻，據稱這會讓她成為沃克最大的金主。[13]

當沃克對工會「丟出炸彈」——這是他自己的說法——沃克實際上剝奪了大部分員工對整體薪資福利的集體談判權。他單挑了公職人員作為政府財政赤字的原因，特別是教師，其平均薪資是五萬一千二百六十四美元。在冗長的談話中，談到公職人員過度放縱，而且貢獻不足，所以導致政府破產，但卻沒提到一個尷尬的事實。由於複雜的會計操作手法，根據州政府的紀錄，韓崔克在二〇一〇年沒有支付個人所得稅一毛錢。[14]

界線就劃在麥迪遜。為了讓沃克的反工會法案無法達到通過的法定人數，民主黨人急著逃離這個州。憤怒的活動份子衝進了立法機關，擠滿了街道，痛批沃克是寇氏家族的反工會傀儡。在進入任期不到一個月的時間，由於沃克和一個惡作劇假裝是大衛．寇克的人，講了很長又令人不舒服的電話，而且談話內容很快就被公諸於世，沃克在不知不覺中證實了這個充滿

---

12 作者注　See Bruce Murphy, "The Strange Life of John Menard," UrbanMilwaukee. com, June 20, 2013. 唐納德．川普的妻子梅蘭妮亞（Melania）也對梅納德提出五千萬美元的法律訴訟案，因為他取消一個有關她的護膚產品的促銷交易。梅納德的律師說川普的交易根本無效。

13 作者注　韓崔克在二〇一一年捐了上限允許額度一萬美元給沃克的競選活動，她的公司則捐了二．五萬美元給共和黨州長協會。二〇一二年，她捐了五十萬美元努力幫助沃克回歸。二〇一四年，她捐了一百萬美元給威斯康辛州的共和黨黨部。

14 作者注　According to an account by Cary Spivak, "Beloit Billionaire Pays Zero in 2010 State Income Tax Bill," *Milwaukee Journal Sentinel*, May 30, 2012, 韓崔克公司 ABC Supply 的稅務主管說，她個人所得稅為零是一種正常現象，這是因為她的公司從 S 重新分類，而她已經在這家公司付稅了，該公司在二〇一〇年的下半年，已經付了三十七萬三千六百七十一美元州稅。

諷刺的描述。[15]沃克熱心地對這個假冒者說，「百萬個感謝！」而且這個字眼實在說得太多次了。

對沃克的激烈反彈演變成長時間的行動。沃克的批評者策劃發動罷免程序，但這個罷免行動最後也失敗了，在這期間，當時已經變成反對陣營代表的寇氏家族，也發動了強烈的反擊。他們利用美國繁榮與其他工具，動員支持沃克的集會，並在電視與電台播放數千次「力挺沃克」與「這樣做很有用！」的廣告。他們還利用他們已經開發出來的高科技數據庫Themis，幫忙動員投票。

在罷免程序中贏得勝利，讓沃克進入了倒楣的二〇一六年總統競選活動的行列中，因為一個獨立律師針對可能違規的競選資金活動的調查，挖出大量的電子郵件顯示，許多超級有錢、住在別州的隱形的手，參與了他保住州長寶座的活動。⓬郵件顯示，顧問建議他，試著透過聲稱是獨立組織的威斯康辛成長俱樂部，讓寇氏家族與他們那一票結盟的捐款人來幫他。有一封郵件建議，「拿寇氏家族的錢吧！」另一封堅持，州長應該「搭飛機到拉斯維加斯，和賭王歐爾登．阿道森坐下來」，然後，「現在就向他要一百萬美元」。第三封建議沃克，對沖基金大保羅．辛格會在同一個渡假飯店，然後堅持「抓住他」。不久之後，威斯康辛成長俱樂部就收到辛格的二十五萬美元。

威斯康辛成長俱樂部的權力核心，也就是這個政治獻金網絡的中心，就是寇氏家族的老盟友艾瑞克・歐基夫。在大衛・寇克參選副總統時的自由意志主義競選活動中，他曾經是志願站出來的威斯康辛州投資人，隨後接著負責在推動茶黨運動中居功厥偉的山姆亞當斯聯盟（Sam Adams Alliance），之後加入卡托研究院的董事會。這幾年來，奧基夫的各種政治險招，全部都有布拉德利基金會的大力襄助。根據一份紀錄顯示，在一九九八年到二〇一二年，布拉德利基金會捐了超過三百萬美元，給由奧基夫指揮或成立的團體。[13]在同一時間，布拉德利基金會也加強了它和寇氏家族圈子裡的幾位成員的關係。基金會很快就在董事會中增加了黛安・韓崔克與波普，他是寇氏家族長期以來的北卡羅萊納盟友，也是美國繁榮的董事。奧基夫與其他人的俱樂部，雖然都是自己人，而且很小，但影響力卻日漸增加。

在那通惡作劇的電話之後，理查・芬克明確表示，他和他金主的目標是什麼。他宣布：「我們一步都不會退。」[14]「當左派試圖恐嚇寇氏家族，要他們從支持自由的力場中退縮，並以此殺雞儆猴，如果反對政府與其盟友，這就是必然的下場時，我們別無選擇，只能繼續戰鬥。」芬克大膽聲稱：「這是我們畢生工作的一大部分，我們**不會**就此罷手。」

---

15 作者注　打這通電話的人是伊恩・墨菲（Ian Murphy），他的說法可參見 "I Punk'd Scott Walker, and Now He's Lying About It," *Politico*, Nov. 18, 2013.

越花越多錢

在威斯康辛州大獲成功的鼓舞下，寇氏家族開始認真專注於總統競選活動。他們籌劃了很多年，到了二〇一二年，他們已經成為共和黨當權派的競爭權力中心。過去曾經嘲笑過他們的政治圈人士，現在也對他們政治運作的廣度驚嘆不已。

在累積全世界利潤最豐厚的財產的同時，寇氏家族也建立了意識形態的裝配線合理化這些財富。現在他們又添加了一部強大的政治機器來保護這些財富。他們聘用了最頂尖的政治操盤人，投入資金建立自己的選民資料庫，委託最先進的民意調查，並展開募款活動，還得到數百名其他有錢的美國人掏錢支持。他們還和大約十七個結盟的保守派團體與適合的選民形成聯盟，這些人會隱藏他們的資金來源，並傳遞他們的訊息。為了動員拉丁裔選民，他們成立了一個叫作自由倡議（Libre Initiative）的團體；為了拉攏保守婦女，他們資助婦女會（Concerned Women for America）；為了千禧世代，他們成立了機會世代（Generation Opportunity）；為了掩蓋電視攻擊廣告的手腳，他們隱藏在美國未來基金（American Future Fund）與其他政治外圍團體。他們這個圈子的資金也流向槍枝團體、退休人士、退伍軍人、反勞工團體、反稅團體、福音派基督教團體，甚至還給某個稱為分享服務中心（Center for Shared Services）的團體四百五十萬美元，這個團體專為其他人協調行政工作，例如辦公室租賃與文書工作。美國繁榮同時也在全國各地組織地方分會。寇氏家族實際上已經成立了自己的私人政黨。

每一個層級的運作，都進行高度保密。之前擔任寇氏工業高階主管、後來成為選民資料庫Themis營運長的班・普瑞特（Ben Pratt），在自己部落格上引用了薩爾瓦多・達利（Salvador Dalí）的一句話，也許可以作為這個企業的座右銘：「我的影響力的神祕之處在於，它永遠處於保密狀態。」[15]

寇氏工業發言人羅伯特・塔潘（Robert Tappan）辯稱保密與安全有關，因為「由於我們真正的**（或者，在某些情況下是我們認為的）**信念與有關公共政策與議題的活動，寇氏工業過去一直不斷被政府與其盟友列為打擊目標。」[16]他在說這些說時，完全忽略了從約翰伯奇協會以來，他們已經「保密」了數十年的作為。

這種權力強化的現象反映出一個普遍的全國趨勢，在後《聯合公民案》時代，超級富豪的競選花費越來越龐大而集中。[16]這也反過來反映出，美國的財富越來越集中。因此，二〇一二年就是這個趨勢的一個臨界點。不只是因為這場選舉是有史以來最昂貴的選舉，也是選舉財務

---

16 作者注　所有候選人、政黨與外圍團體可以追蹤的競選支出高達七十億美元，而獨立團體與超級政治行動委員會的金額則為二十五億美元，其中十二・五億美元是不受限制的捐款。根據聯邦選委員會的報告（FEC Summarizes Campaign Activity of the 2011–2012 Election Cycle,"April 19, 2013.），民主黨與共和黨花了十五・七六億美元。聯邦選舉委員會委員艾倫・偉恩崔博（Ellen Weintraub）指出，「外部的政治委員會」支出第一次超過政黨的支出。

法開始以來頭一遭，外圍團體花費超過十億美元以影響聯邦政府的大選。這些團體包括超級政治行動委員會和免稅的非營利團體，它們擁有來自美國最有錢的人的無限捐款。再考慮到由非營利團體運作的攻擊廣告，這可能也是有史以來第一次，外圍團體的花費超過競選活動與政黨自己的花費。

寇氏網絡儼然成為政治景觀中的龐然大物。在它的右邊，還有其他強大的捐款網絡，包括卡爾・羅夫串連的那一個，但沒有一個外圍團體花得這麼多。而就它本身，幾百人組成的寇氏網絡，在二〇一二年就花了至少四・〇七億美元，幾乎全部都是匿名捐款。[17]這比約翰・馬侃花在二〇〇八年的總統競選還要多。而且也比五百六十萬個美國人，在兩次總統大選中的捐款加起來還要多，他們的合法捐款上限是五千美元。《政治圈》的肯尼斯・佛格分析這些數字發現，在總統競選中，收入頂層〇・〇四%的捐款人，和底層六八%的人，捐的錢一樣多。[17]但就前一年的數據來看，失衡的狀況則還沒有那麼嚴重。[18]這樣驚人的失衡情況，讓二〇一二年顯然就像是在驗證路易斯・布蘭迪斯的格言，這個國家可能會「擁有民主，或者讓財富集中在少數人手上」，但不是兩種情況並存。

寇氏家族越來越大的影響力，在一份日期標為二〇一一年十月四日，屬於內部機密文件的羅姆尼競選備忘錄中，可以很明顯看出來。就像國內每一個有野心的共和黨人一樣，羅姆尼正在爭取大衛的支持。這份備忘錄清楚描述，他「是茶黨的財務發動機」[18]，不過也寫著他「拒絕直接參與」。

文件顯示，那年夏天，羅姆尼原本希望，在億萬富翁大衛位於紐約州南安普敦濱海豪宅的一次密會中，努力說服大衛。但由於艾琳颼風吹跑了這次會面，讓這次活動辦不成。但隨著愛荷華州候選人黨團決策會議即將舉行，而且克里斯蒂已經出局，羅姆尼在這年秋天再次尋求支持。

這份備忘錄寫完後不久，羅姆尼採取兩個肯定會讓寇氏家族開心的爭議性競選立場。第一，他改變了自己先前對氣候變遷的立場。在他於二〇一〇年寫的《不道歉》（*No Apology*，**書名暫譯**）一書中，他寫著：「我認為，氣候變遷正在發生，也真的很難對全球冰帽規模的縮小視而不見。我也認為，人類的活動是一個因素。」但當他在二〇一一年六月開始競選活動時，羅姆尼重申這個觀點並且強調，「降低汙染物與溫室氣體的排放很重要，因為那可能是我們正在親眼目睹的氣候變遷與全球暖化的重大原因。」但在十月底，於新罕布夏州曼徹斯特的一次集會中，他忽然宣稱自己是氣候變遷懷疑論者。他說：「我的看法是，我們並不知道是什

17 作者注 我把已經披露的數字加總得到四．〇七億美元，但是麥提亞．高德（Matea Gold）在有關寇氏網絡圈子於二〇一二年支出的專題，引用的數字是四億美元。See Gold, "Koch- Backed Network, Built to Shield Donors, Raised $400 Million in 2012 Elections," *Washington Post*, Jan. 5, 2014.

18 作者注 有關捐款越來越集中的數據，see Lee Drutman, "The Political 1% of the 1% in 2012," Sunlight Foundation, June 24, 2013.

麼因素導致地球的氣候變遷。」他宣稱，「花費數兆美元來降低二氧化碳的排放量，這種想法對我們來說並不適合。」接下來的夏天，他在坦帕接受共和黨的提名，羅姆尼把因應氣候變遷的行動當成笑話。他嘲笑說：「歐巴馬總統的承諾是，要開始減緩海平面的上升速度以修復地球。我的承諾是，要幫助你和你的家人。」

在第一次對氣候變遷議題改口之後一星期，為了在美國繁榮於華盛頓舉辦的年度捍衛美國夢高峰會演講，他缺席了在愛荷華州其他共和黨總統候選人都會出席的一場競選活動。他在那裡發表了一場主題演講[19]，這個演講內容可能已經事先取得寇氏家族的同意，當天這對兄弟檔就在觀眾席中。羅姆尼在東北部的麻州州長主政期間尚稱溫和，但現在，他開始了一個令人想起保羅．萊恩的預算計畫。

不久之後，羅姆尼提議要針對所有的所得稅，減稅五分之一。無黨派色彩的稅收政策中心（Tax Policy Center）指出，羅姆尼的提案會幫收入最高的〇．一%的人，一年平均省下二十六萬四千美元；而最窮的二〇%的納稅人，平均只省了七十八美元；中產階級則平均省了七百九十一美元。羅姆尼還提議了其他在金主希望清單中的優先項目，包括取消遺產稅、降低公司稅率，並取消已經移到海外營運的企業欠稅。整體而言，稅收政策中心指出，這個提案將為未來十年增加五兆美元的赤字。羅姆尼說，他會防堵未詳細說明的稅收漏洞，以彌補這個差額。

查爾斯經常說自己支持削減稅收的動機是因為關心窮人。他在家鄉報紙的一次訪談中談到：「他們是因『大政府』而受苦的人。」[19]但仍有一個不爭的事實，這些數字加起來，對已經很有錢的人來說根本是不成比例的大禮。歐巴馬前溝通顧問丹恩·菲佛（Dan Pfeiffer）後來指出，「這些人開口閉口都是赤字問題，但卻不放棄任何一個給有錢人的租稅優惠。」[20]他說，「我們開始討論到防堵私人飛機的漏洞時，就真的惹毛他們啦！」

如果改變政策的部分原因，是為了贏得寇氏家族的力挺，那麼他們成功了。到了七月，大衛不只接受了羅姆尼，還為他在南安普頓豪宅從每一對富豪夫婦身上募到七萬五千美元。當羅姆尼和大衛夫婦在其他賓客抵達前，在一場半小時的私人談話後走下階梯時，羅姆尼和大衛被形容為散發著「自信的神采」。[20]幾星期之後，羅姆尼選了萊恩當他的競選搭檔。羅姆尼的競選顧問史都華·史蒂文斯（Stuart Stevens）反對這個選擇，歐巴馬也感到莫名其妙，因為萊恩極端的預算計畫非常不受歡迎。但保守派的金主，包括大衛與他的妻子茱莉亞（Julia），都為萊恩遊說。這是隱形的財富因素在其他人有投票機會前，就能影響談話內容與競選現場的另一個跡象。

---

19 作者注 有關羅姆尼預算演講的細節，see Donovan Slack, "Romney Proposes Wide Cuts to Budget," *Boston Globe*, Nov. 5, 2011.

20 作者注 作者採訪丹恩·菲佛。

由於查爾斯與大衛掌握了全世界最大的兩筆財富，據估計，兩人財富在二〇一二年合計有六百二十億美元，因此，查爾斯與大衛完全可以善加利用金錢在美國政治中越來越大的重要性。只是，總統選戰對他們而言仍然難以駕馭。隨著外部資助的政黨專業人士日漸式微，事實上，現在任何現金夠多的新手，包括他們自己圈子裡的其他金主，都可以破壞這個程序。

當總統競選活動開始時，西恩．諾伯對寇克圈子裡會接受以下提議的人主張，是對紐特．金里奇「扣板機」的時機了。這位來自喬治亞州的眾議院前議長，把自己重新塑造成機會不大的共和黨總統候選人。有些在一九九〇年代於眾議院參與金里奇改革行動的保守派人士，甚至私下請託寇氏家族的操盤人，在金里奇對其他共和黨候選人與黨，做出無法彌補的傷害之前，盡快採取行動。在某些場合，金里奇是一個明顯的破壞力量，他會在某些場合上雄辯滔滔，但在其他人面前又顯得非常愚蠢，而且在政治生涯發展的這條路上，他只會對別人造成無情的破壞與傷害。對他來說，政治完全就是戰爭，他也有傷疤可以證明。

在準備期間，諾伯的公司悄悄製作了一個希望能發揮致命一擊的電視廣告，片中使用了二〇〇八年廣告的手法，顯示金里奇和民主黨眾議院議長裴洛希坐在精緻的情人椅上，雙雙同意必須對抗全球暖化問題。在共和黨這邊，這就是全然的毒藥。但諾伯沒有被授權播放這個鏡頭。猶豫的理由和寇克圈子加入超級有錢的賭場大亨歐爾登．阿道森有關。

阿道森曾經被小布希總統描述為「那個對我大吼大叫的有錢猶太瘋子」，並不完全是寇氏家族喜歡的類型。他在外交政策上是強硬的保守鷹派，專注在保障以色列的安全問題上。他一直是民主黨，但他和寇氏家族一樣，對工會、歐巴馬與所得稅重分配極為反感。他曾經抱怨過，「我應該比其他人付更高的稅率，這樣哪裡公平了？」[21]也許更重要的是，在二〇一一年被估計有二百三十三億美元財產，這個七十八歲的拉斯維加斯金沙集團董事長，為他們帶來很多籌碼。他能以指數的速度增加寇克獻金網絡的力量。寇氏家族一再邀請阿道森加入他們的團體，但一直沒有成功。所以當他在二〇一二年一月，第一次出席他們在加州印第安維爾斯的高峰會時，他們並不想毀了他最喜歡的候選人，而這個人剛好就是金里奇。

寇氏家族的一個密友說，「他們很多人都對歐爾登不滿，但金里奇真的惹毛了阿道森。」數十年來，這兩個奇怪的拍檔一直都是朋友，從一九九〇年代就結成好友，當時金里奇幫助阿道森贏得一場激烈的抗爭，讓他得以繼續用自己的方式經營，不必像拉斯維加斯的其他賭場，他的賭場沒有工會。[21]他們對以色列的強硬保守派也有相同的承諾，特別是以色列的總理班哲明．納坦雅胡（Benjamin Netanyahu），和阿道森在工作中認識的人說，阿道森和納坦雅胡通常一星期會通好幾次話。阿道森已經為金里奇起起伏伏的跌宕生涯中，投注了數百萬美元。金

21 作者注　有關老布希對阿道森的評論，以及阿道森對所得稅的評論，見 the groundbreaking piece by Connie Bruck, "The Brass Ring," *New Yorker*, June 30, 2008.

里奇在一九九九年因為受到道德指控被迫辭職下台，而且自己內部也有人造反之後，阿道森仍然繼續挺他，阿道森稱自己「只是個忠誠的人」。在政治重心已經轉移到其他地方很久之後，阿道森繼續把自己的私人飛機借給金里奇，而且捐了將近八百萬美元給一直雇用金里奇的企業。

但是這對老朋友對一個和以色列有關的議題抱著不同意見。阿道森長久以來一直尋求從寬處理強納森・波拉德（Jonathan Pollard）的案子，他是以色列裔的美國間諜，因為將國家機密洩露給以色列，被判在聯邦監獄服無期徒刑。金里奇以前稱波拉德是「美國史上最惡名昭彰的賣國賊」，並且破壞了一個柯林頓時代的釋放協議。金里奇警告說，如果波拉德被釋放，他可能會「繼續不忠的行為，進一步危及美國的國家安全。」但是到了二〇一一年十二月，金里奇急需現金進入愛荷華州的候選人黨團決策會議時，他改變了立場。在接受猶太頻道的採訪時，他宣稱他現在「傾向支持從寬處理」波拉德。[22]不到幾個星期，阿道森捐了五百萬美元給金里奇勉強進行的競選活動，沒有這一筆錢，他的競選活動可能就進行不下去了。[22]

阿道森的銀彈暫時讓金里奇復活了起來，但卻引發了一連串的意外結果。支持金里奇的超級政治行動委員會用賭王的這筆錢，在南卡羅萊納州買了超過三百萬美元的廣告時間。然後播放了一支名稱為〈貝恩之王：當米特・羅姆尼進城時〉的半小時影片，強調羅姆尼是個貪婪的「掠奪性企業禿鷹」。當這支影片被攻擊之後，金里奇要超級政治行動委員會，在他放大譴責羅姆尼參與創立的貝恩資本（Bain Capital）私募股權公司，是「有錢人想出洗劫公司的聰明方法」的訊息之後，再把影片撤下來。

在攻擊高額財務操作行為上，這比任何左派人士更有說服力。羅姆尼成為「禿鷹資本主義」的象徵，無情拆解了美國中產階級僅有的財產。金里奇攻擊完貝恩公司之後，接著要求羅姆尼要公布納稅申報書。一如諾伯擔心的一樣，金里奇火力全開，對共和黨人來說是災難性的結果。

金里奇對資本家過當行為的攻擊，被全世界最有錢的人之一概括承受，當時聯邦政府以洗錢與海外貪腐行為的理由，正在對他的國際賭博帝國進行刑事調查。最後，根據法院的證詞，由於阿道森的公司沒有提報，它替一個正在接受販毒調查的華裔墨西哥商人，匯了四千五百萬美元，因此針對洗錢案，阿道森的公司付了四千七百萬美元的庭外和解金。在另外的案子中，阿道森的前執行長指控，賭王在澳門的子公司與組織犯罪人物互相配合，並支付過高的報酬給當地官員，可能違反美國禁止公民在海外涉入貪腐行為的法律。阿道森說這些指控都是「妄想和捏造」。[23]但是這些法律事件對強化寇氏網絡與共和黨的形象，沒有太大幫助。大筆資金並

22　作者注　阿道森說到金里奇的說法：「閱讀這些自稱為巴勒斯坦人的歷史時，你就會聽到，為什麼金里奇最近會說巴勒斯坦是被發明出來的民族。」當阿道森的資金到位時，金里奇在愛荷華州排名第四，並即將在新罕布夏州慘敗。阿道森之後對羅姆尼施壓，要他改變對波拉德的立場，但羅姆尼拒絕。但是羅姆尼在以色列的一場募款會上的確坐在阿道森旁邊，並提到巴勒斯坦人的文化比以色列人差。

沒有撐起共和黨的選票，卻弄髒了共和黨的品牌、延長了初選，迫使候選人採納金主的偏好議題，總而言之，就是在幫民主黨做事。

羅姆尼沒有採取任何行動以化解「富豪」的諷刺。在堅持「企業就是人」，並說「我喜歡能開除人」之後，他公開了一筆二．五億美元祕密信託的細節，其中充斥著從瑞士到開曼群島等避稅天堂的離岸投資。他形容他在二〇一〇年賺到的三十七萬四千美元演講費「不是很多」，這句話確定了他的形象，就是完全和一般美國人脫節。在金里奇的壓力下，羅姆尼公布的納稅申報書顯示，他的收入有二千一百七十萬美元，但實際上付的稅率是一四％。這些訊息顯示，一％的人的生活變得令人更加難以忍受。這個稅率還不到很多中產階級薪資所得者的一半。金里奇在南卡羅萊納州徹底打敗了羅姆尼，並贏得他的第一次初選，並證明了美國大眾雖然推崇成功人士，但也相信公平的重要。

當羅姆尼的競選團隊了解了金里奇的威脅，並在佛羅里達擊敗他時，傷害已經造成了。寇氏家族圈裡一個保守人士感慨地說：「隨著這些對貝恩的攻擊，他等於為歐巴馬制訂了選戰藍圖。」

來自懷俄明州的千萬富翁傅伊斯，是共同基金經理人，也是寇氏家族獻金圈子的長期成員，也製造了很多混亂局面。在羅姆尼努力要擊敗金里奇時，博伊斯砸了很多現金到一個支持里克．桑托倫（Rick Santorum）的超級政治行動委員會，桑托倫是前賓州參議員，他們兩人都是狂熱的基督教保守主義份子。桑托倫的超級政治行動委員會在愛荷華州花了將近一百萬美元，把他從附屬地位拱到第一名，這讓他的候選資格遠超過它的自然政治保鮮期。博伊斯幾乎和桑托倫一樣喜愛聚光燈，他在讓很多女性受到驚嚇的一連串生育與性別議題的聲明中，加入了候選陣容。例如，在接受NBC記者安德烈·密契爾（Andrea Mitchell）採訪時，博伊斯說明他和桑托倫為什麼不同意歐巴馬健保計畫中的女性避孕現金準備。博伊斯開玩笑說：「在我那個年代，女孩們用拜耳（Bayer）的阿斯匹靈當避孕藥。她們就把它放在兩腿之間，而且那個不會那麼貴。」專業溝通一向態度堅定的密契爾，當場結結巴巴地說：「什麼？我沒聽錯吧？博伊斯先生，老實說，我還在試著調整我的呼吸。」

當桑托倫與金里奇在晚春退出總統競選時，博伊斯已經捐了二百一十萬美元；而阿道森夫婦則捐了超過二千萬美元，給各自喜歡的候選人的競選活動。民主黨人對流氓金主所造成的破壞喜出望外。歐巴馬的競選經理吉姆·梅西納（Jim Messina）說：「我們在避孕措施上打敗他們了。」[23]而一個共和黨政治操盤人史蒂夫·舒密特（Steve Schmidt）則說：「我們則是從一九九六年以來，第一次贏了稅收議題。」舒密特指出，從基礎廣泛的政黨資助變成大部分由

---

23 作者注　作者採訪吉姆·梅西納。

外部的有錢金主資助，已經把競選活動變成了「由意識形態驅動的生態系統。」[24]他說，候選人「就像足球球員，球衣上印著贊助商的名字。如果有一個人可以形成你被提名的因素，你就對他們有所虧欠。你可以說不，但這有決定性的意義。」

歐巴馬連任競選活動的選戰顧問公司GMMB共同創辦人吉姆・馬戈利斯指出，羅姆尼當溫和派可以表現得更好，但支持他的激進金主不允許他那樣做。「羅姆尼的最佳策略就是給歐巴馬一個金錶，然後簡單說：『我們都有這樣的希望，他試過了，但他沒做到。我可以，我是改造先生（Mr. Fix-It）』，我知道如何創造就業機會。」但羅姆尼從未順利打出這張牌，反而跑向右派。」茶黨與其背後金主在二〇一〇年，煽動了馬戈利斯所謂的「超級活躍的共和黨初選選民。我們不知道它會怎麼出現，但一個溫和而有吸引力的候選人能從中脫穎而出嗎？相反的，他們有赫曼・凱恩（Herman Cain）、米歇爾・巴赫曼（Michele Bachmann）、里克・桑托倫和紐特・金里奇！這是羅姆尼面臨的問題。」

「非常確定」

當大選開始進行時，歐巴馬也不得不擔心有錢的金主。他一直渴望把經濟公平性作為他的選戰核心議題。但他的有些顧問擔心，在這個兩黨都越來越仰賴財力雄厚的金主的時代，操作群眾主義是危險的。不過，歐巴馬尋求連任的部分原因是，他希望改變強大的經濟利益與政府管理者之間的關係。他曾經說：「我競選總統的一個原因就是，因為我非常相信，一般美國人的聲音，也就是努力工作只能勉強餬口的人，還沒有被在華盛頓擁有特殊利益的強大聲音聽見。」

占領運動進一步鼓舞了歐巴馬。所以他決定，在二〇一一年年底，於堪薩斯州奧薩沃托米小鎮，作為競選連任活動的開跑起點。老羅斯福在一九一〇年曾經在這裡發表了慷慨激昂的演講，要求政府「擺脫特殊利益的不良影響與控制」。歐巴馬真的想解決美國越來越嚴重的經濟不公平的棘手問題。

歐巴馬譴責那些「駭人聽聞的貪婪者」導致房地產市場崩盤；以及共和黨的「你只能靠你

---

24 作者注　作者採訪史蒂夫．舒密特。

自己的經濟主張」。他對龐大金錢對政治的影響，也說了一些重話。他提出警告：「不公平扭曲了我們的民主，它讓少數人擁有超大的影響力，因為這些人付擔得起昂貴的專業遊說人士與沒有上限的競選捐款，其中的風險就是，**把我們的民主賣給出價最高的人。**」

這些話說得激昂，聽眾也大聲歡呼。但問題是，無論歐巴馬多想解決經濟不公平的問題，他還是不得不向民主黨內的億萬富翁與千萬富翁，尋求資金奧援。事實上，歐巴馬很快就會創下紀錄，成為參加募款活動次數最多的現任總統。他甚至直接面對捐款人。他告訴一小群大人物，其中包括美國最有錢的人，微軟（Microsoft）的共同創辦人比爾·蓋茲（Bill Gates），「今晚在這個房間裡，有五或六個人可以直接決定，某個人將是下一任總統；如果這個人最後沒有選贏，至少可以得到提名機會。但這不是事情應該進行的方式。」[25]但不管喜不喜歡，用歐巴馬最重要的金主、新泰萊（Stride Rite）童鞋公司前負責人阿諾德·希亞特（Arnold Hiatt）的話說，歐巴馬是「左右為難」。[26]

二〇一二年年初，在羅斯福廳的一次會議中，競選經理吉姆·梅西納報告的壞消息[27]，震驚了總統歐巴馬，因為他們現在預估，在共和黨外部用來對抗他的競選花費高達六·六億美元。

「你有多確定？」歐巴馬問。

「非常確定。」梅西納回答。

歐巴馬已經對《聯合公民案》的判決，說出了他任內最嚴厲的話，他說他無法「想像出其他更傷害大眾利益的事了。」所以他堅決拒絕鼓勵支持者成立一個「外部的」超級政治行動委員會，代表他接受沒有上限的捐款。梅西納說：「我認為我們必須改變立場。除非人們明白這對你很重要，否則他們不會放棄。」

不久之後，歐巴馬屈服於新的經濟現實，並改變自己的態度。他的競選活動開始鼓勵支持者，捐款給支持歐巴馬的超級政治行動委員會美國優先（Priorities USA）。為了募款，這已經不是歐巴馬第一次成為偽君子。二〇〇八年，在參議院支持選舉財務改革之後，他打破自己身為總統候選人只接受大眾捐款的誓言。歐巴馬承認，他「深受所有政治人物的原罪所困擾，也就是，我們必須募款。」但他堅持他會爭取改革這種制度：「重點不在於我是純潔不受汙染的，因為我也在相同的泥水裡游泳。重點是，我知道這裡泥濘不堪，所以我想把它清乾淨。」

然而，在美國優先播出第一支電視廣告後，有錢人的利益汙染兩黨的程度已經非常明顯。廣告是來自鋼鐵廠工人情緒化的長篇大論，他的工廠被貝恩公司關閉了。這個工人這樣說羅姆尼：「他會給你和他給我們一樣的東西：什麼都沒有。他會拿走一切。」歐巴馬競選活動接著

25　作者注　二〇一二年二月，歐巴馬在好市多的共同創辦人傑夫．布羅特曼（Jeff Brotman）家說的，出自 Vogel, *Big Money*, vii.
26　作者注　作者採訪阿諾德．希亞特。
27　作者注　梅西納與歐巴馬的對話，見 Halperin and Heilemann, *Double Down*, 314.

用自己的廣告，強調這個超級政治行動委員會的強烈訊息，不只稱羅姆尼為「工作驅逐艦」，還稱他的公司為「吸血鬼」。

當時，在政治光譜兩端的一些深思熟慮的經濟學家與學者，對金融業造成美國越來越嚴重的經濟不公平現象深表關切。特別是在金融業的高收入主管荷包滿滿，但薪資所得者卻面臨凍薪問題。包括前財政部長勞倫斯·薩默斯（Lawrence Summers）到新保守主義理論家法蘭西斯·福山（Francis Fukuyama），很多專家都擔心，這股趨勢會威脅到中產階級，並征服美國的政治制度。[28]

但是當歐巴馬的廣告提出這些關鍵問題時，卻激怒了民主黨內和華爾街有關的人。在投資銀行拉扎德（Lazard Frères）公司賺了數百萬美元、妻子還是民主黨前財務主管的史蒂文·拉特納（Steven Rattner），公開痛斥這支廣告「不公平」。已經轉到華爾街工作的田納西州前民主黨議員小哈洛德·福特（Harold Ford Jr），抗議說「在很多很多情況下，私募股權是一件好事。」在金融業有很多支持者的民主黨新星紐澤西州紐華克市長柯瑞·布克（Cory Booker），基於對白宮的憤怒，在全國電視上說「我認為，這種說法對兩黨來說，都是很令人噁心的說詞。」

比爾·柯林頓完成了最後一擊。在接受CNN的採訪時，他說：「我不認為我們應該採取這類工作不好的立場，這是很好的工作。」從二〇〇六年到二〇〇九年，前總統的女兒雀兒喜·柯林頓（Chelsea Clinton）就在艾威資本集團（Avenue Capital Group）公司工作，這是一家價值一百四十億美元的股權私募與對沖基金公司。艾威資本的共同創辦人馬克·拉斯瑞（Marc Lasry）就是柯林頓的重要金主，還在柯林頓女婿馬克·梅茲文斯基（Marc Mezvinsky）管理的基金中投資了一百萬美元。柯林頓政府裡一直充斥著華爾街大亨。現在，當歐巴馬政府要凸顯羅姆尼貪婪的商業紀錄作為他不適任的關鍵，但柯林頓卻總結宣布，羅姆尼「高標準的職業生涯已經跨過了資格門檻。」（但在當時，據說希拉蕊並不贊成她丈夫的評論，她在私下場合說：「比爾不能再這樣做了。」）[29]

為了因應，歐巴馬競選團隊更小心斟酌了自己的訊息。在大部分的訊息中，以巧妙的象徵手法處理棘手的階級議題，而不是直接攻擊羅姆尼的財富。馬格利斯說：「反彈太多了，所以我們只能用象徵手法，秀出了他站在川普（Trump）私人飛機旁邊的照片。」

不管這些金主階級怎麼想，反貝恩廣告是競選活動中最有效果的一個。馬格利斯回憶，當緊張的歐巴馬助選人員讓焦點團體先看這支影片時，「他們一直告訴我們放鬆一下，不要一直問公不公平。」顯而易見，廣大的民眾對於美國企業界贏者全拿的企業倫理深感不安。但是，

28 作者注　薩默斯和福山的擔憂，可參考一篇精采的文章，見 Thomas Edsall, "Is This the End of Market Democracy?," *New York Times,* Feb. 19, 2012.

29 作者注　希拉蕊私下的反對意見，見 Halperin and Heilemann, *Double Down,* 381.

普林斯頓大學政治學教授馬丁．季倫思（Martin Gilens）指出，由於在政治程序中發揮過大的影響力，「在大部分的情況下，大多數美國人的偏好基本上毫無影響力。」㉔

到九月時，《瓊斯夫人》披露一份祕密錄音，金主階級與其他人之間的認知差距，忽然顯露無遺。這個錄音是那年五月，一名服務生在為羅姆尼募款的奢華活動上錄下來的。當大眾聽到，羅姆尼對聚集在佛羅里達布卡拉頓一處豪宅裡的有錢支持者保證，他不在乎四七％的選民時，到處引起公憤。

羅姆尼的說法是為了回應有人問他，他如何「說服每一個人要自己照顧自己。」其中的潛台詞似乎是，這個國家有很多存心白吃白喝的人，「我的工作不是要擔心這些人。我永遠不會說服他們，他們應該為自己的生活承擔個人的責任。」羅姆尼這樣回答。「無論如何，有四七％的人都會投票給這個總統。」而他把這些人描述為「依賴政府、相信自己是受害者、認為政府有責任照顧他們、相信他們應該有健保、有食物、有房子，應有盡有。」他說，而這些人是「沒付所得稅的人」，所以，「我們的低稅主張和他們無關。」他似乎暗示，這個國家有將近一半的人都是寄生蟲。

這並不是口誤。羅姆尼表達的正是《華爾街日報》所謂的共和黨內部的「新正統派」想法。㉕它把保守派反對政府對窮人補助的老派論點做了點轉折，把這個國家將近一半的人貶低為《華爾街日報》所謂的「幸運兒」（Lucky Duckies），專靠有錢人過活。這番驚人的言論認為，由於很多中產階級與從事勞動工作的窮人，可以得到特定的稅收抵免，例如所得稅抵免與兒童稅收抵免，所得稅因此降到零，所以他們是一個「乞丐國家」。這也是一個在威斯康辛政策研究院（Wisconsin Policy Research Institute）的人寫的一本書的書名。

隱身在這個理論背後的，是幾個和寇氏家族與其他有錢人意識形態倡導者有關的非營利組織，包括傳統基金會和美國企業研究院（American Enterprise Institute, AEI）。其中最重要的也許是稅務基金會（Tax Foundation），這是一個成立來反對羅斯福新政的反稅團體，靠查爾斯的現金而起死回生，並由查爾斯寇克基金會（Charles Koch Foundation）董事長與寇氏工業華盛頓遊說行動負責人偉恩・蓋博，領導了一段時間。就像稅務基金會會長史考特・霍奇（Scott Hodge）清楚說明的：「現在有兩個美國，沒付稅的人和付稅的人。」

但批評者馬上指出，這個理論忽略了中低收入者付的其他很多稅，包括營業稅、工資稅、房屋稅與汽油稅，這些都占了他們收入的很大比例。這個理論也忽略了退休人士、學生、退伍軍人與非志願失業者的特殊情況。而且完全忽視了有錢人享有的超級稅收減免，從房貸到公益活動扣除額，到讓羅姆尼的所得稅實際上只付了一四%的非薪資所得優惠待遇。但是由保守智庫與學者促成發展的「生產者」（makers）與「掠奪者」（takers）之間的區別，在有錢的保守派圈子裡贏得很大的支持。有些實際上反對任何加稅措施的保守派，表面上是為了國家的公民好，開始呼籲對薪資微薄的人課徵新稅。大衛・威格（David Weigel）就很不屑地說：「共和黨終於找到一群想課稅的人：窮人。」[26]

黑石集團的億萬富翁史帝芬．舒瓦茲曼在羅姆尼被逮到小辮子前的九個月，基本上就說了相同的事。在彭博（Bloomberg）電視採訪時，他被問到，由於經濟情況很糟糕，如果他要被加稅，他有何看法。身為收益分紅漏洞最有力的防衛者，舒瓦茲曼的建議是，窮人應該付更多稅。他說：「你必須要有利害關係。一半國人不在所得稅制度中的觀念，實在有點奇怪，我不是說大家應該付多少，而是我們應該都是這個制度的一份子。」除了在政治上非常愚蠢之外，這種說法也對所得稅的歷史完全無知，其實一開始的所得稅就是只課徵〇．一％的這群人，從來就不是設計來針對窮人徵稅的制度。

很少人注意到舒瓦茲曼當時的評論。但當其他人從羅姆尼的言論知道，超級有錢人認為，他們其中有將近一半的人都是白吃白喝的人，大眾的反應迅速擴大。歐巴馬的內部民調一直穩定徘徊在四八％到五〇％的數字，現在對上羅姆尼變成五三％。在戰況激烈的州，傷害更是明顯，羅姆尼的數字急遽下降。幾天之內，民調顯示，全國八〇％的人都聽過羅姆尼的這個言論，有個民調專家說，甚至高過知道北韓存在的人。

當羅姆尼試著解釋，但從未否認時，歐巴馬競選團隊很高興地暫停砲火。十天後，歐巴馬團隊最後播了一支新的電視廣告，大力抨擊有關四七％的失言。但這並不是一開始的版本。在從未播放的第一個版本中，播出羅姆尼的話時的背景是貧窮的美國人，他們的悲慘面孔好像是從沃克·伊凡斯（Walker Evans）或羅伯特·甘迺迪（Robert Kennedy）的阿帕拉契之旅借來的。但在播放的版本中，中產階級取代了窮人。這支廣告的特色是一群戴著護目鏡的工廠女工，一個在梯子附近的拉丁裔建築工人，他們散發著向上流動的意涵，還有戴著ＶＦＷ帽子、目光像鋼鐵般堅定的退伍老兵。這支廣告談的不只是窮人。為了附和金主，羅姆尼把他的競選活動，也就是「最重要的戰役」，稱為小小的特權集團與其他每一個人的對抗。

但最重要的是，在整個競選活動期間，大家感覺到寇克章魚的運作，遠比表面上看到的多，就在選前的一個月，它所精心設計的資助機制差點就要曝光。加州的公平政治實踐委員會（Fair Political Practices Commission），也就是該州的競選倫理監督機關，要求知道一筆一千五百萬美元可疑獻金的幕後金主，因為這筆錢的目的是影響兩個非常有爭議性的加州公民表決提案。一個提案是增加有錢人的稅，另一個是限制工會在政治上的花費。捐款人謠傳是亞利桑納州一個名不見經傳的非營利組織，叫作美國責任領導（Americans for Responsible Leadership），但是加州官員並不買帳。在十一個小時後，他們開始發動調查，因為該州嚴格的選舉法要求完全披露捐款人資訊。

加州當局很快就發現，有一個非比尋常的黑錢騙局，牽涉到很多共同的金主、操盤人，以及和寇氏家族有關的外圍團體。寇克的政治顧問西恩·諾伯，則負責監督這一切。他的機構病患權益保護中心，負責把錢從不曝光的人手上轉到那個名不見經傳的亞利桑納州非營利組織，然後再把這筆沒有捐款人姓名的錢匯到加州。在這中間，還會把錢來來回回送到維吉尼亞州阿靈頓的另一個非營利組織美國工作保障協會，如此就能掩蓋捐款來源的原始身分。其中還有寇氏網絡管理人查爾斯·史瓦布（Charles Schwab），他寫給查爾斯·寇克的聊天郵件也浮上檯面，他為加州的戰鬥要「幾百萬美元」，並承諾在選後到高爾夫球場碰面。史瓦布寫著：「我今天已經承諾另外增加二百萬美元，我的總承諾金額是七百萬美元。我必須告訴你，你的人馬中的西恩·諾伯，對我們的行動一直有很大的幫助。」

一個顧問說，當加州調查人員開始釐清諾伯的資金運作手法時，寇氏家族非常惶恐，因為他們和這件事密不可分。他說，「他們做錯了，所以他們以為自己要承擔法律責任。」[30]接著細節開始浮現，在調查中被誘捕的一名加州政治顧問公司人員的證詞中，陳述這個計畫如何從「寇克圈子裡的某些捐款人」想要在加州策劃一場反勞工之戰開始，就像在威斯康辛州一樣。[31]這名顧問，托尼·盧索（Tony Russo）說明，「他們喜歡寇克模式」，所以他們建議他和諾伯合作，盧索也把他當成寇克的「外部顧問」。

經過漫長的調查之後，加州公平政治實踐委員會主委安·瑞威爾（Ann Ravel）抨擊，這種外圍團體的菊花鏈模式（daisy chain）[32]「絕對就是洗錢」。該機構最後以破紀錄的一百萬美元罰款來解決此案。瑞威爾在公開聲明中說，這個案子暴露了「一個隱藏捐款人身分的全國性非營利網絡的黑錢禍根。」他也指出，牽涉其中的團體和「寇氏家族網絡」有關。

寇氏工業高階主管跳了出來，強調這樣的解決方式已經明確表明，違法行為只是「無心之過，或只是疏忽」，寇克個人並沒有直接捐款想影響加州的選情。此外，他們還說，諾伯只是獨立的承包商。該公司總顧問馬克．荷登（Mark Holden）告訴《政治圈》的佛格，「根本沒有一個所謂的寇氏網絡，讓我們控制這些團體，我不知道這是什麼意思。」[27]但是佛格指出正好相反，查爾斯．寇克在二〇一一年的金主研討會邀請函中，自己就已經提到「我們的網絡」。

令人難堪的加州調查，延續到二〇一三年年底，在那之後，寇氏家族開始把諾伯打發走。當時，美國小鎮的陽光化身諾伯，已經為了一個同事離開妻子，並因收取將近二千四百萬美元的個人與他公司的服務費，把名聲弄得更臭。調查報導網站《公眾利益》指出，這超出了病患權益保護中心花費的六分之一。[28]隨著加州的調查越來越深入，寇克圈子也熟練地保持距離。「他們轉身轉得非常漂亮。」由於擔心被報復，諾伯的一個朋友匿名表示，「他們非常處心積慮做這件事。但真相呢？那個億萬富翁聘來處理資金的人被逮到違法。但他有罪嗎？有問題的不是尚恩，而是這家企業，這是一家違法企業！」

30　作者注　作者採訪一名寇氏工業顧問，但因為他繼續在這家公司工作，要求不要披露他的姓名。
31　作者注　托尼．羅索（Tony Russo）證實，State of California Fair Political Practices Commission Investigative Report, Aug. 16, 2013.
32　譯者注　資訊術語，指以串聯方式傳遞訊息，此處為資金轉匯方式。

「誰在質疑投票權？」

在選戰最後階段，情勢越來越明朗，雙方支持度不相上下，大選結果可能取決於投票率。這種情勢在俄亥俄州特別明顯，如果沒有俄亥俄州的選票，羅姆尼的票就不夠他勝出。而在這裡，寇氏家族與其他保守派慈善家也發揮了一些作用。

那年夏天，針對選民詐欺行為的爭議，吵得沸沸揚揚。雙方互相指責對方手段骯髒，政治情勢更進一步惡化與兩極化。共和黨全國委員會（Republican National Committee）主席雷恩斯・普利巴斯（Reince Priebus）指責民主黨「支持詐欺行為，大概是因為中止詐欺行為就會讓至少兩種核心選民喪失投票權：死人和雙重投票。」民主黨則指責共和黨重施故技，採取民權運動以前對特殊種族選民的壓制手段。比爾・柯林頓宣稱：「自從我們取消人頭稅與其他吉姆・克羅（Jim Crow）[33]投票限制以來，這是限制選民最堅決的行動。」但在同時，立場公正的專家，例如加州大學爾灣分校選舉法教授理查・哈森（Richard Hasen），認為這些詐欺指控都是真實的詐欺行為。但從一九八〇年以來，找不到一個可以證明「選舉結果可能有冒名投票的行為」的例子，他的結論是，這個問題是一個「迷思」。

儘管如此，二〇一一年到二〇一二年，這些危言聳聽讓三十七個州採取立法措施，要求選民出示正式的附照身分證件，也導致全國各地出現了要求制裁選舉詐欺行為的神祕公民監督團體。其中有一個團體，俄亥俄州選民誠信計畫（Ohio Voter Integrity Project）因為「違規行為」檢查選民名冊，然後說服當地選務當局，發傳票給有嫌疑的選民，要求他們在聽證會上證明自己的合法性。五十三歲、來自辛辛那提郊區、當了民主黨員一輩子的泰瑞莎．夏普（Teresa Sharp）就收到一張傳票，她在聽證會上發現，自我任命的監督團體把她的地址誤認為空地。本身是非裔美國人的夏普回想道，「我的第一個念頭是，喔，不會吧，他們不是把我們和貧窮的黑人混在一起了吧！到底是誰在質疑我的投票權？」[34]

全國各地因此爆發對選民詐欺的恐懼，這看起來好像是自發性質的草根運動，但在表象之下，有一條金錢蹤跡可以指向口袋很深的一般右派金主。例如，為了把夏普設為目標，俄亥俄州選民誠信計畫就依賴由全國非營利組織誠實投票（True the Vote）所提供的軟體，而這個組織本身則是以不同的方式，接受布拉德利基金會、傳統基金會與美國繁榮的支持。

誠實投票宣稱自己是「由公民成立，為公民服務」（by citizens for citizens）的非營利組織，旨在保護「合法選民的權利，而且不分黨派」。然而，它的創辦人、休士頓茶黨活動份子

33 譯者注　一個舞台上的角色名稱。十九世紀一名舞台劇白人演員，專門模仿黑人的說話、走路和動作，以極盡諷刺與羞辱黑人的方式博得名聲。久而久之，也成為美國白人嘲笑美國黑人的代名詞。另外，所有歧視黑人的法律也稱為《吉姆．克羅法》。

34 作者注　作者採訪泰瑞莎．夏普。

凱薩琳·安哥布瑞希特（Catherine Engelbrecht），卻是由漢斯·凡·史帕科夫斯基（Hans von Spakovsky）指揮，他是共和黨律師，也是傳統基金會的成員，整個職業生涯都在挑戰自由選舉權利的改革。傳統基金會在這個議題上有很醜陋的歷史，這個智庫創辦人保羅·魏理奇已經公開承認：「我不要每個人都去投票。」[35]他在一九八〇年代就告訴支持者，「事實上，如果投票人數減少，我們在選舉中以小搏大的機會就更大。」

史帕科夫斯基最近出版的書《誰在算計？》（*Who's Counting?*，書名暫譯），內容充滿有關選民詐欺行為的煽動性言論，就是由相遇出版社（Encounter Books）出版，這個出版社是布拉德利基金會的受助單位，而另一位作者則是傳統基金會成員約翰·方德（John Fund）。[36]而在同時，誠實投票也在接受布拉德利基金會的資金。[37]美國繁榮在它的政治活動場合上，以方德和安哥布瑞希特為主角，也為這個組織與選民詐欺議題幫了大忙。

但是，如果他們的目的是恐嚇像夏普這樣的選民，就夏普的例子來說，是踢到鐵板了。當她在聽證會上被叫到的時候，和其他六個家人一起來的夏普走到前排，把錢包和報紙放在桌上，然後問，「為什麼你們要騷擾我？」然後她繼續說：「這裡就像袋鼠法庭（kangaroo court）。[38]有九十四人受到質疑，只有我家人和我起而對抗！我環顧四周，所有的法官與速記員都是白人，提出質疑的女士也是白人。」夏普總結：「我認為，他們想要盡可能阻止黑人去投票。」

在大選日，讓羅姆尼與支持者大感意外的是，民主黨的選民投票率比共和黨預期的數字高出很多。寇氏網絡至少花了驚人的四億零七百萬美元，大部分都來自隱形金主。經營這個帝國的操盤人相信，他們能夠正確預測票會怎麼開，因此直到十一月六日民意調查結束，他們就像羅姆尼團隊一樣，相信勝利就在眼前。

因加州選舉財務醜聞而不受人歡迎的諾伯，非常篤定自己成功在望，在選舉日當天發了一份備忘錄，告訴這些金主們，這個國家的其他人很快就會知道他們已經知道的好消息，也就是羅姆尼會成為下一任的美國總統。但那天下午大約四點半左右，朗茲打了報信電話來，說出口民調的情況不太對勁。但是諾伯和大金主集團的任何一個人都還不相信。

晚上十一點十一分，NBC新聞宣布歐巴馬贏了俄亥俄州，並預測他會是這場選舉的贏家。當福斯新聞（Fox News）跟進時，福斯新聞分析師、美國十字路口獨立競選行動（American Crossroads independent campaign operation）發起人卡爾・羅夫卻在節目中勃然大怒。他之前已

35　作者注　Ari Berman, *Give Us the Ballot: The Modern Struggle for Voting Rights in America*（Farrar, Straus and Giroux, 2015）, 260.

36　作者注　相遇出版社（Encounter Books）成立於一九九八年，布拉德利基金會提供三百五十萬美元資金，以出版「嚴肅的非小說」類書籍。作者採訪史帕科夫斯基時，他否認他的寫書動機是基於種族歧視或黨派利益。他說：「我相信公平的選舉，我感興趣的是，確定得票最多的人獲勝。」See Jane Mayer, "The Voter- Fraud Myth," *New Yorker,* Oct. 29, 2012.

37　作者注　在國稅局還未同意誠實投票的免稅地位時，被迫歸還布拉德利基金會的這筆捐款。

38　譯者注　指不公平的法庭審判或者裁決。袋鼠法庭一詞源於十九世紀的美國，當時一些法官在偏遠地區巡迴辦案，其收入來自辦案數量甚至被告的罰金，當時就將這種到處奔跑辦案而不重視公正的法庭稱為袋鼠法庭。

經說服有錢人投入一億一千七百萬美元到他的超級政治行動委員會，還有很多很多更大筆的黑錢，並且很有信心地向他們保證，將會贏得歷史性的勝利。他堅稱，福斯新聞現在就宣布勝負，「為時尚早」。但是，福斯新聞的數字分析師仍然堅持立場——**羅姆尼已經輸了**。

選戰結束後，一個寇克圈子裡的人承認，「發生了什麼狀況？原來是我們的數據資料不夠好。」他們所仰賴的選民，並沒有比在二〇〇八年把歐巴馬送進白宮的人更多元。相反的，二〇一二年的選民比以前更多元。雖然白人與黑人選民的比例下降了，但西班牙裔、女性與年輕選民增加了。而在同時，黑人選民的立場穩定，九三％的票都投給歐巴馬。事實證明，保守派金主所仰賴的美國，完全與現實脫節。

在選後致電給最大的金主們時，羅姆尼的解釋有點不同。他說，問題在於，歐巴馬基本上是以政府服務來收買支持者。「總統的選戰策略集中在他的基本盤，靠政府給他們特殊的財務大禮，然後催票也非常積極。」[39]

歐巴馬聽到羅姆尼的分析之後笑了起來。他告訴他的助手：「他一定**真的**是指那四七％的人。」

幾天之後，在阿肯色州本頓維爾市，參議員約翰．馬侃的私人電話透過機器宣布了電話那頭想找他的人的姓名，而打斷了一場他和沃爾瑪（Walmart）高階主管的會議。機器刺耳地發出：「米特．羅姆尼！」馬侃有點吃驚地從口袋拿出手機回應，並站起來離開房間，以便私下談話。馬侃回來時，對好奇的高階主管解釋，羅姆尼希望他能給點建議，如何因應輸掉總統選戰的情勢。

馬侃說，「我告訴他，第一次選輸時，我全做錯了。當時我太太說服我去大溪地度假，但這是我所犯過最糟糕的錯誤。第二次選輸時，我就回頭去工作。沒什麼大不了的。『回去工作吧！』」但有人開口說，唯一的問題是，就像四七%吃閒飯的人一樣，羅姆尼已經沒工作了。

評論家最後的結論是，二〇一二年的大選證明，金錢對選舉的影響很小，或沒有影響。《政治圈》把一系列探討金錢對政治的影響的文章標題，從〈十億美元買進〉改為〈十億美元敗局？〉在總統與國會議員競選過程中，最後可以追溯到的花費數字大約是七十億美元，這是目前為止，美國史上最昂貴的一場選舉。曾經發誓「該花多少就花多少」的歇爾登·阿道森，光是他一個金主就砸了將近一·五億美元，其中九千二百萬美元是有披露的，但仍然功虧一簣。根據報導，其中大約一千五百萬元，都進了寇氏家族的團體美國繁榮。[40]

總而言之，可以接受無上限捐款的超級政治行動委員會與獨立團體，花了令人咋舌的二十五億美元，但似乎沒有造成改變。歐巴馬會繼續待在白宮，民主黨繼續主導參議院，而共

---

39 作者注　羅姆尼在二〇一二年十一月十四日致電給金主的紀錄，參見 Halperin and Heilemann, *Double Down*, 468.

40 作者注　彼得·史東（Peter Stone）率先在文章中披露阿道森對美國繁榮的捐款金額。"Watch Out, Dems: Sheldon Adelson and the Koch Brothers Are Closer Than Ever," *Huffington Post*, June 14, 2015.

和黨繼續控制眾議院。

面對這種規模的失敗，寇氏家族或他的金主們都很難接受。一個顧問回憶說：「金主們臉色鐵青。」查爾斯．寇克雖然失望透頂，但仍維持一貫的堅定態度與做事條理，他發了一封電子郵件給他圈子裡的人，通知他們下一次的捐款研討會要從一月延到四月，因為他和他的操盤人要分析哪些地方出錯。他寫著：「促進美國的自由與繁榮，這個目標比我們想像得更困難，但持續下去是很重要的，我們不能放棄這場戰鬥。」[41]

然而，媒體對政治選舉結果的評斷方法，忽略了金錢已經以很多更微妙的方式買到了影響力。超級有錢的右派激進份子沒有贏得白宮，但他們已經改變了美國民主的本質。他們已經把很多公開選舉的程序私有化了，並且還主導了美國兩大政黨中的一個政黨的議程。大衛．寇克以候補代表的身分，出席共和黨全國代表大會（Republican National Convention），這是這個政黨已經改變多少的象徵（可以說，他自己也變了。在大會上，他在採訪中支持同志婚姻顯示，在這個議題上，從他參與脅迫他哥哥的計畫到現在，他有多大的改變。但是，寇氏家族並沒有在財務上推廣同志婚姻，而大衛的個人看法對共和黨也沒有明顯的影響）。[42]

但是在其他一系列的議題上，包括氣候變遷、稅收政策、權益支出[43]，以及不公開的選舉捐款，共和黨黨綱現在已經改變立場，寇氏家族與他們的政治「夥伴」所偏好的意見，已經占了上風。沒有人再多談強化《淨化空氣法案》、嘲笑「巫術經濟學」（Voodoo Economics）[44]、支持「富有同情心的保守主義」，或擴大健保藥物的保險範圍，這些都是布希總統任期內的議題。政府已經變成一股服務邪惡的力量，而不是服務公眾利益。

和預期相反的是，《聯合公民案》判決之後，並未掀起企業政治獻金的風潮，卻讓一小群超級富有並帶著極端自私議程的人有能力興風作浪。無黨派的陽光基金會（Sunlight Foundation）在一篇選後的分析文章中總結，超級有錢人已經變成美國的政治守門人，「萬分之一」的美國人，或「一%中的一%」，正在「決定可接受的談話尺度，而且一次一個對話。」[29]

歐巴馬是選贏了，但他有以為自己擊敗龐大資金的錯覺。他告訴幾個支持者：「我是現任總統，我已經有遍布全國的大型支持網絡，以及數百萬名捐款人。」[30]用他的話說，這讓他「不論寇氏家族想開多少支票，他都能應付。」但他也提出警告，「但我不確定，在我之後的總統，可以用同樣的方式打選戰。」梅西納也很擔心，他說：「我認為他們這次的策略錯得離譜，但我不認為他們會犯第二次同樣的錯誤。」

---

41 作者注　根據 Robert Costa, "Kochs Postpone Postelection Meeting," *National Review Online*, Dec. 11, 2012, 查爾斯．寇克在給他的捐款人網絡的電子郵件上寫著：「我們正在努力理解選舉的結果，並且根據這個分析，要重新檢驗我們的願景與策略，以及成功所需的能力。」

42 作者注　查爾斯．寇克一直堅稱：「我不是共和黨員，也不是民主黨員」，但是他的政治行動和他弟弟的政治行動緊密結合在一起。

43 譯者注　指老人醫療保險、低收入醫療保險和社會安全保險等福利支出。、

44 譯者注　指一九八〇年代，老布希在描述供給面經濟時指出，對有錢人減稅就會產生經濟奇蹟，國家稅收就會成長。

13 對州政府下手

這是一場戰爭

「我們的歷史上什麼時候有一個來自北卡羅萊納州的新進國會議員，能夠拉攏一票八十人的幫派，就搞得讓政府停擺了？」

——大衛・沃森曼
（**David Wasserman**）

選舉日隔天，沒有人在北卡羅萊納州羅利市希爾斯伯勒街的共和黨州總部掛上黑紗（按：意指不認為共和黨失敗了）。在華盛頓，專家宣告歐巴馬連任成功，證明龐大資金起不了作用，但在北卡羅萊納州，共和黨人正在慶祝州層級的勝利。紅色版圖計畫取得了了不起的成就。十八個月前，艾德．戈雷斯比已經在寇氏家族的捐款人高峰會中描述過這個計畫。現在，共和黨在北卡羅萊納已經強化了州立法機關的控制，以及非常巧妙地重新劃分國會選區，因此雖然得票數比民主黨少，但卻贏得更多國會席次。其他州也重演了這種模式，即使二〇一二年民主黨的全國得票率比較高，共和黨仍能穩穩控制眾議院。[01]這是一種很奇怪的異常現象，但卻不是偶然。

對寇克的選舉機器來說，北卡羅萊納已經成為一個測試地點。美國繁榮會長菲利普斯曾在二〇一三年解釋，「幾年前，我們的想法是建立各個模範州。」「比起這個地區的其他州，北卡羅萊納有很大的機會這樣做。如果能這樣翻轉一個州，就能進行真正的改革了。」01

菲利普斯拒絕透露，為了幫助保守派掌權，寇氏家族的政治組織在北卡羅萊納砸多少錢。[02]他只會說「很多錢，這是我們最活躍的州之一。」

如果這個計畫的第一階段，在共和黨於二〇一〇年接收了北卡羅萊納州議會時實現了，那麼第二階段就是從二〇一一年，湯姆．霍夫勒（Tom Hofeller）出現在希爾斯伯勒街的共和黨總部開始。他是劃分國會選區暗黑藝術中的黑帶高手，就是所謂不當操縱選區劃分的行家。

在那裡，後面的一個房間已經被留出來繪製地圖。

有關國會選區所依據的新人口普查資料都還沒公布，霍夫勒已經瞭如指掌。電腦的出現把選區重劃變成一門昂貴、煽動性又高度精密的科學。共和黨最重要的執行者霍夫勒，已經專業地把全國廣泛的意識形態分類，並放進對抗中的黨派陣營。在他的筆電上，有一個稱為Maptitude的地圖程式，裡面有每一個社區的人口詳細資料，包括居民的種族組成狀況。

霍夫勒過去曾經為共和黨工作，但到了二〇一一年，他成為為外部資金工作的私人承包商。很多財務細節仍然是個謎。但在後來的一份法律訴訟文件中，他最後去了北卡羅萊納十趟，以諮詢當地的共和黨人，如何盡可能創造最多的安全席位。這樣的服務，霍夫勒可以賺到超過十六萬六千美元。[03]

這個過程受到嚴密的保護，進入這個房間的人也有嚴密控制。但至少有一個非常知名的人物，被允許進入這個內部密室——折扣連鎖店大亨、千萬富翁亞特．波普就是這裡的常客，他

---

01 作者注　這種奇怪的數學結果在上個世紀只發生過兩次。

02 作者注　在全國各地，寇氏網絡的主要金庫自由夥伴在二〇一二年，就給了美國繁榮三千二百三十萬美元。但是其中有多少給了北卡羅萊納州，仍未公布。

03 作者注　北卡羅來納州還另外付給霍夫勒七萬七千美元。

是這個州數一數二的政治獻金捐助人，也是寇氏家族的長期盟友。

一名技術專家喬爾・勞佩（Joel Raupe）在後來的一份法律書面證詞中表示，「我們在同一個工作區一起工作，他就坐在我旁邊。」[04]波普是個非執業律師，在該州也沒有擔任民選的職位，但是共和黨在該州立法機關的領導階層，祕密任命他為這個政治敏感的計畫的「共同顧問」。

操控選區劃分是兩黨都會玩的把戲，而且歷史和這個國家一樣老。《聯合公民案》判決之後，不一樣的地方在於，操控政治的事現在完全由未經選舉的有錢人所大力指導與資助。他們會利用一些外圍團體來完成這件事。這些團體對外宣稱是無黨派的社會福利團體，並接受全世界最大的某些企業以及像寇氏家族一樣有錢的金主資助。流進政治圈最細層級的龐大外部資金，足以改變很多事。歐巴馬以前的政治顧問亞斯洛觀察，「讓共和黨取得州議會，寇氏家族居功厥偉。」[05]「共和黨是由上而下的，但寇氏家族有不一樣的計畫，他們想組織基層力量。這個計畫很聰明。在民主黨這邊並沒有類似的單位」他承認，「他們是非常優秀的組織者。」

根據《公眾利益》的一份報導，霍夫勒和他的團隊是由一個叫州政府領導基金會（State Government Leadership Foundation）的黑錢團隊，聘來做這份工作。[02]這實際上是戈雷斯比過去曾用來進行紅色版圖計畫的團體，也就是共和黨州領導委員會（Republican State Leadership Committee）的分支機構。但是不像主要的團體，這個分支機構屬於501(c)（4）的「社會福利」組織，可以隱藏捐助人的身分。為北卡羅萊納的運籌帷幄再增加一層安全防護罩的，是一個自稱為北卡羅萊納公平合法劃分選區機構（Fair and Legal Redistricting for North Carolina）的州層級黑錢團隊。

就像資金流向，這個工作也非常隱密。霍夫勒在電腦保存了一個 Power Point 簡報檔，上面附有一個警告：「確保你的安全措施是確實的。」[03]「確定你的電腦是在私人場地使用」，他警告：「電子郵件是魔鬼的工具。」他還強調，和他一起工作的人應該「利用個人方式或安全的電話聯絡」。「不要透露不必要的訊息。」「小心無黨派或兩黨帶著禮物的職員」，他補充說：「他們可能不是你的朋友。」

在理論上，選區重劃應該反映一人一票的基本民主原則。美國人口的改變也應該平均分配，以符合全國四百三十五個國會選區新的人口普查數字。為了假裝公平，在北卡羅萊納監督這個過程的共和黨議員，在該州交叉往來舉辦聽證會，以聽取公民針對如何劃分選區的意見與建議。負責這個程序的該州參議院委員會主席，告訴德罕的一群人說：「我們來這裡的原因，基本上是想聽你們對選區重劃的想法與夢想。」但是事實上，霍夫勒後來在宣誓下承認，他根

---

04 作者注　勞佩的話引用自《公眾利益》的調查報導，Pierce, Elliott, and Meyer, "How Dark Money Helped Republicans Hold the House and Hurt Voters."

05 作者注　作者採訪大衛・亞斯洛。

本懶得閱讀聽證會證詞的抄本。[06]

霍夫勒團隊完成工作時，新的地圖大幅降低民主黨能贏的國會席次。為了做到這一點，這些人把少數族裔選民擠進三個非裔美國人已經高度集中的選區，讓周圍地區有更多白人與共和黨人，讓民主黨在這些地區成為少數。這個新地圖實際上把這個州的國會選區重新區隔，讓少數族裔選民可以在自己的社區選贏，但卻不可能看到他們支持的黨贏得該州的多數席位。

進步團體馬上提起訴訟，指控這個新的地圖違反禁止歧視的《選舉權利法》。共和黨官員則辯稱這份地圖具有公平性。在這個例子中，一大筆未被披露的資金，大大影響了事件的發展。這些錢都來自隸屬於波普與寇氏網絡其他成員的黑錢團隊。

這個案件被送往該州的最高法院，共和黨有四比三的多數，因此共和黨的選區重劃計畫可能會有比較友善的聽證會。但在這發生之前，法官也在爭取二〇一二年的連任，因此保守派擔心，有一個共和黨現任法官可能會連任失敗。[07]他的民主黨挑戰者似乎準備就緒，讓法院的政治平衡傾向民主黨，這將危及共和黨選區重劃的計畫。

但此時忽然冒出一筆外部資金，及時解救了這名共和黨法官保羅．紐比（Paul Newby）。外圍團體花了超過二百三十萬美元幫他，這是一筆在司法圈子的競爭中聞所未聞的數字。資金的來龍去脈複雜到令人眼花撩亂，一般人根本不可能了解，在這些捐款中包括戈雷斯比的團體共和黨州領導委員會、波普的公司萬有批發（Variety Wholesalers），以及寇氏家族的組織美國繁榮。[08]這些錢花在一連串的媒體廣告，宣傳這名共和黨法官對犯罪的強硬態度。

到了選舉日，紐比勉強連任成功。不久之後，該州最高法院贊成了共和黨主導的選區重劃計畫。但是在二〇一五年，美國最高法院命令它要重新考慮這個案子，因為少數族裔集中的選區就是種族歧視。但是在那時候，北卡羅萊納的代表已經隱藏在眾議院中，增加了共和黨的多數席位，並對歐巴馬政府的政策慢慢形成一股強烈抵制的力量。

和勞工運動很有淵源的民主黨策略家史蒂夫・羅森豪（Steve Rosenthal）坦承，「對方用這一招痛宰我們。」藉由把捐款人的錢轉到不太被注意的州與地方選舉，共和黨不只成功推進他們的政治議程，也消滅了新一代未來可能崛起的低階民主黨當選人。而北卡羅萊納並不是唯一發生這種事的地方，根據民主黨全國委員會的一份分析，在接下來二〇一〇年與二〇一四年的期中選舉，民主黨累計失去了超過九百個州議員席位與十一個州長職位。04

戈雷斯比的紅色版圖計畫獲得了驚人的成功。多年來，北卡羅萊納一直在政治立場上分

---

06 作者注　霍夫勒沒有閱讀公聽會證詞抄本，是根據《公眾利益》給法院的文件，但《公眾利益》提到，霍夫勒拒絕進一步評論。

07 作者注　民主黨的挑戰者是政治明星山姆・厄文三世（Sam Ervin IV），他和知名的祖父同名，他祖父是北卡羅來納州參議員，在水門事件公聽會期間贏得全國好評。

08 作者注　《公眾利益》追蹤到超過一百萬美元，來自戈雷斯比（Gillespie）的共和黨州領導委員會（Republican State Leadership Committee, RSLC），波普的公司萬有批發也捐了一些。而RSLC的角色則隱身在一個自稱為Justice for All NC的新成立團體。這個團體又反過來捐了一百五十萬美元給北卡羅來納司法聯盟（North Carolina Judicial Coalition）的超級政治行動委員會。

裂，或稱為「紫色」州。二〇〇八年支持了歐巴馬，但二〇一二年卻沒有，似乎一夜之間就變成了深紅色。那年十一月，共和黨延續之前的勝利，又增加了州長以及在兩院一般會議的多數否決權。這是從美國重建時期（Reconstruction）[09]以來，共和黨首次完全掌控了這個州的政府。然後由於霍夫勒的專家地圖，共和黨現在也主導了國會代表團，其成員分布從七個民主黨人對六個共和黨人，在二〇一〇年變成九個共和黨人對四個民主黨人。

但亞特・波普是從這場選舉得到最多好處的人。這場選舉不但讓他拋下北卡羅萊納幕後影武者的身份，更躍上台前，掌握了非常核心的公權力。新任共和黨州長派特・麥克羅里（Pat McCrory）宣誓就職不久，他就嚇壞了這個州的很多人，因為新州長任命他的恩人波普，成為州政府的預算主管。[10]一九九二年時，波普曾經競選過副州長的職位，因此選民很早以前就否決他爭取州政府的職務。州立法機關也拒絕波普一再被任命的職務，包括州立大學系統的董事會成員。波普非常不受人喜愛。曾經和他爭執過的共和黨州議員理查・摩根（Richard Morgan）說，波普不受同事歡迎，因為他擺出來的態度就是「用我的方式做，其他人就是錯的。」[11]

現在波普可以說是北卡羅萊納州第二個最有權力的政府官員。作為預算主管，州長會聽從他的意見，現在共和黨又在兩個立法機關中占絕大多數，對政府部門能否得到預算握有生殺大權。長久以來，他的夢想就是刪減政府預算。摩根回憶說，當州議員的時候，波普已經花了很長的時間分析這些預算數字。「當他做完時，預算裡面挑不出一根他沒挖出來啃的骨頭。」[12] 現在，他有重新整頓整個州政府預算的機會了。

專門研究寡頭政治的政治學家傑佛瑞・溫特斯指出，在美國，握有財閥力量的人直接行使政治權力，是很不尋常的事。05 由超級有錢的人直接統治會招來一連串危險的審查。在美國，利用龐大財富保障公職的人，例如紐約市前市長麥克・彭博（Michael Bloomberg），一般會特別努力不要讓自己看起來像個寡頭政治家，或為了寡頭集團在做事。波普顯然也感受到這種危險，因此小心翼翼地說，他會放棄薪水，而且只做一年。但有關自我利益的質疑幾乎馬上就出現了。由於北卡羅萊納的政策急轉彎，犧牲窮人而圖利有錢人，因此引起了一場有關龐大金錢對該州一般政治的影響，以及特別是波普的動機與財務規畫的激烈辯論。

幾個月以內，立法機關由上而下大幅翻修了該州的稅法與預算。幾乎在每一個議題上，立法機關都照著兩個右派智庫的劇本演出，一個是約翰洛克基金會（John Locke Foundation），另一個是公民社會研究院（Civitas Institute），這個機構是由波普成立，大部分的資金來自波

---

09 譯者注　指一八六五年到一八七七年，這段時期主要試圖解決南北戰爭留下來的問題。

10 作者注　派特・麥克羅里在宣布參選二〇一二年州長之前，曾經出席過美國繁榮的活動，於是在他一宣布參選，美國繁榮就在郵件這類的文宣上花了十三萬美元，以幫助他競選。

11 作者注　作者採訪理查・摩根，但第一次是出現在 Mayer, "State for Sale."。

12 作者注　出處同前。

普家族一．五億美元的約翰威廉波普基金會（John William Pope Foundation）。批評者把公民社會研究院描述為波普的保守裝配線，是一股將該州政治更進一步推向右派的強大力量。波普反對這種描述，他抗議說：「那不是我的組織，我並不擁有它。」然而，從它在二〇〇五年成立以來，超過九七％的資金，大約有八百萬美元，都是來自波普的家族基金會，而且波普也是董事會成員。波普家族基金會也提供約翰洛克基金會大約八〇％的資金。剩下來的部分則來自於草公司與兩個寇氏家族基金會。

事實上，從一九八〇年代開始，波普與他的家族基金會已經投資了六千萬美元，在北卡羅萊納州有系統地發展出一個保守派的基礎建設，其作用就像「流亡中的保守政府」，該州共和黨政治顧問迪．史都華（Dee Stewart）指出。06

這些智庫屬於501(c)(3)的組織，和教會、大學與大眾公益機構一樣，享有免稅地位。在法律上，這些組織被禁止參與任何實質政治與遊說活動。但其中的分界線非常模糊。[13]例如，和波普有關的智庫高層人士，就經常來來回回出現在共和黨的競選活動與美國繁榮中，波普也在美國繁榮擔任董事。智庫的人撰寫參考法案，他們幫立法人員先預先審查過，然後在大會上吹噓他們的影響力。波普對這些成就很自豪，他告訴保守的慈善圓桌組織，「我們在不到一代的時間，就把北卡羅萊納州的公共政策辯論風向，從中間偏左，轉成中間偏右。」

波普和他的家族基金會除了在意識形態基礎建設上投了這六千萬美元，他們在二〇一〇年與二〇一二年，還給了州候選人與政黨委員會五十萬美元。另外，波普的公司萬有批發也在那期間，針對獨立競選的外圍團體，給了將近一百萬美元。用波普的前政治顧問史考特・普雷斯（Scott Place）的話說，在北卡羅萊納州，波普就是「輕量版的寇氏家族」。[14]

當共和黨贏得北卡羅萊納州大會的控制權之後，這筆錢支持的政治議程就變得非常明顯了。就在幾個月內，他們就制訂了私人智庫醞釀多年的保守政策。立法機關大砍了大企業與有錢人的稅，卻刪減了中產階級與窮人的福利與服務。它還破壞了環保計畫、大幅限制婦女墮胎、支持憲法禁止同性婚姻，並讓酒吧、遊樂場與校園的隱藏槍枝合法化。另外還對投票增加了繁瑣的官僚障礙。就像過去隔離時代的人頭稅和識字測驗，批評家說，這些新的障礙就是用來阻礙偏向民主黨的窮人與少數族裔選民。選舉法專家理查・哈森（Richard Hasen）指出，「我從來沒有看過一套像這樣我所謂打壓性的投票措施。」07專長在南方歷史的南加大歷史學家丹恩・卡特（Dan T. Carter）提到，當全國各地的朋友問他，北卡羅萊納發生的事和從外面看起來一樣糟糕嗎，他不得不回答：「不，更糟，而且糟很多。」08

共和黨宣稱，他們的新政策讓居民可以「留下更多辛苦賺來的錢。」但是美聯社

13 作者注 例如共和黨政治活動家傑克・霍克（Jack Hawke），就在公民社會研究院主席與共和黨州長派特・麥克羅里的競選活動中來回穿梭。
14 作者注 作者採訪史考特・普雷斯。

（Associated Press）一份事實查證分析指出，工作中的窮人付得更多，但最有錢的人卻得到最多。北卡羅萊納預算與稅務中心把這些改變做出評分，發現七五％省下來的錢會進入收入頂層五％的納稅人口袋，立法機關還取消低收入工作者的所得稅減免。並廢除了北卡羅萊納州的遺產稅，預期州政府將在頭五年損失三億美元。然而，稅收減免的好處極大部分都給了最有錢的少數人，所以二〇一一年只有二十三個人遺產多到需要課稅，因為現有的法律已經免除了五百二十五萬美元的繼承稅（**波普資助的公民社會研究院，在因發明供給面經濟學而備受爭議的特別顧問亞瑟．拉佛〔Arthur Laffer〕協助下，率先提出這些幫頂層有錢人減稅的提案**）。

而在同時，立法機關也大幅刪減了失業救濟金，因此也不能再領緊急聯邦失業補助金中的七．八億美元，因為它已經失去資格。結果很快地，失業率全國第五高的北卡羅萊納州只能提供全國最微薄的失業補助金。

該州也唾棄為有需要的人提供的擴大醫療補助，但在《平價健保法案》下，這些都是免費的。這種唾棄的表現，拒絕了要給五十萬沒有保險的低收入居民的免費醫療保健服務。哈佛與紐約市立大學健康醫療專家的一份研究預估，立法機關擋下這些福利，讓北卡羅萊納州一年可能會失去四百五十五到一千一百四十五條居民人命。

亞特．波普喜歡自由主義的一句名言：「沒有免費的午餐這種事。」而在北卡羅萊納州，他的預算證明他是對的。由於他協助推動很多新的減稅措施，州政府一年預估有十億美元的短缺，為了彌補，有些事也不得不放棄。所以為了省錢，立法人員轉向了一個機構，也就是它非常著名的公共教育體系，而這一直是北卡羅萊納和其他南方州不同的地方。09

他們的襲擊是有系統的。[15]他們授權私立學校使用代金券，同時又擠壓公立學校的預算。他們取消助教編制，減少老師薪資，老師薪資排名從全國第二十六變成第四十六。他們還取消鼓勵老師取得更高學位的激勵措施，並降低補助一個為學齡前危險兒童而設計的成功方案。選民普遍希望藉由延長臨時的一美分營業稅，以避免削減這些費用，但是這群立法人員還是砍了這些預算，因為很多人已經簽署了由美國繁榮推動的免稅承諾。

北卡羅來納受人敬重的州立大學系統也受到重創，因為意識形態的戰火也注入了這場戰爭。波普的網絡已經發動了一場削減支出的長期行動，另一個波普成立的非營利組織約翰威廉波普高等教育政策中心（John William Pope Center for Higher Education Policy）的員工，譴責大學系統變成「激進份子的利基點」，稱這些公共資金是「耗費鉅資卻無意義」，並要求立法機關要「餓死這頭野獸」。這個中心挖出教授們的投票紀錄，以證明這些人的政治偏見。即使州憲法要求，要讓所有居民「盡可能可以得到」高等教育，但當共和黨多數一掌握立法機關時，

15 作者注　北卡羅來納在公立學校的支出，從二〇〇七年到二〇〇八年的七十九億美元，下降到二〇一二年到二〇一三年的七十五億美元，但是該州的人口其實快速成長。見 Rob Christiansen, "NC GOP Rolls Back Era of Democratic Laws," *News Observer*, June 16, 2013.

很快就大幅刪減預算，因此預期將會導致學費飆漲、教職員裁員，減少獎學金。受人尊敬的北卡羅萊納大學前校長比爾・富萊戴（Bill Friday），在二〇一二年過世前不久曾經透露，他很害怕這些改變會讓很多貧窮的中收入家庭無法接受高等教育。「你們到底在搞什麼，對他們關上大門？」他問道，「這是現在正在發生的戰爭。這已經違反了政府能扮演的角色。我認為這真的很可悲。這就是讓北卡羅萊納和其他州不一樣的地方。」[16]

在波普的網絡爭取削減大學預算的同一時間，波普卻提供私人資助的學術計畫在他喜歡的題目上，如西方文明與自由市場經濟學等。舉例來說，波普送給北卡羅萊納州立大學五十萬美元，就是為了資助保守派的講座。一個負責選擇講師同時與約翰洛克基金會有關的教授坦承：「我非常肯定，我們不會邀請保羅・克魯曼。」[17]有些教職員把波普的捐款看成是收買學術控制權的一種出價。北卡羅萊納一個英文教授凱特・沃倫（Cat Warren）說，「真的很可悲，而且是明目張膽的收買。」❿她說：「波普成功地停止供應資金給高等教育，然後以這種削減預算措施為手段，增加他以小搏大的機會，並影響課程的內容。」

約翰洛克基金會也贊助北卡羅萊納歷史計畫（North Carolina History Project），以提供線上課程計畫給高中老師，目的在調整該州的歷史教學重點。這些課程內容對社會運動與政府功能輕描淡寫，卻推崇它所謂的「各自創造財富」。類似的還有，共和黨在州參議院通過了一項法案，要求北卡羅萊納的高中生，為了在二〇一五年順利畢業，在美國歷史課中都要研習保守派的原則。這項法案強調「有關稅收與支出的政府權力之憲法限制」。[11]自由監督組織北卡政策守望（NC Policy Watch）主管克里斯．菲茲西蒙（Chris Fitzsimon）指出，「波普的部分計畫就是，為自己的哲學增加更多的憲法支持。」

但是隨著波普的影響力大增，他也成為了避雷針。全國有色人種協進會（National Association for the Advancement of Colored People, NAACP）開始每星期都在首府舉辦「道德星期一」的抗議活動，反對北卡羅萊納州偏向右派，最後開始阻止波普公司萬有批發所擁有的連鎖店開店做生意。

甚至該州有些共和黨人也譴責波普的行徑太過分。在羅利擁有CBS與福斯電視分支機構的國會廣播公司（Capitol Broadcasting Company）董事長與執行長吉姆．古德曼（Jim Goodmon）說，「我是共和黨員，但是因為亞特．波普，我對身為北卡羅萊納州的共和黨員這一點感到非常抱歉。」[18]古德曼和這一州的保守建制派有很深厚的淵源，他的祖父A．J．弗萊撤（A. J. Fletcher）是傑西．荷姆斯最大的支持者之一。但是古德曼稱波普的勢力是「反社區」（anti- community），他補充說：「他們取得權力的方式是說政府不好。而他們的唯一解

16 作者注　作者採訪比爾．富萊戴，但第一次出現在 Mayer, "State for Sale."

17 作者注　作者採訪北卡羅萊納州大經濟系前主任史蒂芬．馬哥里斯（Stephen Margolis），出處同前。

18 作者注　作者採訪吉姆．古德曼，但首度出現在 Mayer, "State for Sale."。

方就是減稅。」他總結說：「他們從來不是要把事情做得更好，而是要把對方扳倒。」

在萬有批發公司位於羅利的總公司，一個可以俯瞰郊區停車場的備用辦公室中，波普在接受採訪時，反駁了那些說他像誤導消息一樣極端的人。他抗議說：「如果左派想找一個替罪羔羊、一個可惡的人，他們就會提到我的名字。我聽到有些關於這個亞特・波普的事──你知道，我很不喜歡他們說的那個亞特・波普。我不認識他。如果他們說的是真的，那我不會喜歡關於我的很多事。但他們說的就不是真的。」

在將近四小時、如律師一樣的反駁中，他辯稱說，像他一樣的保守派在北卡羅萊納根本就是受害者，他的支出計畫只是努力想要平衡局面。他說，他的動力不是「狹隘的企業利益」，而是抽象的理想原則。他形容自己為「在政治上是保守的」以及「在哲學上是古典自由主義者」。他承認，他支持的非營利組織為他的公司取得許多優勢，例如反對最低工資的法律。[19]事實上，一些批評家，例如北卡羅萊納商人狄恩・德布南（Dean Debnam）也譴責波普，說他展現了一種「種植園心態」（plantation mentality），讓「人只能打零工……把窮人中最窮的人當獵物，並藉此推動有錢人中最有錢的人的議程。」[20]但是波普說，他的立場並不是要增加獲利。他說，在約翰・洛克的傳統中，他只是相信，當公民是被勤奮工作所得的財富激勵時，社會就能運作得最好。

在卡托研究院舉辦的一個暑期課程中，波普第一次接觸到自由市場理論，他主張，這個國家越來越嚴重的經濟不平等根本不必擔心，因為「發財和破產不斷在發生。」[21]他說：「所有美國人都有成功的機會。」他以麥可・喬丹（Michael Jordan）與米克・傑格（Mick Jagger）為例，他問：「他們為什麼應該被剝奪那些錢，這樣為什麼是公平的？」他指出：「我不會忌妒比爾・蓋茲的財富」，然後還補充：「美國並沒有貴族階級或財閥政治。」

他認為，窮人大部分都是自己不良選擇的受害者。「真的，當你看看那些最低收入的人，大部分只是年齡與婚姻的因素。如果你年輕又單身——但願你不要年輕又是個單親家長，而且沒有高中教育，那麼你的收入就會很低，你可能會落入底層的二〇%。」

在由波普的財力所支持的非營利組織中，受人推崇的賢達人士也呼應這個窮人活該倒楣的訊息。例如，公民社會研究院的一名研究員堅持，美國的窮人活得比「大部分自由派人士喜歡想像的畫面」還要好。這個研究人員鮑伯・利布基（Bob Luebke）引用傳統基金會的一個研究顯示，窮人通常都有房子住，有冰箱和有線電視。他宣稱，「媒體老愛報導大規模的無家可歸

---

19 作者注　作者採訪約翰洛克基金會副總裁洛伊・寇達托（Roy Cordato）時，他主張，「最低工資會傷害低技術工人，讓他們無法進入就業市場，有關剝削工人的顧慮完全是『卡爾・馬克斯（Karl Marx）的思維』。」寇達托認為，「任何成年人同意且自由簽定的合約，就應該是合法的」，包括賣淫與販賣危險毒品。他說他支持《兒童勞動法》，但反對未成年人的「義務教育」。

20 作者注　作者採訪狄恩・德伯南（Dean Debnam），但首次出現在 Mayer, "State for Sale."

21 作者注　出處同前。

者，也顯然是個迷思。」波普提拔的聰明門生約翰．胡德（John Hood），在二〇一五年從約翰洛克基金會轉去約翰威廉波普基金會當領導人，他就強調，「北卡羅萊納與美國的真正貧窮程度，被過分**高估**了。」他堅持，人會貧窮，大致上也是因為「自我破壞行為」所導致的。

北卡羅萊納大學法學院的貧窮、工作與機會研究中心（Center on Poverty, Work, and Opportunity）主任吉恩．尼科（Gene Nichol）指出，該州有三分之一有色人種的孩子生活在窮困中，這表示，他們一開始就出生在底層，在大到可以自己做選擇很久以前就貧窮了。但是，在尼科批評共和黨政策之後，波普的網絡就對校方施壓，於是貧窮研究中心在二〇一五年就被關門大吉了。

波普自身的貧窮經驗非常有限。他在一個富裕家庭中長大，去過私人寄宿學校，然後就讀北卡羅萊納大學與杜克大學法學院，之後就加入他家的折扣店事業，這是他祖父創立，由他父親擴大發展的事業。但波普經常強調：「我不是繼承人。」他說，他父親要求他和其他兄弟姊妹都要買家族擁有的企業股票。就像查爾斯．寇克還有很多在他們金主圈子裡的人，波普相信，他是靠自身的優點與功績，才讓公司業務蓬勃發展。認識波普的人也證實，波普工作極為勤奮，也非常節儉。但他還是從雙親那裡得到很多優勢，包括數十萬美元的競選捐款。

波普在一九九二年競選副州長失利時，擔任競選經理的史考特．普雷斯還清楚記得，波普的父親捐一筆錢給他競選時的情景。「他手拿支票簿，正準備要寫。他問『要多少？』亞特說：『呃，我估計要六萬美元。』他父親挖苦了一下。我目瞪口呆地站在那裡，我說：『那可是一筆大數目。』他父親回我：『嗯，這是亞特要繼承的錢，他想怎麼花都可以。』但他的口氣可不像『去拿下他們吧，兒子。』」普雷斯回憶說：「比較像『錢拿了就滾蛋吧！』」[22]

在選戰以波普選輸告終之前，紀錄顯示，波普雙親給他還沒領取的「借款」，大約是三十三萬美元，經過通貨膨脹調整後，這筆錢在今天會超過五十萬美元。

普雷斯說，「波普認為，如果你窮，就是工作不夠勤奮。一切都和自由企業有關。他也許有能力讓他父親的公司成長茁壯，也許夠聰明，而且在政治上也很精明。但是他不只一出生就站在三壘，他出生的地方距離本壘根本不到一英吋。」普雷斯認為，「如果有人有幾乎空白的支票可以隨意開，任何人都可以在政治上吃得開。」

北卡羅萊納州民主黨主席大衛・帕克（David Parker）譴責，波普掩蓋他出身在特權家庭的事實。他說：「他開口閉口新教徒工作倫理，但他卻用最古老的方式賺到錢，也就是靠他母親生了他。」他補充說：「我們都是亞特・波普幻想世界中的囚犯。」[23]

22　作者注　作者採訪史考特・普雷斯。
23　作者注　作者採訪大衛・帕克，但第一次出現在 Mayer, "State for Sale."

更好的機會

在歐巴馬當選總統時，波普在北卡羅萊納所資助的意識形態機器已經非常強大，但還只是互相連結的保守派非營利組織，在幾乎每一個州中運作的數百萬美元系統的一部分。由於他們偏好聯邦制（federalism），[24]懷疑中央集權，因此自然也特別重視州政府。從內戰到民權運動，保守派一直呼籲爭取州政府的權力，特別是在南方，一直對某些種族特別反感，當地司法系統也特別抗拒聯邦政府的干預。之後，在雷根時代，這個運動加入了支持企業的目標。當保守派的企業領袖，例如路易斯·包威爾與威廉·賽門等人，在全國組織企業利益團體對抗自由派大眾利益運動，保守派的盟友也在州與地方層級成立類似的組織。這些行動中的一個領導人物，是來自南卡羅萊納格林威爾的反工會建設業大亨湯瑪斯·羅伊（Thomas A. Roe），據報導，他在一九八〇年曾經在傳統基金會對著一名受託人同伴宣稱：「你掌控蘇聯，我要去掌控各州。」[12]

羅伊接著在一九九二年成立國家政策網絡（State Policy Network），這是一個全國性的保守派州級智庫聯盟。到了二〇一二年，這個網絡已經有了六十四個產出標準化政策報告的獨立智庫，而且每一個州包括一個樞紐中心。例如，在北卡羅萊納，由波普資助的兩個智庫也是成員。這個組織的董事長崔西·夏普（Tracie Sharp）稱每一個組織都「非常獨立」。但關起門來，她把這個團體模式比喻為全球連鎖店宜家家居（Ikea）。二〇一三年的年度會議上，她告訴八百名聚在一起的成員，全國組織會提供他們「原物料」和「服務」的「目錄」，地方分部就可以在家組裝各種意識形態產品。她說：「各取所需，然後以最適合的方式把它客製化。」[13]

二〇一一年，州政策網絡的預算達到了可觀的八千三百二十萬美元。[25]和這些智庫協調的單位，有超過一百個「非正式」會員，包括很多保守派的非營利團體，如美國繁榮、卡托研究院、傳統基金會，以及諾奎斯特的美國稅務改革協會，這也是寇氏家族協助成立的組織。

在州層級為右派勢力增加影響力的是美國立法交流協會。從一九七〇年代成立以來，魏理奇的這個獨創組織就蓬勃發展，當時大部分的成立資金都是來自理查・梅隆・史凱菲。批評者把它叫作保守派企業的「法案磨坊」（bill mill）。數千個商業與貿易團體支付高昂的會費，以加入和當地官員組成的封閉研討會，他們草擬的立法參考範本，州議員隨後就會介紹是自己提出來的法案。平均而言，ALEC一年提出一千條新的法案，其中大約有兩百條會成為州法。[26]大約有二十九個州政策網絡的智庫，也是ALEC的成員，則會提供立法研究。

24　譯者注　把國家的整體性與地方的多樣性融入統一政治體制的一種國家形式，是權力過分集中的中央集權制與過分鬆散的邦聯制的折衷。

25　作者注　這份報告詳盡完整，而且都有資料可查，並在第三頁指出，這個組織協助寇克等人「財務觸角延伸到全國各地。」See "Exposed: The State Policy Network," Center for Media and Democracy, Nov. 2013.

26　作者注　ALEC產生法案的記錄，可見 Cray and Montague, "Kingpins of Carbon and Their War on Democracy," 37.

從很多方面來看，ALEC和企業遊說活動沒有什麼兩樣，但它把自己定義為免稅的501(c)(3)「教育」組織。但在另一方面，它卻又對盟友大力宣傳自己的交易成就。在一份只對會員發行的簡報中吹噓，ALEC為企業做了「良好的投資。沒有其他地方可以讓你得到那麼高的報酬率。」[27]為了避免看起來像是被收買，立法人員都會小心，不要提到法案範本的企業源頭。但就像威斯康辛州前議員（以及後來的州長）湯米·湯普森（Tommy Thompson）就坦承，「我自己本人就很喜歡去這些會議，因為我總是會找到新點子。然後我就會把它帶回威斯康辛州，稍微修飾一下之後就會說『這是我提出來的。』」

寇氏家族就是這項聚焦於州政府的行動的早期金主。寇氏工業在ALEC的公司董事會中有一個代表席位，已經將近二十年；在這段期間，ALEC產生許多有助於寇氏工業等石化燃料公司利益的法案。光是在二〇一一年，它就產生了大約七十條法案，目的在阻礙政府支持可再生的替代能源方案。

寇氏家族後來表示支持刑事司法改革，但當他們在ALEC中活躍的時期，ALEC可是大力推動嚴厲的監禁刑罰，結果導致大量的監獄危機。多年以來，ALEC中最活躍的成員之一就是營利型的監獄業。例如，在一九九五年，ALEC開始針對毒品犯罪推動強制性最低量刑。二年後，查爾斯·寇克就提供四十三萬美元的借款給ALEC紓困。[28]

二〇〇九年，各州的保守運動又取得了另一個層面的影響力。州政策網絡，夥同一個稱為富蘭克林政府與公務員廉政中心（**Franklin Center for Government and Public Integrity**）的新組織，增加了自己的「調查新聞」服務，並在大約四十個州成立新聞機構。記者為他們的全國通訊服務單位與網站提供報導內容。很多記者引用州政策網絡的研究，並支持ALEC的優先立法項目。記者經常抨擊政府的計畫，特別是由歐巴馬提出來的計畫。這個新聞組織宣稱是個中立的大眾監督機構，但大部分的報導內容都反映出背後偏向保守派的立場。

專業記者很快就批評富蘭克林中心把自己的內容稱為「新聞」。威斯康辛州《麥迪遜首都時報》（*The Capital Times of Madison*）名譽總編戴夫．茲威費爾（**Dave Zweifel**），稱這個團體在該州的網站為「偽裝的狼」，以及「對客觀報導傳統的另一個危險打擊」。⑭皮尤研究中心（**The Pew Research Center**）的卓越新聞計畫，把富蘭克林中心的報導評為「非常意識形態」。但是富蘭克林中心創辦人傑森．斯特威拉克（**Jason Stverak**），並未就此縮手。他在一個保守派的會議上說，在全國各地的州層級上，很多「傳統媒體」發現，由於經濟死亡螺旋（**economic death spiral**）[29]而形成某些報導真空，他組織的計畫就是要填補這些真空。他也拒絕透露是誰在

---

27 作者注　ALEC成員新聞通訊與湯普森的發言，出自 Alexander Hertel- Fernandez, "Who Passes Businesses' 'Model Bills'? Policy Capacity and Corporate Influence in U.S. State Politics," *Perspectives in Politics* 12, no. 3（Sept. 2014）

28 作者注　有關ALEC的更多訊息，可見媒體與民主中心設立的 ALECExposed.org.

29 譯者注　指債務持續上升，但經濟景氣卻無法成長的情況。

資助他的組織。[30]

日積月累，這三個團體促成了似乎是由基層忽然風起雲湧的保守派革命，讓歐巴馬的政策在這些州完全失去效力——但其中的資金卻是由上而下的。其中大部分來自龐大的跨國企業，包括寇氏工業、美國雷諾茲菸草（Reynolds American）與奧馳亞（Altria）菸草公司、微軟（Microsoft）、康卡斯特（Comcast）、AT&T和威訊（Verizon）電信公司、葛蘭素史克（GlaxoSmithKline）與卡夫食品（Kraft Foods）。另外還有一小群非常有錢的金主與他們自己的基金會，也是資助這項行動的資金來源。

大部分的錢都會透過捐款人信託這個位在華盛頓特區的基金運作，因此就能抹去捐款人的身分。[31]捐款人信託基金與它的姐妹機構捐款人資本基金（Donors Capital Fund），從一九九九年以來，收到了七．五億美元，全部來自不到兩百個超級有錢人與私人基金會。很多就是形成寇氏網絡的億萬與千萬富翁。

捐款人信託基金這群人數相當少的人，提供了富蘭克林中心在二〇一一年九五%的收入。捐款人信託基金與捐款人資本基金背後的大金主，在二〇〇八年到二〇一一年，也投了八千萬美元在州政策網絡的智庫。⓯經營捐款人信託、本身也在州政策網絡董事會的惠特尼．波爾說，在歐巴馬主政期間，保守派的金主「看到更好的機會，可以在州政府有所作為。」[32]

大聲說話的少數人

二〇一三年秋天，保守派在北卡羅萊納州的改造行動造成的不良後果，遠遠超出了州界。一個鮮為人知且來自這些剛被操控的選區所選出來的共和黨新進國會議員，幫忙啟動了這個過程，導致聯邦政府暫停運作。共和黨的激進捐款人，把政治分化到就在幾年前還幾乎無法想像的程度，這就是一個具體的實例。

馬克・梅多斯（Mark Meadows）於二〇一二年當選之前，一直是北卡羅萊納最西邊的某個餐廳老闆與主日學聖經老師。之前，這個位居偏遠鄉下、多山的第十一國會選區代表，一直是前美國橄欖球大聯盟的一個前四分衛與保守的民主黨人，名叫希斯・舒勒（Heath Shuler）。但是因為共和黨的選區操控手段，移除了在這個選區的很多民主黨人，導致舒勒乾脆退休，不

---

30 作者注　傑森・斯特威拉克在傳統基金會談到「真空」，"From Tea Parties to Taking Charge," April 22– 23, 2010.

31 作者注　有關捐款人信託一篇最好的分析，可見 Abowd, "Donors Use Charity to Push Free- Market Policies in States."

32 作者注　Abowd, "Donors Use Charity to Push Free-Market Policies in States." According to "Exposed: The State Policy Network," 19– 20. 光是麻州與德州兩個州政策網絡智庫，不小心披露的資料就顯示，大部分的存款都來自寇氏工業以及寇氏兄弟的基金會。大衛・寇克在二〇〇七年就以個人名義捐給州政策網絡的麻州成員先鋒研究院（Pioneer Institute）十二・五萬美元，並顯示他是該單位那一年最大的金主。德州公共政策基金會（Texas Public Policy Foundation）一個類似的偶然披露也顯示，寇氏工業在二〇一〇年捐了十五・九萬美元給這家智庫，同時，寇氏兄弟的一個基金會也捐了超過六・九萬美元。

再浪費時間與金錢在顯然沒有希望的選戰上，只能把席位讓給梅多斯。

上任八個月後，梅多斯寫了一封公開信給眾議院的共和黨領導階層，要求他們用「錢包的力量」來扼殺《平價健保法案》，並因此上了全國媒體頭條新聞。在那時候，《平價健保法案》已經得到最高法院的支持，並在歐巴馬於二〇一二年連任成功時確認。但是梅多斯主張，共和黨應該拒絕提供任何執行所需的撥款，以破壞這條法律。並且，如果無法得逞，他們就要關閉政府。到了秋天，梅多斯順利取得超過七十九名共和黨國會議員支持這個計畫的簽名，並強迫原本反對這種激烈手段的眾議院議長約翰．貝納（**John Boehner**），同意他們的要求。

梅多斯後來指責媒體太誇大他的角色，但當地的茶黨團體都稱他為「我們的模範」，CNN也稱他為二〇一三年政府關閉事件的「建築師」。當國會的激進份子拒絕退讓，導致整個聯邦政府在十月份完全停擺十六天，除了最重要的聯邦服務之外，整個國家只能勉強支撐基本的運作時，這種大張旗鼓的破壞行動，看起來就不再那麼正面了。根據報導，在梅多斯的選區，依賴聯邦補助的日照中心趕走了焦慮不安的家庭；另外，附近的國家公園也都關閉了，導致觀光業陷入停滯。全國民調顯示，大眾一面倒地反對這次的停擺事件。甚至《華盛頓郵報》保守派專欄作家查爾斯．柯漢默（**Charles Krauthammer**）也稱這些叛徒為「自殺黨團」。

但是二〇一〇年的選區操控行為，已經造成《紐約客》（*The New Yorker*）的利薩所謂的「歷史怪象」。⑯**政治極端主義者現在甚至在面對自己政黨的領導階層時，也已經沒有妥協的**

誘因與必要。相反的，共和黨成員的唯一威脅是新進國會成員，而超保守選區的主要挑戰是更保守的候選人。

統計資料顯示，所謂的自殺黨團的八十名成員，根本是非常不具代表性的少數。他們只代表全國一八%的人口，而且只占了整個眾議院共和黨團的三分之一。操縱選區導致他們的選區在種族上更不多元，而且比整個國家更向右傾。但他們只是異常現象，只因為這個黨的金主基礎擁有不成比例的權力。

利薩指出，「在以前，意識形態上非常極端的少數人還能受到政黨領導階層的約束，但目前眾議院一個新的狀況就是，共和黨已經失去政黨紀律的約束力了。」黨團大老們不再能有效管理黨員行為；因此，外部的龐大資金雖然未能收買二〇一二年的總統大選，但卻順利癱瘓了美國政府的運作。[33]

梅多斯當然無法靠自己一人就讓政府關閉。來自德州的年輕參議員泰德·克魯茲，策劃了這個在國會中運作的大部分策略。而在同時，由這個黨的大金主資助的一連串赫赫有名的保守派非營利團體，也幫梅多斯的請願推了一大把，⑰同時還在各州組織了反對歐巴馬健保案的大規模運動，因為情勢非常激烈，甚致被比喻為就像南方州在一九五四年對抗最高法院的《布朗

33 作者注 Kenneth Vogel, in *Big Money*, 211 也做了相同論述：「最大金主們在投票結果失利之後將近十一個月，透過癱瘓政府事件證明，二〇一〇年與二〇一二年的支出狂潮，對美國政府的運作方式產生了前所未有的影響。」

訴教育局案》（*Brown v. Board of Education*）[34]判決一樣。也就像種族隔離主義者，他們不願意接受失敗。

很多美國人對如此激烈的行動感到驚訝。但保守派活動份子一直暗中草擬各種破壞計畫，已經有一段時間了。

這股激進行動背後的憤怒，在喬治梅森大學法學教授麥克・葛雷夫（Michael Greve），於美國企業研究院在二〇一〇年大會的演講中非常明顯。葛雷夫是企業競爭力研究院院長，這是一個位在華盛頓、反對政府監管的自由市場智庫，資金來源有布拉德利、庫爾斯、寇克與史凱菲基金會（Scaife Foundation），還有一堆大企業和強烈反對歐巴馬健保案的人。葛雷夫宣稱，「這個令人討厭的東西，必須像政治衛生問題一樣消滅它。」[18]

「我不在乎這件事要怎麼做，不管是要破壞它的核心，或是嚴厲批評然後把它趕出城外，或是把它勒死」，他繼續說：「我也不在乎是由誰來做這件事，不管是某個地方的某個法院，或美國的國會。不管哪一種方式，任何花在這個目標上的錢都是值得的，任何針對這個目的的簡報都是值得提出來的，任何針對這個目標的演講或小組研討會都是對美國的服務。」

到了二〇一二年春天，最高法院仍然維持這項法案，同年秋天，民眾再次選了歐巴馬為總統，這個激烈的抵制活動仍然沒有罷手。相反的，右派勢力還重新集結。就像《紐約時報》後來的報導，「一個保守派活動份子的鬆散聯盟」在華盛頓祕密聚集，以密謀他們還可以用什麼方式破壞這個方案。⑲這次聚會制訂了一份「停止提供歐巴馬健保案資金的藍圖」，大約有三十多個保守派團體簽署，他們自稱為「保守派行動計畫」（Conservative Action Project）。[35]領導人是前司法部長艾德溫．米斯三世，他是老邁的保守運動旗手，在傳統基金會堅守雷根的立場，也在喬治梅森大學的莫卡特斯中心擔任董事，也經常出現在寇克捐款高峰會。他提出的其中一個計謀就是梅多斯最後支持的提議方案，在國會堵住提撥給健保方案的資金。

另一個計謀是在州政府官員與大眾雙方，煽動不順從聯邦法律的大規模「教育」運動，例如北卡羅萊納州拒絕成立健保交易市場（insurance exchange）。[36]寇氏網絡的「商業聯盟」自由夥伴商業會議（Freedom Partners Chamber of Commerce），為這場抗爭提供了很多資金。[37]它運用一個以年輕人為主的外圍團體機會世代發布線上廣告，內容是一個沒品味的山姆大叔卡通版本，在一個正在做婦科檢查的年輕女人雙腿之間跳著，目的是散布政府干預私人健保事務的恐懼（**這個寇克外圍團體似乎對政府介入生育健康議題就沒有疑慮**）。這個組織也贊助以學生

34 譯者注　當時最高法院已經裁決，公立學校的種族隔離違反憲法，但南部有十七個州的公立學校，仍依法實行種族隔離。

35 作者注　“Meet the Evangelical Cabal Orchestrat ing the Shutdown,” *Nation*, Oct. 8, 2013, 李方在文中提到，保守行動計畫（Conservative Action Project）和全國政策委員會（Council on National Policy）關係密切，而且至少從二〇〇九年開始就一直在華盛頓開會。

36 譯者注　平價健保法案中，讓保險公司可以透過政府設置的健保交易市場（又稱健保交易）銷售醫療保險方案。有的是由州政府或聯邦政府營運，有的是兩者共同經營。

37 作者注　Stolberg and McIntire, “Federal Budget Crisis Months in the Planning,” 文中提到自由夥伴花了二億美元打擊健保法案，但這個數字也包含這個團體的其他支出。

為主的抗議活動，取笑歐巴馬健保案的保險卡被燒得就像越戰期間的徵兵卡。這些假情報活動都是為了散布恐懼與困惑。之後，電視報導反映了一種廣為流傳的信念⑳，特別是在極度貧窮的地區，政府正在成立「死亡小組」（death panels）。[38]

二〇一三年的夏天與秋天，梅多斯正在為他的公開信集結共同提案人時，美國繁榮另外砸了五百五十萬美元，在反歐巴馬健保案的電視廣告上。提姆・菲利普斯後來被問到這件事時強調，他的團體只是想要廢除那個法案，而不是要停止資助健保法案。但是不管哪一種方式，他也承認，寇克的政治團體都不會放棄，打算花「數千萬美元」在反對這條法案的一個「多方位的行動」上。

行動的一部分就是，美國繁榮對各州施壓，拒絕這個方案中包含的免費擴大醫療補助範圍，這意味著否決四百萬沒有保險的成年人的醫療保險。[39]他們也壓迫全國各地的州政府官員，拒絕成立該法案所預期的健保交易市場。而在同時，卡托研究院與企業競爭力研究院還大力推廣一種說法：聯邦政府插足州政府失職之處，是不合法的——一種和共和黨與民主黨立法者起草的法律矛盾的解釋。[40]因此構成了《平價健保法案》的第二個法律挑戰，並提交到最高法院，也就是《金恩訴伯威爾案》（King v. Burwell），但此案在二〇一五年夏天敗訴了。[41]

（《平價健保法案》面臨第一個法律挑戰，並被提交到最高法院時，寇克與他們的盟友其實悄悄扮演了很少被注意到的角色。正式提起訴訟的是全國獨立企業聯盟〔National Federation of

Independent Business, NFIB〕，但NFIB是在二〇一〇年的一場傳統基金會活動上，才被說服登記為原告。[42]之後，寇氏家族的組織自由夥伴、捐款人信託、卡爾．羅夫的黑錢團隊CGPS，還有布拉德利基金會，全部一起資助NFIB。）

菲利普斯認為，保守派團體在對抗健保案上，大幅超過法案支持者的支出。他宣稱，「這是一場大衛與哥利亞之戰。」㉑但是凱塔媒體（Kantar Media）[43]追蹤電視廣告支出的競選媒體分析小組指出，法案通過之後兩年，把這項法案妖魔化的廣告，就花了二．三五億美元，但支

---

38 譯者注　指新的健保方案中，政府可以決定哪些人可以接受治療或直接等死。

39 作者注　州政府拒絕擴大醫療補助計畫影響到四百萬沒有保險的成年人，這個數字來自 Rachel Garfield et al., "The Coverage Gap: Uninsured Poor Adults in States That Do Not Expand Medicaid— an Update," Kaiser Family Foundation,April 17, 2015.

40 作者注　MacGillis, "Obamacare's Single Most Relentless Antagonist," *New Republic*,Nov. 12, 2013. 文中描述到卡托研究院麥克．卡農（Michael Cannon）在幕後扮演的角色。

41 作者注　See Robert Pear, "Four Words That Imperil Health Care Law Were All a Mistake, Writers Now Say," *New York Times*, May 25,2015.

42 作者注　NFIB自稱是「美國最大的小企業協會」（America's leading small business association），之前的幾年，大部分的資金都來自協會的小公司會員。但是從二〇一〇年開始，它同意成為這個法律訴訟案件中的原告那一年，來自非常有錢單位的外部資金開始充實它的庫房。二〇一二年，這個案件送到最高法院，就如CNN率先報導，NFIB從自由夥伴拿到的錢，比任何其他來源都多。另外，從二〇一〇年到二〇一二年，捐款人信託提供NFIB法律中心一半以上的預算。布拉德利基金會也捐了錢。合計數百萬美元的捐款，用來付給全國最優秀的訴訟律師，以支持他們的論點。保守派的法學教授喬西．布萊克曼（Josh Blackman），針對這個案子寫了一本書《史無前例》（*Unprecedented*，暫譯），承認一開始似乎很「瘋狂」。更多資料可參見 Blackman,*Unprecedented: The Constitutional Challenge to Obamacare*（PublicAffairs,2013）.

43 譯者注　一家政治廣告監測公司。

持廣告只有六千九百萬美元。[44]

在促成政府關閉這件事上，傳統基金會也起了很大的作用。二〇一三年，南卡羅萊納州參議員吉姆．狄敏特已經辭去參議院職位，成為傳統基金會會長，在他的領導下，該基金會成為共和黨內部越來越激進且積極發動攻勢的派系。

狄敏特的一個新攻勢就是，傳統基金會成立一個符合501(c)(4)稅法的黑錢分支機構，稱為傳統行動（Heritage Action），它可以直接參與黨派競爭，寇氏網絡也捐了五十萬美元（自由派的美國進步中心〔Center for American Progress〕主任波德斯塔提出了一個新的問題，他把這類行為稱為「在類固醇上成立智庫」。二〇一〇年，傳統基金會也學了這種說法）。

傳統行動攻擊那些拒絕簽署梅多斯「停止提供資金給歐巴馬健保案」公開信的國會議員，讓共和黨溫和派大為震驚。共和黨內部的互相殘殺如此激烈，以致於過去一向歡迎智庫參與的一個共和黨國會黨團，把傳統行動踢出門外。但是這種施壓戰術「非常有影響力」，備受敬重的《庫克政治報導》（*Cook Political Report*）裡立場中立的專家大衛．沃森曼（David Wasserman）告訴《紐約時報》：「我們的歷史上什麼時候有一個來自北卡羅萊納州的新進國會議員，能夠拉攏一票八十人的幫派，就搞得讓政府停擺了？」[22]

二〇一二年選舉結束後，兩黨的政治領導人已經表示，希望停止黨派鬥爭，這樣政府就能開始處理嚴肅的經濟、社會、環境與國際議題，這些議題都迫切需要全世界最富裕、最強大的國家關注。眾議院議長貝納對同黨的極端份子清楚表明該休兵了。他提醒他們：「總統連任成功了，歐巴馬健保案現在是這片土地上的法律。」[45]

但之後不到一年，在另一場沒有意義的反歐巴馬健保案行動中，這個國家又淪為抵押品。二〇一三年十月二日，歐巴馬在白宮會見國會領導人，仍然無法達成避免災難性政府停擺事件的協議，當時歐巴馬把議長拉到一邊。

總統問：「約翰，現在到底發生了什麼狀況？」㉓

他回答：「我被踐踏了，就是這樣。」

最後，經過兩黨協商終於讓政府重新運作。貝納以華盛頓很少見的坦誠態度，挑明指出真正該為政府停擺負責的人。他說，自私自利的極端壓力團體正在「誤導他們的追隨者」，並且「把我們其他成員逼上不想面臨的處境。坦白說，我只是認為，他們已經信用破產。」

但如果寇氏家族與波普的財富正在從基層激化美國的政治，他們就認為這是一個進步的發展。在北卡羅萊納州，波普對越來越多的批評者說：「我不會為我如何花我們世代的錢的決策而道歉。」[46]

---

44 作者注 凱塔媒體在廣告支出的數據，參見 Purdum, "Obamacare Sabotage Campaign."
45 作者注 貝納接受黛安・索耶（Diane Sawyer）採訪，ABC News, Nov. 8, 2012.
46 作者注 作者採訪亞特・波普。

14 銷售新「產品」

更好的戰鬥計畫

「要談人，不是事情。」

——亞瑟・布魯克斯
（Arthur Brooks）

當觀眾席的燈光變暗、開場的鄉村音樂聲量變小時，在預期的一陣靜默中，大禮堂布簾後方走出了四個身穿深色西裝的老年白人，然後一個接著一個輪流到講台上證明，他們就是當天活動廣告的標題：「房裡最聰明的傢伙」。

這是二〇一三年三月十六日的保守政治行動大會（Conservative Political Action Conference）年會，華盛頓最有影響力的智庫大老齊聚在舞台上，一起診斷二〇一二年的大選怎麼會敗得那麼悽慘，並提出解方。這些智庫是保守運動尋找智者與巫術金主最近的地方。傳統基金會德高望重的創辦人艾德溫．佛納（Edwin Feulner）就在那裡，戴著一條乾淨的金黃色口袋方巾。愛鬧事的企業競爭力研究院領袖，禿頭又蓄鬍的勞森．巴德（Lawson Bader）也在；還有約翰．艾利森（John Allison），他看起來就像是南方銀行家——其實他一直都是——，直到最近，他才為了卡托研究院院長一職而離開BB&T的經營職務。不過，最搶鏡頭的還是美國企業研究院院長亞瑟．布魯克斯（Arthur Brooks）。

布魯克斯骨瘦如柴、鬍子黑白交錯、髮際線後退中，並戴著知識份子厚重的黑框眼鏡。他早期的工作是法國號樂手，吹奏的正是右派的保守音符。他有掌握遣詞用字與時機的本領，而且可以把複雜的資料提煉成吸引人又可以理解的概念，就像那天的表現一樣。

關於二〇一二年大選，布魯克斯說：「你們只需要知道一件事。我知道這會讓你們感到很厭惡」，但有一份統計數據說明了，保守派為什麼會輸掉選戰，因為只有三分之一的大眾同意共和黨人所說的「關心像你一樣的人」，另外，只有三八%的人相信他們關心窮人。

保守派有同理心的問題。布魯克斯解釋，這很重要，因為紐約大學史騰商學院（Stern School of Business）心理學家喬納森．海德特（Jonathan Haidt）一份最近的研究顯示，美國人普遍同意「公平很重要」。布魯克斯對保守派觀眾點了頭，再重複了一次：「我知道一想到『公平』這個字眼，就讓你們很厭惡」，但美國人也普遍認為，「幫助弱勢是對的。」

布魯克斯更進一步解釋，很遺憾的是，在美國大眾的心目中，民主黨人是「公平的傢伙」，他們是「幫助窮人」的人。那我們呢？我們是「有錢的傢伙！」

他敦促大家，如果保守派想要贏，就必須改善他們的形象。他向大家保證，這並不是政策問題。他認為，保守派的政策是最好的解決方案。所以，這是一個如何傳達訊息的問題。為了說服美國大眾，他們必須做更有同情心的包裝。換句話說，「如果你想被看成是個善良的好人，就要談到公平，還要幫助弱勢。」他接著補充：「你想贏？就開始為人民而戰！……以弱勢群眾當主題，讓公平主導！……**說故事很重要。**藉由說故事，我們可以軟化民眾的態度。要談人，不是事情。」

一些眼尖的保守派，例如馬修．康帝納提就輕輕嘲笑布魯克斯的處方，並暗示「這個訊息的內容也可能」是個問題。❶他在《標準周報》上狡猾地提出，大眾質疑商業菁英支持的「企業稅改革」版本，是否「能讓窮人和美國鋁業（Alcoa）與安海．布希英博（Anheuser- Busch）

等大企業，一起在公平環境中運作」，並沒有錯。但是當寇氏家族評估二〇一二年之後的損害，並開始規劃下一步的行動時，他們接受了布魯克斯的建議，然後就推出了基本上用金錢能買到的最好的公關活動。活動的基礎全部都是布魯克斯強調的簡單重點。如果「一％」的人想取得美國的控制權，就必須重新塑造自己的品牌，成為其他「九九％」會支持的對象。

位在華盛頓的美國企業研究院與其他保守派智庫，[01]提供的一個關鍵服務就是為政治改造提供必要的諮詢，也就是布魯克斯所做的事。政治學家傑佛瑞・溫特斯觀察到，「幾乎都是由非常富裕人士資助的保守派智庫，就是收入保衛行業（income- defense industry）[02]的第一線。」而布魯克斯在他的CPAC會議中，則有不同的說法。他面對的觀眾中，充滿著在保守運動中被打敗的步兵，他說：「我們智庫的人會幫你，我們會給你思想武器！」

二〇一二年總統大選敗得灰頭土臉之後，毫無疑問，寇氏家族與俱樂部中其他花錢如流水的人，迫切需要新的彈藥。因為反對者把他們貶得體無完膚。一名寇氏工業員工回憶說：「我們有非常嚴重的形象問題與士氣問題，當你說到『寇克』，就像說到你在為魔鬼工作。」

二〇一四年初，參議院中的民主黨多數黨領袖哈利・瑞德（Harry Reid），開始每天在參議院大樓攻擊寇氏家族，就像他在一次暴怒下說的，因為他們「想要用錢收買美國。現在是美國人發言反對這對兄弟檔卑劣的不實作風的時候了，這樣的卑劣完全不是美國人的作風。」這些問題就更嚴重了。

很多人在面對這樣的公眾壓力時就會退縮了，但寇氏家族決定要加倍下注。大衛．寇克在《富比世》中說：「只要我們還有一口氣，我們會繼續戰鬥下去。」[02]

大約在瑞德開始攻擊的那段時間[03]，寇氏家族聘了一個新的溝通主管史蒂夫．倫巴多（Steve Lombardo），他是華盛頓博雅公關公司（Burson-Marsteller）的美國公共事務與危機處理專家，之前曾經擦亮菸草公司與其他公司的形象。當時，他們仍在進行嚴謹的事後剖析，想弄清楚他們的政治操作究竟哪裡出錯。

共和黨全國委員會也在評估自己的失敗。在一份難得坦率而自我批判的公開說明中，它發現，除了其他事情之外，不受控制的外部人士支出完全壓制了候選人，也給了有錢金主太大的影響力。它警告：「目前的選舉財務情勢，已經導致一小群朋友與盟友團體主導了我方的行動。這種情況並不健康。大部分的中央權力掌握在這些外部組織的幾個人，對我們的黨很危險。」[04]

寇氏家族的分析非常保密，但在二〇一四年五月，他們的部分想法浮出檯面，當時《政治圈》獲得一份由美國繁榮寄給大金主的「機密投資人最新資料」。這份文件附和亞瑟．布魯克

01　作者注　作者採訪傑佛瑞．溫特斯。
02　譯者注　為有錢人提供一般人接觸不到的特別避稅方法的行業，包括收費高昂的律師、房地產規劃師、遊說人士與反稅人士。

斯的看法——問題在包裝，而不在內容。這份來自美國繁榮的備忘錄中深感惋惜地寫著：「我們不斷看到，美國人普遍擔心，比起社會中最弱勢的人，自由市場政策與倡議者，對有錢有勢的人比較有利。我們必須導正這種誤解。」05

不久之後，有更多消息被披露出來。二〇一四年六月十七日，一名叫羅倫·溫瑟（Lauren Windsor）的年輕、知名度不高的部落客與網站製作人，她主持了一個線上的政治新聞節目《暗流》（*The Undercurrent*），開始貼出一連串祕密會議的錄音帶，而且是幾天前才在寇氏家族半年舉辦一次的捐款人高峰會中的會議。溫瑟本人是自由派人士，但在二〇〇八年的金融危機中失業，因此對自由市場失去信心。六月十三日星期五，當寇氏家族與他們圈子的人，聚集在加州拉古納海灘外的莫娜科海灘渡假中心時，溫瑟已經變成反對金錢對政治造成腐敗影響的十字軍戰士。她和一名出席那個會議的不知名人士合作，熱切地想要披露寇氏家族的祕密。她開始曝光的錄音帶，沒有讓人失望。

這些錄音帶促成了很多新聞報導。但是至少有一段錄音因為音質太差，因此溫瑟沒有播出來。有關寇氏家族對這個國家的設計範圍與大膽，以及他們在重新塑造較不具威脅性的形象期間，錄音內容透露了一個更驚人的畫面。

六月十五日星期日，金主們為了一個午餐後的機密研討會（會議名稱為「長期策略：拉攏中間的第三部分」）聚集在五星級的海濱渡假中心太平洋宴會廳。被稱為查爾斯·寇克的「偉大策略師」的理查．芬克，提出了一個迷人但有點很嚇人的新政治計畫。從很多方面來看，在寇克帝國裡，沒有一個人比這對兄弟檔的長期軍師芬克，更投入於二〇一二年選戰失利的情勢中。芬克是寇氏工業的執行副總裁與董事，也是美國繁榮的董事會成員。大選之後，他投入該公司出了名毫不留情面的內部審查過程，這包括對政治觀點進行二十年研究的分析，其中有分別在美國國內與海外進行的十七萬次調查，另外還有很多會議與焦點團體會議。芬克告訴金主，這個分析的結論是，如果想把美國拉過來，他們就必須改變。

芬克劈頭就說：「我們在二〇一二年被打敗了，這會是一場長期戰鬥。」他說他學到的挑戰是，這個國家被分為三個不同部分。第一個部分的人已經支持寇氏家族保守的自由意志主義願景（libertarian vision）；第二個部分的人就是自由派（liberals），他引用古老的約翰伯奇協會的話來說就是「集體主義者」（collectivists），而這部分的人不在寇氏家族的控制範圍內。「這個國家未來的戰爭就在，誰能贏得第三個部分的人的心」，芬克說：「這將決定國家未來的走向。」

他說問題就在支持自由市場的保守派，已經失去非常重要的「中間第三部分」。美國這部分的人傾向相信，自由派更關心像他們一樣的普通人。相反的，「他們認為大公司很可疑……很貪婪，不關心弱勢處境的人。」

因為他以為自己是在對朋友說話，所以芬克很願意承認，這些批評者也沒有說錯。「像你們這樣的人會說什麼？我幾乎是一無所有地長大好嗎？我拼命打拼才有今天的一切。所以——」他繼續說，當他看到人們「流浪在街頭」，他承認他的反應是「動起來吧，像我們一樣努力打拼吧！」

他繼續說，遺憾的是，這些他們需要的選票，也就是「中間第三部分」的人，看到窮人時的反應不太一樣。他們反而感到「內疚」，他們不是關心自己的「機會」，而是關心「其他人的機會」。

所以他解釋，寇氏網絡削減政府職能的議程，為什麼對這些選民來說是個問題。芬克承認：「我們想減少法規監管，為什麼？因為我們可以賺更多錢，這不是很好嗎？是的，削減政府支出，所以我們就可以不必付那麼多稅。這都是有道理的。」但「中間第三部分」的美國選民，其實對於似乎以貪婪為動機的立場感到不安。

他說，寇氏網絡必須做的是說服溫和、還未決定立場的選民，經濟自由意志主義者的「意圖」是好的。「我們必須說服這些人，我們的立意是好的，**我們是好人**。」他說：「不管我們誰做什麼，都能推動這個國家的繁榮發展。」

芬克直接了當誠實說出，右派金主的看法多麼不受歡迎，他說：「我們聚焦在減少政府支出與減稅，是達不到目標的，好嗎？他們不會響應，也不喜歡，好嗎？」

但是他也指出，如果有人知道怎麼賣東西，就應該是寇氏網絡的人，「我們總是有生意可以做——我們在做什麼？我們要找出顧客想要的東西，而不是我們想要他們買的東西，對吧？」

寇氏家族廣泛的研究已經顯示，美國「顧客」想要的政策，和他們由商業主導的自由市場正統觀念大相逕庭。芬克承認，美國人不只關心自己的機會，也關心很多人的機會。此外，他們還想要乾淨的環境、健康而高標準的生活，以及政治上與宗教上的自由、和平與安全。

對一個由超級富有的工業家所領導的團隊來說，這些目標似乎是個問題。因為這些人已經幾乎不靠外力，順利阻撓過環保人士保護地球防止氣候變遷影響的努力。而且，為了破壞這個國家提供平價健保給數百萬沒有保險的民眾的第一個方案，寇氏家族與盟友採取的非常措施，看起來也與這樣的目標背道而馳。另外，他們支持為繼承人、對沖基金經理人、離岸公司減稅，以及其他對有錢人有利的漏洞，加上反對社會福利、最低工資、組織工會與資助公立教育，似乎更是公然不顧中間第三部分人士對擴大機會的關心。

新的統計數據顯示，在景氣復甦後的第一年，一%收入最高的人取得了九三%增加的收入，似乎把這些政治問題變得更複雜化。06

但與其改變他們的政策，芬克認為，寇氏網絡的人需要更好的銷售計畫。他承認：「這聽起來有點奇怪，所以你們都必須忍受我一下。」為了說服「中間第三部分」相信這些金主的好「意圖」，他說，寇氏網絡必須重新架構它描述政治目標的方式。它需要的是，「推出一場爭取幸福的運動」。

他指出，改善的說法可以是，主張自由市場是邁向幸福的途徑，但大政府則會導致專制與法西斯主義。他的論述是這樣的：政府補助計畫會導致人民的依賴，結果又會造成精神上的憂鬱。他認為，根據歷史經驗，這會導致極權主義。他說，最低工資就是一個很好的例子。他估計，有五十萬名的美國人願意，在少於聯邦政府一小時七．二五美元最低工資條件下工作，因此這個政策就是否決了這些人「贏得成功的機會」。芬克說，沒有工作，「他們就會失去生活的意義。」他警告說，這就是「德國在一九二〇年代期間，很大一部分的聘僱條件。」因此，他對著一群包含很多這個國家的億萬富翁主張，可以把最低工資相關的法律說成「將導致造成第三帝國[03]興亡」的各種情況。

就像芬克把這些有錢金主貼上自由鬥士的標籤，他們就必須對美國選民解釋，他們反對照顧窮人的計畫不是出於貪婪，他們反對最低工資也不是想用廉價勞工，而是不受約束的自由市場資本主義，單純就是邁向人類「幸福」的最佳途徑。

查爾斯．寇克最近在《威奇托商業期刊》（*Wichita Business Journal*）的訪問中，已經表達了類似的觀點。他在訪談中說到，「面對窮人，好吧，你有社會福利可以給，但這樣做就是宣告，他們必須終生依賴政府，毫無希望可言。」[07]就像歐巴馬，他說「我們要『希望與改變』，但是我們要讓人有根據自身才能更上一層樓的希望，而不是某人給他們某個東西的希望。」在同一個採訪中，寇克很自然（完全沒有任何不自在）地描述到，他最近如何提拔自己兒子崔斯（Chase）成為寇克肥料（Koch Fertilizer）董事長，以及他兒子如何「每一步，都是靠自己。」他完全沒有想到，他兒子，就像他和他弟弟、理查・梅隆・史凱菲、迪克・狄維士，以及貝克托家的男孩，隨便從他人脈圈中舉幾個人，都是從家族事業或很大的遺產中得到一份工作，而不是因為「某人」已經「給了他們某些東西」，而「被宣告，必須終生依賴政府，毫無希望可言。」

為了從他們需要的支持者「爭取尊敬與好感」，芬克在談話中繼續解釋，寇氏家族也要與不太可能的盟友建立並公開夥伴關係。這樣就能中和批評者說他們是負面力量或只會搞分裂的說法。例如，他告訴金主，他們將會聽到，寇氏家族與黑人大學聯合基金會（United Negro College Fund），以及全國刑事辯護律師協會（National Association of Criminal Defense Lawyers）的夥伴關係，他們已經資助後面這一個單位很多年了。事實上，那天下午稍晚，芬克加入了另一個名為「促進全國對話」的小組討論，與會者還有黑人大學聯合基金會會長麥克・洛馬克斯（Michael Lomax），以及全國刑事辯護律師協會執行總監諾曼・瑞默（Norman Reimer）。芬克解釋，藉著跨越黨派分裂，寇氏家族的團體在美國人面前就能呈現出「一個正

03 譯者注　指一九三三年到一九四五年，希特勒統治期間的德國。

面的版本」。他說，這就能證明「另一邊陣營的人製造分裂，但我們在解決問題。」

事實上，寇氏網絡和辯護律師有不少接觸。數量驚人的金主一直身陷嚴重的法律問題中。不只寇氏家族面臨環境、工安問題、詐欺與賄賂的指控，團隊中的其他很多人也有法律問題。在寇氏網絡中越來越活躍的鮑伯・墨瑟（Bob Mercer，按：即前面提到的 Robert Mercer），所共同指導的對沖基金文藝復興科技公司，因為在二〇〇〇年到二〇一三年避掉超過六十億美元的稅，當時仍被國稅局調查中。在二〇一四年的一次參議院調查中，共和黨參議員卡爾・雷文（Carl Levin）譴責這家公司的會計手法，就是「假冒與濫用稅法的陰謀詭計，相當令人震驚。」一名公司發言人承認，這是複雜的避稅方案，並堅稱「在現行法律下，這樣做是適當的。」

而在同時，史帝文・寇恩的大型對沖基金公司賽克資產顧問，已經被刑事調查很多年了，它的董事總經理麥可・蘇利文（Michael Sullivan）本身也是寇克圈子的人，在一場研討會中擔任過主講人。[04]但到最後，寇恩和蘇利文都沒有被判從事不法行為，而在八名員工承認或被定罪從事內線交易之後，政府指責寇恩「忽視不當行為」，並且以十八億美元的罰金與該公司和解，這是史上金額最高的罰金。

在捐助人高峰會上，瑞默在自己的評論中，把刑事司法系統描述為「過度濫用，過度包山包海」，並建議「我們這個團體裡面，可能每一個人都有朋友、親戚，或同事、鄰居，或你關心的某個人，被這個國家的刑事司法系統逮到。」他說的，可能比他所知道的，更貼近這句話的意義。

事情的發展也就如他們希望的那樣，兩黨的行動很快就在寇克的小圈子之外，帶來了正面的新聞標題，而且創造了他們心目中想要的形象大翻修的效果。歐巴馬的高級顧問瓦萊麗．賈勒特（Valerie Jarrett）邀請寇氏工業總顧問馬克．荷登，和她與其他相關議題的高階官員在白宮見面，這讓熟知寇氏家族全部歷史的人大感意外。[05]因為這讓寇氏家族看起來已經超越「分裂」，就像芬克之前的計畫。特別有效的是，他們和包括美國進步中心在內的很多進步團體，加入一個刑事司法改革聯盟。華盛頓主要的自由派智庫認為，這個夥伴關係只是一種手段，想在窮人與少數族裔的犯罪原因上，取得財務與政治上更大的影響力。但在寇氏家族長期以來關心的是其他類型的犯罪者。一九八〇年，也就是大衛．寇克參選的那一年，自由黨（Libertarian Party）的黨綱就呼籲，停止起訴所有逃稅者。寇氏家族也不斷大力反對很多他們已經觸犯的環境罪行。

04　作者注　寇恩新的對沖基金公司 Point72 發言人馬克．赫爾（Mark Herr），被問到史帝文．寇恩與麥可．蘇利文是否捐錢給寇克的政治行動，他說：「針對政治捐款，我們不評論也不提供任何指示。」

05　作者注　荷登在二〇一五年四月十六日到白宮，見了內政政策主管賈勒特、西西莉亞．慕諾茲（Cecilia Muñoz）與白宮顧問尼爾．艾戈斯頓（W. Neil Eggleston）。之後，歐巴馬維護了寇氏兄弟參與刑事司法改革的議題，不過不久之後，他又批評他們反對政府支持再生能源。面對總統的批評，查爾斯．寇克自稱「非常震驚」。

荷登在一次採訪中承認，在二〇〇〇年，柯林頓政府的司法部對寇氏工業起訴環境犯罪行為時，寇氏家族就對刑事司法改革非常積極。荷登回憶說：「實在太糟糕了」，他說，查爾斯·寇克把起訴看成是「政府管過頭了」，因此越來越關心這個議題。[08]

但二〇〇〇年的案子並不是政府濫用起訴權，一開始其實是由德州科伯斯克里斯帝市的寇克公司員工提出來的，她爆料說，這家公司想掩蓋，用她的話說，將「會造成出血的苯」排到空氣中的事。[09]檢察官、後來成為法學教授的大衛·烏爾曼曾經說，「這個案子是《淨化空氣法案》有史以來最大的一個案子。」這家公司並沒有被誣告。它付了二千萬美元罰款，讓員工免去入獄服刑的時間。把這件事導入一場目的在削弱政府起訴權力，並受兩黨支持的民粹式社會改革活動中，寇氏家族的這種能力算是自我推銷的一種高超手法。

早期曾經擔任監獄警衛的荷登，在公開場合很富有感情地說過，這個國家關了太多弱勢囚犯了。寇氏家族是否真的和他看法一致，或者只是把刑事司法改革當成削弱政府打擊企業犯罪的手段，以美化自己的形象，還有待觀察。懷疑論者指出，寇氏家族持續支持的很多候選人，都有刑事司法問題的紀錄，完全不符合寇氏家族公開表示的顧慮，其中包括大衛·寇克在二〇一五年提到的史考特·沃克，直到他退出前，都是他們最喜歡的總統候選人。他們也指出，在寇氏工業因為沒有披露自己的犯罪紀錄，而被聯邦政府逮到之後，寇氏家族只支持一個反對「勾選」表格的公司活動，要求求職者要披露之前的刑事定罪紀錄。

儘管如此，就在二〇一四年六月高峰會開始之前，查爾斯基金會捐給黑人大學聯合基金會的二千五百萬美元捐款，為他們贏得了一些正面的新聞標題。[06]有關這筆捐款，查爾斯在事先準備好的公開聲明中說：「長久以來，幫助人們改善生活以增加幸福感，一直是我們的關注焦點。」

他幾乎是隨口就會即興說出這個「幸福」的字眼。在那個六月高峰會上的另一場會議中，一名主講人則對捐款人解釋，這個字眼有多麼深思熟慮，可以化解政治上的敵意。維克森林大學（Wake Forest University）保守派的政治經濟學教授詹姆斯．奧特森（James Otteson），把它稱為「改變遊戲的字眼」。他告訴捐款人，他打算在維克森林大學成立「幸福」中心，他在那所學校研究資本主義的BB&T中心擔任執行董事。

他還提到一件軼事，以說明自由市場理論作為推動幸福運動「框架的力量」。他回顧說，他有一個同事，是反共和黨與資本主義一個很知名的「左派政治學家」，對於研究促進人類幸福的因素這個想法非常著迷，因此他說：「你知道，我甚至願意拿寇克的錢來做這個研究。」捐款人聽到這個話都大笑出來。奧特森大聲地說：「誰能拒絕幸福？這個框架絕對是非常重要

06 作者注　一些自由派團體，例如美國公務員工會（AFSCME）就批評黑人大學聯合基金會拿寇氏兄弟的錢，因為寇氏兄弟終結很多提供少數族群就業機會的公務人員工會。

的。」

把反政府、自由市場意識形態，變成促進生活品質的無黨派運動，這個想法有明顯的優勢。而奧特森在學術界成功滲透這個方法，尤其激勵了這個團隊。越發重視以學術界作為金主保守意識形態的傳送系統，以及改變國家政治組成的長期策略，事實上是捐款人高峰會的另一個重要焦點。

就像歐林與布拉德利基金會已經證明的，以及查爾斯．寇克推廣自由意志主義的早期藍圖所顯示的，爭取大學生的認同，長期以來一直是右派的核心策略。那個周末，大會司儀詹崔把學術界形容為是「一筆厲害的投資」，「對這個研討會圈子的人來說，是一個有重大競爭優勢的地方」，更是寇氏家族宏偉設計的重要成份。詹崔是寇氏工業特別專案副總裁，也是查爾斯寇克基金會副總裁。

就像查爾斯寇克基金會副總裁萊恩．斯托爾斯（Ryan Stowers）在進行回顧時，對金主表示，在一九八〇年代，查爾斯．寇克與理查．芬克首度嘗試，要用海耶克的生產模型作為製造政治改革的手段，但想把學術界轉變成自由市場意識形態的來源，似乎非常牽強。斯托爾斯說，當時美國的自由市場學者非常少，查爾斯很勉強才找到足夠的人舉行研討會。但由於查爾斯與其他捐款人的「勇氣、投資與領導」，他說，「我們已經建立了一個促進自由的強大網絡」，在全國各地大約四百個大專院校中，有將近五千名學者。

斯托爾斯提到一個大突破是，成立了大約二十幾個私人資助的學術中心，其中最重要的就是喬治梅森大學的莫卡特斯中心。二〇一五年一份和亞特．波普有關的非營利組織提出的報告說明，在大學內部的私人學術中心是很理想的方法，有錢的保守派可以用自己的觀點，取代教職員自己的看法。[10]報告中提到：「在大學校園，有錢能使鬼推磨。」舉例來說，這份報告描述了卡托研究院前主席約翰．艾利森開創性的作為，他在經營BB&T銀行時，監督了提供給六十三所大學的捐助金。這些專案都被要求必須教授他最喜歡的哲學家的思想，也就是推崇自身利益的艾茵．蘭德。

隨著指定用途的捐助金大幅激增，也升高了學術自由的爭議性，因此更需要圓滑的行銷。到了二〇一四年，光是各式各樣的寇克基金會，就在二百八十三所四年制的大學捐助了支持企業的專案。[11]在佛羅里達州立大學，因為寇克基金會在二〇〇八年給了一筆捐款，因此有了教職員任用發言權，外界的批評聲浪變成公開的對抗。學生抱怨，寇克的影響力既邪惡又無所不在。大學生傑瑞．方特（Jerry Funt）說，在公立大學的入門經濟學課程中，「我們學到的是，凱因斯是壞的，自由市場比較好，血汗工廠沒有那麼糟糕，中國的放任法規比美國的好。」07

07 作者注 作者採訪傑瑞．方特。

他說，他們的經濟學教科書共同作者是羅素·索貝爾[08]，他之前在西維吉尼亞大學任教時，就是寇克資助的對象，他過去曾經教學生，安全法規其實傷害了煤礦工人。方特講的那本教科書主張，「氣候變遷不是人們造成的，也不是什麼大問題。」因此被環保團體評了個F。面對批評者提出反對意見時，寇氏家族辯稱，他們購買公立大學的影響力，只是要提供「新穎的」大學思維。[12]

透過一個由查爾斯設計，稱為青年企業家學院（Young Entrepreneurs Academy）的非營利機構，寇氏家族也調度數百萬美元，投入線上教育與高中生教育。[13]例如，財務緊迫的托皮卡學校系統（Topeka school system），就和該組織簽訂協議要教學生，富蘭克林·羅斯福（Franklin Roosevelt）並沒有減緩大蕭條問題，最低工資法和公共補貼會傷害窮人，婦女領較低薪並不是歧視，二〇〇八年的經濟衰退原因並不是企業，而是政府。而目標在低收入地區的專案，則付錢讓學生修額外的線上課程。

在六月的高峰會上，斯托爾斯對金主強調，這項在教育上的「投資」，已經建立了非常寶貴的「人才管道」（talent pipeline）。他說，如果數千名學者每年平均教幾百名學生，每年就能影響數百萬名美國年輕人的思想。「而且這個循環每一年都會自己重複，因此你可以看到，從二〇〇八年以來，這對我們的網絡產生的倍增效應。」

總之，詹崔對金主表示，「所以你們可以看到，高等教育的影響不只限於高等教育本身。」他說，學生是「自由運動的下一代，從這些高等教育課程畢業的學生，會到各州與全國性的智庫。」然後，他們會成為這些「草根」團體「在各州分支機構的主要職員。」滿腔熱血的人也會被鼓勵，成為他所謂的寇克「**完全整合的網絡**」的一份子。說到這裡，他暫停了一下再繼續說：「我得小心琢磨一下該怎麼說」，他又暫停了一下，「他們將會接手我們的計畫。」

詹崔必須小心措辭的原因在於，寇氏家族對國稅局說，他們的教育資助活動是非政治性公益工作，因此符合免稅與匿名的條件。但詹崔描述的事，完全是政治性的目的。這簡直是全方位服務的政治工廠。詹崔在對金主演講時，還哄騙他們要「投資」更多，因此無法抗拒地補充更多細節。「這不只對大學生有用」，他繼續說：「這是在培養州層級的能力，**選舉的能力**，並且還能**整合人才管道**。所以，假以時日，你們將可以看見，這些因素會如何彼此幫助。沒有人有這種基礎建設。這件事實在讓我們非常興奮。」

很顯然，金主們也很興奮。高峰會在六月十七日結束時，寇氏家族已經設定二・九億美元

---

08 作者注　索貝爾在二〇一二年忽然離開西維吉尼亞大學後，就到要塞軍事學院（Citadel）任教。索貝爾也是南卡羅來納政策委員會（South Carolina Policy Council）成員，這單位是州政策網絡的一部分，而且和莫卡特斯中心、卡托研究院、福瑞斯特（Fraser Institute）、稅務基金會往來密切，也參與寇氏兄弟資注部分資金的阿拉巴馬州特洛伊大學（Troy University）與維吉尼亞州漢普敦・雪梨大學（Hampden- Sydney College）的專案計畫。

的募款目標。對外圍團體花在期中選舉的金額來說，這是非常大膽而且在當時是前所未見的數字。

「我知道這很瘋狂，二．九億美元是一個非同小可的數字」，詹崔承認，不久就做出了最後的保證。但他告訴這些祕密聚會的人：「七、八年來，我們已經做了不少事」，他接著補充：「你們都知道，為了你們，我們試著用生意手法來做這件事，因為，簡單說，你們都是我們的投資人。」

八天之後，查爾斯．寇克的機構在華盛頓的新聞博物館（Newseum），主辦了它所謂的第一屆幸福論壇（Well- Being Forum）。小組座談成員之一，就是維克森林大學的教授詹姆斯．奧特森。在一篇線上文章中，查爾斯說明，他的基金會提出「幸福倡議」的目的，是「促進更多有關幸福真正本質的對話。」在他的副標題之下，清楚呈現了一句馬丁．路德．金恩的名言。[09]但並未提到金恩的幸福版本，還包括工會、國家健保，以及政府為需要工作的人提供就業機會。[10]

在查爾斯．寇克的幸福倡議諮詢委員會的五個成員中，還有亞瑟．布魯克斯，他的發現，也就是保守派必須被認為更關心人，深深影響了寇氏家族。在那時候，布魯克斯已經超越了他之前寫的一本書，在那本書中，他像米特．羅姆尼一樣，把美國人分成「生產者」與「掠奪者」，但他現在已經變成一個全新的人，把自由企業定義為邁向幸福的道路。[11]布魯克斯說，不幸與「經濟上的忌妒有很強烈的關係」，例如推動對非常富裕人士課徵更高的稅這種思維。《紐約時報》認為，布魯克斯的理論值得刊登在民意論壇單元。很顯然的，這個新的幸福修辭正在贏得外界的注意力。

自己動手更好

他們在公眾面前把自己重新塑造為不涉及黨派的改革者時，寇氏家族越來越激進的私人政治機器，已經對二〇一四年的大選蓄勢待發。而那場戰役最終的獎賞，就是掌控美國參議院。如果共和黨可以取得上議院的多數，同時保持在眾議院的勢力，就能主導國會，控制立法議

---

09 作者注　查爾斯引用的名言是：「我們被困在一個不可避免的互相關聯網絡中。」

10 作者注　查爾斯・寇克在有關幸福倡議（Well-Being Initiative）的文章中，針對這個主題提出幾個自己的理論。在他眼中，這個世界在二百四十年來被分成兩部分，一部分的人相信政府可以讓人幸福，另一部分的人則透過自己努力來實現個人幸福。這種分裂從法國大革命開始，並延續到俄國革命，再到北韓等專制國家。他比較美國和這些「集體主義」國家，他說美國開國先賢「選擇了一條截然不同的道路。」但是兩位美國歷史學家讀了他的文章之後，發現很多事實錯誤。例如湯瑪斯・傑弗遜等開國先賢非常推崇法國大革命，而不是反對。另外，普林斯頓教授尚恩・威廉茲（Sean Wilentz）在接受作者採訪時也提到，美國憲法是受到歐洲啟蒙運動的啟發，並呼籲政府要「提倡大眾福祉」。此外，喬治城大學教授麥克・卡辛（Michael Kazin）也指出，從內戰之前以來，聯邦政府並不是採取自由意志主義，而是一直介入干預，以支持大眾福祉。而且通常還有企業的協助。他在接受作者採訪時說：「寇克的歷史版本根本就是童話故事。」

11 作者注　See Chris Young, "Kochs Put a Happy Face on Free Enterprise," Center for Public Integrity, June 25, 2014。本書首度描寫到，他們接受把「幸福」當成公共關係策略。

程，並對總統歐巴馬形成非常難以對付的障礙。

寇氏家族在二〇一二年選後檢討期間，就做出一個重要的結論。在這段期間曾經提出公司形象問題的寇氏工業員工說：「他們認為，共和黨的基礎建設一點用都沒有，如果他們要做得更好，就得自己來。」

對幾個擁有億萬身價的生意人來說，他們從未被選上公職，而且從來沒有對他們龐大的私人跨國公司之外的任何人正式效忠過，他們決定將取代這個國家兩個政黨中的一個，似乎是激進又令人不安的一步。但在接受《威奇托商業期刊》的採訪中，查爾斯卻無動於衷地聳聳肩。被問到他為什麼這麼深入參與政治時，他把自己比喻為高爾夫球手李．崔維諾（Lee Trevino），在解釋自己贏得錦標賽的原因時表示：「這樣說吧，必須要有人出來打敗他們，那最好就是我。」查爾斯補充說：「看起來沒有其他大公司想做這件事，所以最好就由我們來做，因為必須要有人出來拯救這個國家。」他一點都不像邪惡的斯文加利（Svengali）[12]，他說他在美國繁榮的主要作用是「開支票」，他補充說：「如果我真的能做每一件歸因於我的事，我會非常非常忙。」[14]

寇氏捐款網絡於二〇一四年期中選舉砸下創紀錄的金額時，查爾斯還不斷把自己描述為無私的愛國者，這或許也是他對自己的想法。那年春天，在《華爾街日報》的一篇民意論壇版面上，他把自己說成只是在最近才開始勉強參與政治。他從他成立一年兩次的捐款研討會的時間算起，硬是說他參與政治活動只有十年。但無黨派立場的事實查核團體政治事實則斷定，如果把寇氏家族在十年前就已經在政治投入大約七百萬美元算起來[15]，他說的絕對是「假」話。

一個拒絕透露身分、長期和他共事的人驚訝地說：「他從一九七〇年代就一直推動他的自由意志主義革命了！」查爾斯一開始可能像是蔑視傳統政治的書呆子理想主義者，但每一步，他都從失敗中學習，並更向權力中心移動。他有紀律，而且行動有條有理。例如，二〇一二年之後，他已經很有系統地理解自己這一方的缺點，以及另一方的優點。這個同事說：「他從民主黨那裡學到很多，特別是運用草根力量方面，對查爾斯來說，政治是科學的另一種形式，只是處理的是人，而不是分子。」

而在歐巴馬白宮官邸裡面，在二〇一四年期中選舉逼近時，政治策略與對外聯繫辦公室（Office of Political Strategy and Outreach）主任大衛．塞莫斯（David Simas）也開始懷疑，寇氏家族已經反向操作了歐巴馬在二〇一二年使用的數據分析。這件事的意義如何？一名白宮官員用四個字表達：「非常重大」。

電腦已經把贏得選戰這件事，變成大量選民資料快速變化的高科技競爭。寇氏網絡知道，自己的數據操作在二〇一二年之後，已經大幅落後了，於是採取認真的補救措施。現在自稱為

12 譯者注 一個善於利用催眠控制人心的小說角色。

自由夥伴（Freedom Partners）的寇氏金主，暗中投資一家先進的政治數據公司 i360 數百萬美元，然後與寇氏家族的數據收集問題公司 Themis 合併。很快的，這個計畫就雇用了一百名員工，並彙集了二．五億名美國消費者，以及超過一．九億名積極選民的詳細資料。寇克的很多倡議團體現場工作者都配備手持裝置，以不斷更新資料。這樣做之後，他們就可以判斷哪些選民是「可以被說服的」，然後就用個人化的溝通訊息疲勞轟炸他們，目的是鼓勵他們去投票或留在家中。

寇氏家族發展自己的數據庫，代表他們與共和黨關係的一個關鍵時刻。[13]在那之前，處理選民檔案一直是共和黨全國委員會（Republican National Committee, RNC）的核心功能，但現在寇氏家族有相對的運作，而且比 RNC 的資料庫更容易使用，也更精密。幾個呼聲最高的共和黨候選人，即使 i360 比較貴，但因為更好，而開始購買 i360 的數據。在別無選擇下，RNC 在二〇一四年和寇氏家族簽訂了一項它稱為「歷史性的」協議，就是和寇氏家族分享資料。但這種緩和關係的情形，根據報導還是很緊繃。到了二〇一五年，雙方開始公開惡言相向，RNC 的幕僚長凱蒂．沃爾許（Katie Walsh）譴責，寇氏家族篡奪了共和黨。

在非常公開的指責中，她告訴《雅虎新聞》（*Yahoo News*），「我認為，讓一群非常有錢有勢但不對任何人負責的人，控制誰在何時、為什麼、如何取得這些資料，真的非常危險、非常錯誤。」⑯

i360董事長麥克・帕默（Michael Palmer）反駁說：「我們相信，一個強大的市場……是一種超越過去單一壟斷模式的健康方式，而那種模式在最近的總統大選中，讓共和黨屢嘗敗績。」共和黨此時已經接受了寇氏家族的自由市場意識形態，以及捐款沒有上限的權力，但現在卻意想不到地發現，自己竟然被排除在權力核心之外，而且可能因為大金主的貪婪而受到威脅。一個「接近RNC的消息人士」告訴雅虎，「很顯然，他們並不想和共和黨合作，而是想取代共和黨。」如果寇氏家族的實力在二〇一二年是和共和黨旗鼓相當，那麼到了二〇一四年，他們在很多方面都超越了共和黨。研究政治操控技術的自由派監督團體媒體與民主中心（Center for Media and Democracy）主任麗莎・葛雷夫斯（Lisa Graves）觀察指出：「他們從外部成立一個政黨，以取代共和黨，而且他們是用市場區隔的方式在做，就像商業計畫一樣。」[14]

《政治圈》指出，美國繁榮已經把工作人員擴大到五百五十名支薪員工，每一個像佛羅里達州這些關鍵州都有五十個人。⑰其他由寇克支持的倡議團體，例如機會世代與LIBRE

---

13 作者注　民主黨全國委員會在十年前也有一個類似的轉型過程，當時大約有一百個投資者，包括喬治・索羅斯，聯合起來出資成立一個無黨派的政治數據與分析公司Catalist。和i360相比，Catalist是一個合作社，由訴求改革的政治團體所組成，例如工會與環保團體。這家公司由一個信託基金會擁有，如果這家公司被賣了，公司章程要求，投資人必須把所有獲利都捐給公益機構。

14 作者注　作者採訪麗莎・葛雷夫斯。

倡議（LIBRE Initiative），只要哪裡有激烈的選情，就會在當地培養草根組織人員。寇氏網絡的大老還增加了神盾戰略（Aegis Strategic），這是一個旨在招募與培訓候選人的組織。用這個方式，寇氏網絡就可以避免古怪又不合適的人，共和黨在二〇一二年就是有這類困擾。看著他們取得的進展，亞斯洛覺得很了不起。他說：「這顯示出，他們積極修正了他們上一次口不擇言的錯誤。」[15]

二〇一四年十一月四日，寇氏網絡的投資人花的錢終於有了回報。選舉日當天，證明了共和黨的勝利。共和黨在參議院拿下九席，對國會兩院取得全面的控制。華盛頓特區的專家認為，總統歐巴馬已經變成一隻「跛腳鴨」，總統任期實際上已經提前結束了。根據這一點，他們預測，保守派想翻轉歐巴馬政府曾經做過的政策時，歐巴馬已經沒有太大的防守力道。

感謝「查爾斯與大衛」

對超級富有的保守派金主來說，這場選舉是大勝，就像贏得共和黨候選人一樣。《紐約時報》指出，保守派外圍團體經過一年半的「重新調整和改造」[18]，在選舉中成為一股突出的力量。從來沒有一個期中選舉這麼花錢，還用了這麼多的外部資金。而促使通常是祕密支出的私人捐款大爆炸，最大部分的整體來源就是寇氏網絡。總而言之，它在選情激烈的參眾議院選舉上砸了一億多美元，並在其他形態的活動上砸了幾乎兩倍的金額。

在《聯合公民案》的四年後，投入金額更是讓人感到麻木，而不是震驚。每次選舉周期的唯一懸念就是，比前一年支出倍增的因素。曾經為共和黨與民主黨提供建言的中間派政治顧問馬克·麥金農（Mark McKinnon）指出，「我們已經到了一個臨界點，超級金主完全支配了選舉的樣貌。」[19]

現在有幾個最大手筆的金主是民主黨人，就像從加州對沖基金大亨變成環保活動人士的湯姆·斯泰爾（Tom Steyer）。[16]為了選出承諾要對抗全球暖化問題的候選人，他花了七千四百萬美元，讓他成為二〇一四年最大的公開金主。雖然這增加了些許意識形態的多樣性，但並沒有淡化現在影響選舉的財富集中現象。二〇一四年捐款最多的一百名已知捐款人，為各自候選人花的錢，和只捐二百或更少錢的四百七十五萬人一樣多。[17]光是他們自己，這一百位已知的金主就捐了三·二三億美元。這還只是已經曝光的金額。只要把沒有上限的數百萬美元未披露的黑錢算進來，毫無疑問，一個非常小而有錢的保守派小圈子，已經在財務上主宰了其他每一個

15　作者注　作者採訪大衛·亞斯洛。

16　作者注　湯姆·斯泰爾的組織稱為「下一世代」（Next Generation）。

17　作者注　根據《政治家》報導，501(c)團體，在聯邦選舉委員會的競選活動中，公布的捐款金額是二·一九億美元，其中六九%的金額來自保守派團體。但這個公布的數字，只是二〇一四年期中選舉中，所有501(c)政治支出中的一小部分。光是寇克支持的一個501(c)團體美國繁榮，就捐了一·二五億美元。See Kenneth Vogel, "Big Money Breaks Out," *Politico*, Dec. 29, 2014.

人。

麥金農指出：「我們把這個由《聯合公民案》與其他判決和法律所形成的制度——就稱為寡頭政治吧，這個制度是由一小撮超級有錢的人所掌控，其中大部分的人從這個制度獲得財富，而且會因這個制度而變得更富有。」

從共和黨成立之初開始，有錢人一直在主宰著政治，但至少從進步年代以來，大眾透過選出來的國會代表，已經制訂了約束這種影響力的相關法律。但是到了二〇一五年，由有錢金主資助的保守派倡議團體，在最高法院保守派多數的幫助下，帶頭推動並順利大幅取消了這些法律。而剩下來的腐敗約束措施是否能夠完成任務，恐怕誰也不敢肯定。美國長久以來一直很自豪，嚴重的經濟不公平可以和嚴重的社會與政治公平性並存。但越來越多的學術研究顯示，這種情況正在改變。當美國越來越經濟不平等，在頂層的人就會收買讓他們保住地位的權力。[18]

在這些新的政治權力掮客中，幾乎沒有人可以和寇氏家族的政治影響力相提並論。[19]他們的「整合網絡」，觸及範圍非常獨特。他們獨特地位的一個反映就是，他們和新的參議院多數黨領袖麥康諾的關係。在取得那個職位的幾個月前，麥康諾一直是他們六月捐款人高峰會的榮譽演講人。在那裡，他曾經感謝「查爾斯與大衛」，並補充說：「沒有你們，我不知道我們會變成怎樣。」他宣誓就職後不久，麥康諾聘用了一名新的政策主管，一個寇氏工業之前的遊說專家。[20]麥康諾接著對環保局（Environmental Protection Agency）發動了一場震驚世人的全面戰爭，敦促全國各地州長，拒絕遵守環保局對溫室氣體排放的新限制。

三個在二〇一四年選上參議院的共和黨人，之前也出席過寇克在六月辦的祕密會議，在會場上，他們也對金主讚不絕口。[20]例如，披露該活動的錄音帶中就發現，瓊妮・恩斯特（Joni Ernst）本來是，用她的話說，就像來自鄉下的賣花女伊萊莎・杜立德（Eliza Doolittle）一樣，一個「來自愛荷華州非常鄉下、籍籍無名的州參議員」，完全是靠著寇氏家族的幫助，才讓她變成擁有全國知名度的政治明星。她說：「接觸這個團體和這個人脈網絡，以及你們這麼多人，我的旅程才真正展開。」

誰的規則？

查爾斯・寇克攀登權力高峰的旅程更加漫長，從他經常出沒在威奇托的約翰伯奇協會書

---

18 作者注 See Eduardo Porter, "Companies Open Up on Giving in Politics," *New York Times*, June 10, 2015, 文中提到，「毫無控制的支出」會造成「噩夢」，因為「在美國社會頂層的人會花錢收買必要的權力，以維持極不平等的現狀。」

19 作者注 寇氏工業在二〇一四年花了超過一千三百萬美元遊說國會，並且在政治行動委員會上捐款超過三百萬美元。according to OpenSecrets.org. https://www.open secrets.org/ lobby/ clientsum.php?id=D000000186&year=20, https://www .open secrets.org/ pacs/ lookup2.php?strID =C00236489&cycle=2014.

20 作者注 另外兩個在寇氏兄弟二〇一四年六月高峰會上感謝金主的共和黨新科參議員是科羅拉多州的戈瑞・嘉納（Cory Gardner）與阿肯色州的湯姆・卡頓（Tom Cotton）。

店，以及和與政治最不相關的邊緣機構自由學校（Freedom School）與自由黨之間猶豫不決的關係，一路走來有多遙遠，實在很難不讓人驚嘆。他的意志力加上他的財富，讓他成為當代美國政治圈中最令人敬畏的一號人物。很少人對美國人的政府信念，發動過比他更嚴厲或更有效的攻擊。

他和他弟弟已經建立並資助一個私人的政治機器，而這部機器已經癱瘓了一個當選兩次的民主黨總統，並開始取代共和黨。全國各地的教育機構與智庫推廣他的世界觀，還成為一個人才管道。越來越多的非營利團體跟在他的議題之後動員輿論。這些團體訓練候選人，並提供必要的技術與財務支援，以進行技術先進的競選活動。對於中意的候選人，他們能投入的金錢似乎沒有上限。眾議員、參議員與總統候選人，現在一心懇求並成群結隊參加他們的祕密研討會，迫切地想取悅他們，希望能得到他們的支持。

很少共和黨人膽敢不遵守寇氏家族的規則。俄亥俄州打破舊習的州長約翰．卡西奇（John Kasich），在二〇一四年寇克舉辦的四月高峰會上，因為批評寇氏網絡反對健保擴大方案的立場，大約有二十個金主氣得當場走人。[21]他在藍迪．肯屈克質疑他支持健保的立場時，反駁她說：「這位女士，我並不了解妳。但當我到天國的時候，我將可以回答，我為窮人做了什麼。」他補充說：「我知道這樣說會讓你們很多人生氣，但我們必須運用政府去接觸到活在陰影裡的人。」在那之後，寇氏家族從來沒有再邀卡西奇。

紐約房地產與賭場大亨唐納德・川普（Donald Trump），以非正統的形象爭取共和黨的提名，讓政黨中的熟面孔狼狽不堪，他也不在寇氏家族的邀請名單上。二〇一五年八月，當他的競爭對手蜂擁著去見寇克的金主圈子，他在推特上寫著：「跑去加州向寇氏家族要錢的共和黨候選人，我真的祝他們幸運。是想當傀儡嗎？」川普的大受歡迎顯示，選民非常渴望不會一味附和金主意見的獨立候選人。他呼籲要防堵附帶權益稅的漏洞，並說超級富有的人沒付到該付的錢，還大聲嚷著反對移民，讓他的對手顯然只能自動卑躬屈膝，或完全脫節。但很少共和黨候選人承受得起忽略寇氏家族的代價。

在他們最驚人的功績中，寇氏家族成功說服這個國家的數百位保守派大富豪，讓他們掌控這些富豪捐的數百萬美元政治獻金，在實際上，這就是讓他們成為保守派億萬富翁核心小組的領袖人物。其他大部分的夥伴，就像他們自己說的，都很沉默。他們的名字很少曝光。在回應批評時，寇氏家族會邀請媒體採訪他們高峰會的片段，而且他們會堅持，記者必須同意不寫出其他捐款人的名字。然而，這個祕密、未經選舉、不對任何人負責的俱樂部正在改變美國政治的面貌。

查爾斯・寇克完全否認，他給過任何黑錢。他在二〇一五年的一場採訪中告訴CBS新聞，「我給的不是『黑』錢，我在政治上給的錢，全部都被報導了。錢不是去了政治行動委員會，就是給了候選人。而我給（我的）基金會的錢，也全部是公開資訊。」[21]也許他相信就是如此，但光是前五年，他和弟弟大衛．寇克與他們的盟友，已經捐了超過七．六億美元，給宣稱是非政治性的神祕非營利組織，例如自由夥伴、商會（Chamber of Commerce）、病患權益保護中心與ＴＣ４信託（TC4 Trust）。[22]資金從這些組織分配給數十個其他非營利組織，有些組織規模只比電子郵件信箱大一點點，這些單位再用這些資金，直接在選舉上或間接以無數方式，促進這些捐款人的政治利益。至於查爾斯．寇克的各基金會的透明性，其中兩個基金會在二〇〇五年到二〇一一年，就捐了將近八百萬美元給捐款人信託基金，而這個單位宣稱的宗旨就是要掩蓋資金流向的痕跡。

民主黨的活動人士羅伯．史坦，也試著成立一個進步而可以互相抗衡的機構，稱為民主聯盟（Democracy Alliance），他說：「這是很非比尋常的。以前沒有人做過這樣的事，這要花很多錢、很多年，才能做到寇氏家族已經完成的事。他們非常熱情，也有紀律，但也很無情。」[23]

在一個採訪中，自由意志主義歷史學者布萊恩．多赫提談到寇氏家族時說：「有幾個政治上的勝利，可以直接歸因於他們。」[24]但他提到，「如果你看看自由意志主義對美國政治造成的巨大影響，他們絕對是關鍵。」因為，「對評價自由市場的一般意義來說，現在是以二十年前從來沒有過的方式，承認了自由意志主義。而這也算是一種知識份子的時代精神。」

不到十年之後，寇氏家族與他們的「資本主義激進份子」同夥的影響力，已經遠遠超越了只是一種時代精神。他們也許還不能為很多正面的立法成就居功，但他們已經證明可以阻礙很多對手的立法嘗試。雖然他們的想法激進，而且都是直接由約翰伯奇協會直接產生，寇氏家族仍然實現了查爾斯在一九八一年的野心，不只支持中意的候選人，他認為，他們只是「照劇本演出的演員」，因此現在還要「為劇本提供主題與台詞。」[25]

到了二〇一五年，國會很多人都追隨他們反對政府的主張。想解決全球暖化的問題，根本是不可能了。雖然經濟不平等已經到達歷史新高的程度，但針對逃稅的有錢人加稅，以及防堵只對他們有利的特別漏洞，也不值得開始進行了。為基本的公共服務提供資金，例如維修美國搖搖欲墜的基礎設施，似乎也無法做到。大多數的民眾都支持擴大社會福利網，但兩黨領袖卻

---

21 作者注　Charles Koch interview with Anthony Mason, *CBS Sunday Morning*, Oct. 12, 2015. 但是保羅・阿波德（Paul Abowd）在有關捐款人信託的調查報導中指出，「金主利用公益機構在州政府推動自由市場政策。」Center for Public Integrity, Feb. 14, 2013,「查爾斯・寇克主管的一家位於肯薩斯的基金會知識與進步基金（The Knowledge and Progress Fund）……在二〇〇五年到二〇一一年，提供捐款人信託將近八百萬美元。而這些資金的去向，完全是個謎。」另外，他也報導，查爾斯寇克基金會也透過捐款人信託過濾小型捐款。

22 作者注　這個數字來自政治因應中心調查員羅伯特・麥奎爾（Robert Maguire）的報導，包括二〇一〇年給寇氏網絡中的團體六千四百萬美元，例如美國未來基金、退休協會與美國繁榮，二〇一二年給這個網絡四・〇七億美元，並承諾二〇一四年要給這個網絡二・九億美元。according to Peter Stone's report, "The Koch Brothers Big Donor Retreat," *Daily Beast*, June 13, 2014.

23 作者注　作者採訪羅伯・史坦。

24 作者注　作者採訪布萊恩・多赫提。

25 作者注　出處同前。

採取有錢人喜愛的緊縮措施。例如，雖然美國人一面倒地反對削減社會安全支出，但華盛頓特區的共識卻是，為了維持這個方案，就必須縮小規模。[26]

歐巴馬的平價健保方案存活下來了，而且民調顯示，這個方案越來越受歡迎。但經過不斷的打擊，加上歐巴馬政府自己的嚴重疏失，該方案的風評以及歐巴馬的聲望，雙雙受到傷害，即使這個國家的醫療成本與醫療保險，就像整個經濟一樣，比他上任之前好很多。失業率下降了，收入與市場都上揚了。但對政府的信心卻到達新的低點。歐巴馬可以用行政措施來推動他的環保與其他目標，但是在國會裡面，想推理想遠大的新方案，已經不可能了。

選舉財務改革似乎也一樣毫無希望。美國絕大多數的兩黨人士都不贊成在政治上花這麼多錢，並支持新的支出限制。但是共和黨現在被少數人的觀點把持，包括反對所有的選舉支出限制，當寇氏家族在一九八〇年表達這樣的意見時，這樣的觀點仍被普遍認為是有些奇怪的。

到了二〇一五年九月，國會中的激進右派份子已經取得絕對的支配力量，所以他們實際上是強迫眾議院議長約翰・貝納辭職，因為他不同意他們最新的要求，他們一直威脅要他下台。領導眾人指控貝納的人一直是馬克・梅多斯，他是北卡羅萊納州茶黨的共和黨人，他能當選都是因為靠花錢操縱選區，以及其他黑錢團體的協助。在離開前，貝納對「假先知」與「鎮裡的團體」講得很尖酸，說他們「煽動人們熱切地相信，他們可以成就他們知道的事，而他們知道這是不可能的事。」[27]

無私的愛國者

傳統的政治智慧是根據選舉結果來衡量實力，並把二〇一二年視為寇氏家族的失敗，二〇一四年為勝利，但二〇一六年則是一次有待觀察的測試。但這種方式遺漏了最重要的事。寇氏家族與他們右派的超級有錢盟友，已經變成可以說是這個國家最有效能的一個特殊利益團體。

寇氏家族並不是靠自己完成這一切。這是有遠見的政治家，例如路易斯．包威爾、爾文．克里斯托、威廉．賽門、麥可．喬伊斯與保羅．魏理奇實現的願景，也是早期右派大金主留給後人的目標的合理延伸。約翰．歐林、林德與哈利．布拉德利與理查．梅隆．史凱菲，在寇氏家族抵達權力顛峰時，早已經為他們開了路。

早在一九七〇年代期間，幾個最有錢的企業大亨就覺得稅賦過重、法規太多，並決定要反擊。他們並不相信現代美國的發展方向，於是發動一個野心勃勃、由私人資助的思想戰，目的在徹底改變這個國家。他們不只想要贏得選舉，還想要改變美國人的思想。他們的野心有冠冕堂皇的理由，就是想要把時間倒轉到進步年代開始以前的鍍金年代，以在每個層面上「拯救」

26 作者注　根據李．杜魯曼（Lee Drutman）的報導，只有六%的美國人希望削減社會安全支出，並且超過多數一點點的人希望增加這個計畫的福利。see Drutman, "What Donald Trump Gets About the Electorate," *Vox*, Aug. 18, 2015.

27 作者注　貝納接受採訪，John Dickerson on *Face the Nation*, CBS News, Sept. 27, 2015.

他們所看到的美國。但查爾斯．寇克比他的前輩更年輕，也更自由意志主義，根據多赫提的觀察，沒有任何事比他的企圖更激進了：把政府「從根」挖出來。

這些有錢的活動人士選擇的武器就是公益機構。早期擔心私人基金會會成為菁英政治的不民主勢力，在一個世紀之後，早已經被眾人遺忘了。一九六〇年代晚期，自由派的福特基金會（Ford Foundation）曾有過一次失敗的政治實驗。保守派的有錢人跨越了一大步，成立了高度政治性的新一代私人基金會。他們的目的是針對意識形態投資，例如創投資本家，讓他們得以運用財富以小搏大，換取最大的戰略影響力。由於公益組織的匿名性，大眾根本無從掌握他們到底做了什麼。這些保守派的慈善家，就像艾德溫．米斯（Edwin Meese）曾經說過，史凱菲就是那「看不見的手」。

隨著他們開始取得進展，他們的戰爭也從在學術界與法律界的「據點」，擴大到結合本意在代表大眾意見的外圍團體。每一個步驟，他們都聘用金錢能買到的最聰明、最優秀的行銷人員，以及政策包攬人（policy entrepreneurs）[28]，例如朗茲，他專精於以更廣泛而吸引人的用語，「架構」有錢金主的關心議題，好讓他們的議程更通俗。隨著他們的行動越來越政治性，這些金主就繼續以公益名目掩蓋這些專案計畫。這些意圖徹底重新定位美國人思維的金主，有些是大眾知道的人。因為有些人把自己的名字刻在他們成立的機構上，或附在他們資助的學術講座上。但他們很少競選，如果真的投入選舉，也很少勝選。他們是躲在暗處行使權力，包括祕密會議、隱藏金錢流向，並付錢讓別人為他們出頭。黑錢團體在歐巴馬時代偽裝成「社會福利」組織，但其實他們早在四十年前就已經開始有所作為，並由私人資助非營利組織打意識形態戰。歐巴馬時代的活躍，可說是他們最新一次重振旗鼓的行動。

這些政治慈善家把自己定義為無私的愛國者，動機是為了大眾利益而非私人利益。在很多情形下，這些話還有幾分真誠。幾乎所有人不只對政治計畫慷慨解囊，還包括藝術、科學、教育，在某些情況下也直接對窮人捐款。但在同時，我們也不可能不注意到，最重要的是，他們所支持的政策對他們的獲利最有利。減稅、取消法規、削減福利，以及取消選舉支出的限制，可能會也可能不會幫到別人，但最肯定的是，一定會強化超級有錢的超級金主的那些黑手（按：指看不見的手）。傳奇的億萬富翁金融家華倫·巴菲特（Warren Buffett）的兒子彼得·巴菲特（Peter Buffett）觀察指出：「回饋社會聽起來很英勇」，但他指出，「當這個為少數人創造龐大財富的制度，毀掉更多的生命與社區時」，經常要請慈善家用「他們的右手，為他們左手造成的問題，尋找解答。」[22]不管他們的動機是良善或腐敗的，在幾十年的過程中，一小撮超級有錢的右派慈善家，已經改變了美國政治的發展方向。他們打造了一個強大的保護財

28 譯者注　指願意投資資源（如時間、精力、名望、金錢）在政策上，以求未來能有回報的人。他們必須在法案及議程尚未決定、制訂之前，積極行動以軟化一些對象（如公眾、特定群眾、政策社群等等）。學界、政界、社會團體中都有這種人。

富運動，並成為巴菲特所謂的「公益產業複合體」（the charitable-industrial complex）的一大部分。

他們在二〇一五年前已經達到了很大的成就，但在寇氏家族的採購清單上，還有一個重要項目：白宮。任何持續注意的人就知道，二〇一四年只是二〇一六年總統大選的試營運。㉓在寇氏工業工作了二十六年，後來在法院作證對抗他們的寇氏工業前主管菲爾．迪布斯（Phil Dubose）一點也不懷疑，他們現在把眼光放在這三個政府部門。他說：「他們就是要用自己的方式辦事。他們自稱為自由意志主義者。因為沒有更好的字眼，這個字的意思是，如果你夠大到可以擺脫，那你就可以擺脫。沒有政府。對他們的公司好的，就是對美國好。」他在路易斯安那州樸實的家中說，「而這對國家的意思就是，政府將會放狗咬人。而那些小人物呢？他們都會被生吞活剝。」[29]

二〇一五年一月的最後一星期，依照往例，寇氏家族再次在加州棕櫚泉附近蘭喬米拉的一個渡假中心，舉辦了捐款人高峰會。自由夥伴董事長馬克．修特（Marc Short）認為，「二〇一四年表現不錯，但還有很大的進步空間。」根據一個盟友指出，為了達成目標，查爾斯與大衛兩兄弟在那個周末，承諾要捐七千五百萬美元。[30]如果真的是這樣，那麼他們的捐款，還只是這群人在那個周末宣布的最新募款目標的一小部分而已。這一次，寇氏網絡目標在二〇一六年的選舉期間砸下八．八九億美元。[31]這個數字是他們在二〇一二年支出的兩倍多。這個數字也與兩大黨預期要花的錢相當，這讓他們穩居旗鼓相當的政治重心的獨特地位。寇氏家族花得起這筆錢。雖然他們一路看衰歐巴馬對美國經濟是個災難，但根據《富比世》的報導，在歐巴馬任期內，查爾斯與大衛兄弟的個人財富已經增加將近三倍，從二〇〇九年三月，每人各自擁有一百四十億美元，到二〇一五年三月，各自擁有四百一十六億美元。

對於在華盛頓身經百戰對抗政治腐敗的自由派改革者弗雷德・威爾海默（Fred Wertheimer）來說，幾乎無法相信這個數字。「八・八九億美元？我們以前也有錢，但這個金額實在超過任何人能想像的數字太多了，實在難以置信。在美國歷史上，從來沒聽過這種金額，連接近的數字都沒有。」[32]

威爾海默是公益律師，從水門案時代以來，就一直辛苦地對抗與遏止金權政治的浪潮。從他的角度來看，美國的民主程序已經面臨危機。「我們有兩個想掌控美國政府的非民選億萬富翁，而且運作權力決定什麼對三億多美國人最好，卻完全不去聽聽這些人的聲音。他補充說：

29 作者注　作者採訪菲爾・迪布斯。

30 作者注　寇氏兄弟承諾七千五百萬元的資訊，是來自一名和他們合作好幾個計畫的盟友。

31 作者注　自由夥伴的一名發言人詹姆斯・戴維斯（James Davis）強調，八・八九億美元預算不只是選舉支出，也涵蓋寇氏網絡的整個意識形態戰的支出，包括智庫、倡議團體、選民資料庫與反對研究等等。

32 作者注　作者採訪。威爾海默的非營利組織民主21（Democracy 21），一直受到喬治・索羅斯的開放社會基金會（Open Society Foundations）的資金援助，但他仍然批判索羅斯，在選舉上灑太多錢。

「我們的憲政民主，並沒有接受這兩個全球最有錢的人，可以掌控我們的命運。」

從寇氏工業一年花超過一千三百萬美元在遊說國會上，就可以清楚看到，寇氏家族也對美國政府下了很大的賭注。㉔為了完全無私的理由，他們和盟友花了將近十億美元，這種想法實在很難讓人相信。當然，金錢不一定是美國選舉的決定因素，但毫無疑問，如果二〇一六年的美國總統職位在拍賣台上出現，寇氏家族絕對會希望得標。

另一個例子是，在接受《今日美國》採訪時，查爾斯．寇克說，他只想要「提升社會的幸福」，他非常瞧不起批評他的動機是增加自己獲利的說法。他問：「我們做這一切是為了賺更多錢？我是說，這想法實在太可笑了。」㉕

當然，有些人可能會用相同的形容詞，來描述他和兄弟之間，為了得到更多錢，在各自繼承數億美元之後，還花了二十年進行法律訴訟。對查爾斯．寇克來說，分享永遠不是一件容易的事。他小時候曾經說過一個一點都不有趣的笑話。在被要求和別人分享東西時，他會用一種聰明人的笑容說：「我只是想要公平一點，只拿走我那分，也就是**全部**。」

後記

從很多方面來看，有關這本書的研究從三十年前就開始了，當時我到華盛頓為《華爾街日報》採訪總統雷根。在這段期間，從總統到選民，我在大眾生活的所有形式中，採訪了無數的政治人物，並看著美國政治越來越受到不斷攀升的私人資金所影響。本書內容是根據過去五年所進行的數百次採訪，消息來源非常廣泛，從主要人物到他們的家人、朋友與意識形態盟友，到他們的公司同事與政治競爭者。

在理想的狀況下，每一次的採訪都會留下紀錄。但有幾個我虧欠很多的受訪者，已經要求我保留他們的名字。我必須對讀者道歉，無法完整透露這些消息來源，如果可能的話，我已經試著指出他們的專長與輪廓；沒辦法做到的，我已經小心謹慎地核實他們所發言論的正確性。我也很遺憾，無法接觸到這個現代驚異傳奇中的主角。有些人提供了一些文件，例如理查·梅隆·史凱菲；有些人拒絕參與，例如查爾斯與大衛·寇克；而有些人則早已過世，例如約翰·歐林與林德與哈利·布拉德利。

但是，數十個具名的消息來源，則在百忙之中撥出時間，有些人還冒著遭到報復的風險，幫助我講述這個故事。我對他們所有人由衷感激。我也非常感謝，我引用到的數百篇出色的書籍、文章、研究報告與新聞報導的作者。在遺漏部分作者或讓讀者困擾的風險下，我試著在內文與注釋中表明他們對本書的幫助。

此外，我要特別感謝那些我最倚賴的人與單位的著作。如果沒有媒體與民主中心、公共誠信中心、政治因應中心、民主21（Democracy 21）、《公眾利益》、麥克・艾倫、妮拉・巴內吉（Neela Banerjee）、尼可拉斯・康非瑟（Nicholas Confessore）、克萊頓・寇賓、布萊恩・多赫提、羅伯特・德雷波、李方、麥可・葛蘭瓦德、約翰・戈達、Mark Halperin、戴爾・哈靈頓、約翰・海歐曼（John Heilemann）、伊蓮娜・強森、約翰・朱迪斯、羅伯特・凱瑟（Robert Kaiser）、安迪・克洛、克里斯・克阿姆（Chris Kromm）、查爾斯・路易斯、羅伯特・馬奎爾（Robert Maguire）、麥克・麥金泰爾（Mike McIntir）e、約翰・米勒、金・菲利普斯-費恩、艾瑞克・普利、丹尼爾・舒爾曼、提達・史寇克波、傑森・斯塔爾（Jason Stahl）、彼得・史東（Peter Stone）、史帝文・泰勒斯（Steven Teles）、肯尼斯・佛格、雷斯里・偉恩（Leslie Wayne）、洛伊・溫索與比爾・威爾森開創性的著作，我也無法寫出本書。

還有很多很多也是本書不可或缺的人，但最重要的是我在雙日出版社（Doubleday）的聰明編輯比爾・湯馬斯（Bill Thomas）；我在ＩＣＭ的那位足智多謀的文學經紀人史隆・哈瑞斯（Sloan Harris）；以及《紐約時報》令人讚嘆的團隊，他們最初在二〇一〇年刊登的寇氏家族文章，啟發了我寫這本書的靈感：謝謝你們，大衛・瑞尼克（David Remnick）、丹尼爾・

薩勒夫斯基（Daniel Zalewski），還有了不起的查證部門。我也非常感謝幫這本書完成耗費心神的研究與事實查核的團隊：安德魯．普洛科普（Andrew Prokop）與班．多夫（Ben Toff）。如果我必須和別人分享同一個散兵坑，絕對是他們。

注解

導論

01 作者注 Jane Mayer, "The Money Man," *New Yorker,* Oct. 18, 2004.
02 作者注 Jane Mayer, "Covert Operations," *New Yorker,* Aug. 30, 2010.
03 作者注 Matthew Continetti, "The Paranoid Style in Liberal Politics: The Left's Obsession with the Koch Brothers," *Weekly Standard,* April 4, 2011.
04 作者注 Dan Balz, " 'Sheldon Primary' Is One Reason Americans Distrust the Political System," *Washington Post,* March 28, 2014.
05 作者注 Continetti, "Paranoid Style in Liberal Politics."
06 作者注 Kenneth R. Vogel, *Big Money: 2.5 Billion Dollars, One Suspicious Vehicle, and a Pimp—on the Trail of the Ultra-rich Hijacking of American Politics*（Public Affairs, 2014）對寇克高峰會有出色的描述。
07 作者注 Michael Mechanic, "Spying on the Koch Brothers: Inside the Discreet Retreat Where the Elite Meet and Plot the Democrats' Defeat," *Mother Jones,* Nov./Dec. 2011.
08 作者注 Vogel, *Big Money*.
09 作者注 克魯曼接受摩爾斯（Bill Moyers）訪問時談到皮凱提的書《二十一世紀資本論》做以上表示。"What the 1% Don't Want Us to Know," BillMoyers.com, April 18, 2014.
10 作者注 Joseph E. Stiglitz, "Of the 1%, by the 1%, for the 1%," *Vanity Fair,* May 2011.
11 作者注 Thomas Piketty, *Capital in the Twenty-First Century,* trans. Arthur Goldhammer（Belknap Press/Harvard University Press, 2014）.
12 作者注 Mike Lofgren, "Revolt of the Rich," *American Conservative,* Aug. 27, 2012.
13 作者注 Christie Smythe and Zachary Mider, "Renaissance Co-CEO Mercer Sued by Home Staff over Pay," *Bloomberg Business,* July 17, 2013.
14 作者注 Mark Halperin and John Heilemann, *Double Down: Game Change 2012*（Penguin, 2013）, 194.
15 作者注 "Richard Strong's Fall Came Quickly," Associated Press, May 27, 2004.
16 作者注 "David Cay Johnston, "Anschutz Will Cost Taxpayers More Than the Billionaire," Tax Notes: Johnston's Take, Aug. 2, 2010.
17 作者注 "DeVoses May Pay a Price for Hefty Penalty; Record Fine Presents Problems; Lawyers Say They Will Appeal," *Grand Rapids Press,* April 13, 2008.

18 作者注 Daniel Fisher, "Fuel's Paradise," *Forbes,* Jan. 20, 2003.

19 作者注 Josh Harkinson, "Who Fracked Mitt Romney?," *Mother Jones,* Nov./Dec. 2012.

20 作者注 關於貝克托的精采歷史文件請參見 Sally Denton, *Profiteers: Bechtel and the Men Who Built the World*（Simon & Schuster, forthcoming）.

21 作者注 Sean Wilentz, "States of Anarchy," *New Republic,* March 30, 2010.

22 作者注 TARP 細節來自 Hank Paulson, *On the Brink: Inside the Race to Stop the Collapse of the Global Financial System*（Headline, 2010）, chaps. 11–13.

23 作者注 Bill Wilson and Roy Wenzl, "The Kochs' Quest to Save America," *Wichita Eagle,* Oct. 15, 2012.

24 作者注 Barack Obama, Keynote Address, Democratic National Convention, July 27, 2004.

第一章

01 作者注 Alexander Igolkin, "Learning from American Experience," *Oil of Russia: Lukoil International Magazine,* 2006.

02 作者注 根據 "Economic Review of the Soviet Union"，摘錄自寇賓受寇氏工業委託的報告 "Why the Soviet Union Chose the Winkler-Koch Cracking System"

03 作者注 Koch Industries' Web site, History Timeline.

04 作者注 Charles G. Koch, *The Science of Success: How Market-Based Management Built the World's Largest Private Company*（John Wiley & Sons, 2007）, 6.

05 作者注 Rainer Karlsch and Raymond Stokes, *Faktor Öl* [The oil factor]（Beck, 2003）.

06 作者注 Fred Koch to Charles de Ganahl, Oct. 1938, in Daniel Schulman, *Sons of Wichita: How the Koch Brothers Became America's Most Powerful and Private Dynasty*（Grand Central, 2014）, 41–42.

07 作者注 Bryan Burrough, "Wild Bill Koch," *Vanity Fair,* June 1994.

08 作者注 Charles G. Koch, *Science of Success,* 9.

09 作者注 Maryellen Mark, "Survival of the Richest," *Fame,* Nov. 1989.

10 作者注 Wayne, "Survival of the Richest."

11 作者注 Brian O'Reilly and Patty de Llosa, "The Curse on the Koch Brothers," *Fortune,* Feb. 17, 1997.

12 作者注 O'Reilly and de Llosa, "Curse on the Koch Brothers."

13 作者注 Coppin, "Stealth."

14 作者注 Roy Wenzl and Bill Wilson, "Charles Koch Relentless in Pursuing His Goals," *Wichita Eagle,* Oct. 14, 2012.

15 作者注 Elizabeth Koch, “The World Tour Compatibility Test: Back in Tokyo, Part 1,” *Smith,* March 30, 2007, http://www.smithmag.net.

16 作者注 Kelley McMillan, “Bill Koch’s Wild West Adventure,” *5280: The Denver Magazine,* Feb. 2013.

17 作者注 O’Reilly and de Llosa, “Curse on the Koch Brothers.”

18 作者注 Lee Fang, *The Machine: A Field Guide to the Resurgent Right*（New Press, 2013）, 100.

19 作者注 Fang, *Machine,* 97.

20 作者注 Charles Koch, “I’m Fighting to Restore a Free Society,” *Wall Street Journal,* April 2, 2014.

21 作者注 Fang, *Machine,* 96.

22 作者注 出處同前，102.

23 作者注 Fang, *Machine.*

24 作者注 Rick Perlstein, *Before the Storm: Barry Goldwater and the Unmaking of the American Consensus*（Nation Books, 2009）, 113.

25 作者注 Wenzl and Wilson, “Charles Koch Relentless.”

26 作者注 Coppin, “History of Winkler Koch,” 29.

27 作者注 Wilson and Wenzl, “Charles Koch Relentless.”

28 作者注 Gary Weiss, “The Price of Immortality,” *Upstart Business Journal,* Oct. 15, 2008; “Estate Planning Koch and Chase Koch（Son of Charles Koch）: Past, Present, and Future,” *Repealing the Frontiers of Ignorance,* Aug. 4, 2013, http://repealingfrontiers.blogspot.com.

29 作者注 Weiss, “Price of Immortality.”

30 作者注 Janson, “Conservatives at Freedom School to Prepare a New Federal Constitution.”

31 作者注 Angus Burgin, *The Great Persuasion: Reinventing Free Markets Since the Depression*（Harvard University Press, 2012）, 88.

32 作者注 O’Reilly and de Llosa, “Curse on the Koch Brothers.”

33 作者注 David Sassoon, “Koch Brothers’ Activism Protects Their 50 Years in Canadian Heavy Oils,” *InsideClimate News,* May 10, 2012.

34 作者注 Leslie Wayne, “Brothers at Odds,” *New York Times,* Dec. 7, 1986.

35 作者注 Schulman, *Sons of Wichita*, 142.

36 作者注 Rich Roberts, “America 3 Win No Bargain Sail,” *Los Angeles Times,* May 17, 1992.

37 作者注 Louis Kraar, “Family Feud at Corporate Colossus,” *Fortune*, July 26, 1982.

38 作者注 *Park Avenue: Money, Power, and the American Dream,* PBS, Nov. 12, 2012.

39 作者注 Charles Koch, “The Business Community: Resisting Regulation,” *Libertarian Review,* Aug. 1978.

40 作者注 Marshall Schwartz, “Libertarians in Convention,” *Libertarian Review,* Nov. 1979.

41 作者注 Mayer, “Covert Operations.”

第二章

01 作者注 Robert Kaiser, "Money, Family Name Shaped Scaife," *Washington Post,* May 3, 1999, A1.

02 作者注 Karen Rothmyer, "Citizen Scaife," *Columbia Jour- nalism Review,* July/Aug. 1981.

03 作者注 Lionel Trilling, *The Liberal Imagination: Essays on Literature and Society*（Viking, 1950）, xv.

04 作者注 Rothmyer, "Citizen Scaife."

05 作者注 Richard Mellon Scaife, "A Richly Conservative Life," 282.

06 作者注 Kaiser, "Money, Family Name Shaped Scaife."

07 作者注 Burton Hersh, *The Mellon Family: A Fortune in History*（Morrow, 1978）.

08 作者注 Burton Hersh, *The Mellon Family: A Fortune in History*（Morrow, 1978）.

09 作者注 Scaife, "Richly Conservative Life," 20.

10 作者注 出處同前，21.

11 作者注 Kaiser, "Money, Family Name Shaped Scaife."

12 作者注 Isaac William Martin, *Rich People's Movements: Grassroots Campaigns to Untax the One Percent*（Oxford University Press, 2013）, 25.

13 作者注 出處同前，34.

14 作者注 出處同前，45. 梅隆認為如果富人減稅，他們比較不會投資在免稅債券上，因此會對財政部產生更大收益，而且很巧合，也會對梅隆銀行這種金融機構產生更大收益。

15 作者注 John B. Judis, *The Paradox of American Democracy: Elites, Special Interests, and the Betrayal of the Public Trust*（Routledge, 2000）.

16 作者注 Isaac William Martin, *Rich People's Movements,* 64.

17 作者注 Judis, *Paradox of American Democracy,* 46.

18 作者注 Scaife, "Richly Conservative Life," 61.

19 作者注 Scaife, "Richly Conservative Life," 6.

20 作者注 Robert Kaiser and Ira Chinoy, "Scaife: Funding Father of the Right," *Washington Post,* May 2, 1999, A1.

21 作者注 Scaife, "Richly Conservative Life," 43.

22 作者注 出處同前，46.

23 作者注 Scaife, "Richly Conservative Life," 66.

24 作者注 出處同前，58.

25 作者注 出處同前，70.

26 作者注 Staughton Lind, quoted in Phillips-Fein, *Invisible Hands,* 151.

27 作者注 請見 Jeffrey Clements, *Corporations Are Not People*（Berrett-Koehler, 2012）, 19–21.

28 作者注 Isaac William Martin, *Rich People's Movements,* 155.

29 作者注 Phillips-Fein, *Invisible Hands,* 164.

30 作者注 關於布坎南的備忘錄，更多描述請見 Jason Stahl, *The Right Moves: The Conservative Think Tank in American Political Culture Since 1945*（University of North Carolina Press, forthcoming）, 93.

31 作者注 David Brock, *Blinded by the Right: The Conscience of an Ex-conservative*（Crown, 2002）, 54.

32 作者注 Lee Edwards, *The Power of Ideas: The Heritage Foundation at 25 Years*（Jameson Books, 1997）.

33 作者注 Kaiser and Chinoy, "Funding Father of the Right."

34 作者注 Judis, *Paradox of American Democracy,* 122.

35 作者注 Adam Curtis, "The Curse of Tina," BBC, Sept. 13, 2011.

36 作者注 Martin Gottlieb, "Conservative Policy Unit Takes Aim at New York," *New York Times,* May 5, 1986.

37 作者注 L. L. Logue to Frank Walton（Heritage Foundation）, Nov. 16, 1976, folder 16, Weyrich Papers, University of Montana.

38 作者注 Jason Stahl, "From Without to Within the Movement: Consolidating the Conservative Think Tank in the 'Long Sixties,'" in *The Right Side of the Sixties: Reexamining Conservatism's Decade of Trans- formation,* ed. Laura Jane Gifford and Daniel K. Williams（Palgrave Macmillan, 2012）, 105.

39 作者注 Steven Clemons, "The Corruption of Think Tanks," Japan Policy Research Institute, Feb. 2003.

40 作者注 Claudia Dean and Richard Morin, "Lobbyists Seen Lurking Behind Tank Funding," *Washington Post,* Nov. 19, 2002.

41 作者注 Phillips-Fein, *Invisible Hands,* 174.

42 作者注 Brock, *Blinded by the Right,* 77.

43 作者注 Many of these details are drawn from Michael Joseph Gross, "A Vast Right-Wing Hypocrisy," *Vanity Fair,* Feb. 2008.

44 作者注 Kaiser, "Money, Family Name Shaped Scaife."

45 作者注 出處同前。

46 作者注 Gross, "Vast Right-Wing Hypocrisy."

47 作者注 芮奇否認大麻之事，但史凱菲在上述資料來源中確認如此。

48 作者注 出處同前。

49 作者注 出處同前。

50 作者注 Edwards, *Power of Ideas*.

51 作者注 Michael Nelson, "The New Libertarians," *Saturday Review,* March 1, 1980.

52 作者注 Mullins, "Battle for the Cato Institute."

53 作者注 Schulman, *Sons of Wichita,* 106.

54 作者注 Box 720, folder 5, Clare Boothe Luce Papers, Library of Congress.

55 作者注 Judis, *Paradox of American Democracy,* 129.

56 作者注 Phil McCombs, “Building a Heritage in the War of Ideas,” *Washington Post,* Oct. 3, 1983.

57 作者注 George Archibald to Richard Larry, Feb. 3, 1977, Weyrich Papers.

58 作者注 Alexander Hertel-Fernandez, “Funding the State Policy Battleground: The Role of Foundations and Firms”（paper for Duke Symposium on Philanthropy, Jan. 2015）

59 作者注 Scaife, “Richly Conservative Life,” 22.

第三章

01 作者注 Donald Alexander Downs, *Cornell ’69: Liberalism and the Crisis of the American University*（Cornell University Press, 1999）.

02 作者注 David Horowitz, “Ann Coulter at Cornell,” Front- PageMag.com, May 21, 2001.

03 作者注 John J. Miller, *A Gift of Freedom: How the John M. Olin Foundation Changed America*（Encounter Books, 2006）.

04 作者注 John J. Miller, *How Two Foundations Reshaped America*（Phi- lanthropy Roundtable, 2003）, 16.

05 作者注 Lizzy Ratner, “Olin Foundation, Right-Wing Tank, Snuffing Itself,” *New York Observer,* May 9, 2005.

06 作者注 E. W. Kenworthy, “U.S. Will Sue 8 Concerns over Dumping of Mercury,” *New York Times,* July 25, 1970, 1.

07 作者注 “End of a Company Town,” *Life,* March 26, 1971. See also Tod Newcombe, “Saltville, Virginia: A Company Town Without a Com- pany,” Governing.com, Aug. 2012.

08 作者注 Virginia Water Resources Research Center, “Mercury Contamination in Virginia Waters: History, Issues, and Options,” March 1979. See also EPA Superfund Record of Decision, Saltville Waste Disposal Ponds, June 30, 1987.

09 作者注 “End of a Company Town.”

10 作者注 Ratner, “Olin Foundation, Right-Wing Tank, Snuffing Itself.”

11 作者注 John M. Olin to the president of Cornell, 1980, in Teles, *Rise of the Conservative Legal Movement,* 185.

12 作者注 Miller, *Gift of Freedom,* 34.

13 作者注 Miller, *How Two Foundations Reshaped America,* 13.

14 作者注 William Simon, *A Time for Truth*（Reader’s Digest Press, 1978）, 64–65.

15 作者注 Miller, *Gift of Freedom,* 56.

16 作者注 Simon, *Time for Truth,* 78.

17 作者注 Miller, *Gift of Freedom,* 57.

18 作者注 Teles, *Rise of the Conservative Legal Movement,* 186.

19 作者注 Miller, *How Two Foundations Reshaped America,* 17.

20 作者注 James Piereson, “Planting Seeds of Liberty,” *Phi- lanthropy,* May/June 2005.

21 作者注 Miller, *Gift of Freedom.*

22 作者注 Max Blumenthal, “Princeton Tilts Right,” *Nation,* Feb. 23, 2006.

23 作者注 Piereson, “Planting Seeds of Liberty.”

24 作者注 Miller, *Gift of Freedom.*

25 作者注 James Barnes, “Banker with a Cause,” *National Journal,* March 6, 1993.

26 作者注 Adam Winkler, *Gunfight: The Battle over the Right to Bear Arms in America*（Norton, 2011）, 76–77.

27 作者注 Miller, *Gift of Freedom,* 5. Also Miller’s defense of Lott’s research as “rigorous,” 72.

28 作者注 Miller, *Gift of Freedom.*

29 作者注 Jason DeParle, “Goals Reached, Donor on Right Closes Up Shop,” *New York Times,* May 29, 2005.

30 作者注 Teles, *Rise of the Conservative Legal Movement,* 189.

31 作者注 出處同前，108.

32 作者注 Miller, *Gift of Freedom,* 76.

33 作者注 Paul M. Barrett, “Influential Ideas: A Movement Called ‘Law and Economics’ Sways Legal Circles,” *Wall Street Journal,* Aug. 4, 1986.

34 作者注 Teles, *Rise of the Conservative Legal Movement,* 216.

35 作者注 Alliance for Justice, *Justice for Sale: Shortchanging the Public Interest for Private Gain*（Alliance for Justice, 1993）.

36 作者注 Chris Young, Reity O’Brien, and Andrea Fuller, “Corporations, Pro-business Nonprofits Foot Bill for Judicial Seminars,” Center for Public Integrity, March 28, 2013.

37 作者注 根據 Miller, Gift of Freedom, 94. 二十年來，歐林給了五百五十萬美元。

38 作者注 聯邦主義協會成員中的大人物完整名單請見 Michael Avery and Danielle McLaughlin, *The Federalist Society: How Conservatives Took the Law Back from Liberals*（Vanderbilt University Press, 2013）.

39 作者注 Miller, *How Two Foundations Reshaped America,* 29.

40 作者注 Miller, “A Federalist Solution,” *Philanthropy,* Fall 2011. 爾文・克里斯多是早期其中一個為聯邦主義協會募款的人。

41 作者注 《失去立場》的更完整分析，請見 Thomas Medvetz, *Think Tanks in America*（University of Chicago Press, 2012）, 3.

42 作者注 出處同前，5.

43 作者注 Louis Menand, “Illiberalisms,” *New Yorker,* May 20, 1991.

44 作者注 Patricia Sullivan, “Michael Joyce; Leader in Rise of Conservative Movement,” *Washington Post,* March 3, 2006.

45 作者注 Katherine M. Skiba, “Bradley Philan- thropy,” *Milwaukee Journal Sentinel,* Sept. 17, 1995.

46 作者注 Neal Freeman, “The Godfather Retires,” *National Review,* April 18, 2001.

47 作者注 Peter Pae, “Maligned B-1 Bomber Now Proving Its Worth,” *Los Angeles Times,* Dec. 12, 2001.

48 作者注 Gurda, *Bradley Legacy,* 92.

49 作者注 Bryan Burrough, *The Big Rich*（Penguin, 2009）, 211.

50 作者注 Gurda, *Bradley Legacy*, 115.
51 作者注 出處同前，131.
52 作者注 Rich Rovito, “Milwaukee Rockwell Workers Fac- ing Layoff Reach Agreement,” *Milwaukee Business Journal,* June 27, 2010.
53 作者注 Craig Gilbert, “Democratic, Republican Voters Worlds Apart in Divided Wisconsin,” *Milwaukee Journal Sentinel,* May 3, 2014.
54 作者注 密爾瓦基詳情請見 Alec MacGillis’s insightful piece, “The Unelectable Whiteness of Scott Walker,” *New Republic,* June 15, 2014.

第四章

01 作者注 Tom Meersman, “Koch Violations Arouse Concerns,” *Minneapolis Star Tribune,* Dec. 18, 1997.
02 作者注 Meersman, “Koch Violations Arouse Concerns.”
03 作者注 Meersman, “Koch Violations Arouse Concerns.”
04 作者注 Charles Koch, “Business Community.”
05 作者注 出處同前。
06 作者注 Loder and Evans,“Koch Brothers Flout Law Getting Richer with Secret Iran Sales.”
07 作者注 Loder and Evans, “Koch Brothers Flout Law Getting Richer with Secret Iran Sales.”
08 作者注 Schulman, *Sons of Wichita,* 216；作者採訪安琪拉・歐康內爾。
09 作者注 Schulman, *Sons of Wichita,* 215.
10 作者注 Schulman, *Sons of Wichita,* 226.
11 作者注 出處同前, 211.
12 作者注 出處同前, 214. 寫道「史邁立希望有機會坐在證人席上」，這樣他可以讓「查爾斯及大衛・寇克了解，他們從他身上剝奪了什麼。」
13 作者注 出處同前, 218.
14 作者注 Loder and Evans, “Koch Brothers Flout Law Getting Richer with Secret Iran Sales.”
15 作者注 出處同前。
16 作者注 Schulman, *Sons of Wichita,* 219.
17 作者注 Blood and Oil,” *60 Minutes II,* Nov. 27, 2000.
18 作者注 Robert Parry, “Dole: What Wouldn’t Bob Do for Koch Oil?,” *Nation,* Aug. 26, 1996.
19 作者注 “Blood and Oil.”
20 作者注 Zweig and Schroeder, “Bob Dole’s Oil Patch Pals.”
21 作者注 Burrough, “Wild Bill Koch.”
22 作者注 Gary Ruskin, “Spooky Business: Corporate Espionage Against Nonprofit Organizations,” Nov. 20, 2013.

23 作者注 “Toxic 100 Air Polluters,” Political Economy Research Institute, University of Massachusetts Amherst, 2010, www.peri.umass.edu/toxicair_current/.

24 作者注 Loder and Evans, “Koch Brothers Flout Law Getting Richer with Iran Sales.”

25 作者注 Mayer, “Covert Operations.”

第五章

01 作者注 Bill Wilson and Roy Wenzl, “The Kochs’ Quest to Save America,” *Wichita Eagle,* Oct. 13, 2012.

02 作者注 “The Structure of Social Change” 見於 “From Ideas to Action: The Roles of Universities, Think Tanks, and Activist Groups”, *Philanthropy* 10, no. 1（Winter 1996）.

03 作者注 W. John Moore, “The Wichita Pipeline,” *National Journal,* May 16, 1992.

04 作者注 Parry, “Dole.”

05 作者注 更多請見 Zweig and Schroeder, “Bob Dole’s Oil Patch Pals.”

06 作者注 Center for Public Integrity, *The Buying of the President*（Avon Books, 1996）, 127–30.

07 作者注 Dan Morgan, “PACs Stretching Limits of Campaign Law,” *Washington Post,* Feb. 5, 1988.

08 作者注 Charles Green, “Bob Dole Looks Back,” *AARP Bulletin,* July/Aug. 2015.

09 作者注 William Rempel and Alan Miller, “Donor Contra- dicts White House,” *Los Angeles Times,* July 27, 1997.

10 作者注 Elizabeth Drew, *The Corruption of American Politics: What Went Wrong and Why*（Carol, 1999）, 56.

11 作者注 Charles Lewis et al., “Koch Millions Spread Influ- ence Through Nonprofits, Colleges,” Investigative Reporting Workshop, July 1, 2013.

12 作者注 Moore, “Wichita Pipeline.”

13 作者注 Teles, *Rise of the Conservative Legal Movement,* 239.

14 作者注 Moore, “Wichita Pipeline.”

15 作者注 Mayer, “Covert Operations.”

16 作者注 David Gordon, “Murray Rothbard on the Kochtopus,” LewRockwell.com, March 10, 2011.

17 作者注 The Rothbard memo is described in Schulman, *Sons of Wichita,* 156–57.

18 作者注 Al Kamen, “I Am OMB and I Write the Rules,” *Washington Post,* July 12, 2006, A13.

19 作者注 Coppin, “Stealth,” pt. 2

20 作者注 *The Writings of F. A. Harper*（Institute for Humane Studies, 1979）.

21 作者注 Robert Lekachman, “A Controversial Nobel Choice?,” *New York Times,* Oct. 26, 1986

22 作者注 Julian Sanchez, “FIRE vs. GMU,” Reason.com, Nov. 17, 2005.

23 作者注 Daniel Fisher, “Koch’s Laws,” *Forbes,* Feb. 26, 2007.

24 作者注 Heather MacDonald, "Don't Fund College Follies," *City Journal*（Summer 2005）.

25 作者注 Evan Osnos, "Chemical Valley," *New Yorker,* April 7, 2014.

26 作者注 John Hardin, "The Campaign to Stop Fresh College Thinking," *Wall Street Journal,* May 26, 2015.

27 作者注 John David, "WVU Sold Its Academic Independence," *Charleston Gazette,* April 23, 2012.

28 作者注 Continetti, "Paranoid Style in Liberal Politics."

第六章

01 作者注 Dan Morgan, "Think Tanks: Cor- porations' Quiet Weapon; Nonprofits' Studies, Lobbying Advance Big Business Causes," *Washington Post,* Jan. 29, 2000.

02 作者注 "Politics That Can't Be Pigeonholed," *Wichita Eagle,* June 26, 1994.

03 作者注 David Wessel and Jeanne Saddler, "Foes of Clinton's Tax-Boost Proposals Mislead Public and Firms on the Small-Business Aspects," *Wall Street Journal,* July 20, 1993, A12.

04 作者注 Morgan, "Think Tanks."

第七章

01 作者注 Michael Grunwald, *The New New Deal: The Hidden Story of Change in the Obama Era*（Simon & Schuster, 2012）, 280.

02 作者注 Andrew Goldman, "The Billionaire's Party," *New York,* July 25, 2010.

03 作者注 Elaine Lafferty, " 'Tea Party Billionaire' Fires Back," *Daily Beast,* Sept. 10, 2010.

04 作者注 Mark Lilla, "The Tea Party Jacobins," *New York Review of Books,* May 27, 2010.

05 作者注 Theda Skocpol and Vanessa Williamson, *The Tea Party and the Remaking of Republican Conservatism*（Oxford University Press, 2012）.

06 作者注 Jane Mayer, "Covert Operations," *New Yorker,* Aug. 30, 2010.

07 作者注 Wilson and Wenzl, "Kochs' Quest to Save America." 169

08 作者注 Vogel, *Big Money,* 42.

09 作者注 See Frank Rich, "Sugar Daddies," *New York,* April 22, 2012, on Simmons's quotation, which was derived from an interview with *The Wall Street Journal* 's Monica Langley, "Texas Billionaire Doles Out Election's Biggest Checks," March 22, 2012.

10 作者注 "Inside Obama's Presidency," *Frontline,* Jan. 16, 2013.

11 作者注 Charles G. Koch, "Evaluating a Presi- dent," KochInd.com, Oct. 1, 2010.

12 作者注 Kenneth P. Vogel and Lucy McCalmont, "Rush Limbaugh, Sean Hannity, Glenn Beck Sell Endorse- ments to Conservative Groups,"

Politico, June 15, 2011.

13 作者注 Grunwald, *New New Deal,* 142.

14 作者注 出處同前 142–43.

15 作者注 案例請見 Russ Choma, "Rich Rewards: One Man's Shadow Money Network," OpenSecrets.org, June 19, 2012.

16 作者注 Grunwald, *New New Deal,* 145.

17 作者注 出處同前，190.

18 作者注 Justin Wolfers, "What Debate? Economists Agree the Stimulus Lifted the Economy," *New York Times,* July 29, 2014.

19 作者注 Fang, *Machine,* 32.

20 作者注 出處同前。Fang 描述瑞奇是山姆亞當斯聯盟的創辦人。瑞奇婉拒受訪。

21 作者注 Marc Fisher, "Wisconsin Gov. Scott Walker's Recall: Big Money Fuels Small-Government Fight," *Washington Post,* March 25, 2012.

22 作者注 Dan Morain, "Prop. 164 Cash Trail Leads to Billionaires," *Los Angeles Times,* Oct. 30, 1992

23 作者注 Sarah Barton, The Ear, *Rothbard-Rockwell Report,* July 1993.

24 作者注 Timothy Egan, "Campaign on Term Limits Taps a Gusher of Money," *New York Times,* Oct. 31, 1991.

25 作者注 出處同前。

26 作者注 Bill Hogan, "Three Big Donors Bankrolled Americans for Limited Government in 2005," Center for Public Integrity, Dec. 21, 2006.

27 作者注 Jonathan Rauch, "A Morning at the Ministry of Speech," *National Journal,* May 29, 1999.

28 作者注 歐登自述這些事件，堅持茶黨活動是自發性的，但是不回答山姆亞當斯聯盟是誰創立，以及布魯伊的問題。Odom, "The Tea Party Conspirators and the Real Story Behind the Tea Party Movement," *Liberty News,* Aug. 30, 2011.

29 作者注 Ben Smith and Jonathan Martin, "BlogJam: Right-Wing Bluey Blog," *Politico,* June 18, 2007.

30 作者注 Sean Wilentz, "Confounding Fathers," *New Yorker,* Oct. 18, 2010.

31 作者注 John B. Judis, "The Unnecessary Fall," *New Repub- lic,* Aug. 12, 2010.

32 作者注 Continetti, "Paranoid Style in Liberal Politics."

33 作者注 Obama's Interview Aboard Air Force One," *New York Times,* March 7, 2009.

34 作者注 Purva Patel, "Woodforest Bank to Hand Back $32M in Overdrafts," *Houston Chronicle,* Oct. 13, 2010.

35 作者注 Eliana Johnson, "Inside the Koch-Funded Ads Giving Dems Fits," *National Review Online,* March 31, 2014.

36 作者注 Kim Barker and Theodoric Meyer, "The Dark Money Man," ProPublica, Feb. 14, 2014.

37 作者注 "Dying on a Wait List?" FactCheck.org, Aug. 6, 2009.

38 作者注 Isaac William Martin, *Rich People's Movements*

39 作者注 Ezra Klein, "A Lot of Republicans Supported the Individual Man- date," *Washington Post,* May 12, 2011.

40 作者注 Johnson, "Inside the Koch-Funded Ads Giving Dems Fits."

41 作者注 Amanda Fallin, Rachel Grana, and Stanton Glantz, "To Quarterback Behind the Scenes, Third-Party Efforts: The Tobacco Industry and the Tea Party," *Tobacco Control,* Feb. 2013.

42 作者注 Antonio Regalado and Dionne Searcey, "Where Did That Video Spoofing Gore's Film Come From?" *Wall Street Journal,* Aug. 3, 2006.

43 作者注 David Kirkpatrick, "Groups Back Health Reform, but Seek Cover," *New York Times,* Sept. 11, 2009.

44 作者注 Dan Eggen, "How Interest Groups Behind Health- Care Legislation Are Financed Is Often Unclear," *Washington Post,* Jan. 7, 2010.

45 作者注 Ken Vogel, "Tea Party's Growing Money Prob- lem," *Politico,* Aug. 9, 2010.

46 作者注 Bill Wilson and Roy Wenzl, "The Kochs Quest to Save America," *Wichita Eagle,* Oct. 3, 2012.

47 作者注 Lee Fang, "Right-Wing Harassment Strategy Against Dems Detailed in Memo," *ThinkProgress,* July 31, 2009.

48 作者注 Johnson, "Inside the Koch-Funded Ads Giving Dems Fits."

49 作者注 Kevin Drum, "Old Whine in New Bottles," *Mother Jones,* Sept./Oct. 2010.

50 作者注 Devin Burghart, "View from the Top: Report on Six National Tea Party Organizations," in *Steep: The Precipitous Rise of the Tea Party,* ed. Lawrence Rosenthal and Christine Trost（University of California Press, 2012）.

第八章

01 作者注 National Security Strategy, Washington, D.C.（Office of the President of the United States, 2010）, 8, 47.

02 作者注 American Association for the Advancement of Science, Climate Science Panel, "What We Know," 2014.

03 作者注 Fisher, "Fuel's Paradise."

04 作者注 Neela Banerjee, "In Climate Politics, Texas Aims to Be the Anti-California," *Los Angeles Times,* Nov. 7, 2010.

05 作者注 Daniel Yergin, *The Quest: Energy, Security, and the Remaking of the Modern World*（Penguin, 2011）, 328–29.

06 作者注 Brad John- son, "How the Kochs Are Fracking America," *ThinkProgress,* March 2, 2012.

07 作者注 Robert Bryce, *Cronies*（PublicAffairs, 2004）.

08 作者注 BryanBurrough, *The Big Rich: The Riseand Fall of the Greatest Texas Oil Fortunes*（Penguin, 2009）, 204.

09 作者注 出處同前，138.

10 作者注 出處同前，220. 卡羅指出，卡倫是一九五二年北卡羅來納州教授亞歷山大・赫爾德（Alexander Heard）研究的最大金主。

11 作者注 出處同前，201.

12 作者注 "Koch Industries, Secretly Funding the Climate Denial Machine," Greenpeace, March 2010.

13 作者注 Robert J. Brulle, "Institutionalizing Delay: Foun- dation Funding and the Creation of U.S. Climate Change Counter-movement Organizations," *Climate Change* 122, no. 4（Feb. 2014）: 681–94.

14 作者注 Andy Kroll, "Exposed: The Dark- Money ATM of the Conservative Movement," *Mother Jones,* Feb. 5, 2013.

15 作者注 Ross Gelbspan, "Snowed," *Mother Jones,* May/June 2005, and requoted by Michaels, *Doubt Is Their Product,* 197.

16 作者注 Chris Mooney, *The Republican Waron Science*（Basic Books, 2006）, 83.

⓱ 作者注 "Global Warming Deniers Well Funded," *Newsweek,* Aug. 12, 2007.

⓲ 作者注 Naomi Oreskes and Erik M. Conway, *Merchants of Doubt*（Bloomsbury Press, 2010）, 9.

⓳ 作者注 Theda Skocpol, *Naming the Problem: What It Will Take to Counter Extremism and Engage Americans in the Fight Against Global Warming*（Harvard University, Jan. 2013）.

⓴ 作者注 Justin Gillis and John Schwartz, "Deeper Ties to Corporate Cash for Doubtful Climate Researcher," *New York Times,* Feb. 22, 2015.

㉑ 作者注 Skocpol, *Naming the Problem.*

㉒ 作者注 Robert Kenner's 2014 documentary film, *Merchants of Doubt.*

㉓ 作者注 出處同前。

㉔ 作者注 Banerjee, "Most Hated Climate Scientist in the US Fights Back."

㉕ 作者注 Tom Hamburger, "A Coal-Fired Crusade Helped Bring Bush a Crucial Victory," *Wall Street Journal,* June 13, 2001.

㉖ 作者注 Barton Gellman, *Angler*（Penguin, 2008）, 84.

㉗ 作者注 Public Citizen, "The Best Energy Bill Corporations Could Buy," Aug. 8, 2005.

㉘ 作者注 Gallup poll; see Skocpol, *Naming the Problem,*72. Gore's acclaim is described in Eric Pooley, *The Climate War*（Hachette Books, 2010）.

㉙ 作者注 Skocpol, *Naming the Problem,* 83.

㉚ 作者注 Steve Mufson and Juliet Eilperin, "The Biggest Foreign Lease Holder in Canada's Oil Sands Isn't Exxon Mobil or Chevron. It's the Koch Brothers," *Washington Post,* March 20, 2014.

㉛ 作者注 數字來自 Brad Johnson, "Koch Industries, the 100-Million Ton Carbon Gorilla," *ThinkProgress,* Jan. 30, 2011, and is cited in Fang, *Machine,* 114.

㉜ 作者注 Goldman, "Billionaire's Party."

㉝ 作者注 Fang, *Machine,* 115.

㉞ 作者注 Jim Rutenberg, "How Billionaire Oligarchs Are Becoming Their Own Political Parties," *New York Times Magazine,* Oct. 17, 2014.

㉟ 作者注 Kate Sheppard, "Forged Climate Bill Letters Spark Uproar over 'Astroturfing,'" *Grist,* Aug. 4, 2009.

㊱ 作者注 Fang, *Machine,* 176.

㊲ 作者注 Pooley, *Climate War,* 406.

㊳ 作者注 出處同前，393.

㊴ 作者注 Steven Mufson, "New Groups Revive the Debate over Climate Change," *Washington Post,* Sept. 25, 2009.

㊵ 作者注 Marc Sheppard, "UN Climate Reports: They Lie," *Ameri- can Thinker,* Oct. 5, 2009.

㊶ 作者注 寫於 Climate Audit 這個網站。

㊷ 作者注 Chris Horner, "The Blue Dress Moment May Have Arrived," *National Review,* Nov. 19, 2009.

㊸ 作者注 關於郵件外流事件，清楚而詳細的分析請見 Neela Banerjee "Most Hated Climate Scientist in the US Fights Back."

㊹ 作者注 Vogel and McCalmont, "Rush Limbaugh, Sean Hannity, Glenn Beck Sell Endorsements to Conservative Groups"; John Goodman, "Talk Radio Reacts to Politico on Cain; Mark Levin Criticizes Ken Vogel," *Examiner,* Nov. 2, 2011.

❹❺ 作者注 'I Don't Know Why Your Hus- band Doesn't Put a Gun to His Temple,' " *Media Matters,* May 22, 2009.
❹❻ 作者注 Mark Levin, *Liberty and Tyranny*（Threshold,2010）, 133.
❹❼ 作者注 Kate Sheppard, "Climategate: What Really Happened?" *Mother Jones,* April 21, 2011.
❹❽ 作者注 Ryan Lizza, "As the World Burns," *New Yorker,* Oct. 11, 2010.
❹❾ 作者注 Kenner, *Merchants of Doubt*.
❺⓿ 作者注 Lizza, "As the World Burns."

第九章

01 作者注 Richard Posner, "Unlimited Campaign Spending—A Good Thing?," *The Becker- Posner Blog,* April 8, 2012.
02 作者注 Jeffrey Toobin, "Republicans United on Climate Change," *New Yorker,* June 10, 2014. Also see his "Money Unlimited," *New Yorker,* May 21, 2012.
03 作者注 See Elizabeth F. Ralph, "The Big Donor: A Short History," *Politico,* June 2014.
04 作者注 Dale Russakoff and Juan Williams, "Rearranging 'Amway Event' for Reagan," *Washington Post,* Jan. 22, 1984.
05 作者注 "Soft Soap and Hard Sell," *Forbes,* Sept. 15, 1975.
06 作者注 In "Rearranging 'Amway Event' for Reagan," Russakoff and Williams write that "DeVos, former finance chairman of the Republican National Committee, gave $70,575 in independent expenditures; Van Andel, former chairman of the U.S. Chamber of Commerce, chipped in $68,433."
07 作者注 Ibid.
08 作者注 See Andy Kroll's excellent piece on the DeVos family, "Meet the New Kochs: The DeVos Clan's Plan to Defund the Left," *Mother Jones,* Jan./Feb. 2014.
09 作者注 Kitty McKinsey and Paul Magnusson, "Amway's Plot to Bilk Canada of Millions," *Detroit Free Press,* Aug. 22, 1982.
10 作者注 Ruth Marcus, "Amway Says It Was Unnamed Donor to Help Broadcast GOP Convention," *Washington Post,* July 26, 1996.
11 作者注 Russakoff and Williams, "Rearranging 'Amway Event' for Reagan."
12 作者注 For statistics on the DeVos's spending, see Kroll, Meet the New Kochs."
13 作者注 Ibid.
14 作者注 David Kirkpatrick, "Club of the Most Powerful Gathers in Strictest Privacy," *New York Times,* Aug. 28, 2004.
15 作者注 On March 22, 2005, Paul Weyrich said on C- SPAN（http://www.c-span.org/video/transcript/?id=7958） that the Council for National Policy, "in the words of Rich DeVos, brings together the doers with the donors."
16 作者注 Jeremy Scahill, *Blackwater: The Rise of the World's Most Powerful Mercenary Army*（Nation Books, 2007）, 78.

17 作者注 John David Dyche, *Republican Leader: A Political Biography*（Intercollegiate Studies Institute, 2009）.

18 作者注 John Cheves, “Senator’s Pet Issue: Money and the Power It Buys,” *Lexington Herald-Leader,* Oct. 15, 2006.

19 作者注 Michael Lewis, “The Subversive,” *New York Times Magazine,*May 25, 1997.

20 作者注 Betsy DeVos, “Soft Money Is Good: Hard-earned American Dollars That Big Brother Has Yet to Find a Way to Control,” *Roll Call,* Sept. 6,1997.

21 作者注 Trevor Potter, “The Current State of Campaign Finance Laws,” *Brookings Campaign Finance Sourcebook,* 2005.

22 作者注 For more on Soros’s spending in the 2004 presidential election, see Mayer, “Money Man.”

23 作者注 David Kirkpatrick, “A Quest to End Spending Rules for Campaigns,” *New York Times,* Jan. 24, 2010. Theodore Olson, a far better litigator than Bopp, argued the crucial oral argument in front of the Supreme Court.

24 作者注 Ibid.

25 作者注 Stephanie Mencimer, “The Man Who Took Down Campaign Finance Reform,” *Mother Jones,* Jan. 21, 2010. Mencimer recounts that in 2008 the U.S. District Court judge Royce Lamberth “actually laughed at Bopp.”

26 作者注 See Teles, *Rise of the Conservative Legal Movement,* 87.

27 作者注 Robert Mullins, “Racine Labor Center: Meeting Place for Organized Labor on the Ropes,” *Milwaukee Business Journal,* Dec. 23, 1991

28 作者注 “Changes Have Money Talking Louder Than Ever in Midterms,” *New York Times,* Oct. 7, 2010.

第十章

01 作者注 Vogel, *Big Money,* 47, describes the meeting at the Dallas Petroleum Club in greater detail.

02 作者注 Ken Vogel, “Politics, Karl Rove and the Modern Money Machine,” *Politico,* July/August 2014.

03 作者注 Glenn Thrush, “Obama’s States of Despair: 2010 Losses Still Haunt,” *Politico,* July 26, 2013.

04 作者注 See Olga Pierce, Justin Elliott, and Theodoric Meyer, “How Dark Money Helped Republicans Hold the House and Hurt Voters,” ProPublica, Dec. 21, 2012.

05 作者注 See Nicholas Confessore, “A National Strategy Funds State Political Monopolies,” *New York Times,* Jan. 12, 2014.

06 作者注 Peter Stone describes the organization of smokers’ rights groups in his piece, “The Nicotine Network,” *Mother Jones,* May/June 1996.

07 作者注 Sam Stein, “Tea Party Protests— ‘Ni**er,’ ‘Fa**ot’ Shouted at Members of Congress,” *Huffington Post,* March 20, 2010.

08 作者注 Halperin and Heilemann, *Double Down,* 13.

09 作者注 Johnson, “Inside the Koch- Funded Ads Giving Dems Fits.”

10 作者注 Vogel, *Big Money,* 53.

11 作者注 Eliana Johnson, “Inside the Koch- Funded Ads Giving Dems Fits,” National Review.com, March 31, 2014.

12 作者注 Jim Rutenberg, Don Van Natta Jr., and Mike McIntire, “Offering Donors Secrecy, and Going on Attack,” *New York Times,* Oct. 11, 2010.

⑬ 作者注 Mike McIntire, "Under Tax-Exempt Cloak, Political Dollars Flow," *New York Times,* Sept. 23, 2010.
⑭ 作者注 Pooley, *Climate War,* 406.
⑮ 作者注 Jonathan Alter, "Schwarzman: 'It's a War' Between Obama, Wall St.," *Newsweek,* Aug. 15, 2010.
⑯ 作者注 James B. Stewart, "The Birthday Party," *New Yorker,* Feb. 11, 2008.
⑰ 作者注 Henry Sender and Monica Langley, "How Blackstone's Chief Became $7 Million Man," *Wall Street Journal,* June 13, 2007.
⑱ 作者注 Randall Dodd, "Tax Breaks for Billionaires," Economic Policy Institute, July 24, 2007.
⑲ 作者注 Andrew Miga, "Rich Spark Soft Money Surge— Financier Typifies New Type of Donor," *Boston Herald,* Nov. 29, 1999.
⑳ 作者注 See Michael Isikoff and Peter Stone, "How Wall Street Execs Bankrolled GOP Victory," NBC News, Jan. 5, 2011.
㉑ 作者注 Paul Abowd, "Donors Use Charity to Push Free- Market Policies in States," Center for Public Integrity, Feb. 14, 2013
㉒ 作者注 Kenneth Vogel and Simmi Aujla, "Koch Conference Under Scrutiny," *Politico,* Jan. 27, 2011.
㉓ 作者注 See Sam Stein, "$200 Million GOP Campaign Avalanche Planned, Democrats Stunned," *Huffington Post,* July 8, 2010.
㉔ 作者注 Mayer, "State for Sale."
㉕ 作者注 Thrush, "Obama's States of Despair."
㉖ 作者注 David Corn, *Showdown: The Inside Story of How Obama FoughtBack Against Boehner, Cantor, and the Tea Party*（William Morrow, 2012）, 44.
㉗ 作者注 Jonathan Salant, "Secret Political Cash Moves Through Nonprofit Daisy Chain," Bloomberg News, Oct. 15, 2012

第十一章

01 作者注 Tom Hamburger, Kathleen Hennessey, and Neela Banerjee, "Koch Brothers Now at Heart of GOP Power," *Los Angeles Times,* Feb. 6, 2011.
02 作者注 Lee Drutman, "Are the 1％ of the 1％ Pulling Politics in a Conservative Direction?," Sunlight Foundation, June 26, 2013.
03 作者注 For more on the implications of the "rise of the radical rich," as Frum terms it, see David Frum, "Crashing the Party:Why the GOP Must Modernize to Win," *Foreign Affairs,* Sept./Oct. 2014.
04 作者注 Skocpol, *Naming the Problem,* 92.
05 作者注 See Eric Holmberg and Alexia Fernandez Campbell, "Koch Climate Pledge Strategy Continues to Grow," Investigative Reporting Workshop, July 1, 2013.
06 作者注 For more on the defunding of the Superfund program, see Charlie Cray and Peter Montague, "Kingpins of Carbon and Their War on Democracy," Greenpeace, Sept. 2014, 26
07 作者注 See "Crossett, Arkansas— Fact Check and Activist Falsehoods," KochFacts.com, Oct. 12, 2011.
08 作者注 Continetti, "Paranoid Style in Liberal Politics."

09 作者注 *The Washington Post* first wrote about Pompeo's championing of the Kochs' legislative priorities. Ibid

10 作者注 See the Sunlight Foundation's Influence Explorer data, http://data.influenceexplorer.com/lobbying/?r#aXNzdWU9RU5WJnJlZ2lzdHJhbnRfZnQ9a29jaCUyMGluZHVzdHJpZXM=.

11 作者注 Robert Draper, *When the Tea Party Came to Town*（Simon & Schuster, 2012）, 180.

12 作者注 Robert Inglis, interview with author.

13 作者注 Fred Upton and Tim Phillips, "How Congress Can Stop the EPA's Power Grab," *Wall Street Journal,* Dec. 28, 2010.

14 作者注 Leslie Kaufman, "Republicans Seek Big Cuts in Environmental Rules," *New York Times,* July 27, 2011.

15 作者注 "A GOP Assault on Environmental Regulations," *Los Angeles Times,* Oct. 10, 2011.

16 作者注 Dixon Doll's firm, DCM, invested in Abound Solar.

17 作者注 Hamburger, Hennessey, and Banerjee, "Koch Brothers Now at Heart of GOP Power."

18 作者注 Coral Davenport, "Heads in Sand," *National Journal,* Dec. 3, 2011.

19 作者注 Kenneth P. Vogel, "The Kochs Fight Back," *Politico,* Feb. 2, 2011.

20 作者注 See Jim Rutenberg, "A Conservative Provocateur, Using a Blowtorch as His Pen," *New York Times,* Feb. 23, 2013. See more at http://rightweb.irc-online.org/profile/center_for_american_freedom/#_edn13

21 作者注 See Matthew Continetti, "Combat Journalism: Taking the Fight to the Left," *Washington Free Beacon,* Feb. 6, 2012.

22 作者注 Eliza Gray, "Right vs. Write," *New Republic,* Feb. 22, 2012.

23 作者注 See Kenneth Vogel, "Philip Ellender: The Kochs' Unlikely Democratic Enforcer," *Politico,* June 14, 2011.

24 作者注 Liz Goodwin, "Mark Holden Wants You to Love the Koch Brothers," *Yahoo News,* March 25, 2015.

25 作者注 Kenneth Vogel and Tarini Parti, "Inside Koch World," *Politico,* June 15, 2012.

26 作者注 採訪當天參加活動的一個客人。

27 作者注 Halperin and Heilemann, *Double Down,* 346.

28 作者注 See Skocpol and Williamson, *Tea Party and the Remaking of Republican Conservatism.*

29 作者注 Jeffrey A. Winters, *Oligarchy*（Cambridge University Press, 2011）, 228.

30 作者注 See Hacker and Pierson, *Winner- Take- All Politics,* 48.

31 作者注 Charles Koch, "Business Community."

32 作者注 Friess as quoted by Freeland, *Plutocrats,* 246– 47.

33 作者注 Charles Koch's speech to the Council for National Policy, Jan. 1999.

34 作者注 Public Citizen and United for a Fair Economy, *Spending Millions to Save Billions: The Campaign of the Super Wealthy to Kill the Estate Tax,* April 2006, http://www.citizen.org/documents/ EstateTaxFinal.pdf.

35 作者注 Cris Barrish, "Judge Shuts Down Heiress' Effort to Alter Trust with Adoption Plot," *Wilmington News Journal,* Aug. 2, 2011.

36 作者注 Corn, *Showdown,* 76.

37 作者注 Barry Ritholtz, "What Caused the Financial Crisis? The Big Lie Goes Viral," *Washington Post,* Nov. 5, 2011.

38 作者注 Noam Scheiber, *The Escape Artists: How Obama's Team Fumbled the Recovery*（Simon & Schuster, 2011）.

39 作者注 See Jonathan Chait, "The Legendary Paul Ryan," *New York,* April 29, 2012.

40 作者注 David Brooks, "Moment of Truth," *New York Times,* April 5, 2011.

41 作者注 Bob Woodward, *The Price of Politics*（Simon & Schuster Paperbacks, 2013）, 107.

42 作者注 See Draper, *When the Tea Party Came to Town,* 151

43 作者注 出處同前。

44 作者注 Thomas E. Mann and Norman J. Ornstein, *It's Even Worse Than It Looks: How the American Constitutional System Collided with the New Politics of Extremism*（Basic Books, 2012）, 54.

45 作者注 Naftali Bendavid, "Boehner Warns GOP on Debt Ceiling," *Wall Street Journal,* Nov. 18, 2010.

46 作者注 See Alec MacGillis, "In Cantor, Hedge Funds and Private Equity Firms Have Voice at Debt Ceiling Negotiations," *Washington Post,* July 25, 2011.

47 作者注 Mann and Ornstein, *It's Even Worse Than It Looks,* 23.

48 作者注 "The House of Pain," *New Yorker,* March 4, 2013.

第十二章

01 作者注 Brad Friedman, "Inside the Koch Brothers' 2011 Summer Seminar," *The Brad Blog,* June 26, 2011.

02 作者注 Nate Silver, "Is Obama Toast? Handicapping the 2012 Election," *New York Times Magazine,* Nov. 3, 2011.

03 作者注 Halperin and Heilemann, *Double Down,* 345.

04 作者注 更多克里斯蒂的紀錄可見，see Cezary Podkul and Allan Sloan, "Christie Closed Budget Gaps with One- Shot Maneuvers," *Washington Post,* April 18, 2015, A1.

05 作者注 Friedman, "Inside the Koch Brothers' 2011 Summer Seminar."

06 作者注 See Joby Warrick, "Foes: Christie Left Wind Power Twisting," *Washington Post,* March 30, 2015.

07 作者注 See Jason Stein and Patrick Marley, *More Than They Bargained For: Scott Walker, Unions, and the Fight for Wisconsin*（University of Wisconsin Press, 2013）, 37.

08 作者注 Daniel Bice, Bill Glauber, and Ben Poston, "From Local Roots, Bradley Foundation Builds a Conservative Empire," *Milwaukee Journal Sentinel,* Nov. 19, 2011.

(09) 作者注 Adele M. Stan, "Wall Street Journal Honcho Shills for Secret Worker 'Education' Program Linked to Koch Group," *Alternet,* June 3, 2011.

(10) 作者注 See Mary Van de Kamp Nohl, "Big Money," *Milwaukee Magazine,* April 30, 2007.

(11) 作者注 出處同前。

(12) 作者注 See Adam Nagourney and Michael Barbaro, "Emails Show Bigger Fund- Raising Role for Wisconsin Leader," *New York Times,* Aug. 22, 2014.

(13) 作者注 See Brendan Fischer, "Bradley Foundation Bankrolled Groups Pushing Back on John Doe Criminal Probe," Center for Media and Democracy's PR Watch, June 19, 2014.

(14) 作者注 Schulman, *Sons of Wichita,* 304.

(15) 作者注 Novak, Maguire, and Choma, "Nonprofit Funneled Money to Kochs' Voter Database Effort, Other Conservative Groups."

(16) 作者注 Matea Gold, "Koch- Backed Political Network Built to Shield Donors," *Washington Post,* Jan. 5, 2014.

(17) 作者注 See Vogel, *Big Money,* 19.

(18) 作者注 Hayley Peterson, "Internal Memo: Romney Courting Kochs, Tea Party," *Washington Examiner,* Nov. 2, 2011.

(19) 作者注 Quotes from Charles Koch," *Wichita Eagle,* Oct. 13, 2012.

(20) 作者注 Schulman, *Sons of Wichita,* 341.

(21) 作者注 See Vogel, *Big Money,* 79.

(22) 作者注 Jewish Channel, Dec. 9, 2011.

(23) 作者注 Chris McGreal, "Sheldon Adelson Lectures Court After Tales of Triads and Money Laundering," *Guardian,* May 1, 2015.

(24) 作者注 Gilens, *Affluence and Influence,* 1.

(25) 作者注 Jonathan Weisman, "Huntsman Fires at Perry from the Middle," *Wall Street Journal,* Aug. 21, 2011.

(26) 作者注 Dave Weigel, "Republicans Have Finally Found a Group They Want to Tax: Poor People," *Slate,* Aug. 22, 2011.

(27) 作者注 Vogel, *Big Money,* 201.

(28) 作者注 See Barker and Meyer, "Dark Money Man."

(29) 作者注 Drutman, "Political 1% of the 1% in 2012."

(30) 作者注 Vogel, *Big Money,* viii.

第十三章

(01) 作者注 Tarini Parti, "GOP, Koch Brothers Find There's Nothing Finer Than Carolina," *Politico,* May 11, 2013.

(02) 作者注 Pierce, Elliott, and Meyer, "How Dark Money Helped Republicans Hold the House and Hurt Voters."

(03) 作者注 See Robert Draper, "The League of Dangerous Mapmakers," *Atlantic,* Oct. 2012.

04 作者注 Nicholas Confessore, Jonathan Martin, and Maggie Haberman, "Democrats See No Choice but Hillary Clinton in 2016," *New York Times,* March 11, 2015.

05 作者注 Winters, *Oligarchy,* xi.

06 作者注 Matea Gold, "In NC Conservative Donor Sits at the Heart of the Government He Helped Transform," *Washington Post,*July 19, 2014.

07 作者注 Lynn Bonner, David Perlmutt, and Anne Blythe, "Elections Bill Headed to McCrory," *Charlotte Observer,* July 27, 2013.

08 作者注 Dan T. Carter, "State of Shock," *Southern Spaces,* Sept. 24,2013.

09 作者注 出處同前。

10 作者注 Mayer, "State for Sale."

11 作者注 David Edwards, "NC GOP Bills Would Require Teaching Koch Principles While Banning Teachers' Political Views in Class,"*Raw Story,* April 29, 2011.

12 作者注 Ed Pilkington and Suzanne Goldenberg, "State Conservative Groups Plan US-Wide Assault on Education, Health, and Tax,"*Guardian,* Dec. 5, 2013.

13 作者注 ee Jane Mayer, "Is Ikea the New Model for the Conservative Movement?," *New Yorker,* Nov. 15, 2013.

14 作者注 Dave Zweifel, "Plain Talk: 'News Service' Just a Wolf in Disguise," Madison.com

15 作者注 See "Exposed: The State Policy Network," 18.

16 作者注 See Ryan Lizza, "Where the G.O.P.'s Suicide Caucus Lives,"*New Yorker,* Sept. 26, 2013

17 作者注 Todd Purdum, "The Obamacare Sabotage Campaign,"*Politico,* Nov. 1, 2013.

18 作者注 Linda Greenhouse, "By Any Means Necessary,"*New York Times,* Aug. 20, 2014.

19 作者注 Sheryl Gay Stolberg and Mike McIntire, "A Federal Budget Crisis Months in the Planning," *New York Times,* Oct. 5, 2013.

20 作者注 Jenna Portnoy, "In Southwest Va., Health Needs, Poverty Collide with Antipathy to the Affordable Care Act," *Washington Post,*June 19, 2004.

21 作者注 Stolberg and McIntire, "Federal Budget Crisis Months in the Planning."

22 作者注 Stolberg and McIntire, "Federal Budget Crisis Months in the Planning."

23 作者注 See John Bresnahan et al., "Anatomy of a Shutdown,"*Politico,* Oct. 18, 2013.

第十四章

01 作者注 Matthew Continetti, "The Double Bind: What Stands in the Way of a epublican Revival? Republicans," *Weekly Standard,*March 18, 2013.

02 作者注 Daniel Fisher, "Inside the Koch Empire," *Forbes,* Dec. 24,2012.

03 作者注 See John Mashey, "Koch Industries Hires Tobacco Operative Steve Lombardo to Lead Communications, Marketing," DeSmog-Blog.com, Jan. 10, 2014.

04 作者注 Republican National Committee, Growth and Opportunity Project, March 13, 2013, 51.

05 作者注 See Kenneth Vogel, "Koch Brothers' Americans for Prosperity Plans $125 Million Spending Spree," *Politico,* May 9, 2014.

06 作者注 See Annie Lowrey, "Income Inequality May Take Toll on Growth," *New York Times,* Oct. 16, 2012.

07 作者注 See Bill Roy and Daniel McCoy, "Charles Koch: Business Giant, Bogeyman, Benefactor, and Elusive（Until Now）," *Wichita Business Journal,*Feb. 28, 2014.

08 作者注 Goodwin, "Mark Holden Wants You to Love the Koch Brothers."

09 作者注 Loder and Evans, "Koch Brothers Flout Law Getting Richer with Secret Iran Sales."

10 作者注 Jay Schalin, *Renewal in the University: How Academic Centers Restore the Spirit of Inquiry,* John William Pope Center for Higher Education, Jan. 2015.

11 作者注 二百八十三這個數字出處同前。

12 作者注 See Hardin, "Campaign to Stop Fresh College Thinking.

13 作者注 《赫芬頓郵報》報導指出寇氏兄弟介入高中教育。See Christina Wilkie and Joy Resmovits, "Koch High: How the Koch Brothers Are Buying Their Way into the Minds of High School Students," July 21, 2014.

14 作者注 Roy and McCoy, "Charles Koch."

15 作者注 Louis Jacobson, "Charles Koch, in Op- Ed, Says His Political Engagement Began Only in the Last Decade," PolitiFact.com, April 3, 2014.

16 作者注 See Jon Ward, "The Koch Brothers and the Republican Party Go to War— with Each Other," *Yahoo News,* June 11, 2015.

17 作者注 See Mike Allen and Kenneth P. Vogel,"Inside the Koch Data Mine," *Politico,* Dec. 8, 2014.

18 作者注 See Nicholas Confessore, "Outside Groups with Deep Pockets Lift G.O.P.," *New York Times,* Nov. 5, 2014.

19 作者注 Mark McKinnon, "The 100 Rich People Who Run America," *Daily Beast,* Jan. 5, 2015.

20 作者注 See Lee Fang, "Mitch McConnell's Policy Chief Previously Lobbied for Koch Industries," *Intercept,* May 18, 2015.

21 作者注 Neil King Jr., "An Ohio Prescription for GOP: Lower Taxes, More Aid for Poor," *Wall Street Journal,* Aug. 14, 2013; and Alex Isenstadt, "Operation Replace Jeb," *Politico,* June 19, 2015.

22 作者注 Peter Buffett, "The Charitable- Industrial Complex," *New York Times,* July 26, 2013.

23 作者注 Confessore, "Outside Groups with Deep Pockets Lift G.O.P." *New York Times,* Nov. 5, 2014.

24 作者注 According to OpenSecrets.org's tally of lobbying records, Koch Industries spent $13.7 million on lobbying in 2014, https://www.opensecrets.org/lobby/clientsum.php?id=D000000186&year=2014.

25 作者注 Fredreka Schouten, "Charles Koch: We're Not in Politics to Boost Our Bottom Line," *USA Today,* April 24, 2015.

Speculari 27

美國金權：億萬富翁如何買下美國引以為傲的「民主政治」？
Dark Money: The Hidden History of the Billionaires Behind the Rise of the Radical Right

作者　珍・梅爾 Jane Mayer
譯者　周怡伶、林麗雪
企畫選書　張維君
責任編輯　梁育慈
特約編輯　謝佳穎、李柏諺
裝幀設計　製形所
內頁排版　簡單瑛設

總編輯　張維君
行銷主任　康耿銘

社長　郭重興
發行人暨出版總監　曾大福
出版　光現出版
網址　http://bookrep.com.tw
電子信箱　service@bookrep.com.tw

發行　遠足文化事業股份有限公司
地址　231 新北市新店區民權路 108-2 號 9 樓
電話　(02) 2218-1417
傳真　(02) 2218-8057
客服專線　0800-221-029
法律顧問　華洋國際專利商標事務所／蘇文生律師
印刷　中原造像股份有限公司

初版　2018 年 9 月 25 日
定價　780 元
ISBN　9789869620239

Printed in Taiwan